U0085278

滄海叢刊

杜魚庵學佛荒史

陳慧劍 著

1990

東大圖書公司印行

▲家母一生，爲人棄、爲人傭、勞瘁以終。

▲家父青年時代漂流異鄉，逝世前與二弟 永健、三弟陳羣會面在貴陽。

▲一九五二年元月三日，二十七歲在台北留下這張軍伍時代的留痕。

▲一九五八年初夏與幼兒時的弱水在花蓮。

▲一九八八年在慈濟佛學講座上有道友拍照相贈。

▲一九八九年十二月二十八日受邀出席香港太虛國際會議，攝於大嶼山寶蓮寺內。

自序

民國十九（一九三〇）年六月十日，〔中國佛敎律宗〕弘一大師有一封寫給他老友夏丏尊先生的信，上面說：

「書悉，自慚涼德，本無可傳；擬自記舊事數則，或足以資他人改過遷善之一助耳……。」

由此信推知，夏丏尊先生曾有意爲弘一律師寫傳，而弘師認爲「自慚涼德，本無可傳」，來謙謝老友的推愛，只準備以「舊事數則」（當然不足成爲寫傳的材料）來推謝夏先生的寫傳構想。俟弘師謝世，我們並沒有看到夏丏尊寫成的這位高僧傳記；根據史料，我們所知的，在一九四二年到一九五〇年這段「黑暗期」，有林子青先生寫成「弘一大師年譜」，至於李芳遠等要爲他們老師李叔同先生寫的傳，都未出現；但「追懷」這位大師的單篇文字以及片斷式的史料，則不絕如縷地出現在中國大陸及臺灣的報刊，這種情況，直到「文革」的夢魘消失，一九八四年十月，有「中國佛敎協會」編成的「弘一大師誕生一百周年紀念」的十六開本「弘一大師」專集問世；一九八八年四月，再度出現「天津古籍出版社」編定的「李叔同——弘一法師」的二十五開純紀念專集，其中有些是重複了民國三十二年九月由上海大雄書局印行的「弘一大師永懷錄」；一九八八年十月，有一位曾參加過「解放軍」多年的徐星平寫出了正式的「弘一大師」（傳記），由北京中國青年出版社出版，簡體字由左向右橫排計四六七頁。一九八九年十月，有秦啓明者，更編定了「弘一大師書信集」，由陝西人民出版社推出；至於福建人民出版社籌印的十二大册「弘一大師全集」還未完工。——這是「弘一大師」精神感召的具體呈現。

此外，大陸各地爲「弘一大師」而設的紀念場所，分別有「天津、泉州、杭州」三座紀念堂，那裏都全力地搜藏並展覽了弘一大師生前的遺珍，也都有相當規模與豐富的內容，深具歷史價值。請注意，在這更早之前（一九八〇年——弘一大師誕生一百週年），大陸「中國佛教協會」曾在北京法源寺舉辦過一次「弘一大師書畫金石音樂展」，展出珍藏，達五百多件，在那種氣氛下能展出靈性的珍品，也算難能可貴了。

——這些，都是消失三十多年之後的（中國）佛教爲紀念一代高僧而開出的可歌可頌的花果。反觀所謂「自由中國」「佛法興盛」的偏安之地——臺灣，佛教是山頭主義虛胖了，但是臺北有一座「弘一大師紀念堂」嗎？臺灣的佛寺造了這麼多，難道眞是爲了「拯救蒼生」嗎？我個人相信，在臺灣以「弘一大師」爲人格後光的佛道上朋友不在少數；只要我們同心同德爲一代高僧建立一座「永久紀念堂」，應該不是難事！

我個人基於幼年時代對大師的崇仰，學佛後的景慕，與實踐戒律上的一面明鏡，使我自一九六一年起，以三年六個月的時間，不自量力地完成一部「弘一大師傳」；談到為「弘一大師」在臺北建立一座「紀念堂」（或永久紀念會），我在十年前（一九八〇年）就擬訂了一套設館大綱，可能我眞是「德涼福薄」，自顧生活猶且不暇，何來號召羣倫為「弘師」建館之餘力？

弘一大師在世時，是認眞地告訴朋友，他沒有條件可以作傳，而我這個凡夫俗子卻在四十八年之後，在一無後光、沒有達德、旣未立功、也未立言的殼子上，來為自己寫「荒史」（荒史也算是「傳」之一種），會不會使佛道上的師友，視為荒唐？陳某何許人也，這樣狂妄？

我多年前曾讀胡適之先生「文存」，他竟然大嘆，中國人寫的傳記太少了，使得歷史上的材料亂得像天方夜譚，他希望中國人要多為自己和別人寫傳——也許，在將來若干年，我的兒孫輩中出現一位文學大師或獨裁暴君之類的人物，那麼我的傳記地位就會水漲船高了。因為我是那位大人物（或暴君，像羅馬王尼祿什麼的）的老爸、老祖宗，那種傳也一定有看頭也！

其實，我做夢也沒有過為自己作傳的妄想，不管胡適之怎樣搧風點火，我是沒有動過心的。我完全了解自己有多少成本！比起臺灣印順長老，或禪家南懷瑾先生，我要寫傳，那他們的塑像往那兒擱？再別說那些能改變歷史的「總統、總裁、總督、黨主席」了！不管他們把歷史改好或是改死，他們才是文人寫傳的第一等對象；而我是大海中一滴水，在這樣大的海洋上，我那有什麼波浪？

可是我偏偏不知怎麼地，在民國七十四年二、三月間，無端的記起日記來了，整整記了一年，然後，到民國七十八年又因需要爲我主編的雜誌塡肚皮，不得已，又爲我的「荒史紀年」動筆；再加上我在三十四年前（民國四十五年）寫過一篇「荒島殘僧錄」——與我的人生信仰有密切關係的淨安和尙小傳。於是，我這「無慚無愧」「德涼道薄」的「荒史」支架，在無意中構築起來。有了這一塊傳記的模板，才將這三十年來敎我、誨我、勉我、愛我的師師友友的來鴻，搜集起來加以整理、簡擇、註釋，加在一起，已經形成我這個人「學佛」學出個什麼樣子來了；——造一艘航海船的材料，什麼都已具備；也將要從船塢裏拼裝成形，最後，我以「學佛心史」算作「龍骨」，把它從駕駛艙下撐將起來，這便是「杜魚庵學佛荒史」的出世秘聞。

我受了胡適之先生「小人物也可以寫傳」的西化思想之影響在先，又爲了建立「弘一大師臺北紀念堂」的理想在後，這本書是弘一大師——李叔同先生光影的延伸，如果有人讀這樣一本書，是不是會感覺「雖小道，也有可觀」之處？

陳慧劍〔一九九〇〕民國七十九年三月十六日

杜魚庵學佛荒史 目錄

〔卷首照片十幀〕

杜魚庵學佛心史

一、人生河流的津口

從八、九歲小兒時代開始，我對許多不明白的事，總是疑神疑鬼，放在心裏嘀咕；譬如說——我死了以後不知到那裏去？死了以後不知有沒有「我」？死了以後有沒有一種叫做「鬼魂」的東西在天空飄浮？

這麼小，就忙着追求「形上學」的幽影，這使我爲了要打破這人生的悶葫蘆，在小不點的時代，就吃過兩個月的齋飯，而且信誓旦旦，終身不娶，要童貞入道，做一個連自己也搞不懂的什麼教的門徒。——這種事經不了多久，就如夢初醒，造因於突發「革命」的偉大幻想，在十五歲上，幾幾乎要投奔「蘇魯皖戰區」後方（江蘇鹽城）中共華東局（書記）劉少奇所屬抗日分校，事情不成，才隻身出走到福建武夷山區「流浪青年收容所」；其實，這個黨，那個派，我早已心裏有數，孔老夫子不是說過——「君子不黨」？如果我要參加什麼黨，豈是孔丘的門徒？我刺血出走，從軍作戰，那裏是效忠誰誰？我是效忠我自已那一腔熱血肝腸，與看不慣的人間不義！

等我長大一點，才弄清楚那種東流西蕩的生活，今天我們就叫這種不由得自己當家作主的流亡──稱之「隨業風飄蕩」；在這樣「人生」的船上，沿途的風光你也可以說它「綺麗明媚」，也可以說它「邋遢污穢」。什麼主義，什麼宗教，什麼諸子百家，那一種不是「老王賣瓜」，稱自己的秘方才是濟天下蒼生之靈藥？

等我飄泊到人生河流的一處渡口，偶而發現一種叫做「佛性」的東西，使我迷糊了很有一陣子；人，怎麼會有「佛的性」？後來經過我考量，這種東西就是經由「鬼魂」提煉出來的「精品」。

我小的時候怕鬼，老實說，我不斷地希望能瞻仰一下它是個怎麼樣的尊容？我雖然沒有明目張膽地看過那些光怪陸離的可怖長相，可也通過「媒體」與鬼官、鬼師打過幾場交道；弄到今天，我猛回憶起那段與「土地公、呂純陽」晤談的往事，就忍不住揉一揉眼睛，懷疑自己是不是被催了眠的醒後直楞！為了這種離奇事我幾幾乎認為自己是不祥之物，可我私心又忍不住得意，或許有一日也會有幸同那些「鬼魂的精品」打個照面也很難說。

這種妄想我不知別人有沒有動過；反正我已動了很多次。對凡是有鬼有神有仙有佛有妖有精的前朝古代斷簡殘篇，我從不放它溜過；我想，垃圾堆裏搞不好會撿到「金剛鑽」。

我的人生很難讓人相信像這樣沒有頭緒、沒有師承、沒有善根、又沒有歸宿。尤其，我早已說過，我因為怕鬼也怕死，未來日子有多久，不但我自己不知道，恐怕那一國的上帝也未必知道。萬一明天我突然停了呼吸，那該怎麼辦？

有時我會突然驚覺：人，下一秒鐘會發生甚麼事——不知道！隔一層牆，那一邊世界又會發生什麼事——不知道！你家狗的心裏想甚麼——不知道！不知道，永遠不知道，科學有甚麼用？哲學有甚麼用？主義有甚麼用？誰爲誰了？天下是一羣「狗爭骨頭」的遊戲！

我好不容易、也是順水推舟在人生的河流，泊到一間小佛寺邊，壓根說，那一小片寒傖、侷促的低短建築，我看不出它的偉大之處在那？天下的和尚都一樣光頭赤脚，眞的假的你一點也分辨不清。更別說，他的殼子裏裝的是「慈悲」還是「什麼」。正因爲我也分辨不出誰是眞悟道、誰是假悟道，按我的怪癖，比如說，「子不語，怪力亂神」吧，越是裝神弄鬼的，彷彿我們北地鄉問永遠聊不完的狐大仙一樣，我就越想找一臺天文望遠鏡，來研究一下它的尊容。騙人的人，那有老實話？況且，我也讀過兩天孔子的論語什麼的古書，「信言不美，美言不信」，這種道理我是知道的。所以，我自己從一堆佛書裏梳梳爬爬，躡手躡脚找眞理，我誰也不信。我在沙裏淘金，事情雖然痲煩，耗的工夫也夠累人，可我終於落得貨眞價實，把佛的理念，弄得個透徹明白，我才找個看來又殘又弱、又沒念過幾天書的和尙師父。天生我是「打破沙鍋問到底」的命嘛，人已到那種絕境，你只有自己作主，爲甚麼讓別人牽着你鼻子過河？

二、鈍根行人的肉眼

一羣人對某一類宗教、主義、英雄、魔頭、女巫之信仰達到沸點的時候，你叫他們不瘋狂也難。什麼「吾愛吾師，吾尤愛眞理」，滾他一邊。對一些宗教、主義狂熱之徒，你敢把國家大事交在他手上、你能皈依在他的脚下，尊他爲精神導師，這一類像喝醉了酒的漢子，你放心讓他做你的登山嚮導？一鍋沸到頂點的水裏，焉能會有活的魚蝦？即使佛敎份子犯了這種錯誤，也難免最後落得三界六道不收。這些人熱得快、冷得也快。他喜愛的只是三春大地的繁花璀璨，而花落人散不是他的事，花落蓮成也沒他的份。有些人信了佛，頃刻間便期求悟道，坐不了兩天禪，也期求證果；在佛道上轉了兩圈，一看這世界並不「新奇」，說穿了倒是寂寞得死人，便逃之夭夭。

我初學佛就犯了這個毛病，不過我沒有從這個天地逃掉，雖然我一直沒有參悟它的眞相，可我對它的信心不渝；我留在這裏的原因，是因爲我對它有深刻的認知與切身無誤的理性品味；並且我準備細水長流，成不成佛都沒有問題，我有一個譬喩：這條線不斷，風箏便不會從空中飛掉。

現在我重申，因爲我對佛法與人的關係認取深刻，我已奠定了終身不渝、可以爲信仰犧牲個人一切的信心；不管外來的任何炫惑，要動搖我都不那麼簡單。我不像時下人，今天禪，明天淨，後天密，再來就錫克敎印心。

我初入佛門是淨土，四十年後還是淨土；念佛沒有打成一片，我依然是淨土。老實說，我也曾欽美禪師的頓悟，密宗的卽身成佛，我自忖如果西藏喇嘛活佛們都已是佛，禪和子每人都已頓悟本來面目，中國就不會這麼亂，西藏就不會血流成河。我是鈍根行人，我走我的路。

我念佛念慣了，從皈依後送和尚送我一串一九〇〇年代產生在日本的古檀色手珠，直到捐給「慈濟」義賣以前，我從沒離過手。我自知本身揹一肩俗債，不能出家修道，尅期證果，只好和阿彌陀佛保持個電訊的路線，雖然四十年來，在我失業時，或者挪出一段自己可以支配的時間，打一次佛七，拜個若干拜阿彌陀佛，再不就持個幾萬遍什麼咒；一旦世俗纏身，想辦道也不行，有妻有子的俗漢，那有時間跑道場、乃至閉關念佛？

我是鈍刀割繩，沒辦法一下子割得斷，可我已經習慣了它的鈍、它的笨；曾經我也有一度試參「無」字公案，剛一上座，還沒有見到「無」的面，就冒出「阿」字來了。這能參禪嗎？六字大明咒，也着實念過幾天，「唵嗎呢」和「阿彌陀」會攪混不清。我知道有些人入佛門，知道的花樣還蠻多，就難免所有的寶都押，甚至越過了界，參「野狐禪」、練「飛騰術」。你以爲我不喜歡「卽刻開竅」成佛嗎？——那是天大的笑話，如果釋迦有這一句話，還要「修行」幹甚麼？

我青年時期，是野戰軍官，就算我信佛信得堅實，又如何能在軍書傍午之際與佛溝通？只要你對佛理稍微有一點頭緒，你會知道學佛第一目標是「了生死」；在生死未了之前，要「斷習氣」；我是掌握了這一方向，於是從十四歲就上了癮的煙酒開始斷；這是有形的習氣。誰都知道——煙酒那有恁麼好斷？我以殺身成仁的決心，費了九牛二虎之力斷了十五年，才算連根拔除。

那，要斷貪、斷瞋、斷痴、斷傲、斷疑呢？斷〔貪〕財、斷〔好〕色、斷〔好〕名、斷〔美〕食、斷〔多〕眠的習氣呢？要多少個十五年？這都是「斷心」啊！「心」這一東西才是千纏百結的老樹虬根吶；根不斷，「野火燒不盡，春風吹又生」，到頭來，你那一些飄浮在空中的道業，一瞬間就無影無踪了。難怪古來高僧大德，要鑽入深山修道。但是深山修道就一定會修成正果嗎？那也看你的工夫用得死不死啊！你心在紅塵，身在野谷又何用？

修習佛道，就是磨針、磨鏡；天天磨，生生磨，你悟了道怕還不能歇手呢？老兄老妹，你有得修吶！

那時，我剛念佛，比誰都精進，整天如救頭燃，痴痴呆呆，睜着眼念，閉着眼也念；打坐念，行軍也念，眞是如喪家之犬，卽使如此，佛號的屍體，還是在支離破碎中，如流水帶着枯枝敗葉隨波流去。一心不亂嘛，不是你在茶餘飯後、閒情逸興中可以得到的。你的心，眞能不受工作、生活、人情、煩惱干擾？眞的在病中、難中、夢中、沒飯吃的飢荒中，佛號也綿綿不絕穿林渡水？在你的無明顚倒、妄想紛飛中，也沒有失去那「佛」的一念麼？

理誰都明白，做起來就是那麼如負千鈞。這樣不到一年，我的佛號就在懈怠、因循的心境下，彷佛凌晨天空裏的星星一般稀少了。不過面臨這種情境，我開始警覺——再這樣下去，就要前功盡棄，於是我決定做早課。天啊，在軍隊裏，怎麼做？我想到有一種最偷懶的辦法，就是每天淸晨六時早集合，我離開隊伍（注意，我是中級職務的軍官），到集合場邊緣，面向西方，來個「十口氣念佛」。十分鐘的功課迅速做完，這種「速成」功課連續做了八年，直到退出軍伍。——做「十念佛」功課，其實又瞞得了誰？還是有人在背後偷偷罵我「和尚」！

三、戒為無上菩提本

我信了佛，自然就觸及到守不守戒的問題。這種事不必請別人教你、提醒你，或者非去受戒才想到它。

一開始我就決定先守「五戒」再說。「殺盜淫妄酒」，是佛家五大基本重戒；浮泛地說起來，這有什麼難處？實踐起來，每一條都有難處。以戒殺來說，誰都知道，不是「殺」人才算殺；殺一隻蚊蟲、蟑螂都是，你「隨喜」別人殺也是，你見殺不救也是；你心裏不斷殺念還是。——可誰沒有打過蚊蟲，踩過蟑螂？可誰又願意見到蚊蟲在你身上吸血吸得正得意的時候，你還能置身事外地說——「你怎麼這樣貪？」結果呢，除了一巴掌下去，有誰會像請老祖宗似的，央請它嘴下留情，放它一馬？以「盜」來說，當然不是指今天臺北某一銀行被刧的那種才算「盜」。我不告訴你就自由心證可以帶走你一張郵票也是。為了自己的方便，隨便圖利自己，不管是財、是物，都是偷，都是盜。這是「不與取」的犯行嘛，一直到「盜心」清淨才不算犯。再說「淫」吧，那就更廣泛了。嚴格說，「意淫」也犯戒。甚麼是「意淫」？就是「幻想自己」對那一位美女俊男、或非男非女、非人男、非人女「動手動口、神魂顛倒」啊！如出諸行動，那就是「正犯」。這是對已婚男女而言。「邪淫」與「正淫」的分際，在於寬泛的男女是否婚嫁而言；未婚嫁的男女應剔開「夫婦」的局限，也寬不了多少。但我們要問：世間有那一位婚後男子沒有對別的女性沒動過一分「淫愛之意」？何況比丘、比丘尼，要根本完全禁絕。成佛如沒有絕淫意淫行，像沙子煮飯，你要成佛，這一條是絕路。——「妄語」戒又是否好消解呢？誰沒撒過謊？卽使你受過十次大戒，你眞的沒有撒過一次謊嗎？那些「現代佛、無上師」誰不撒謊？更何況，「妄語」戒裏還包括「綺語、惡口」呢？說一句挑逗的話算「綺語」，呸一聲「你死吧」是「惡口」。今天人類社會上從總統、黨主席、國大代表，下到酒家女、流浪漢誰不妄語如珠、鬼話連篇？「酒」呢，要應酬吔，何況「整合、協調、盡釋前嫌」的宴席上，能離了白蘭地、威士忌、茅臺、竹葉青嗎？除非你像老鼠一樣整天躱在洞裏不碰今天繁華社會，否則，來酒吧！一個信了佛的居士就有可能面臨這種酒池肉林，這還是大概而言，還不談細密的戒相。那麼，五戒已有這些難處，你是否就知難而退？當然，有些道心已定的人，第一關就要接受這五戒的檢驗。有的人先守「酒戒」再說，然後「殺戒」、「淫戒」……。能眞正做到「戒體」清淨的，恐怕已不是「鳳毛麟角」所能形容了。

這樣——我都曾一一在其中煎熬，自己鬪臭自己；起先還不相信弘一大師的勸告——選持一分戒、二分戒，或三分戒的消極態度，還以爲持個「滿分戒」有什麼了不起，二百五十戒也不難嘛。八關齋戒中，除前五戒之外，有「不坐臥高廣大床」、「不觀聽歌舞」、「不過時食」等，是「定時」「定期」的戒，也偶有持守終身的；如終身持守，例如今天的「電視」就不能看，「席夢斯」床也不能睡，收音機不能聽，另外嚴守「過午不食」。我沒有持過這一項戒。但不管怎麼樣嚴格與細密，居士戒比起「比丘、比丘尼」戒，就只有望洋興歎的份。比丘二百五十戒，尼衆三百四十八戒，戒相分析得十分繁細，居士也不能看出家人的戒本，但現代人還是透過研究知識而「方便」地知道了，但大半是由五戒細分出來的；從根到幹、到枝葉，除根本大戒之外，多係日常應用、行事的準則與規範；比如說，比丘「持金銀戒」、「販賣戒」、「立大小便戒」、「非時食戒」，在今天社會，都難以辦到，除非終身隱居深山古刹不食人間烟火。這些戒，如果我做比丘，也辦不到；對自己辦不到根本天天在犯的「戒律」，這是今天佛家行事最大的難題；但是該持而不持、缺乏勇氣持的戒，就算眞正地犯戒了。

我在幾近半世紀的學佛歲月裏，「意識流難免天天犯戒」，只持到守身不犯，已恐懼得如履薄冰。對這種受了戒而又「身犯戒」的事，固罪無可逭；即是「心犯戒」，也永難登於佛果。

我自承任何一戒，都持得亂七八糟、體無完膚。有一次在素宴席上，某些人手持啤酒杯吆喝你，「來一杯呀！」我說，「這是酒喲！」「那兒話，這是老外的茶水吔！」說畢一飲而盡。「你這迂夫子呀！」我就在這半推半就的誘惑下，淪陷一城。第一次開了戒，還怕沒有第二次嗎？戒，就怕犯第一次啊！所有的戒，都不能有第一次可以原諒的話，千記萬記！

雖然我持戒持得痛苦不堪，可我還是在「持」，其實，每一戒都破過，我這一血肉之身，處於聲色犬馬社會，是一個「破戒體」，我彷彿一位苦守在前線戰壕裏的兵士，在敵軍的手榴彈、刺刀、噴火器、彈雨如注的血戰中，遍體鱗傷而不退，我苦苦守住這條「戒」的戰壕。當「道心增上」的時候，有時還會療傷止痛一下。這是一條與無始以來惡業的長期抗戰；我等待形勢逆轉，反敗爲勝。

在這種艱苦的持戒局面裏，我在第一個學佛十年最後，又受了「在家菩薩戒」，這一次是「十重二十八輕」。其實，這些戒大多是五戒的分化品，不過增添了些更細膩的規範。例如「不蓄猫狸」、「四十里之內應往聽經」之類，怎麼個持法，就在你如何盡份地以「道心、道行」來化解、實踐了。沒有清淨的戒體，焉能談到成佛作祖？除嚴持五戒，與「戒」有對待關係的「三毒」「五蓋」；戒清淨了，這些才會消滅；這些熾烈了，戒就得破產。「戒爲無上菩提本，佛是人間智慧燈！」

四、難行道與易行道

修「念佛三昧」不是像我這種沒有根的人所能勝任的；針對這種生活面，我只好選擇「隨緣修」；尤其，世俗因緣轉移到只利於「文字慧業」，所謂「以宏法、護法爲己任」的條件下，已將生命中三分之二的時間奉獻給「著述與推展文化法業」，如期其由戒生定，由定生慧，眞是不敢想像。但是，在這裏我還是將我「散修」的經驗寫出來。因爲，今天大多數知識份子修道，所遭遇的情況與我類似。

在這裏，我講的是「念佛經驗」。最初十年，我在軍伍中念佛，除早晚做簡易功課，平時只是「散念」；但散念也有散念的方法，雖然不能成片，也總要先把這個能夠成片的底子打好。所謂「成片」，是指「佛號」清清明明，字字如珠，在每日二十四小時每分每秒之間連續不斷，而不被妄念衝散。因此，我除了遵循印光大師的指示，「持名」不雜「觀想」。在持名時，一字一字地貫下去，讓佛號從語音浮出來，再由耳根收進去，不讓每一個音跑掉，不過這種沒下過工夫的念佛，總是敵不過排山倒海的妄念，有時變得兵敗如決隄，等再提起來，已是江山一片澤國了。我知道，這必須用尅期修法來加強，因此，在一度「禁口佛七」之後，也確實做到夢中佛號不輟，但維持一個階段，因爲生活散漫，煩惱連綿，工夫又消失無踪，於是，再提起來努力一番。這種緊緊鬆鬆地延續很多年，提不起也放不下，精進一陣放逸一陣，終究不能入道；直到近期來的靜坐中發現，放慢步調，一字一歇來憶念，有時效果不錯；古人對治妄心用「追頂念」，而我用的則是「停歇念」，在每字中間加一段「——」破折號，也竟然能使妄念飛不進來，所以形成一種「妄念飛舞、正念不斷」的各走各路現象，這時我感受到一些法喜。孰不知，有時受到外緣干擾，有煩惱事來，正念還會被妄心冲掉，於是正念妄念混成一團，即使每次靜坐能維持正念如縷不絕，而下座之後，心入紅塵，靠那每日兩次靜坐的工夫，還維持不了自作主人的景觀，除非每日能「課佛二萬」，放下柴米油鹽生活上事，才能在時間上把佛號綴在一起，而雜念也不生，才可能算「事上一心不亂」。一心不亂再沒有遇緣變化，才有「三昧」可期證。我的天，到這時我深深體認，「念佛是易行道」？有問題吧？「念佛三昧」，在我來說，就好比獨力以一塊磚一塊磚去造萬里長城，一筐土一筐土去塡長江黃河，那到何年何月、何生何世？我想到不管是「難行道」還是「易行道」，都是多生多世的工夫，絕不是念幾天佛、「印一次心」、開一次頂，便能見效。若是這樣，豈不是販夫走卒看一次魔術便能悟道，天下那有這種廉價午餐？

我有了這種在鬆散實踐中體驗的修行路程之久遠，所以我的願必須要放遠放長；今生不悟道，來生也不遲；「不修今生修來世」，在這裏我悟解到它的深一層意義了。基於此，有一次我請示印老，他說，這一生能證入初果，斷了我執，泯除粗煩惱，來生也就不會退失。——我可憐的目標也就止此而已。我眞羨慕那些「一步登天」的「直升機派」。一個人有時不能「福慧」兼得，那麼今生的慧業大願未了，只願來生再結佛緣吧！

我再重複一下修道的理念——不管是易行道或難行道，出家比在家好，專一比雜修好，精進比散亂好，等到工夫成片，難行道、易行道都是「平等道」；法無高下，全在個人的功力；佛門實在沒有廉價品出售，要得成佛，那裏有點石成金的戲論？

更要注意的是，在修道的同時，還不要忘了時時「觀照」；「觀法無常」，「觀人無我」，「觀緣起空」，這是少不了的。能時時反照，才能逐漸從煩惱中脫身而出。其實，我比誰都更是「煩惱漢」，時時爲了一件小事，也會「作繭自縛」；總是「放不下」。爲了這，就要「觀照」，也算是一種深度的反省吧！在一面了無塵垢的鏡子上，察照自己，一時瞋，一時喜，一時哭，一時笑，是何等愚痴？修「定」，不僅要在固定的行持上千錘百鍊；時時反照，解縛去纏，尤其必要。貪瞋痴念不息，念佛成一片也是枉然。這是念佛人必須了解的根本問題。

今天佛門道場，在修行上是三種人的天下：一是淨土念佛，一是禪門參究，一是密宗持咒；其實那一種不是爲了「了生死、斷煩惱」？那一種不是爲了「消宿債、求佛道」？世間事看得多了，對很多人修道彷彿登臺演戲一般換角色，我實在摸不清頭腦。何況，他們那一顆心，永遠像海浪上的泡沫，那到那一天才平靜無波呢？古人說，「平常心是道」，他們把道看得太戲劇化了。

五、念佛也能激發智慧之光

天之生人，除極少數宿慧先具，迥異同流，其他的多半是凡夫俗子，既非活佛，也非無上師；彼此之間的世智聰辯的能力，相差無幾，最多也祇是彼此長短之間的不同。

在醫學上，有一種「染色體」畸形造成「排列錯誤」，導致產生一些畸形兒或怪胎等類殘疾兒，另有一些肇因於「遺傳特質」與「染色體的特異」，又產生一些「世智非凡」的天才兒童，這都是世間的異態，而不是生物之常例。其實，眞正的智慧，多從生生世世修定修慧中得；一杯澄淨的水，才能透明。一面塵垢不染的鏡子，才光可鑑人。佛家的智慧，不是附屬在一個世間天才身上，也不一定附著於一個能言善道、會說多種語言的人們身上；世智世慧，只表現於當事人的「智機、魅力、辯才」與「博聞強記」；但「孫悟空跳不出如來的紅砂掌」，由甚深禪定力產生的智慧，是當下通達「實相」的時空無礙；我們目前所看到的一些天才、以及自稱活佛、上師們，也有煩惱，也有瞋恨，也有貪欲，也有名聞利養，這就不是眞正的智慧所表現；這是「般若慧」與「聰辯慧」的基本差異。

從幼年開始，我智不如人，小學階段，數學不會褪括弧，背書比人慢半拍，做事反應，一付呆頭呆腦，應對進退，不知所云。在學校裏所表現的成績，你可以想像得到。我之基礎學業眞空之形成，不怪別人，這是自己的天賦錯誤。基本上，我尤其不愛讀書，因爲沒有恆心，沒有興趣，那一本書也難翻到底，最後，變成了一個凡事只知皮毛的三腳猫。到學佛以後，才從零散的經卷閱讀與著述的誘導下，吸收到一點佛家提起、放下的決斷力，才知道「活埋」自己的重要，才逐漸領悟，甚麼叫聰明，甚麼叫智慧。尤其從「念佛」中激發起一些別人見不到的「知解」，輾轉散放在筆墨之間，才成爲我的後天智慧的資財。我從前難以理解「讀經」也能開悟的道理，等到自己從經卷的義理中去默想深思，會猛然迸出奇異的識見；這難怪太虛大師會從「大般若經」悟出佛的知見，慧能大師從金剛經「應無所住、而生其心」勘破凡夫的色殼！

世俗之人，有時不明白杭州慧明法師爲何一字不識也會講經說法；臺灣廣欽老和尚未見詩書也能談禪論道？世人總以爲經過書本得來的經驗才是智慧，其實，它與悟道者的經驗隔了一層。

知識有類屬，所以它有彼此間的障礙；而佛智無差別，所以能通萬法。悟道者雖然一字不識，但他的現量已超脫了生活世界，他的一言一動都和如來所證的經語互通消息，到此時，一切知識只是「名相」上的意義，對一個悟道人反而礙手礙腳。而悟境卻擺脫了世間知識各自隔絕的樊籬，它體驗到了眞實之理，他說的法就是來自本本來來的現量、非比量、非邏輯。他也有柴米油鹽、生老病死之事，但他都不黏，與道相溶；沒有所謂「世俗」與「解脫」之別。他一切就是那樣，那樣就是一切。因此我們看到慧明法師的老實相，就知他已是悟道的眞人；看到苑裡赤腳游走的無名比丘尼，才了然她已超過了我們一層世界。他們也不一定已經證入佛果，但他們已經跑在我們前頭；他們沒有世間學問，可眞有智慧；他們不一定長壽，但他們永遠活在我心。

由於學佛，與佛號、佛書相濡相浸四十年，使我從一個粗淺的崇拜知識的愚夫轉爲一個慧業佛子，這是一個如何絕異的轉變？這種轉變，只有在數十年歲月流去的自省中才會驀然驚覺，這種時差竟然如此天懸地隔。所以，我放棄了初起步的文學創作，選擇了寂寞、孤獨的佛學；我皈依了這一不食人間煙火之學。

我沒有定，也沒有慧；可從佛理薰習中理會到一些慧的踪影，冲消了我色身一些俗氣、臭氣和傲氣；也沾得了幾許高僧大德的戒香。這我已絕對地滿足，我已一無所求，一個居士足矣！

六、生之慾

我在佛道走了大半生，眞正體會到人底的難處，不在於戒如何持，定如何修，而是在於「與生俱來的慾念」與道的衝突的困惑。賈寶玉曾說：男人是泥，女人是水。在修道的關鍵，不管出家與在家，面對最大的難題，是「男女組合」式情根之破解。自從大陸式佛教到臺灣發展了四十年，如今細數，有多少棄俗的男女在這條河上沉沒？不了情斷欲，無以上成佛道；如六道衆生都了情斷欲，則生命又面臨滅絕。阻絕生命延續，這是東漢以來儒生闢佛最強烈的藉口；於是三武一宗之法難接踵而來。

佛理上，也有「白骨觀」與「不淨觀」提供我們去修習，可是這種修法又要耗去多少歲月才能觀想成就而絕情絕念？問題是——慾念，會不擇時地的發生在任何「可欲」的對象身上；這是「生死了斷」與「生生不息」的矛盾。熊十力也以這種理念來批判佛家上層結構。在若干年前，就有一個人冷冷地道我：「——你這支劍，有多少情絲要斬？」他像先知一般的教訓，倒眞令我冒起一陣驚惶。如果我是先知，當然不會發生「慧劍斬不斬情絲」的問題；而我是凡夫俗子，我情根未斷，心地未淨，不能見「可欲」而不動心。

既然修習佛道，之所以斷情窒欲，主要在情欲與「貪瞋癡」相應，與「殺盜妄」結合，它本是衆生「心」中起伏如浪的妄想；此念不除，如何成道？雖然我非棄俗之比丘，以居士身，要成正覺，而不避淫道，豈非空談性相？

在理論上，佛典提供我們許多方法來化除淫念，但仔細地看來看去，沒有一勞永逸的路可走；光是搬石頭壓草，並非了斷之道。它既與生俱來，與死俱去，如無鐵石的道心，卓越之梵行，也是徒然。所以，在佛家戒律上，便先從嚴男女之防開始。出家人日中一食，六時精進，安般守意，都是消解情念之方；這要等到你久鍊成鋼，才可以開闔自由，出入市廛，作人間遊戲。一個修道人不拘小節，必然是悟後的作略。有時候，你連「慈」與「愛」的界限也不分，豈不危險萬分！

我們處在這種開放式社會，戒，面臨空前的挑戰，又有什麼把握「視五色而目不盲」、「聽五音而耳不蔽」？你面臨「可欲」，會心神顫搖，已作不了自己的主人。因此，世間就有許多「使君與羅敷」悱惻纏綿的故事發生，也有許多「情到深處無怨尤」的感人劇本上演。

老子所謂「吾之所以有大患者，爲吾有身；及吾無身，吾有何患？」難道要廢了衆生分泌腺系統就能免除大患？可是我佛釋迦就堅決反對這一「滅絕人倫」的自殘。佛陀憐憫地教導衆生——「天下男子是我父，天下女子是我母」，否則，設淫欲如人人能收放自如，那天下蒼生又何用修道？

由於淫行、淫念導致世間男女不知犯了多少顯性與隱性的亂行敗德，而表面上卻道貌岸然，爲人師，爲人父，爲人妻女……。修道士面臨「生之慾」的高壓，幾乎強過長江巨浪，能夠在這一場戰役中贏得勝利，始非懦夫！

在這一載浮載沉的生命河流裏，人之因緣、遭遇不盡相同；當你面對暗室，請勿忘手操慧劍，惡緣也可能轉成善緣，魔女也可以變成天女，勒馬千江，是最後一招自救。我曾數十年來，我面臨的掙扎，亦如芸芸衆生一樣，軟弱無能，良夜長思，不禁汗如雨下。不斷地希圖掙脫這條生之鎖鏈，有時僥倖成功，有時慘敗；但終究有佛的劍在，能支持我，提攜我，從斷崖邊沿走回來。每當危疑困惑之際，忽有一股干雲豪氣，化險爲夷，強度關山。

我無福慧爲人師，但願爲人友；願將心深處的體會開放出來；古之聖賢與今之聖賢一樣難求，聖賢愚劣，全在一念之間。「道心」能超越過燎原的欲火，心境自然清涼！

七、我爲「捨無量心」添香

學佛前，我沒有「人與天爭」的問題，如果我已經悟道（證念佛三昧）也不會出現「人與天爭」問題；只可嘆，我徘徊在禪宗祖師「饑來吃飯睏來眠」的門外，「廓然無聖」我望塵莫及；我一直陷在「人天交戰」的泥淖之中。如果我蕭然摔脫手中念珠、心中佛號，也將沒有這些矛盾。可我爲何如此？這就是王陽明所謂「致良知」的代價。入佛的理念，帶給我必須履踐的菩提道，戰至一兵一卒也在所不惜。正因「心」處於正念與妄念互相消長之中，才磨練出很多的微玄之體悟，才超過形而下的屏障，在「了無新義」的道德教訓中，我眞的走過一些斷層與險灘；在這層表土得到一些零金碎玉。

「慈悲」二字，在某一類層尚未進入「悟境」之人而言，只是「形似」，是一種可當作號召衆生的口號，雖在日常也爲此口號付出過眼淚，但眼淚的背後，並非全是「悲心」的流露，那是學習「悲心」的表態，而世間人並不了解；眞正的悲心，必須普現在以「戒」爲基礎的一切有情身上，眞正的怨親平等，眞正地「感同身受」，眞正的物我一體，這些情境，並非眼淚可以代替。深慈大悲，沒有一絲矯情，沒有一分我慢，只有從見道者身上才會迸發出來，一切世間法式之慈善、憐憫，多少夾一些功利的潛在貪婪與名聞的私我欲求；它表現在「人我」、「利害」的差別上，親疏厚薄的歧異上，心理與義理的不平衡上；這還是「僞善」。是「有緣的慈」、「異體的悲」。凡爲自身、爲某一曲折的企圖、爲某些廣泛的意願的一切施設，都在深微的佛理之外，即使身在佛門之內，也是如此。

我默化於佛法薰染，我的思想與其一貫的理念已難劃分；我思的、想的全實踐在這一渦漩系統之內，所以我將自己的行止訂一恒點：凡事「利人爲先，利己在後」；在「四無量心」的實踐上，我覺察到「慈、悲、喜」三目易於「矇混」世人；它可以經由各種方式達到表象的效果；用宣傳、用微笑、用眼淚、用威脅利誘，都成。因此，世間出現許多新式的「大師」、「上師」、「上人」，都給人一種神聖崇高的景象，而實際上，這是資訊媒體的功勛。現代人成名，通常在一夕之間。經由科學的分析與思考後結論，事實就是如此，即使以上「三目」都實踐了，沒有「大捨大放」的襟懷，又有何用？在佛道上怎一個「捨」字了得？

我默默地試修「捨無量心」，我處處與自己所珍惜的事物過不去，在一些因緣和合的節骨眼上，我放手「空掉」一切。在「名聞利養」之間、「人我計較」之下，把「我」捨棄。在許多有利他人生存、安全、安慰的時刻，我「捨棄」我之所愛，來供養別人；我默默地鍛鍊自己做這種爲「遠程」鋪路的工作。可是有人不了解我，懷疑我，我不解釋；如若對方有智慧看人，又何須解釋？我讓時間來散放我的「輕己」主義。在世間，我做的有時別人不知道，家人也不知道；我又何必多此一舉？我以我的微薄的能力、悲心，能「捨多少」，就「捨多少」；這就是我從佛理中所選修的「捨」功德林。我有願在世間捨報之後，捨掉我的色身「每一器官」與需要者結緣，但又怕人老骨朽，再生力薄弱，害了別人，因此在遺囑上註明：「火化揚灰於水域」與「捨器官內臟與人」，兩者之間由家人抉擇，惟一的不可改變，便是色身絕不可佔人間一席之地。

在二十餘年教書的生涯裏，除了忙裏偷閒從事「佛學與文學」關係之著述，在與財名有關的文化事業上，已做得絕對清白無瑕；應如于謙所云：「粉骨碎身全不惜，惟留淸白在人間。」我這明鏡情懷，在人人都是懷疑大師的社會，依然有飄花墜絮落在頭上。也難怪他們，這個社會太污濁了，太貪瀆了，太沒有是非善惡義利之辨了，以致一些被輿論烘托起來的人物，也會人云亦云，帶上有色眼睛，含沙射影；這是社會的病態，但一些賢人也生病了。可能因爲我這種異數太少，所以使世人難以置信。因此我只有悄然歸隱。社會本爲修習「捨無量心」的場地，此時不捨，更待何時？人生不滿百，名利難隨身；修「捨中之捨」，才更是「心空及第歸」啊。從佛的聖量上，我磨練捨行，並非意味我已無煩惱；在繽紛交錯的人際關係間，偶一有不平事發生，煩惱還是有的。在這種情況，還要「捨」，那就「捨」煩惱吧！

在「捨行」之後，我印證到些許「同體大悲」之義，我絕不給別人製造苦惱；但有時太剛正、太執著人間是非義利之不可妥協，給別人一種食古不化的印象，如果連這也「捨」去，那麼我「捨己」的精神又如何存在？因此我保留世人批我「固執」、「不知圓融」的聲音，存一點人間義氣也好。

八、光影門頭．何去何從

修習佛道，到一定程度，會產生「他心、宿命、天眼」等通力；但也有例外，有極少人爲「宿世報得」；而這種「報得」的通力，有眞有假。神通，是佛道的副產品，是行道者的附加價值；這種通力不可師心自用，一旦亂用，就落入邪道。爲甚麼？因爲佛法本爲衆生遣情破執，一旦修道者把通力透過「功利主義」來表達，它便道力全失，自我放逐於佛門之外！今天，世界各地能扮演「通力」唬人的人，比起美國魔術大家大衞．考白非還是遜色得多；所差的，大衞沒有冒牌佛教而已；而大衞的謙抑、自然、以經營商業正當態度爲之，比他們可愛多了。而他們通常一付「阿修羅」狀，經不得世人批判，動輒如烈火燒身，咒別人不得好死，咒別人是「猪鷄」，唆使門徒打匿名電話護航，罵那些「不認同他的人」只算一顆葱；世間眞是有什麼師爺就有什麼徒弟，可見所謂「神通」之士的心腸有多麼狹窄？眞正悟道的人那有這種行徑？

佛門法侶，本來不會否定「神通」，那根本是自然現象嘛，就像晴朗無雲的天空，看不出什麼奇景，一旦氣候變化，有濃密的雲，於是雷電狂風暴雨彩虹就跟着來了。這有什麼希奇？可是那些迷執於「神通」的人羣可五體投地得血濃於水，「現代佛喲，無上師喲，蓮花童子喲，會化身保佑他親愛的徒弟的救世尊喲，」什麼感性得淚流滿面的話都出籠了。不知是這個世界的苦悶太多，還是物質生活豐贍得沒地方消耗，人心突然「物極則反」起來，或許雷射發展之太過神奇，須要一些「大師」來表演一番；我也曾隨喜過一些神通大會，我就看不出那些在臺上演出「濟公活佛」流人物有何異象？

那些可敬的朋友，當年也原是本本分分，我也曾與他們噓過寒、候過暖，同席吃齋喝茶，他們都是平凡僧尼相，爲什麼三兩年後，碼頭跑多了，一到熱情的羣衆大會上就成了活生生的「現代佛」呢？我不知道還有什麼至高無上至聖至妙的字眼可以形容這些古今以來少有、令人犯嘔的偉大人物？他們眞不知道自己的胸臆有多寬天地？如果他們可以化身、托夢、放光、無所不在，爲什麼西藏會淪亡四十載，爲什麼越南會倒退三十年？爲何他們沒有勇氣回到故鄉去向自己的同胞伸出慈悲的手，而跑到異國去欺世盜名，數典忘祖？今天人們不相信自己的良知，卻相信藝人的雷射，眞令人無奈！

須知，學佛道不能急，找老師，要找一位人格有後光、思想有見地、修行有正見的福慧雙修老師！那些「會化身」的人物自己沒有斷煩惱，又如何能幫你斷煩惱？自己生死不了，又如何能拖着你出生死？在這些人的性格上，也許能找到一些善良素質，但以「虛幻的神迹」來牽引門徒，卻並非如來眞實義！

「神通」非佛道所專有，外道也有，鬼道也有，而正確的學佛知見，是建立在「緣起性空、解纏去縛、了生脫死」，除此而外，皆是葛藤！

經典對神通的評價，就是這樣，一切要依自力，隨因緣修習佛的正定、正慧，才能進入佛的無上道。

我自己曾從「神通」的網裏解放出來，寄語佛道的朋友，不要從自由的天地再鑽進這張虛幻的網裏！

九、我的兩位私淑老師

初入佛門，我看到的書，處於「新舊交替」的戰爭歲月，新書寥寥可數；當時我看過的「現代化佛書」像陳海量的「知己知彼」、尢智表的「佛教科學觀」、王小徐的「一個科學家研究佛經的報告」、陳念玆的「念玆筆談」、周叔迦的「唯識研究」；還有「佛能」、「菩薩學處」……是抗日戰爭勝利之後最具說服力的入門書，可是今天已很少人去碰它；代之而起的，是這四十年間「更具現代化、知識化、感性化」的佛學新書，量與質都超過前人太多，而成爲這一代知識份子入佛之管道。

很可惜，陳海量他們這幾種書，難以滿足當時我的強烈深入佛法的願望，往深一層摸索，接觸到例如「天臺四教儀」、「碧巖錄」、「八識規矩頌」、「楞嚴講義」、「十六觀經」這類繁瑣而艱深的典籍，幾乎把我嚇倒了；由於我的學養基礎薄弱，到這一步，我對佛學的深究已不作過分的妄想，於是打定主意，這一生做個念佛的老實漢便了；所以初期的「熱情好道」，就在這個基礎上也就劍及履及，不管世人的眼睛怎樣看，特立獨行，也就不在話下。

然而，另一種與專心念佛意志稍稍相左的，就是佛經的組織，每在「流通分」常會出現「——若人以此經、乃至四句偈等，受持讀誦，爲他人說，有人憶念、修習、書寫是經者，……廣令流布，使不斷絕，成就不可思議功德……」云云。這就表明到衆生信了佛，還不能自了，你還有「書寫、流布」宏揚的義務；作爲一個佛弟子如果服膺經典的指導，宏法，幾乎是你差次於修行或相峙於修行的職分；所以我處於四十年代知識缺乏的情況下，到處搜集可能見到的「文史佛哲學」書籍，再加上自己僅有的一點舊學基礎，手未釋卷，有計畫地讀書，連續二十年以上，同時在佛學雜誌及報刊偶然塡補一些空白。我悲觀地了解：在佛刊撰稿，編輯人經常沒有選擇的餘地，只要錯得不離譜，說得不荒謬，也就用了；因此在文字品質上，就一直處於這種尷尬的局面。我在顚沛流離中寫到今天，幾乎與我初發心的老實修行本末倒置了；筆墨生涯成爲本分，念佛倒成爲副業。在深知自己資質魯鈍、福慧俱薄，每一部書都寫到「山窮水盡」才強勉問世；我沒有一種作品寫得輕鬆自在；寫後也沒有一種稱心如意。至於那種「筆落驚風雨，詩成泣鬼神」

的狀況，何曾夢過？因此我一直念念不忘有日「自了」，這種「惺惺寂寂」於「了生死」的情結，怎麼也脫不掉。下面有些紀錄，可以表明我的想法：

△民國三十八年十二月八日，岱山皈依淨安老和尚學佛；

△民國三十九年至四十七年十月在軍伍做十念早晚課，平時散念；

△民國四十七年十月十五日起，在花蓮佛敎蓮社結「禁口佛七」；

△民國四十八年七月十日至二十日，十天持「虛空藏菩薩咒」十萬遍；

△民國四十八年九月十六日至十二月三十一日大拜禮佛一〇七天，十萬拜圓滿；

△民國四十九年六月十一日起七天，赴臺中佛敎蓮社受在家菩薩戒；

△民國四十九年十一月至五十年九月一日禮佛至六萬七百拜，因執行記者工作中止。

△民國五十一年春，受宜蘭雷音寺星雲法師邀，到臺北接編「覺世旬刊」（其中於五十二年至六十六年九月持續每晚靜坐念佛一小時），文字禪生活，由此肇始……。

我的定期修道工作在民國五十一年中斷，在臺北這二十八年，全是「散修」、「散坐」，大半時間耗於「敎書」與「寫作」。惟對先賢之行誼崇仰之心未減。

我對弘一大師之崇仰，不在於他老人家「音樂、美術、書印」等藝術的高超成就，我是歎服他能從聲色繁華的纏縛中，迅速了斷的「絕情絕俗」，宗法他實踐佛道的恭敬、嚴肅、淡泊寧靜的「超然卓立」的風範；民國七十年後，我又在臺灣苑裏有緣會見「無名大德尼」，世間眞正的

「大悲情懷」在這裏浸入心頭；什麼是「眞正道心」，什麼是「無罣無礙」，什麼是「衆生平等」都體會了。無名大德尼之死，是我在有生之年第一次感受到如喪考妣的巨大傷痛；每當我午夜夢回，想到她；每一提筆，寫到她，就忍不住淚如潮湧。她在世間逗留五十六寒暑，就此飄然而去。

弘一大師與無名大德尼是我實踐佛教教示的私淑老師；雖然我煩惱隨身，業緣未了，而他們的光環，就是引導我走在黑暗的世間能不迷失方向的慧燈！

一九九〇年（民國七十九年三月二十七日於臺北杜魚庵）

杜魚庵荒史紀年〔初稿〕

不慧妙悟（詞號杜魚庵），本人人有緣爲自已作傳之「期求」，不揣謭陋，謹以「年譜」形式，記下此生六十六年野生野長生活及其零縑片羽，蓋不敢媲美高賢，但期此表，能爲個人留下「學佛史」上雪鴻印爪，以供後人茶餘飯後之助談，並請我佛界師友，有以垂教。

文曰：

【民國十四年・乙丑・公元一九二五年・一歲】

農曆六月一日辰時，出生於中國江蘇省泗陽縣陳圩鄉下宅祖居。由祖父命名：永年。

祖父母均在，祖父諱陳鋆，祖母汪氏。大伯父玉衡公，大於家父七歲，已婚，承嗣於祖父之長兄（已早亡），客居於蘇皖交界之僻鄉馬牙湖。叔玉璧公，時約十六歲，在學。父諱陳海涵，二十歲，已畢業於江蘇省立宿遷中學，就讀於南京工業專門學校。母諱史廣才，二十三歲，出身宿遷（項羽故籍）大興集史莊，外祖父爲生員（秀才），母粗識詩書，可讀三國、水滸等古典小說。

家庭成分——爲破落戶式地主，並非富有。

【民國十五年・丙寅・公元一九二六年・二歲】

父親在南京就學，余賴母親撫養，在家中爲長孫，殊受祖父鍾愛。

某日，母親於厨房操作，留我於臥室，由床上滾於磚地，左眉角上端被磚角撞傷，血流太多而昏厥，直至母親回房，呼喊家人救醒，此爲余第一次頭部傷害，致留有三角形疤痕。

【民國十六年・丁卯・公元一九二七年・三歲】

父　海涵先生，在南京棄學，參加國民黨軍北伐，任職北伐軍政治部，至山東濟南，因日軍阻擾，抵黃河鐵橋南端撤兵。

父海涵公於本年九月，插班進入上海大夏大學教育系就讀二年級。

【民國十七年・戊辰・公元一九二八年・四歲】

農曆二月四日，妹令慧（原名秀華）生。

秋天某日下午四時，在祖居堂屋中，受嬸母許氏之囑，赴其房中取剪刀使用，不料當手執剪刀，跨出臥室門檻時被絆倒，剪刀由腮幫嘴角邊插入口腔，疼倒於地，俟母親及嬸母聞聲急救，血流滿面，二十餘日始癒合，此爲第二次之面部傷害。左嘴角邊仍留有淡痕。

〔這一年所發生之事，也許在三歲，姑置於此。〕

【民國十八年・己巳・公元一九二九年・五歲】

日常受教於祖父鋆公，教背古詩，及識方塊字。

父海涵公留讀於上海——大夏大學。

【民國十九年・庚午・公元一九三〇年・六歲】

父海涵公，於本年夏，畢業上海大夏大學教育系，受聘回鄉，出任泗陽縣立初中教務主任，校長吳春科（一九五五年以後任臺灣中興大學農學院教授）。

八月，因蘇北匪寇橫行，九月間某夜，土匪魏友三部等千人，進襲本圩，俟十六日天色初明，余與三嬸許氏（三十餘歲）、姑母陳蘭芳（十六歲），均被匪所擄，其餘家人均四散逃逸。三日後，余與嬸等被俘，隨匪東逃西竄，大多游走在蘇皖之交的洪澤湖西北岸一帶僻村野店，歷三個月，當時天寒地凍，無遮體之衿，此後患長年腹痛，連綿數十載，至今未癒。

嬸母則於十月某晚被匪首高某鎗殺，十六歲姑母則於離亂中失散逃回故鄉。

余於本年冬（大約十二月間）由祖父以銀幣六百元請人從匪窟贖回。

十二月底，受祖父命，余與祖母、母親、妹等移居泗陽城內，父親仍任教泗陽縣中，余則入泗陽縣立實驗小學一年級就讀，時校長爲江某。

【民國二十年・辛未・公元一九三一年・七歲】

續讀本縣實驗小學一年級。秋，升二年級上期。

歲底，與堂妹亞珠，由小學相偕至隔鄰初中遊玩，受初中女生休息室中學生薛玉容追趕絆倒，左額角撞及大門，經救治後，形成巨傷，迄今猶存，此爲余幼年第三次傷害。

母親生一妹，八月因病夭折。

【民國二十一年・壬申・公元一九三二年・八歲】

九月，家父海涵先生，受聘出任縣立太平莊小學校長，因此接聘回鄉任教，平日留宿於校中校長宿舍，余臥於父側。時父親年僅二十七歲。每遇假日，則與父親步行、或騎驢回陳圩祖居。約六里。

此年秋余升小學三年級。

【民國二十二年・癸酉・公元一九三三年・九歲】

父親於出任校長一年後，再度返泗陽縣中任教務主任，余再度隨父回縣城，讀實小三年級下期及四年級上期。

冬，祖母汪氏逝世。十二月弟永健出生。

【民國二十三年・甲戌・公元一九三四年・十歲】

本年春，父海涵先生，受友人周振詔之聘去上海，出任「私立上海婦女補習學校愚園路分校校長」，八月，余受祖父命，由鄉前輩韓某護送至上海，隨父就讀佛教靜安寺小學四年級下學期。因方語不通，功課一落千丈，學期結束後留級。

【民國二十四年・乙亥・公元一九三五年・十一歲】

除夕前，家鄉來書，祖父病重，促父回鄉。

元月（除夕前）隨父回鄉，見祖父最後一面，祖父拖至農曆三月間病逝，享壽六十三歲。

父與伯叔等在家守孝至五月，出殯。

五月中父獨自騎單車去縣城沐浴，自此鴻飛冥冥，永未歸來。

〔此後傳聞父未再返回上海，於當年七月間就「南昌行轅」秘書，不久，再赴重慶，初任重慶文通書局顧問，旋赴貴陽，民國二十七——三十二年間，似出任搬遷至大後方之上海大夏大學講師、貴州省立都勻師範校長等職。抗日勝利前夕，轉任貴陽華威銀行襄理，民國三十六年，因華威銀行董事長乘飛機去南京失事死亡，家父未隨勝利而返江蘇，可能即轉任貴陽某一大學歷任教授，直至逝世爲止。〕

本年，因守祖父孝，在家失學一年。

【民國二十五年・丙子・公元一九三六年・十二歲】

九月，入本縣太平莊小學，插班六年級就學。校長葛爲聖先生，略信佛教。——在個人求學史上，五年級是一節斷層；因此，而後數學科一直陷於萬刼不復之境，當年同屆同學，而今在臺的有族中堂兄陳復增（曾任臺北市警察局北投分局組長，已退休）、堂妹陳亞珠（現任臺北市松山商職數學教師）。

十二月十二日，發生「西安事變」。

△本年春某晚，第一次，從校長葛爲聖先生處，聽聞金山仁山法師事迹，與釋迦在雪山悟道

故事，極爲嚮往。

【民國二十六年・丁丑・公元一九三七年・十三歲】

六月底，太平莊小學畢業，報名泗陽縣立初中考試落第。

七月七日中日之戰——河北宛平蘆溝橋戰事爆發，史稱「七七事變」。

八月十三日，日軍進兵上海，史稱「八一三戰役」。

【民國二十七年・戊寅・公元一九三八年・十四歲】

這年秋天，奉家母命，再度留讀太平莊小學六年級，改名「陳延輔」。校長爲族中姑母陳敏女士，出身「淮陰師範」。不久，學校因日軍進逼泗陽而解散，余失學回家，從同族宗長陳同安，讀私塾於族兄（時任鄉長）陳復禮家，更名「陳長庚」。這是第一遭讀古書，選的科目是「幼學瓊林」，四册線裝書，在不到半年內背完，其中又念些雜書。

【民國二十八年・己卯・公元一九三九年・十五歲】

春三月，從塾師吳化，讀「論語」、「孟子」及「唐詩」，前後約一年。仍名「陳長庚」。余與幼年好友張志雲同時受業，彼輕財重義，善角力、游泳，年僅十六。

五月麥季，在塾中曾應族兄陳復禮等之約，任扶乩手，請呂純陽下壇，預言中國災刼。（數月後，又任扶乩手，請關公、土地神各一次。）

秋，日軍下鄉掃蕩，家中屋房，全部被日寇焚之一炬，食「炭化糧」達一年之久。

秋七月，奉母命去江蘇東南沿海如皋縣掘港鎮，依家叔父陳玉璧（當時任軍方營長）就讀於掘港中學秋季班一年級下期。更名「陳銳」。因未曾讀一年級上學期，功課不佳而留級。學期結束後，暑假期間因住掘港後街「國清寺」，而結識一位青年比丘，他是天臺宗大德興慈老和尚法裔，因而再度結緣佛法，企圖出家未果。

八月底，轉往如皋縣政府所在地、馬塘鄉間，邱陞中學重讀，入一年級上期，更名「陳劍英」。九月間中共陳毅部隊由江陰渡江北上，在黃橋一役消滅國軍李守維部八十九軍，而席捲蘇北沿江各縣，家叔隨軍撤走北方興化，余在邱陞中學讀不及兩個月而再度失學，即隨嬸母至南通曲港住兩個月，再僱船至寶應鄉間「軍師嘴」，與叔父會合，時叔父任副團長職。

【民國二十九年・庚辰・公元一九四〇年・十六歲】

春天隨叔父寄居戰地，東流西蕩。不久，奉叔命與嬸等潛至日軍佔領區寶應城內暫住，四月間，越運河，沿洪澤湖東北岸，乘黃包車，約兩天後回鄉。途中嬸母張氏返泗陽縣北川城娘家，余則返回故鄉。孰料母親率弟妹已逃難至運河北劉莊姑奶奶家，故鄉為偽軍佔據，余暫住姨母家一個月，年底到劉莊與母親團聚。

小姑奶奶（余祖父之幼妹），歸於劉氏，早寡，時年五十餘，信仰地方宗教「西華堂」，素食、打坐；余嚮往之，記憶中，余於八九歲時曾因此素食兩三個月，因家母反對而作罷，今又住於此，日夕所見，皆是老人家的道友與傳教活動。但余心中肯定，彼所信並非純粹佛法。

十月，在此又隨塾師史某，讀「易經」二册。

【民國三十年・辛巳・公元一九四一年・十七歲】

春天返故居陳圩。

秋間，因戰火連綿，當時「新四軍皖東北軍分區部隊與國軍游擊隊」之間火併，奉母命，到五十里外西南鄉馬牙湖大伯父陳璿卿公宅暫住避難。隨於八月從塾師左某讀「詩經」、「尚書」等古籍，約八個月以上；並自行學詩，粗能成篇。

本年改名「陳遐齡」。

【民國三十一年・壬午・公元一九四二年・十八歲】

春末之間，因兵亂停學，住馬湖鄉間友人崔家，讀「紅樓夢」一部，約六遍，極熟。不久又從塾師林某讀經約二三個月。

五月，乃「不告而別」，離開馬牙湖，回故鄉陳圩，時中共新四軍地方政府已經設立，區長名李耀，鄉長姓何，名則不詳。

九月，卽再奉母命，到淮陰縣（韓信故籍）漁溝鎭西園莊，私立漁溝中學初二秋季班就讀，仍名「陳遐齡」。到時學校久已開學。

學期結束後，與堂妹國華（今仍服務臺灣新竹地方法院）一同到陷區中江蘇省政府所在地——淮安東鄉大洋社、涇口一帶，彼依其父，余依叔父企圖就學省立第八臨中未果。

【民國三十二年・癸未・公元一九四三年・十九歲】

陰曆年過了不久，蘇北最後一次「垂死戰役」發生了，南方有日軍，北方有陳毅、劉少奇的「新四軍」設陷，不到一個月，八十九軍瓦解兵消，江蘇省政府西撤安徽阜陽，蘇北地區戰術要點之城鎮均為日軍所佔，鄉村則全部落於中共新四軍陳毅之手。

我在亂軍中隨叔父等潛至運河線上之寶應縣，余就讀一名為「致知補習社」的學校高一上期。復名「陳銳」。住寶應縣西城內諸家巷一號馮家。

六月，退學。再度未與母親道別，出走江南，到鎮江，與友人江濤等相會，從京滬線常州，越日軍封鎖線到達溧陽，然後步行二十餘日，經安徽廣德、宣城、歙縣，浙江遂安、淳安，江西上饒、鉛山，到福建崇安，投入政府設立的「淪陷區失學失業青年招訓所」待命，這一機構當時的領導人是汪寶瑄。

初至崇山峻嶺之中，不適應山中生活，一病不起。

八月底決心離開這個死人窩（有多位淪陷區同學病死無人埋骨），只好從軍。（由招訓所「警衛排」排長崔嵩山中尉之介到二十六軍入伍，崔部係由駐上饒之二十六軍派出。自此正名「陳銳」，直至民國四十二年。）

大約九月十日前後與江濤（大我三歲），走了五天路，到達江西上饒，先駐於二十六軍（軍長丁治磐將軍）特務營營部（營長孫傳義，崔為該營第一連排長）報名軍部幹訓班。

九月下旬入學生隊第三期受訓。當時幹訓班主任是河南人范蒲中校（二十年前病逝於臺灣嘉義）。

【民國三十三年・甲申・公元一九四四年・二十歲】

三月，由駐地上饒新野鄉，移防金谿鄉間，不久再移防貴谿縣上清鎭張天師的故居。此際才眞正體會到「草鞋兵」的辛酸歲月。赤腳穿稻草編製的草鞋，上山砍柴，挑柴、挑米、做工、野外軍事訓練、生病……穿破軍裝，冬天蓋破毯子，身上虱子亂爬……。一天發三錢油，一年三次「加菜」……年年不見家信。軍司令部駐於上清鎭碼頭邊的天師府內，軍長仍爲丁治磐將軍。

五月，本隊移防金谿縣刎坑，大病，受到居民王吉旺老夫婦照顧，養病其家，老人有女桃香八歲，稱余與同學林松齡（三年前從輔仁大學秘書職退休）爲「哥哥」，余與松齡爲老人心目中的義子。

八月，再移防回上清原地；大病復發，左腿關節爛成碗大窟洞。血肉筋脈全部爛脫，深見白骨，發高燒、住診所，幾乎不治，約一年，始因友人以草藥治癒。左腿跛行達一年之久。幹訓班學生總隊長，由杜建中校接任。前班主任范蒲中校因病他調。

十月，全軍奉命遠征湖南，參加湖南長沙四次會戰，本〔幹訓班〕留守上清。

【民國三十四年・乙酉・公元一九四五年・二十一歲】

病體初癒，九月一日夜間，忽聞滿天爆竹聲，原來抗日戰爭已勝利，天亮之後，全隊歡欣沸騰，十月初，奉命調往湖南衡陽，在江西貴谿到湖南衡陽途中，在萍鄉一人家，見「虛雲和尙」像。走了十天左右，又坐了兩天火車，滿目所見，沿途處處斷垣殘壁，無一戶完整之人家。

十月初，進駐衡陽北郊天主堂內。

十月底由軍長丁治磐中將主持「湘南地區受降典禮」宣布本軍自抗日戰爭爆發至今，陣亡官兵約一萬餘人，今日距離日本昭和天皇宣布的無條件投降廣播日已近一個多月。

軍幹訓班畢業典禮，由（軍長）丁治磐將軍主持，畢業後，我被分發到陸軍四十一師（師長董繼陶）一二二團（團長李福雲）二營（營長耿琴聲）第六連以中士班長階任「見習官」、在連部服務，難友江濤同在一連。連長卽前福建招訓所警衛排長皖北阜陽的崔嵩山。（崔某民國三十六年（一九四七年），與中共陳毅部作戰戰死於蘇北鹽城。）

多，調防上行六天到長沙，住東鄉「榔梨市」一佛寺中，兩個月後，奉調升任本營駐地長沙「斗嶺上」營部補給上士，不久以後升任重機關槍連「准尉特務長」。這是我在陸軍初任的官階。不久改編爲整編二十六軍四十一師一二三團（團長周敬亭）第二營機槍連，仍任特務長。

【民國三十五年・丙戌・公元一九四六年・二十二歲】

本年身體已恢復健康，部隊駐防湘陰縣（粵漢鐵路）白水車站間，與屈原自沉之汨羅咫尺之遠，但是「特務長」非我所願。

五月，部隊再度奉命坐火車經岳陽，移防湖北武昌。住不到十天，再沿江坐船，移防到南京對江浦口，休息一天，坐火車北上徐州，星夜趕到徐州東郊佈防大許家一帶。

本年春夏之間全軍部隊大整編，由「軍」整編爲「師」。許多軍官被編入「軍官總隊」。好友江濤，已升任本營第六連（崔嵩山連）准尉特務長。

國共之戰從此大幅展開。有一晚，在駐防睢寧縣時，第六連排長查起經，奉命出擊時陣亡，時年二十三歲，頗爲感傷。國軍愈打愈弱，中共軍愈打愈強。

十月，母親自故鄉到戰地睢寧鄉間某村來探看五年不見的愛兒，營長（耿琴聲）以筵席爲母接風，極爲感激。母親次日走後，部隊出發到宿遷，與胡璉之十一師、戴之奇之六十九師連手迎戰陳毅，不敵敗陣，戴之奇陣亡。

【民國三十六年・丁亥・公元一九四七年・二十三歲】

余因病後送徐州，轉住安徽臨淮關聯勤第八後方醫院療養，在臨淮關度歲。新年後病癒，被院方命令出院歸隊。

余至徐州，投效陸軍李良榮部整編五十二師（師長李渤）八十旅（旅長李萬賓）二三九團（團長莊子卿）第二營機關槍連，任第一排少尉排長。

本軍駐防徐州東雙溝訓練，不久，調防至海州之新埔、南城、灌雲响水口等地設防、訓練約半年餘。

六月，在新埔，調任營部副官。頗非所願。

七月中，調防山東臨沂、大李莊，並在沂河兩岸游走月餘。

八月初，離隊，走徐州，住族兄陳復增處（時任方先覺八十八師連長）數日，坐津浦路車，過江，到南京、鎮江、蘇州一帶（一日，去揚州，遇老友江濤出差至江南，時任五十一師某部少尉副官）。

九月，由族伯父陳珊（海柯公）推介，就業於江蘇省銅山縣警察局、賈汪分局，任職巡官。

十一月，由賈汪分局，調徐州青年路銅山警察局司法科巡官。

十二月初，母親、弟永健、妹令慧及延琦等至徐州相聚，月底母親返鄉，餘人從余作客。

【民國三十七年・戊子・公元一九四七年・二十四歲】

三月間，調總局司法科科員。

五月由徐至淮陰、寶應、鎮江、南京，再轉返徐州旅行一次，約二十餘日。在淮陰又遇故友江濤，服役五十一軍任少尉排長職。

六月一日，故鄉泗陽縣城淪陷於中共之手。

秋八月妹令慧（因戰亂從徐州西關一教會中學二年級休學）與姨妹月珠，離徐州至南京謀生。

八月某日，接上海堂妹亞珠寄來佛教「覺有情」半月刊；覽讀之下，頗爲相契。華北風雲緊急，黃泛區會戰結束，雙方各有勝負。

十二月底，徐州東「碾莊會戰」結束，集團軍司令官黃伯韜中將陣亡。徐州民衆紛紛南逃。

中共形勢日熾，各線鐵路經常中斷，劉伯誠、陳毅等中共部隊對徐州形成袋形包圍圈。山東濟南、青島、乃至北平、天津、鄭州，均已形成「孤島」。

【民國三十八年・己丑・公元一九四九年・二十五歲】

元月，徐州淪陷，余流落戰區。

弟永健休學，返回故里。

二月，余偕延琦自徐州沿徐淮公路線逃難南下。

同月，至泗陽縣周莊與母親相聚三日，余隻身潛至淮陰，然後直下揚州，渡過長江，到省會鎮江，住家三嬸處，數日後，到蘇州，再會家叔玉璧公，當時風聲鶴唳，中共大軍，虎視耽耽，有席捲江南之勢。

三月底，余至鎮江南郊「新豐鎮」，任「江蘇省軍官訓練團」爲上尉軍官隊員。

四月初，調防常州明煌鎮。發表省訓團軍事幹訓班十四中隊上尉中隊附，未報到。住半個月，再行軍直下上海外圍金山縣。

四月二十二日拂曉中共大軍從江陰等地渡江，截斷京滬鐵路。

四月底某日——大軍撤退前一日，余隨軍官團至上海，部隊由吳淞調崇明島，歸隊就中隊附職（中隊長王永興）。在崇明，部隊訓練不足一月，上海淪陷。

五月底某夜，集民間船隻，三天後本隊渡海隨軍撤退至浙江舟山羣島之岱山島高亭鎮。

六月部隊改編爲「暫編第一軍十四師工兵連」，余被調爲上尉指導員。不久，再度改編爲七十一師通信營第二連，余改任上尉幹事。調住該島東沙角、念母岙，就地訓練。

九月某夕，偕同事三人，在念母岙山間小道散步，見一小寺——靜觀禪寺，乃敲門入寺，寺中一僧應門，其餘空無一物。不久，見大殿左側有一小門，被封閉的門上有「生死關」三字。但牆上有一小門如窗，忽然開啓，露出一披髮僧人上半身相，面如白臘，似久不見天日，其目則微凹，而眼神如鷹。

余與之談，彼云已閉關十四年。余見關內書架有書甚多，乃向彼借書數册而去。

此後余乃成爲此間常客，小關房中之書，幾爲余讀完。余因之對佛學如痴如醉。在寺中拿來佛書，回部隊則整日閉門而讀，而靜坐，而念佛，而抄寫經書。

至十二月，前後約三個月工夫，余閱佛書約百餘册，對佛家思想乃完全肯定，復下定決心依律「戒煙斷酒」（煙酒兩項，直至來臺數年後始完全根絕，可見習氣之形成後，消除之不易）。

此時大江南北，國軍除留海南島之劉安琪部，其他完全潰滅。

【民國三十九年・庚寅・公元一九五〇年・二十六歲】

元月（農曆十二月八日・釋迦牟尼佛成道日）余皈依靜觀寺方丈——靜安老和尚（即閉生死

關之僧)。

師賜余法名——妙悟。

四月底,舟山大撤退前夕(舟山防衞司令石覺中將),全島如同死城,余最後一次獨行去皈依師之靜觀禪寺辭別,師哀痛萬分,悲淚不禁,余亦黯然。

師示:到臺灣後,要勿失道心,要尋訪同修與道場,要細水常流,勿忘佛恩。

余自此將師示緊記在心。

四月二十八日,全軍撤退,余隨部隊由高亭登艦,經三日兩夜航程,抵達高雄,五月二日上岸,入住高雄市五福四路高雄女中大禮堂。

五月某日,堂妹國華由三四〇師請長假退伍住高雄,乃偕其未婚夫婿來見。

五月中旬,部隊奉命行軍,約五六日,到達臺灣南端恆春鎭滿州鄉,余之團部住滿州國校(校長曾辛得)內。部隊再度改隸爲五十四軍(軍部在花蓮,軍長闕漢騫)七十一師一二三團,余由原師部通信營改調該團政治處上尉幹事。

因手中無兵,出身行伍,一無學歷,則以此棲身。惟報國之心未稍戢。

十月間,調駐射麻里營房。

患嚴重胃病臥床十天,戰友周哲藍頗爲照顧。

【民國四十年・辛卯・公元一九五一年・二十七歲】

春移住恆春西約二公里之虎頭山「克難營房」。

部隊改編爲五十四軍九十三師二七九團（團長張碩昌），余仍任政治處上尉幹事。

秋，奉派赴淡水政幹班受訓一個月（班主任蔣經國，副主任胡偉克空軍少將，教務主任王昇中校，訓導主任江國棟中校，總務主任王茂山上校）。

在臺北分別與族妹亞珠、堂姑玉棠等見面。

十一月，由恆春赴臺北參加國軍政治會考。

來臺後第一篇政治性論文以「陳銳」本名，發表於國防部總政治部某刊。

十二月當選國軍第三屆「克難英雄」。十二月三十一日抵臺北受國防部接待。

【民國四十一年・壬辰・公元一九五二年・二十八歲】

元月一日出席三軍克難英雄大會受獎，及總統蔣中正先生之召見，設宴勉勵，國防部（參謀總長周至柔）及各界分別設宴多次。並以禮車接待，出遊市區各重要街道，及遊基隆海港等地。

堂妹國華及表弟史宜居在基隆港口來會，並獻花。

同時當選爲本屆「克難英雄」者，陸海空三軍約一百餘人。

俟後臺北建「國軍英雄館」，以十二吋放大個人照片及事蹟長期展示於該館二樓英雄事蹟廳。

返防路經新竹香山，拜見駐錫一善堂之（太虛大師弟子）大醒法師，與師共榻一晚，長談至深夜。

五月，借恆春國民學校，主辦「政治戰士訓練班」，全團三百餘人，分期調訓，余任教務組長，主任爲張輔民少校。

第一篇佛學論文「持名念佛的價值」，發表於「菩提樹月刊」創刊號（十二月八日），或「覺生」五月號。因手中無刋，無法確記何刋。

冬，因颱風摧毀營區，移住恆春鎭恆春高中隔壁之破舊房舍內。

【民國四十二年・癸巳・公元一九五三年・二十九歲】

五月，調防高雄鳳山五塊厝。

某晚，訪鳳山三民路佛教蓮社，初見（佛七和尙）煮雲法師。（不久，又在同地，見自宜蘭來的青年比丘——星雲法師，澎湖來的廣慈法師。時彼等均約二十五、六歲。）

七月，奉派赴臺北市北投「馬場」政工幹部學校「軍事新聞班」受訓，一個月後結訓返高雄，並兼任青年戰士報記者。

十一月奉調軍榴彈砲兵第一一三營（營長楊曦來）營指導員（少校編階，卽今之營輔導長）負責該營政治工作，防地旗山「普姜林」。

自此，陸續以「陳銳」、「上官慧劍」等筆名，在佛學報刋及報紙發表作品，並於公暇從圖書館、租書店搜尋古今名家著作，以文史哲學爲中心，埋頭苦讀，手未釋卷。

凡有道場及善知識，皆結識之。

十二月，移防嘉義內角營區訓練。

△本年夏，奉國防部命令，更名「陳劍慧」（本爲余之字），原名「陳銳」被註銷。

△故鄉淪陷之後，魚書斷絕，故人生死不明者五年，心情絕望已極。

【民國四十三年・甲午・公元一九五四年・三十歲】

三月，在嘉義，結識當時從事代書業務的李正平居士（已於多年前出家，今南投魚池慈光山聖開法師）。又識息隱新營的鍾石磐老居士。

五月，因胃疾，住臺南陸軍醫院約一個月。檢查後，證明爲「胃部下垂」。

六月，讀香港亞洲出版社印行之「有情世界」（沙千夢著）、「半下流社會」（趙滋藩著）等文學作品，極爲欣賞。

七月，部隊改編爲陸軍第一八四野砲營，隸四十九師；師本部在馬祖（師長羅揚鞭），本部調防雲林北斗。不久又調臺南隆田、高雄旗山、臺南新化等地。

秋八月（？）發表小說「作家與茶女」於公論報副刊。（當時主編爲王鼎鈞）

十二月，再度改編爲第一九四山砲營。

△五月某日自北斗到臺中，拜訪菩提樹月刊發行人朱斐，同時驚悉駐錫汐止秀峰山彌勒內院之慈航法師於農曆四月四日晚圓寂。同時於此晚，由朱斐居士引薦拜識（山東歷城）李炳南老師

及唐湘清居士。

【民國四十四年・乙未・一九五五年・三十一歲】

春，住白河營區。不久調臺南新化營房。

四月奉調鳳山陸軍官校政幹班受訓。計十二週。

此一期間，分別在鳳山佛教蓮社，結識李春陽（作家，著有「蒼天悠悠」等作品）、莫佩嫺、麗娟居士等道友。

七月返新化駐區，聞「孫立人事件」發生，本師某團爲主導單位，人心惶惶，眞僞莫辨。

九月，女友楊小孟辭空軍職務，移舍屏東東港。

不久在高雄市成家。

舍址設於屏東東港鎭。

【民國四十五年・丙申・公元一九五六年・三十二歲】

仍服務四十九師（師長余豪章）砲兵指揮部一九四山砲營任「上尉營指」，移防高雄縣大社鄉仁武營區。

七月十八日（農曆六月十一日）下午五點弱水出生於東港客邸，生時余在營區未歸。

讀「老子章句」、范錡著「哲學概論」、恩尼派爾「大戰隨軍記」……等中外作品。

胃疾逐年加重。經臺南第四陸軍總醫院檢查，胃部下垂約兩吋。

這一年余陸續在國內佛教刊物發表甚多作品，如「人生」、「菩提樹」、「佛教青年」。

△本年春，營長石如川調升四九砲兵指揮部副指揮官，營長由余實秋接任；副營長劉先竹調任指揮部作戰軍官，由國防部派張鐵夫少校接任。鐵夫，湖北武昌人，年大余約五、六歲，為人剛直，嫉世憤俗，但藏書極多，平日手不釋卷，英文甚佳，俄文亦能閱讀，與余甚洽，余能有書可讀，受彼益甚鉅。

【民國四十六年・丁酉・公元一九五七年・三十三歲】

仍駐防仁武，每週或兩週返家一次。

三月，由臺北市建康書局（發行人張少齊長者）印行余第一部粗糙著作「天網」小說、散文合集。這部書，一五四頁，很可能是由佛教大陸來臺印行的第一部以「佛教事物為背景」所寫的文集。今已絕版，本人尙保留一册殘本。

十月，奉調花蓮北埔陸軍臨時醫院政治處，任政工官，主管監察。全家由東港移居花蓮。小孟於九月已先行由友人介紹，受聘光復鄉花蓮糖廠醫院護士長，我們由南部抵達光復當日，即住進由廠方安排的宿舍（在醫院對面，為十餘坪塌塌米小房，後有小型厨房及院落）。約半年之後（即四十七年夏秋之間）搬至醫院隔壁，一雙拼獨立之宿舍，余即在客廳設置小型佛堂，每週六從花蓮返舍一次。

【民國四十七年・戊戌・公元一九五八年・三十四歲】

春，在花蓮市美侖佛教蓮社，結識住持寬裕法師，師不久辭退（今汐止彌勒內院住持）。熊炬明居士（後出家爲法振法師）、李吟新居士、劉國香（圓香）居士、臺肥花廠范副廠長夫人等道友多人，有時在蓮社後院合唱佛曲。

八月二十三日，發生國共戰史上著名的金門「八二三」砲戰。

秋，某晚余與家人，在花蓮花崗山東淨寺，與當時「佛教青年」主編蓮航法師（今中和南山寺住持）第一次見面。

十月，辭去政工官職務，以胃病改調爲醫院「療養員」，住醫院某一病房，準備退役，每於週日返家。

同年冬在花蓮識一針灸醫師顧士廉，請其爲余針治胃病九十天，腹痛爲之減輕，以後不再復發「有感陣痛」。自此，余卽逐漸搜購中醫典籍，研究中國醫藥及針灸技術，一面寫作。

十二月二十九日（農曆十一月底）女無憂生於東港婦嬰醫院。

【民國四十八年・己亥・公元一九五九年・三十五歲】

春三月，與劉國香居士在花蓮美侖佛教蓮社打「雙人佛七」，由熊炬明居士護七，禁語，每日四時起身，拜佛、念佛、靜坐，晚九時後就寢，順利圓滿。

本年八月一日，在「長城案」下，奉國防部令退除軍職，時仍爲陸軍步兵上尉，計民國三十二年十月入伍，四十八年八月退役，服務陸軍計十五年十個月，扣除徐州警界服務一年六個月，則報國從軍年資爲十四年四個月。

退役的名義，是「自謀生活」，日後生死病痛與政府無關，並立下切結，此外領得退役金約臺幣貳萬餘元。軍旅生活從此在生命中化爲一縷煙塵。四顧茫茫，不知何依何怙。身無一技之長，除妻子寄住於花蓮糖廠，自己則不知伊於胡底。

六月，臺北汐止彌勒內院慈航法師圓寂五年後開缸，舉行裝金安座典禮，余專程由花蓮北上，參加此一大典，當時寄住松山寺，曾拜識住持道安法師、內院律航法師（黃臚初中將），以及青松法師（張曼濤）、陳子平居士；在典禮當日，山間落雨，但人潮如湧，臺北區法師大抵均有一面之緣。

在此三日間，又與蕭家典（業命相，大夏大學畢業）、劉國香居士同眠一榻。

返花後，十月，青松法師赴玉里舉辦「佛教文物展」，余應熊炬明居士之約，赴玉里協辦，住華山寺，並結識廣化法師。

余因發願「拜佛十萬」，未等「文物展」結束，即專程返光復家中，利用失業之暇隙，於十月中旬，開始一百天之大拜。此次「十萬拜」係在家中客廳小佛堂舉行，不見任何友朋，不回任何函信。一心拜佛，消業懺悔，並以西藏式全身伏地大拜行之，一日一千拜，除飲食時間之外，每日從早六時至晚十時，每天拜佛十小時。初時雙膝磨腫痠痛難忍，十天以後則已成習慣，一百天順利圓滿。

當拜至六十餘天時，一日上午九時許，見佛像前一陣冉冉紫霧撲面而來，約數秒鐘逐漸隱去。心神為之顫動，法喜無限。

此後夢中常念佛，見僧。

拜佛圓滿之後，再發願持「虛空藏菩薩咒」十萬遍，歷程十天，每天一萬遍，以懺悔自性之痴愚，祈咒力加被增強記憶力、智慧與高深思想深入之能力。

【民國四十九年・庚子・公元一九六〇年・三十六歲】

春，受聘擔任中央日報駐光復、瑞穗地區記者。

以「本報駐光復記者陳劍慧」本名，陸續發表「亞洲十項全能吳阿民」，「張克郵票藝術展」等邊欄特寫多篇。

六月，受朱斐居士約，赴臺中佛教圖書館，受菩薩戒一週。得戒和尚——前常州天寧寺方丈證蓮長老、敎授阿闍黎戒德法師、羯磨阿闍黎龍泉長老……這次一千二百餘人之戒會，係由李炳南老師倡導啓建，當時受戒之在家居士，有蔡念生長者、顧法嚴居士、許炎墩居士等多人。

圓滿之後，返花蓮，以「上官慧劍」筆名，撰「滿戒續紛錄」一文，分二期發表於菩提樹月刊。

△花蓮佛敎蓮社住持已由嚴持法師接任。

△本年在張少齊老居士主持之「覺世旬刊」發表佛學散文。

△本年九月起，受聘在花蓮光復國民小學代課一年，並任四年級導師。

△余自民國三十八年十二月八日皈依以來，每日早晚在軍中以「十念佛、廻向」做早晚課，至此，改爲正常之課誦，時間約爲三—四十分鐘。

白日則隨緣持念佛號及虛空藏菩薩咒。大悲咒亦在此時熟爛於心，經常持誦。

【民國五十年・辛丑・公元一九六一年・三十七歲】

元月一日，中央日報全國版，發表拙作「張克鄭票剪貼藝術」。仍任中央日報地方記者。

八月，余著「心靈的畫師」（小說）由臺北三重市佛教文化服務處出版。此書約一四〇頁，記憶中由「佛教青年」連載完畢，然後結集成書。民國七十三年更名「萬法唯心」，靈山出版部重排。佛光山書局民國七十五年三版。

九月，開始在中央副刊發表鄉土散文，有「徐州單餅、錫山梨、長沙茶、故鄉的瓜市……」及小說「難忘」均陸續見報，筆名均爲「陳慧劍」（慧劍本爲余之號）。

十二月十五日夜，幼兒陳筆，生於花蓮糖廠宿舍。

△秋天某晚，假去臺北之便，由中央日報發行組科長馮一奎兄之引薦，訪問中央日報，拜識該報副刊主編孫如陵先生、通信組主任張英超先生。

△本年在花蓮糖廠圖書館讀書甚多，獲益匪淺。

△本年某月藉去臺北之便，經宜蘭雷音寺，拜訪星雲法師，同時與朱家駿、鄧文來等作家見

面。

【民國五十一年・壬寅・公元一九六二年・三十八歲】

元月中旬（農曆五十年十二月中）受朱斐邀約，越橫貫公路到臺中，在臺中和平街三十九號二樓菩提樹雜誌社，協助朱居士以十天時間編定李炳南老師之「佛學問答類編」二册。於某晚以簡單禮儀受雪廬老師納爲受業弟子。師致贈派克鋼筆一枝。

元月二十九日，離臺中之前夕，寫編後記－「智慧的燈」一文，附於「佛學問答」書後。同時應朱居士邀稿，在彼寓寫下「弘一大師傳」第一章「降生」，約一萬字。

除夕前一日返花辭卸中央日報通訊記者職，受星雲法師之邀，去臺北出任「覺世旬刊」主編。

三月初，與法師相偕去永和張少齊長者寓，接收「覺世」之善後文件，「覺世」新址暫設於三重市大同南路一信堂內。余則由社方賃一小屋居於附近。此外，由電信局沈太太協助校對，慈莊、慈惠居士（星師弟子，當時尚未出家，均年約二十餘）負責發行工作。

三月，受道安法師邀，接楚戈（袁德星）缺，編「獅子吼」月刊，三期後交黎明時接辦（後出家，法號聖明）。

四月間，採訪韓國釋一鵬（徐京保博士）法師，並寫專稿萬餘字，發表於覺世第四版。

五月，余辭去「覺世」主編職（共編覺世十期），內子小孟辭去糖廠醫院護士長職，余則去花蓮接家人移住臺北吳興街松山寺下一小屋內（此屋是由道安法師介住）。

六月，移租趙亮杰居士之宅，小孟申請執業助產士，業務不佳。

七月，余參加國軍軍官轉業特種考試，十一月獲「甲種人事行政人員」及格（同高考及格）。小孟於當年十月就業設於北投之「臺灣省立臺北育幼院」，任護士。余全家移居北投復興一路。賃馬滌心中將宅後之小屋。

十一月，以朱斐推介，受非律賓自立、唯慈二位法師之託，在臺出版「慈航季刊」，余任臺灣區代理人兼執行編輯。

十二月，由張書紳居士之介，於臺北市中山北路大悲院，拜識悟明老法師，後爲師撰「仁恩夢存」一書。

【民國五十二年・癸卯・公元一九六三年・三十九歲】

春，移居北投光明路一五一號大雜院居住。

陸續在報刊寫稿，兼編雜誌。

三月，受立法委員董正之長者親邀，出任「民主憲政」（時董主編該刊）特約「撰述」，寫「非洲專欄」，以及特稿。直至董氏任期屆滿，由劉錫五委員接辦爲止。

五月，受張自英約，住臺北，兼編「世界畫刊」，一個月後辭職。

七月，受東初老法師之邀，爲其編「佛法眞義」等三書。

九月，「仁恩夢存」（悟明長老自敍傳）成書，計二七〇頁。

陸續在「中央副刊」、「慈航季刊」等地發表作品。

△因讀「悟明上人」日記，知師每逢母難日（生日），卽避居爲其母持經咒廻向，余自此效倣上人，不度生辰，過午不食，爲「母難致哀」。

【民國五十三年・甲辰年・公元一九六四年・四十歲】

四月，「弘一大師傳」已在菩提樹月刊連載三年，反應頗爲熱烈，卽函告該刊主編請停止續刊，待余集中精力於兩三個月內脫稿，以便付梓成書。

同時復以六個月時間，完成附錄：「弘一大師行誼大事年表」、「寫經研究」、「書簡研究」（此篇費時最多）。（「弘一大師著述及其附屬作品研究」、「弘一大師致李聖章先生手札」，係再版以後陸續增補。）

至十一月此書於全篇整理完善之後，以自資交排，並向海內外發出預約啓事。全書除兩篇序文之外，共三十三章，約三十八萬字，係以三十二開，新五號字排印，約六百頁。

△本年春，遷居北投新興巷、以二萬元頂來一戶約二十坪住宅。

△本年十月，在臺北圓山臨濟寺，拜訪由新加坡來臺的廣義法師（弘一大師私淑弟子），並承贈閩南會泉大師遺物─星月念珠一串。順請法師指正「弘一大師傳」初稿之謬誤。在同一年並將「弘一大師傳」校樣，分寄新加坡、菲律賓之廣洽、瑞今、傳貫諸位法師及臺北黃寄慈居士（彼

等均爲弘公弟子）修正。

【民國五十四年・乙巳・公元一九六五年・四十一歲】

「弘一大師傳」本年二月問世，三月間發出，印行二千五百册，預約達一千七百册，出書不到三個月流通告罄，頗得社會各界謬許；並由國立中央圖書館向世界各大圖書館交換出六百册，以供典藏。

三月（春末）某晚，在臺北市龍江街慧日講堂，第一次與當代佛學大師——印順導師共餐，暢談佛法，同席者，有印海法師、法振法師、廣善法師等數人。此行受益頗多。返寓後不久，草「餐桌三論」一文，後收錄於民國五十七年十一月出版之拙作「孽海花魂」一書。

六月，「大師傳」出版之後，爲悟明上人旅美宏法，整理出「美遊心影」一書，四十開本，計一百五十頁，由余設計編校，在本年問世，由楊一峰、悟老寫序，余寫後記。該書至民國六十六年六月再版一次。

十月，某日晚應臺灣大學晨曦學社游祥洲同學之約，赴該社講「弘一大師事迹」。此後若干年，在該校演講約六、七次。

△余爲悟明法師整理之「仁恩夢存」、「美遊心影」二書，資料來源爲悟公數十年之日記，由余舖陳綴補，乃至成篇而已。悟老之毅力，令人敬佩。

△本年秋，在「世界華僧大會」上，拜識菲律賓瑞今法師、香港優曇法師。

△本年每週五天，每晚在臺北「美爾頓英文補習班」，進修英語。

△本年自資印行弘一大師手寫「金剛經」三千册，贈送流通。

△本年九月，新興巷屋主因賣屋，彼退款要求還屋，余乃遷租復興一路趙公魯（立法委員）之停車間暫爲之存身。此屋約十坪不足，平頂狹長，五月至十月，其熱如火烘，不得已，以二萬元購得北投公館街廖某畸零地約六十九坪（中有公共預定地三十坪），準備自建小樓棲身。

△本年春，結識同住於臺灣北投之王錫五居士，惜乎因修「空觀」無師指導而致重病，直至民國七十七年失踪。

△本年初夏，受周宣德居士之約，出任「慧炬基金會」秘書兼慧炬月刊主編。

【民國五十五年・丙午・公元一九六六年・四十二歲】

春末某日上午，受「國防研究院主任」（文化學院創辦人）張其昀先生相約，在陽明山該院主任室晤面。承彼謬讚：「我已讀完『弘一大師傳』，這本書將是你一生最大的成就……能寫玄奘傳更好……」晤敍約一小時辭出。

三月一日，集資自印「弘一大師樂曲選」流通。資助者，有臺北白聖長老、悟一法師、菲律賓清和姑、劉梅生、王芳俊居士。

五月十五日，慈航季刊發行人—菲律賓隱秀寺住持清和姑由方伯仁居士陪同來臺，參加五月卅一日總統蔣中正就任中華民國第四任總統大典，住臺北旅邸，由余隨同遊覽中南部各處名蹟，包括北港媽祖廟、日月潭、玄奘寺、敎師會館，在玄奘寺由當時住持守成法師接待，余與方伯仁、朱斐、劉瑞生（僑委會函授學校校長）等沿途相談甚歡，彼時淸和姑爲七十五歲左右。約二十天後返菲。

八月，辭「慧炬基金會」秘書職，仍兼編菲律賓「慈航季刊」。（因係季刊，故不妨礙進修及其他謀生之工作。）計服務「慧炬基金會」約一年。

十月，北投復興一路租屋到期，乃搬至公館街（其實是一條曲折之荒徑）巷中荒地自製木板房暫棲，並請某建築師繪圖申請建獨立家屋，約三十餘坪，備作較長期棲身之所。

△本年仍在「美爾頓補習班」學習英語。

【民國五十六年・丁未・公元一九六七年・四十三歲】

春，爲起造新舍，「美爾頓補習班」英語修習中輟，計讀英語二年。

秋末，約十月，新居成，計二層，臥室三間，小佛堂、客廳、廚房各一間，厠二所，院落約三十餘坪，以牆圍之，頗爲自得；唯出路不佳，由於通過對面廖姓土地上之小徑，時受干擾，往來不便，然無可如何也。

秋，某晚，靑年畫家栗照雄（畫名栗海，畫家李德高弟）來訪。〔時正服役空軍高砲部隊，年約二十一、二歲。近年以「栗耘」筆名，藉隱居於臺灣苗栗山中及臺南麻豆海邊之鄉野，撰散文多篇，發表於報刊雜誌，大獲佳評。並已結集成書，有「空山雲影」等數種。〕

九月初，突發「心臟病」，體重驟減，經榮民總醫院以心電圖檢查，爲「神經性心臟病」，此後患「心律不整」約十餘年，遍服中西藥稍緩。

十一月十九日上午九時，偕家人到北投奇岩新村修圓尼師主持之觀音院，參加常照老法師的「放光法會」，親眼參見法師環身之光華四溢，蔚爲奇景。

十二月十三日下午三時許，在臺北省立博物館，參觀畫家李德先生之高弟：粟海、劉醉奇等舉行之「純一畫展」，並與李德先生及諸青年畫家晤面。

【民國五十七年・戊申・公元一九六八年・四十四歲】

三月，參加政府舉辦的「國軍退除役官兵轉業初中教師考試」，約五千人報考，經於五月間公布錄取約三百人，余經錄取於同年六月派赴臺北師範大學接受六週之「教育專業」修學。

八月一日，被分發至「臺北縣立淡水初級中學」任國文教師。不久該校經政府實施九年制國民教育，改爲「淡水國民中學」(校長劉慶堯)。

九月初，學校開學，被派任一年六班導師，除授國一兩班國文之外，兼授該校「初二」一、二班地理。——這是我出任教師工作之第一年。在年齡上可謂眞正的「老師」；而臺北師大分發來的青年男女老師，不過二十二、三歲。

十一月，自印本人散文集「孽海花魂」(此書僅印一版)，計二〇四頁，卷首有「弘一大師」早年油畫——花卉。此畫由臺北松江路漢宮畫廊主人儲小石先生收藏，經畫家李德師弟洽商拍攝，再由粟海以自製古木相框，贈余一幀，因此得以流傳。

△同年九月，受聘兼任初創辦之設於臺北縣深坑的「私立東南工業專科學校」講師（校長單縄武）。此後，在該校任敎四年，每週四節國文。

△續辦「慈航雜誌」，寒暑假，則抽暇埋頭讀書，兼攻中醫與針灸。

【民國五十八年・己酉・公元一九六九年・四十五歲】

春三、四月，參加「退除役官兵輔導會」主辦之「學力檢定」，通過「高中畢業」資格。

夏天某晚，臺北市重慶南路三民書局，派人來舍，洽談該局擬取得本人所著「弘一大師傳」之版權。初版久已無存，因社會上需求甚殷，乃承允由該局以「初版」名義印行，編入該局三民文庫，以四十開分三册印行，每册稿費四千元，計致送稿費一萬二千元。

「弘一大師傳」三民版，於十二月一日再度問世。與余自印之初版，相隔已達四年有餘。

十二月搜集民國五十年至五十八年間在臺北各報副刊發表的小說、散文，結集成書，爲四十開本袖珍型，約有二百餘頁，以「水晶夜」爲名，交由三民書局印行初版（此書至今已印行約五版）。

【民國五十九年・庚戌・公元一九七〇年・四十六歲】

六、七月間受本校（淡水國民中學）推薦，參選「中山文化學術基金會」文學獎，當時並未承允，因個人所著乃以佛學爲主體之高僧傳記，恐受評審者主觀限制，未必受重視，但經校方再三催促，始塡表附作品送審。

十一月十二日國父孫中山先生一〇八歲誕辰。在十日晚接「中山學術文化基金會」董事長王雲五限時函件通知，以「弘一大師傳」一書，獲得該會本年度「傳記文學獎」（此書爲該會第一次頒發之傳記文學獎，過去無人獲得），並經臺北各中英文報紙，以極顯著篇幅，刊出獲獎人事蹟、照片、以及評審經過。

受獎典禮，於本月十一日上午十時在臺北市中山堂之光復廳舉行，到場各界嘉賓數百人，典禮由該會董事長王雲五主持；同時接受文學獎者，有散文獎潘琦君（紅紗燈）、小說獎趙岳山（滾滾遼河）、國畫獎邵幼軒、西畫獎廖繼春等四、五位，此外尚有學術論文馬璧及發明獎約六、七人。

頒發的獎金爲臺幣五萬元，中山先生獎章一座，獎狀一張，至十二時禮成。

十二月，受臺灣電視台「文藝沙龍」節目主持人陳敏華女士邀請，與王雲五先生、潘琦君、邵幼軒女士等四人，於某晚九時許，在該節目接受訪問，約三十分鐘。

【民國六十年・辛亥年・公元一九七一年・四十七歲】

本年夏季，承菲律賓隱秀寺委託在臺灣發行編校之「慈航季刊」，發行至三十四期，共計印行八年有餘，至此因受菲律賓外滙管制影響而停刊。余亦仔肩得卸。

初夏，五月，參加考試院主辦之「中醫師檢定考試」，獲得通過。〔但三年後參加特考，因受「寒山子研究」一書寫作影響而落榜，且余年近五十，又以研究佛學宏揚佛法為終身職志，研究中國醫學及針灸學之目的及知識已充分達到，因此放棄此一目標不再參與特考，全力投入佛學研究及宏法、護法的文化工作。」

七月八日—十七日，受臺灣南投水里鄉蓮因寺懺雲法師之邀，到法師創辦之「齋戒學會」男衆組，主講李炳南老師之「佛學十四講表」，住寺中蓮池上之寮房。當時有加拿大天主教神職人員詹德龍亦參與實踐佛門修行生活。學員長為政大同學蕭武桐（本條依蕭武桐居士回憶列入。本人則記憶為六十一年。）此節引拙著「蓮因寺的半僧生活」，發表於一九七二年八月七日香港工商日報佛學雙週刊。

△本年某月起，習靜坐，以「念佛」為常課。

△到臺北十年，已拜識之佛界長老、法師，有白聖、南亭、明常、悟明、悟一、妙然、眞華、靈根、聖嚴、成一、廣元、曉雲、廣化、廣仁、幻生、印海、晴虛、浩霖、明復、祥雲、如虛等中老年善知識。

【民國六十一年・壬子・公元一九七二年・四十八歲】

本年春與香港趙能瑞（蘭雲・綏遠人）、袁錦常二位居士通函。

（趙為家庭主婦，古道熱腸、肝膽照人；俟後其哲嗣能邦、能安，均曾來臺在臺灣大學化學系及成功大學機械系攻讀；彼本人亦前後來臺多次相與聚晤，直至一九八五年移民加拿大某地，

來信二封之後，至今未聞音訊。〕

〔袁錦常兄，係香港工商日報（社長何世禮）資深編輯，並主編該報之佛學周刊，曾邀余寫稿多篇。至一九八一年十二月五日，來臺與余在圓山飯店中第一次晤敍。一九八七年退休，亦已移民至加拿大。〕

〔趙、袁二位本亦知己之道友，海天深處，今日不知安否?〕

七月，受邀再度前往蓮因寺「齋戒學會」授課，科目改爲「佛學通論」。此次改住與講堂隔壁之「老師寮房」。時間十天。〔齋戒學會課程則爲四週。〕

△本年八月未接「東南工專講師」聘書。

△秋，成「壬子感賦」二首。

〔其一〕

老亦堪憐死亦哀，今將李杜贈仙才；
半生顛倒半生恨，都付瓊瑤作剪裁。

〔其二〕

貧亦堪憐病亦哀，尚留金劍未沉埋；
半生戎馬狂狷後，都入空王一夢回。

【民國六十二年・癸丑・公元一九七三年・四十九歲】

春，二月，參加臺灣省教育廳主辦之「中學教師檢定考試」，高中國文科檢定及格，取得「高中國文教師資格」。

六月某週一，受邀在士林高中週會上，以「怎樣寫作文」作專題演講，演講全文不久發表於六十二年九月該校「士林青年」校刊。

八月三日，以發表來臺後首作舊詩「癸丑書感」七絕一首。在臺北大華晚報「瀛海同聲」詩刊（詞人江絜生主編）刊出。

詩云：

孔孟燒書釋子悲，大江流盡屈原辭；
中原萬戶皆離散，正是羲皇醉臥時。

△當時值中國大陸「紅衞兵」蠭起，民胞餓莩載道，與臺灣人民生活對比，有感而作。

八月中旬，余受懺雲上人邀，到新竹翠碧岩寺講「佛學通論」，並偕學生陳素甜（北一女畢業，適大學聯考結束，陳生分發至政治大學法律系，有暇來此。）同來結緣佛法。一週後返舍。

八月下旬，辭「淡水國民中學」教師職，受聘位於臺北市士林區之「臺北市立高級商業職業學校」國文老師，於八月底始面見校長定案，九月六日開學後就職。

九月七日，大華晚報詩刊，發表余詩作—「本事之一」一首。

詩云：

英雄未老鬢先秋，慧劍消磨了百愁；
念佛念僧稱自在，無花無酒足風流；
燈前一卷虛空藏，寤後三更定遠侯；
良夜我心伴明月，長河共渡采蓮舟。

十二月十三日，臺北木柵區國立政治大學東方文化學社，邀余講「李叔同與蘇曼殊」。

△本年九月起，受聘兼任臺北北投區關渡「私立光武工專」講師。

【民國六十三年・甲寅年・公元一九七四年・五十歲】

元月八日，大華晚報詩刊，發表余詩二首，題爲「政大佛學演講會」二絕：

〔其一〕

菩提場上九天荒，且爇弘公戒定香；
蘇子多情今已矣，如何不愧老蕭郎。

〔其二〕

為採瑤芝入道場，千漚一沫戀真香；
此生今昔拈花會，等作天風捲帝鄉。

元月廿八日塡詞一闋，調寄「點絳唇」。

君病堪憐，今夜海棠憔悴盡。因緣由命，人事無憑信。我夢頻驚，底事心心印。悲不禁，金山漁火，愁對孤山徑。

五月二十九日，大華晚報詩刊，發表余詩五首。

題云：北商夜課七絕五首（有序）

余任教北市商校，夜課憑窗展望，陽明山之月，百齡橋之水，圓山飯店之繁華燈火，外雙溪之明滅星辰，盡入眼底。極目河山，回瞻夙昔，神州冥目二十餘秋，感何如之！

〔其一〕

身寄北商第五樓，心存漢室泣春秋；

河山縱橫九千里，只欠吳鈎尚淹留。

〔其二〕

身寄北商第五樓，百齡橋水斷千流；

可憐破碎關河裏，未著楚衣亦楚囚。

〔其三〕

身寄北商第五樓，圓山彩電耀千秋；

星辰冷浸雙溪外，月白陽明念故州。

〔其四〕

身寄北商第五樓，英雄覆卷愧班侯；
半生書劍寒宵裏，誤把星霜染白頭。
〔其五〕
身寄北商第五樓，寒風挾雨入書喉；
丁寧夜讀諸兒女，天地乾坤祗兩頭。
△章太炎先生「鄒容獄中詩」有句：「臨命須摻手，乾坤祇兩頭。」故云。
十月四日，大華晚報詩刊，發表余「丹鳳山即興」四首：
〔其一〕
蹀躞雨中過，扶牛渡小河；
山風催急湍，跌倒牧童哥。
〔其二〕
悠悠淡水河，一帶繞山阿；
手挽三重埔，肩挑莎佛摩。
〔其三〕
吾情寧太過，丹鳳頂娑婆；
日月懸天幕，山風奏梵歌。

〔其四〕

情人如逝梭，登臨入蔦蘿；

緣有情人廟，引來蛺蝶多。

△「情人廟」，在臺北市北投丹鳳山後，每逢假日，遊人如織。

十月九日拙作「寒山子研究」一書（該書係結集有系統的單篇論文成書），原由臺北桂冠圖書公司出版，今與桂冠解約。（解約後又被□□出版社盜印一版。六十七年轉交天華出版公司印行四版。）

十一月，某晚授課之時，忽覺視力模糊，課本小字影像不清，數日後赴醫院檢查，乃知「老花一五〇度」，余配眼鏡自此始。

【民國六十四年．乙卯．公元一九七五年．五十一歲】

本年初，經香港友人之助，得與大陸受苦受難之親友互通音訊。

春，某晚，寫「吾母」一首。

詩云：

吾母七十三，白雲埋草庵；

萊衣焉由己，老淚濕孤篮。

△家母生於民國前八年，今年七十三歲。

七月，陽明山華興育幼院所屬華興中學校長邵夢蘭女士（前臺北市立士林高中校長，民國六十五年改中正高中）到舍間邀約到該校兼任高一國文教師，爲情所感，受聘任教一年後辭謝。臺北關渡之光武工業專科學校校長單繩武先生亦寄來聘書，無法兼顧，乃懇辭之。

七月中，攜弱水去臺中李雪廬老師大專學生佛學社—「明倫社」，研究佛學四週。時弱水大一結束，對佛學初次結緣。講師除李老師外，尙有會性法師等。暑假續寫「入聲字箋論稿」。

八月，大學聯招放榜，弱水兒，錄取臺灣大學歷史系。

九月，受了中法師之約，擔任北投法藏佛學院國文敎師任敎一年。

十月（農曆九月十五日），愛羣在大陸故鄉入獄。

△本年於寒暑二假，寫「入聲字箋論」一書之初稿。

△本年集詩詞數章。

西望

〔其一〕

西望天涯路，雲擁萬古愁；
海深千羽墜，水碧一漚浮；
淚盡魚書絕，星沉雁訊休；

何時歸故闕，哭祭亂崗頭。

〔其二〕

西望茫茫路，星移幾度秋；
火流九地赤，血染十方頭；
定遠班何在？龍城李勿留；
陰山連大漠，飛箭取蘭樓。

蕭然

鏡裏蕭條髮半僧，和經欵杜伴青鐙；
磨心詩史還糟粕，蓋代勳名慚左曾；
修道無緣依慧秀，讀書多病落模稜；
三千有淚填滄海，洗却凡情老不勝。

相見歡

閒來讀杜如癡，遣鄉思；欲把羈魂無度付荒辭。
人顛頹，影兒碎，入夢遲；正是春宵夜雨斷腸時。

△十月某晚，受友人陳國寧女士約，到長春路見印度教某一派系「大知識」之傳教人。國寧於四十九年左右皈依佛教，數年後，在巴黎遇一德國人習此教「聽音靜坐」而轉信此教，時為該

教臺灣區負責人。

【民國六十五年・丙辰・公元一九七六年・五十二歲】

續寫「入聲字箋論」，請邵夢蘭校長題字。夏編古今名家詩詞五三二首，題曰：「杜魚庵詩選」一册，由學生簡月娥、陳國定等全班五十餘人出資印行，除自留吟哦之外，校內師生均分享之。

二月十日(乙卯)，大華詩刊發表余詩作五首：

百齡橋

淡水深深綠，陽明歲歲橋；
沸騰車馬過，疑是浙江潮。

世　外

萬事銷身外，恩仇一夢中；
繭廬天地裡，起落死生同。

他　鄉

故國山河碎，他鄉影似飄；
有緣為異客，不酒一身遙。

菩提珠

菩提粒粒盡珠花，小院無桑也欠麻；
閒裏挑燈不看劍，一經一偈是生涯。

漂花

逝水漂花空轉蓬，繁華都付笑談中；
靈犀無意通明鳳，祇醉僧家一樹楓。

三月十七日，大華詩刊發表余「組詩」：「讀譚復生詩感賦四絕」並註。

〔其一〕

我愛狂生譚嗣同，詩心常與佛心通；
蘭台得得無多日，撒手崑崙拜大空。

〔其二〕

我愛瀏江譚嗣同，詩情多在俠情中；
半生如電驚風雨，驀見飛鴻越太空。

〔其三〕

我愛交眉譚嗣同，詩成鬼雨御陰風；
無端只拜李長吉，道是前生一夢中。

〔其四〕

我愛斷頭譚嗣同，血凝成碧化青虹；

書生千載傷燕市，愧煞男兒一放翁。

△譚復生宗李長吉，自謂二眉交加成「一字」，與長吉同，復喜長吉詩，時作「鬼」句：「幽花潛問詩鬼哭」，「欲曉不曉鬼車叫」，「君不見深林裏唱鮑家詩」，「帝子不來山鬼哭……」長吉命短，君亦自料命不長，不幸戊戌成仁，悲哉！

四月五日，余校勘之李芳遠編「弘一大師文鈔」自資印行六千册流通，藉宏大師高風。（卷首以『獻辭』紀其事）

同月，印弘一大師手稿「藥師經析疑」（附蕅益大師年譜）一書，流通海內外，由菲律賓三寶顏福泉寺傳貫老法師題序，臺北故宮博物院副院長莊尚嚴長者題封。

五月七日，大華晚報詩刊，發表余「本事之二」七律一首有序：

序云：

余奔台瀛，值乎英歲，惜為病虜，復以時蹇，枉作壯圖。學劍無勛，學書不達，性本疏狂，情亦汗漫，奈蒼生何？感愧之餘，懺禮空王，欲範難陀，為孽子耳。

詩云：

一劍羈縻蹇病間，前身汗漫此身閒；

百年狂簡緣疏曠，七載狷沉枉素鑾；

回首未堪朝翠碧，有心難遣學侯班；

南柯已夢何曾夢，風露中庭獨看山。

十二月五日，由臺北桂冠圖書公司出版余佛學抒情散文集「通靈寶玉」，約二二〇頁。此書出後，至今未聞公司再版，亦未再結算版稅，版權余亦無緣交涉收回，亦未轉移版權再印；余之書作流浪兒，此一也。

【民國六十六年・丁巳・公元一九七七年・五十三歲】

春末某晚，有李雲鵬居士者來訪，談其欲發心印「弘一大師護生畫集」事，因原畫配文太草，豐子愷畫人物衣飾亦稍古，擬請牛哥重繪，洽余出任編務。余謂：「你能發大心（出錢印書），我可發小心做事。」而後彼此經常來往。

五月二十八日大華晚報詩刊，發表余「偶拈」五律一首。詩云：

課罷初弦夜，添香注淨茶；
一樓天外月，滿眼霧中花；
憔悴餘生事，風光此地賒；
皮囊空有相，且誦佛陀耶。

五月一日，余著「入聲字箋論」稿成，乃由臺北新陸書局與余合印。此書二十五開，橫排約二九〇頁。其中大半由余自任發行工作。書中旨要在提供學寫舊詩以新的方式。

六月，在臺中拜識會性法師，並洽談印行師著「大藏會閱」事。

七月，學生陳素甜自政大銀行系畢業，同年高考金融人員及格，並考取該校「財稅研究所」碩士班。

同月，辭法藏佛學院教師職。

九月十六日，接受李雲鵬力邀，出任彼出資成立之「天華文化事業公司」總編輯，彼任發行人，在臺北市南京東路三段二一五號十樓始業。

當成立，參與工作者僅三數人。計臺大歷史系畢業之陳肇壁、黃秀惠；學生陳素甜之妹素珍，不久，學生張大道、陳國定又加入，與余共六人。不久素珍辭去，公司遷同址二樓。

△至余民國七十三年離職時，計出佛學、文學書籍近一五〇種，惟後期未出佛學新書，余以重要藏書及弘一大師寫經，皆提供重印，成爲該公司今日之存活基礎，而該公司之人際關係，亦皆由余建立也。（余辭職重要原因，見另文「六十歲日記」）

十二月二十七日，以「入聲字箋論」一書，獲得第十二屆中國語文學會獎章，並於臺北—國立師範大學受獎，頒獎人爲當時國語日報社長—立法委員洪炎秋，受獎者有大、中、小學教師十餘人，觀禮者則有二百餘人，除頒授獎章獎狀之外，並與毛子水教授等合影一幀。

△本年五月某週臺北「歷史博物館」展出「中國名聯展」，其中有弘一大師、章太炎、夏丏尊、朱熹等聯展出。

【民國六十七年・戊午・公元一九七八年，五十四歲】

年初，分別與旅居加拿大溫哥華中國籍作家沙千夢女士、馮馮居士互通魚雁，建立友情，多年來，與千夢通信達百餘封以上，馮馮（培德）通函亦數十封。千夢大余數歲，培德小約十餘歲，忘年之交。（彼等所著「有情世界」、「夜半鐘聲」，俟後皆由天華印行。）

夏六月，弱水於臺灣大學歷史系畢業。

八月一日，余以三個月時間「斷句、校正、整理」的「虛雲和尚年譜」，由天華公司出版，並加「書名、私名、地名」號，凡精要之處，皆加以圈註；成書之後，尤爲契合現代人之閱讀與視覺享受，更易於了解虛老之聖德，余於卷首，並撰「虛雲老和尚年譜整理前記」一篇。

九月一日，經余邀臺北市中華路「音樂書房」主持人劉海林先生畫譜，重整並增訂之「弘一大師音樂遺集」，收錄弘一大師生前作曲及詞共二十八首，以十六開版面，精嚴製作成書，封面由余友彭漫設計，此册爲臺灣唯一最完善之弘一大師音樂遺作，坊間有人未經余承允而竊製錄音帶出售，頗令人遺憾，此帶余已購得一盒爲存證。十月一日，余所著「寒山子研究」版權從原出版公司桂冠收回，交由天華公司印行第四版（此書余未收天華版稅）三千册流通佛教界，卷首草「四版前記」一篇。

【民國六十八年・己未・公元一九七九年・五十五歲】

六月一日，經余策劃、設計的「天華月刊」創刊號以四開報式，正式發行問世。初次發行八千份。發行人爲李雲鵬，余兼總編輯。第一版佛教新聞、第四版人物或論著專欄；二、三版，分別命名爲「東林」、「西林」，取義廬山「東、西林寺」也。東林版以軟性讀物爲主，西林版刊載硬性讀物及牛哥繪之「護生畫」。第一版，並撰「天華創業獻辭」「發刊詞」各一篇以明宗旨，相信本刊爲臺北佛教界四開報刊雜誌最新頴最具時代意義之讀物，風格別具。—但佛教徒「讀書人」不多，求知慾薄弱，對本刊之接受度有待高層知識份子來肯定。

五月底學生陳素甜取得政治大學財稅研究所碩士學位。六月一日余所編「靜坐三昧集」，由天華公司出版，卷首由余寫「前記」及「靜坐要則」各一篇，此書頗爲風行。

七月七日中午十二時，陳素甜與甘肅籍楊克誠君締婚，婚禮在臺北市木柵政治大學餐廳舉行，約余證婚；隨後任職臺灣銀行總行經濟研究室。

九月二十六日晚上七—九時，應臺灣大學晨曦社之約，赴該校講「佛學思想與世情的衝突」，聽衆約三百餘人。

十月二十一日下午，友人—畫家栗海（栗耘）與女友謝英珠（亦名謝顗），在臺北青年公園花鐘後草坪上舉行別開生面之露天婚禮，不收賀禮，不設宴，大家虔誠歌詠祝福而已。婚禮由其師李德先生與粟之兄長主持，余偕女無憂前往賀之。

△本年初冬某日下午，在臺北市信義路二段老古出版社某樓，初次拜訪禪宗名宿南懷瑾先生，暢談甚歡。

【民國六十九年・庚申・一九八〇年・五十六歲】

農曆正月二十八日，前「慈航雜誌」發行人，菲律賓馬尼拉隱秀寺住持清和姑以九十一歲高齡逝世，余參與「慈航工作」八年，受其慈心關護，頗爲感念。隱秀寺住持，由臺灣旅菲之自立法師接任。

三月十日，「天華」遷中山北路六段二三一號二樓。

五月一日，天華十二期發表周夢蝶名作「好雪・片片不落別處」。

五月一日，余整理、斷句之禪宗大德來果老和尚三書之一—「來果禪師開示錄」，正式問世，此書爲來老「見地」之作，與禪者大有助益。

六月二十二日晚八時，與香港洗塵法師約於臺北市信義路二段復青大厦十樓，訪問這位香港佛教僧伽會會長，歷二小時餘，並留影。次月十五日撰「洗塵法師香江記」發表於「天華」。

七月一日，余編「四居士書」一書，由天華出版，內收夏丏尊文三篇、豐子愷文七篇、許地山文十篇、余文五篇。

九月初，應發行人李雲鵬之託，發表「新編護生畫集」徵求「助印」新聞稿，並於次月一日在「天華」第一版刊出「助印、附印」之三批通欄啓事。並發表致「海內外佛教界長老、法師、居士公開信」，以李雲鵬名義，要求支持助印此集，每册助印費臺幣一千元，此事余頗熱情以爲當眞，本身全力投入，先由牛哥—李費蒙繪畫，呂佛庭居士寫字（後李雲鵬不用呂氏之字又改請書法家施孟宏寫文，又廢之，後云由其自寫，終了自亦不寫。）余率先捐資三千元，學生廖碧婷亦捐一千元，友人謝聰輝捐數千元，余友李吟新等捐萬元，李之親友施劍塵、王雪霞，教界南亭長老、懺雲法師、悟一、了中、雲霞法師，香港洗塵、金山法師……無不竭誠捐資助印，都數百萬元，多年不見李某為此書出版，余為此書失信於佛教界因而辭職，直至執筆草此年表，「護生畫集」已成為渺無訊息之騙局，嗚乎，余之愚可知矣。

十月一日，余撰「新編護生畫集緣起」一文，發表於天華第一版，詳述「再印」此書因緣。

（此文擬收入余著「慧葉箋」再版本中。）

△當本年初，與詩人周夢蝶相識，並承惠稿，乃至訂交。

△本年十一月到十二月間，腸病數十日，請假在家休養治療，後由三軍總醫院胃腸科主任陳東照治癒。

【民國七十年・辛酉・公元一九八一年・五十七歲】

二月十六日，余友人佛教界青年學者，日本大谷大學博士候選人張曼濤因公赴日本，不幸於十八日晚，心臟病猝發逝世，年四十八歲。張曼濤主持「大乘文化出版社」，編集「佛教學術叢刊」一百種行世，對佛教文化頗著勞績。

三月，余整理、校訂之「來果禪師自行錄」，校訂、註釋、修正黃涵之原譯「了凡四訓今譯」，於同月出版，「了凡四訓今譯」，此後風行多版。

春（約四月），佛教藏語學學者、高僧——法尊法師因病圓寂於「北京」，享年七十八歲，遺有「菩提道次第廣論」、「西藏佛教史」等譯著多種（師圓寂確實日期待查）。

六月九日，下午二——六時出席「中國佛教會」假臺北市來來大飯店亞洲廳召開之「佛教思想學術會議」，由該會常務理事悟一法師主持，出席佛教文化學術人士楊白衣、程文熙、游祥洲、熊琬等三十七人、日本友人四人，余發表之論文爲「民主自由的理想社會與佛家淨土思想」。此次集論文十五篇，業經編集成書，亦由余編定，書名「佛法與相關政治思想論集」。

七月十四日上午九時，由臺北「中國佛教會」主辦的「世界佛教僧伽會第三屆大會」籌備會，在重慶南路二段「人民團體活動中心」召開，余應邀出席，此次主要爲募集大會資金及組織與會工作人員爲宗旨，到場有白聖、覺光、洗塵、悟明……長老、法師等臺港佛教兩序約數百人。

七月，舊著「弘一大師傳」，由三民書局改版爲二十五開，並加以修訂、增加新搜集之圖片，列入「東大圖書公司」「滄海叢刊」問世，卷首寫新序「自古聖賢多寂寞」一篇記其前因。

八月二十三日，弱水服完兵役，並於臺大攻讀歷史研究所一年，辦理休學，赴美國入耶魯大學，讀博士學位。

十月，某日，與顏宗養居士連袂赴花蓮，專訪靜思精舍證嚴法師。

十一月一日，天華月刊發表余著「證嚴法師的慈濟世界」一文連載三期，後由「慈濟基金會」要求集印成册，印行數十萬册，傳播慈濟訊息。

余出任「第三屆世界佛教僧伽會」籌備會「設計組」執行副組長（組長是常覺法師），以顏宗養、賴志龍、郭暖卿三位居士爲成員，共同爲僧伽會設計「臺北陽明山中山樓、圓山大飯店、高雄中興堂」三大會堂，參與文件草擬，致贈各國代表禮品之製作與設計，會後「會議實錄」之編輯及設計；全員於十一月廿九日—十二月八日，分別駐進圓山大飯店及高雄皇統旅社，爲此一多達世界二十餘國，六百位僧侶之國際會議，竭盡棉薄，前後參與籌備時間到圓滿完成（從六月到十二月）達六個月。

在會議過程中，會晤而熟稔的世界各地高僧有美國宣化長老、恆觀、恆隱、恆道法師等，香港覺光、洗塵、法宗等法師，法國（前越南）釋心珠、玄微法師，印尼體正法師，日本清度法師（師與會時罹病，不久逝世），以及英、德、瑞、澳、泰、東南亞等地各國出家在家法師居士。

會後，余受聘任爲「世界佛教僧伽會」顧問。

冬十月，爲家母設壽堂於臺北梅林素菜餐廳，邀在臺之復增三哥嫂、亞珠妹母女、啓民弟夫婦、宣居表弟，及余與小孟，爲母遠慶八秩大壽，並留影誌念。

【民國七十一年・壬戌・公元一九八二年・五十八歲】

秋，以「著述因緣」入選臺北「亞太國際出版公司」印行之「中華民國現代名人錄」，舊著「弘一大師傳」，則登錄於美國哥倫比亞大學出版之中國名人錄「李叔同」條下。

九月三日晨五時，佛界老宿、華嚴蓮社住持，原籍江蘇泰州之南亭老法師圓寂於臺北，師著「阿彌陀經講義」等多種。

十月，因舊居（臺北市北投區公館街十六號）拆建，移居民族街某號四樓，家中豢養三年之「陳貓」，因移居而「出走」，不再歸家，流浪年餘，終於不明去向。

十一月，臺灣佛教名刹——佛光山星雲法師約余為該山舉辦的第五屆國際學術會議（十一月二十二日——二十七日）（在十天內），製作十六開三種文字（中、日、韓）一七○頁的「大會手冊」，計十七萬字，包括開會日程及論文十八篇。參與的人員，有顏宗養、郭暖卿居士等，不眠不休，十天完成。

十月十七日，家嚴——海涵公，以七十七歲高齡，逝世於貴陽。遺後母賈福華及弟陳羣。家父自抗戰前二年，即隻身遠走大西南，大陸易手之後，（應在）貴陽某大學任教，賈氏亦任同一職務。

十二月卅一日，生平第一次為佛教界有人誣余主持的天華出版公司編輯部「擅自翻印」道安法師「空的哲理」一書，提出公開反駁。並以「為空的哲理陳溯原委」一文發表於天華月刊「西林版」。

△本人所編天華「瓔珞叢刊」所印「空的哲理」一書，是由民國四十八年道安法師賜余「二方室文集」一書中選文集成，當時安師健在，而今安師已逝，在法律上已無版權問題。

△佛光山之學術會議，參與國爲中、日、韓三國學者——包括日本的中村元、水野弘元、金岡秀友，韓國金知見、閔泳珪、韓鍾基，臺灣的聖嚴法師、楊白衣、游祥洲等。

【民國七十二年・癸亥・公元一九八三年・五十九歲】

元月二日（農曆七十一年十一月十九日）下午三時四十分，家母逝世於江蘇大豐縣舍弟永健寓所，享年八十歲，無法奔喪，一個月之後始聞噩耗，傷痛異常，乃於二月六日，上午假臺北市華嚴蓮社舉行佛事，爲母親超薦；同時來寺上香者，有成一法師、友人馮一奎君，家兄弟姊妹——復增兄嫂、國華、亞珠、月珠、啓民、宜居等十餘人。

三月廿日凌晨，弟永健，因腸癌，逝世於江蘇大豐醫院（痲醉師任內），年五十一歲，遺妻玉雙、子陳軍、女陳文等三人。

五月，女無憂，畢業於淡江大學敎資學系。

六月，赴屏東訪問佛敎青年學者陳柏達副敎授，在彼舍共敍一日夜，次晨去萬巒訪會性法師，歸途至臺南訪妙心寺開證、傳道法師。

七月十二日，余以顏宗養之介，相偕赴臺灣苗栗之苑裡鎭大興善寺拜訪名不見傳世之福慧大德尼。師不倒單二十年，每日以水爲飽十餘年，冬夏一衲，虔修大悲咒，並以大悲水渡人，寺雖小而信者絡繹，亦不受布施、不受人拜、不接受攝影，每日赤足苦行，世所稀有。

八月十四日，亦偕顏宗養居士赴臺北縣土城承天寺，拜見禪淨雙修、道行深厚之當代大德廣欽老和尚，並與之合影。

廣老一生不倒單，終日食番茄三數枚，世稱「水果師」。傳云：師曾於民國三十六、七年間，來臺駐錫臺北西寧南路法華寺，每日爲該寺所留日籍孤魂說法。

九月一日，「英雄寂寞」一書，集稿成書，自資印行。約二三〇頁。

十二月，新居落成，計二層，約七十坪，改爲「公館街十四號」，二樓設佛堂、兼寫作室。所有圖書，製成書櫃陳列之。

【民國七十三年・甲子年・公元一九八四年・六十歲】

元月二日從民族街十號租賃之所，搬回新建之原址（公館街十四號），計書八十大箱，衣物傢俱一大貨車，學生林姵君、楊麗敏、趙麗玲等協助遷搬，歷月餘始就緒。

三月，辭天華公司暨天華月刊總編輯職，旋即受聘臺北靈山講堂顧問，指導編輯「現代佛教月刊」，但限於該講堂條件，無力作通盤之改革、創新。

六月，拙作「當代佛門人物」一書，由臺北市東大圖書公司印行問世，二十五開，連圖片約四百五十頁。

同月，舊著「寒山子研究」，由天華公司收回版權，交「東大圖書」印行第五版，卷首作「總序」一篇，述本書歷經滄桑之因緣。

（農曆六月一日，母難日絕食，念佛爲母親迴向。）

十月，受三民書局董事長劉振強邀約，參與該局「大辭典」之佛學辭條修訂（原稿錯舛）工作，每日前往該局四樓游刃經籍，另有臺灣大學哲學系副教授楊惠南，並同時參與，此典約七千頁，十六開，在日本印刷裝訂，於次年八月正式問世。

十二月一日，臺北靈山講堂出版部，印行余譯註之「法句譬喻經今譯」一書，共四百餘頁。此書經余以六個月時間埋首佛籍而完成。

【民國七十四年・乙丑・公元一九八五年・六十一歲】

春，三月，受臺北三民書局委託，爲該局印行之「大辭典」「再版修訂」，增補佛學新辭條約二千條，並修訂舛誤之辭條，約三千條。此項工作陸續直至一九八六年七月底爲止。

三月三日（農曆正月十二日）下午七時，苗栗苑裡大興善寺福慧大德尼，因肺炎不幸圓寂，年五十六歲。深感哀痛，師三十餘歲始出家，修苦行，道行高卓，一衣一食，以大悲咒爲終身法門，余於其逝後第三日前往拜靈，師遺蛻化後，得各色舍利數千粒。

六月，花蓮慈濟功德會證嚴法師每月「開示」（對該會委員的講話）彙集五十六篇，由余在忙碌之中以半年時間校訂、修飾、整理編爲二十五開，以新四宋字，付梓成書，計五百頁，書末附余撰「後記」一篇」。此一持續工作，係在家中利用修訂「大辭典」之間隙完成。

七月二十八日到八月一日，受佛光山之邀，出席該山主辦之「世界佛教青年會一九八五年學術會議」，余參與此會計四天，七月三十一日晚，與陳柏達同去屏東；該會參與人員最後三天在臺中、臺北舉行參觀訪問，最後在臺北市社教館閉幕，此次會議出席世界十餘國家佛教出家、在家青年，余任「論文評論員」，對象是佛光山心定法師「佛教青年應如何提昇佛教的新形象」。提出論文之學者有：香港中文大學霍韜晦老師、馬來西亞繼程法師、許子根博士、印度瑪興達、昆達拉、斯里蘭卡比馬洛迦法師、泰國耀康法師、美國李錦興居士、臺灣之宏印法師、游祥洲、楊惠南、陳柏達、藍吉富、吳永猛、林世敏等多人；參與此次大會之各地青年約三百餘人。

△本年冬開始「維摩詰經」譯註工作，本經體大思深，爲佛門空宗要典，余所參考之古籍有「僧肇、智顗、傳燈」等之古大德疏注；及今人竺摩、演培諸師講記，並以現代治學方法，加以譯註，成註釋八百餘條，第一章佛國品亦已譯畢。因此後佛教界多方邀約出任文化事業事務，致「佛國品」暫停，不知何日成書。

【民國七十五年・丙寅・公元一九八六年・六十二歲】

二月十三日下午二時三十分，當代禪淨雙修之高僧——廣欽老和尚，圓寂於臺灣高雄縣六龜鄉妙通寺，三月六日舉行告別式，火化之後，得各種舍利子數千粒。余著「廣欽老和尚禪修譜」記其生平。

二月十六日（農曆六月七日），余偕學生謝雪燕及簡碧雲等三十餘人，同事朱萍老師全家，於當晚六時，乘遊覽車赴合歡山雪地度假，於次晨五時許抵達合歡山松雪樓，在此山服役接受「寒訓」之筆兒來見，合影多幀。

二月底（寒假）余偕小孟，由慈濟基金會委員柯美玉陪同，前往花蓮訪問靜思精舍，訪問證嚴法師，引導參觀建築中之「慈濟醫院」，住至次日，並承邀約明年主持慈濟文化機構。

四月十三日晨（農曆三月初五日五時四十五分），當代淨土宗大德——李炳南（雪廬）老師逝世於臺灣省臺中市正氣街九號寓邸，享年九十七歲。師在臺弘揚淨土四十年，有「淨廬詩文集」及有關佛書行世。臨終前仍任至聖先師官府主任秘書及臺中區中興大學等校文學系所兼任教授多年。師私淑弟子極多。余有文「李雪廬老師山水圖」紀其生平。

八月一日，受花蓮慈濟基金會證嚴尼法師邀，出任該會臺北慈濟文化中心（長安東路）及「慈濟道侶」雜誌社總編輯，同時著手策劃有關文化出版弘法事宜。

九月十五日佛教學者，日本京都佛教大學博士——楊白衣因腦溢血逝世於臺北三軍總醫院，世壽六十三，九月十八日余出席治喪會，遺體於十月一日火化。楊白衣著有「圓測大師之研究」等書多種。

九月二十五日，泰國僧王（中國出生）之普淨上師，圓寂於泰京曼谷報恩寺，享年八十五歲，余著有「泰國僧王普淨大師年表」一文。

十月初某日上午十時許，在辦公室忽覺心痛如絞，疑爲刹那之神經痛，日後又續有發生，隨赴臺北公保中心檢查爲「心絞痛」（心臟血管（冠狀動脈）硬化初期症候），此後連續病發十餘次，多在凌晨一時至五時之間，偶有白天發病，因之，依醫囑隨身帶「三甘油錠」以備急救。

十二月一日，余為弘揚弘一大師懿德，乃在「慈濟道侶」雜誌第八期，發表啓事徵求「設立弘一大師藝術獎學金」，余本人每年捐資臺幣六萬元，另請同好贊助，以便配合「慈濟醫學」、「佛學」三項獎學金嘉惠青年。

△因「心絞痛」病發，草擬「遺書」三份，分置三處。

【民國七十六年．丁卯．公元一九八七年．六十三歲】

農曆年後，凌晨三四時續發「心絞痛」多次，每發皆急含藥片消解之。醫囑不可負重、不可太累、不可生氣。切記。惟工作如斯，乃提起民國七十三年開始練習之外丹功（因主持「慈濟文化中心」而停止），間隙續練，似見功效，仍每日身藏急救藥片以備不虞。

二月中獲道友林月雲、李佳穎、李燦煌、喬國勇等相助募集臺幣三十餘萬，於民國七十五年下學期（七十六年六月）正式頒發，並分別錄取臺灣各大學有關「音樂、美術」等系學生十位，每位發給獎金臺幣一五、〇〇〇元，以圖提昇佛教藝術，藉以紀念弘一大師，俟後又有柯美玉、姚白芳等道友陸續支持，逐年頒發，私衷有慰。

七月某日凌晨，心絞痛復發一次，服藥稍舒。

八月卅一日下午三時，高雄棲霞精舍住持月基法師逝世，享年七十四歲，其門人法宗、悟一、超塵、達道、星雲法師為月基長老舉行追思。

九月八日，弱水通過耶魯博士論文考試，並受任該校歷史系講師（學位次年五月頒發）。

九月十九日下午二—四時，應臺北市立圖書館民生分館之邀以「弘一大師的絕情主義與超越」爲題，演講一次，聽衆百餘人。

十月一日，余著「慧葉箋」一書，由慈濟文化中心出版，共一五八頁，收集爲諸家著作所撰之序文後記等結集而成。

十月五日下午二時三十分，禪學家——臺灣師範大學教授巴壺天逝世，享年八十四歲，著有「藝海微瀾」，聞名於世。

十一月十三日上午九時，佛教密宗名宿湖南攸縣陳健民居士逝世於美國加州柏克萊市，享年八十二歲，留有遺著「曲肱齋叢書」約十餘種，頗受學密人士歡迎；氏遺體於同月三十日火化，其骨灰已送臺灣造塔供藏（案：陳氏骨灰已於一九八八年九月九日上午移供於臺灣北海岸金山某一墓園）。

十二月一日，民國佛教聞人，行足萬里、遊訪名山之高鶴年居士所著「名山遊訪記」，經余重新斷句、標點、分段、編定年次、月日（從光緒二十年（一八九四年）至民國十一年（一九二二年），重新排印，眉目清晰，方便學人，此時成書，二十五開，約四百餘頁。此書兼備「行解」，文字洗練精確，所記皆不刊之名言雋語，學佛諸君，不可不讀。

整理過程陸續八個月，功成之日，私衷格外欣慰。

【民國七十七年・戊辰・公元一九八八年・六十四歲】

二月一日，余所譯註之「無量義經今譯」一書，由慈濟文化中心印行一萬册，成書一百五十餘頁，此爲余第二種佛典譯作。

二月十三日下午三時五十五分，蔣經國逝世於臺北大直官邸。

菲律賓隱秀寺自立法師來書告以「福建人民出版社」將出版「弘一大師全集」十四卷，並寄來目錄一份。

四月十六日下午七時許，臺灣基隆海會寺——淨土宗大德道源長老辭世，享年八十九歲，留有遺著「佛堂講話」等通俗佛經講稿甚多。

五月，余著「薝蔔林外集」，約四百八十頁，由臺北東大圖書公司出版行世。此書集余部份「英雄寂寞」論文及十餘年來所發表之論文選錄共四品，八十四篇編集而成，大部份短論，提供余個人對佛家思想之見地，俾以提升現在初入佛門者之重要參考。

五月一日，余以「沙佛林」筆名撰「致清海法師四十九問」約九千字一文，分別發表於海內外十餘種雜誌，有香港之「內明」、「香港佛教」，臺灣之「海潮音」、「獅子吼」、「中國佛教」、「慈濟道侶」等期刊，對越南籍「比丘尼」清海法師所著「即刻開悟之鑰」提出質疑，彼書及其演講荒唐狂妄，自稱「現代佛」，置佛典與釋迦佛陀正法於度外，取寵無知之宗教游離羣衆，與十年前盧勝彥同一流脈，所謂佛教末法，良有以也。（後有同道鄭法明，著文證明其爲印度錫克教上師傳授之「聲光幻影法」，以觀音法門爲名，來臺灣愚弄世人。）

五月二十九日上午，弱水在耶魯大學，正式受頒哲學博士學位，其母在場觀禮。（於同年七月一日，受聘加拿大溫哥華英屬哥倫比亞大學擔任助理教授。）

五月底，花蓮慈濟基金會，接獲臺北某位善心人士，以「陳慧劍」名義捐贈善資，計二次共臺幣壹百萬元。捐資人地址，則爲臺北市吉林路慈濟分會，捐資者顯然不知余寓之址。除衷誠感謝這位隱名的道友，而內心則爲這位朋友祝福、迴向其福慧雙圓。

五月廿四日，佛教學者旅美之張澄基博士逝世於美國亞特蘭大郊區寓所，享年六十八歲。張氏留有「佛學今詮」、「密勒日巴尊者傳」等傳世。

七月十七日凌晨三時，臺灣基隆大覺寺住持靈源老和尚，因在丈室跌傷，經救治無效，逝世於基隆長庚醫院。靈源老和尚，曾任廣東曲江南華寺住持，爲禪宗名宿虛雲老和尚弟子，著有「山中雜語」等書。

七月十三——二十四日，偕慈濟文化中心編輯王慧萍訪問香港佛教界，計受訪者有「香港佛教聯合會長」覺光長老、「菩提學會」會長永惺法師、寶蓮寺住持聖一法師、慧瑩法師等多人。此行受簽證時間所限。任務未完，待有緣再訪香港佛門。

十月十日（星期一），因逢國慶，休假在家，晚間穿背心做「外丹功」受寒，三日後感冒發燒、帶病上班、上課，自行服藥，至月底轉爲嚴重咳嗽，繼續發冷發燒，於十一月七日，不支，向學校請假，次日氣管出血，在公保看病，主治醫師彭瑞鵬塡病假單七天，乃持向學校請病假七天，同時交代文化中心李居士，暫時在家療病休養，十六日病未癒，再度請假七日，病中苦痛難當，生死病苦，點滴心頭，直到十一月底始行銷假，勉強上班上課，而咳嗽、夜間氣管窒息，至十二月底始稍見痊癒。此病爲生平所未有。

【民國七十八年・己巳・公元一九八九年・六十五歲】

二月六日因攝護腺肥大多年，經與臺大泌尿科主治醫師協調，於今日入臺大醫院，準備作「切除手術」。

二月十一日上午十時，入手術室，前後三小時，小孟在恢復室外候之。

自六日至二十二日住院之間，除家人小孟、女兒小慧在病榻前日夜照顧，並有學生陳素甜、謝雪燕，及郭暖卿居士等前來探視，慈濟文化中心李烈堂居士亦於余出院前三天率發行部多人來院噓候。

此次住院，余對親友及慈濟功德會，皆未宣揚，蓋以爲手術不足道故也。孰料，出院之後，當返校上課不到一週卽無法支持，尤其「尿失禁」嚴重。無奈，再至公保臺大醫師蔡崇璋處門診，並陸續請病假，直到五月中旬，前後達七十餘天，慈濟文化中心，余亦因病缺席達二十餘日。

三月十日，余發願將皈依師 靜安老人所賜至今九十年歷史念珠，加以義賣，捐助慈濟功德會，適因元月二十九日，馮馮以二串念珠委由林月雲居士，輾轉義賣達臺幣八百萬元，悉數捐出。余爲見賢思齊，後在三月十六日，六十二期「慈濟道侶」發布消息，並刊出余手珠之照片，念珠已先行送達慈濟德宣師手中。

（余之捐贈念珠。除發「捨」願而外，余家人多非虔誠佛子，而余年又入耄，身後此一念珠，恐誤入非其人之手，故乃存心結與有緣、有心之人也。）

三月十日晚十時，慈濟桃園分會郭碧華居士，自花蓮本會返回臺北，到吉林路分會，適證嚴法師持珠向來謁之臺北區道友宣布義賣事，郭居士當即以臺幣一百萬元慨然留下，又於三月十八日到「長安東路慈濟文化中心」與余會面合影留念。余與彼雙方，皆有願可滿，實生平一大事也。

「好雪片片，不落別處」，因果豈無迹哉！祝福郭碧華居士。

四月三日（農曆二月二十七日）清晨五時五分，歷任中國佛教會三十餘年會長、世界佛教僧伽會會長之臺北臨濟、十普二寺住持白聖長老逝世。享年八十六歲。師生於民前八年，湖北應城人，十七歲出家，在中國佛界，爲一「法業家」。尤其來臺後初創戒壇，對改革日據臺灣時代留下佛教之陋規，有重大之興革成果。

六月，余著「弘一大師傳」民國七十八年版問世，補增大師之子李端一文。此爲「大師傳」問世以來第十五次版。

七月八日，中國著名佛教思想家呂澂居士，逝世於北京寓所，享年九十三歲。呂氏江蘇丹陽人，字秋逸，生於一八九六年，早年攻讀經濟及美術，至二十二歲入南京支那內學院，從遊於歐陽竟無，並秉其銳敏之夙慧，深入法藏，精通梵巴藏文，著有「印度佛教源流略講」、「中國佛教源流略講」、「西藏佛學原論」、「因明綱要」、「漢文大藏目錄」等書，可見其高深功力。

七月十日上午十時許，花蓮慈濟功德會證嚴法師率隨員來本中心，交代將「道侶」改爲「週刊」。余諾之，並即於下午擬定改版計劃，於次日會中宣布。惟此一措施余事前毫不知情。

於是同月十二日上午「慈濟文化管理委員」若干人，假文化中心由證嚴法師主持開會，余列席報告文化中心運作狀況……。

七月十八日上午十時，由證嚴法師來主持改組會議，分慈濟文化部門爲三：一、文宣公關部，由王端正主之；二、圖書資訊部，由余任之；三、行政部由慈濟委員楊亮達任之。

同日下午五時，返校，余與學生作自從事教學以來最後一次之全班相聚，六時許，余到五樓教室，學生代表以全班相簿附每人信一封，作爲余退休前最後紀念，此冊，由學生鄭秀玲設計、製作，頗爲典雅，封面題以「給老爹的四十一封信」，余當晚在臥室細讀，詞雖未達雅正，而情至感人，次日，與家人共閱之。今特檢錄學生信文三簡如次：

〔之一〕

親愛的老爹：

離別的日子越來越近了，心中總有那份依依不捨的心情，不知是對您的感情已深，還是不忍您的離去？

給您的四十一封信中這一封，希望你能記得我——葉萍如。

想起這兩年來的光陰，爲什麼走得如此匆忙，每個人都是忙碌的過客，但爲什麼我們能相遇，相信這就是緣。讓您敎過的這兩年，將會是我永遠最美的回憶，老爹——您會想著我們，念著我們，惦著我們嗎？

老爹，給您幾張避邪很有效的照片！

說實在的，不知道該說些什麼，才能將心中這種莫名的感覺，說得淋漓盡致，也不知道怎麼寫，才能讓你知道我的心意，難道愈是想表示什麼，就愈不易說得明白嗎？願老爹您能明瞭——我是「眞的」不願您離開。紙短情長，未訴盡者萬千，願您細細體會。

念您的學生葉萍如　敬上一九八九、六、十六

〔之二〕

老師：

記得您曾剪了一張林風眠的畫給我，您是把我估得太高了，我並不懂得欣賞純藝術，我只是喜歡把一些商業化的東西美化一點罷了。不過眞快！好像昨天我們才去粟耘的畫展，而這學期完，我們就不能在課堂上相見了。記得一年級時，我在想：一羣丫頭片子和一個老頭子去畢業旅行，不曉得又會有多少鮮事發生？想了想總忍不住心底暗自好笑！不過，老師！您可別先爲解脫而得意，別忘了！我們這羣小女子，可不會讓您太清靜喲！

秀玲一九八九、六、十六

〔之三〕

老師：

有人說：「一日爲師，終生爲父。」而您不只當了一日師，而是當了二年師，可是您對我們的關心，就像一個父親，其他的老師都說我們有幸能當您的學生，而我們自己也深覺，當您的學生，是我們的榮幸；緣，使我們在一起，但現在我們必須分開了，心中眞有說不出的感傷。

在老師生病的那一段期間，全班同學幾乎都混混噩噩地過日子，在家爲老師擔心，不過，大家都知道老師會回來，可是，現在您是眞正的離開我們了，而我們只能堅強的渡過沒有您教我們的日子，希望我們能熬得過。

您的身體狀況不太好，希望您能早日完全康復，身體健康，精神飽滿，並且希望在大家畢業的那一天，老師能來，再好好的聚一次。

美琪一九八九、六、十九

七月二十日，余因病報請提前一年退休案已批覆，並於八月一日退休生效。計余民國五十七年以「初中敎師檢定合格」出任淡水初中敎師，而後，高中敎師、講師，至今服務於敎界二十一年，至此作一完美圓滿結束矣。

八月一日，余持退休證去北投區公所戶政事務所，辦理職業更改手續，此後，余爲一退休老人矣。

惟余「莊嚴法寶」之願，不因退休與外來磨難而中止。

余願生生世世爲「莊嚴法寶」而奉獻生命。

八月二日，臺灣大學生學佛運動發起人周宣德（子慎）居士，以九十一高齡，逝世於美國洛杉磯寓所。

周老居士，江西南昌人，北平工業大學畢業，曾任江蘇省立宿遷中學校長。來臺後，皈依智光長老，並任臺灣糖業公司玉井糖廠廠長、臺糖顧問，於民國六十年自臺糖退休後，專職於慧炬基金會工作，並任董事長至去世爲止。

九月十三日，女兒小慧乘機飛往溫哥華，就讀於U.B.C.，攻讀英國語文，時間一年，全家至機場相送。

九月二十四日，偕友人赴港，仍住九龍酒店，並會見大陸及香港兩地友朋，二十六日承法住學會會長霍韜晦約宴素齋，席間有「法燈」主編張憶芬及愛羣等，此爲余第三次赴港，逗留十一天，至十月七日回臺，此行未動身時已經生病，唯因要事，乃帶病來港，直至返臺後稍癒。

十一月四日上午十時，所謂「慈濟文化志業委員會」「管理委員們」在長安東路「文化中心」開第三次會議，本由證嚴法師主持，但因她有事羈延，在十一時前，推選陳昭雄爲主席，席間余以急事赴外約半小時，因而被證嚴法師的徒弟陳昭雄、卓明鉦等無理人身攻擊，余返後知此會純爲我而設，我亦知在此不久，乃決心反擊，此種毛澤東式的鬪爭會，我始領教在佛教團體內也會發生，而我卻是改革派的「趙紫陽」，我痛斥那些無知之輩，並聲言：「你們不歡迎我，我不會賴在這裏！」須知，我三年之前，是證嚴法師三催五請而來的，我和她訂有「備忘錄」。因爲我預定在十二月三日開過「慈濟獎學金頒獎典禮」之會，我再向「慈濟基金會」辭職，而現在我依然不動聲色，看這羣人表演！

這次會議等證嚴法師十一時卅分到時，攻擊才落幕。顯然，等我去職之後，這個會就會自動撤銷。（事後一如我所料。）

十一月二十一日晚七時，受「時報廣場」邀請，在臺北市中華路萬企大樓十樓作一場演講，題目是：「釋迦的一生及其出世思想」，聽衆約一百二十人。

十一月二十五日晚九時起，在家中二樓臥室，恢復中斷六年的靜坐，第一次僅坐三十分鐘，以後數日，逐日加強，到二十九日加至四十分鐘，且早晚各一次。十二月十日，增至一小時，身心均感舒泰。

十二月三日上午十時，在文化中心舉行「獎學金頒獎典禮」，歷二小時餘，余爲報答捐贈「弘一大師藝術獎金」的姚白芳、柯美玉、中村良子、李佳頴等六七道友之支持，乃隱忍至今，今「獎學金」已頒，心頭已無道義上的虧欠，乃作了緣的計劃。

十二月十日上午，余以書面郵寄花蓮向證嚴法師提出辭職的告知，余二十六日正式離職！

十二月十五日清晨靜坐，默憶佛名時，由於專注一境，雖仍有妄念，而不礙「連成一片」之不亂境界，此正如古德所云：「竹密不妨流水過」也。

十二月二十三日（星期六）上午，向有關人員作一番交代，乃離開服務三年四個月二十三天的「慈濟文化服務中心」及「慈濟道侶」雜誌社。

但願天下人負我，我不願負天下人。余來「慈濟」三年有餘，已仁至義盡，至於不仁不義之事，余暫不置評。

十二月二十四日搭十一時國泰班機，逕去香港，出席「法住學會」主辦的「太虛大師生後一百週年學術會議」，其實，到二十六日下午才去住宿旅舍「Y.W.C.A」報到。這次我提出的論文題目是「二十世紀末期附佛法外道之興起及其加諸佛教現代化的破壞與影響」。會議在二十六——二十九日，計四天舉行完畢，與會學者有大陸北京人民大學張立文、方立天，上海復旦王雷泉，南京、華東、華中諸大學賴永海等教授十人，臺灣有楊惠南、游祥洲、陳儀深、藍吉富、傳道法師及余等六七人，日本、美國、加拿大，有冉雲華、關泰和、小野寬等教授，及香港中文大學霍韜晦、唐端正、譚世保，還有武漢歸元寺昌明法師、香港高永霄居士等數十人。會議規範雖不大，而意義卻頗爲深遠，尤其帶動了次一年度的「佛教文學學術會議」之召開，使「學術與實踐」兩端之結合，均爲佛法現代化的良好預兆。

△本月二十九日下午五時，與傳道法師等去香港中環參觀三聯書局，赫然發現北京建設出版社盜印余之「弘一大師傳」，陳列於櫃上。

【民國七十九年・庚午・公元一九九〇年・六十六歲】

元月一日下午三時，花蓮慈濟功德會證嚴法師偕其從人德宣師等三位尼衆及王端正、楊亮達等慈濟成員來舍間噓問，最後的目的，欲聘爲「顧問」，而余心絕無意於此。又致贈孔方一包，余推拒不受，彼等約二小時後離去。

元月十三日〔農曆十二月十六日〕余受邀出席臺灣臺北中華佛學研究所主辦之第一屆「中華國際佛學會議」〔討論主題：「佛教倫理與現代社會」〕，擔任第一場中文組評論人：所評的對手是中華佛研所教授曹仕邦博士，論文是「戒律與僧制之間——弘一律師的兩難之局」，對弘一大師的「兩難」，我有不同的看法。

這次會議到十七日結束，到會者有十八個國家一百四十位學者。

△學佛已四十年，狂心未歇，妄念紛繁，瞋心未息，淨念未純，今晚重返佛座，試之，如礬入水，此心稍淨，不禁爲之反芻「昨日之失，焉知非今日之得」耶？

△近日每晚讀光宗法師的「解脫學」，對靜坐念佛，不無裨補。惟其狂批古德修道之功如何，「心知肚明」，而余以爲以他的方法默數佛號，反照「能念」之心，再起「念者是誰」之疑，亦非易事也。

光宗法師，不知何許人也？

二月一日起，埋頭於「杜魚庵學佛荒史」一書有關「杜魚庵師友書信集註」之整理。每一工作日，勞形案牘者約八小時。

二月十二日（星期一）與姚白芳、陳素甜等討論「龍女」雜誌之籌備與「弘一大師紀念基金會」設立等問題。中國大陸之泉州、杭州、天津，均有「弘一法師紀念堂」，而所謂「宗教自由」「佛教發展蓬勃」之臺灣卻獨無，寧非憾事？

此余埋於心中十餘年之舊願也。在民國七十一年，設立「大師紀念堂」之計劃已寫好，終因「福薄」而無從將事；而今被「擠出慈濟」，豈非因緣之奇妙耶？

四月中旬，余著「杜魚庵學佛荒史」約四十五萬字全稿交三民書局排版；一個月後「維摩詰經今譯」全稿亦交至三民。

五月十四日（星期一）經三個月時間之研究、周折，決定將「龍女」雜誌更名為「龍樹」，正式向臺北市政府新聞處提出申請，社址設於「臺北市忠孝西路一段七十二號七〇一室」，工作人員於五月二十一日正式上班。

參與籌備的主幹，為于凌波、姚白芳、陳素甜及余等四、五人。執行運作業務之工作人員，則為余與郭暖卿、邱玉燕等三人。

「新聞紙執照」於五月二十六日由行政院新聞局頒交，余於十天後始經查詢獲知，前往臺北市政府新聞處具領。

從此余為佛法肩負之任務再度開始，同時為「籌備弘一大師紀念基金會」（設立「臺北弘一大師永久紀念會」）作初步策劃。

〔一九九〇年三月一日駐筆〕

杜魚庵六十歲日記

前記

余生平未嘗賡續寫日記，然於一九八四年三月自「天華」退身，忽發奇想，乃誌日記三百六十日，今以之公諸於世，非自珍羽毛，乃為其中有涉及當代佛教人事，以及自身雪鴻印爪，於欲解近年佛教在臺灣之發展，不無所補，是以為誌焉。

【一九八四年・民國七十三年・甲子・時年六十歲】

二月春之章

〔二月四日・農曆正月三日・星期六・晴〕

一、今年元月二日（農曆民國七十二年十一月三十日）由臺北市北投區民族街五十四巷三號四樓租用已一年的房舍，搬回拆建之公館街十六號，住達十六年的獨院舊居，經改建之五樓公寓，余分得十四號一、二樓兩層新舍，已一個月零二天。

搬遷時，吾兒弱水❶在美國耶魯大學留學，幼子小筆❷在東海大學讀書，家中僅我與小孟❸、女兒小慧（無憂）❹在場照料；另有學生楊麗敏、林姵君、陳月鳳、趙麗玲❺來協助搬遷。計書物四卡車。入舍後，整理費時至今，但仍有弱水、婉窈（兒媳）及小筆之書千餘冊未上架，勞累不堪。

二、日前整理書稿之際，忽發現沙千夢居士❻信札數十通不見，多方尋找、回憶皆無著落。另周正濱老居士存余處之「紅樓夢資料」數大捆亦不見，廣欽老和尚❼雕像畫册亦渺渺，不知何日尋獲？此皆搬家之禍也。

三、近三數年，記憶力奇衰，每搬遷一次，手邊資料、文稿，卽有部份失踪。卽如一九六四年冬，新加坡廣義法師❽來臺，掛搭臺北圓山臨濟寺，余前往拜訪，談弘一大師軼事，承彼惠贈閩南名宿——會泉大師遺物——星月菩提念珠一串，此珠爲一〇八粒，呈深咖啡色，極爲古雅，經使用年餘，一日忽失去踪影，不再出現，百般尋找，終未露面。

四、憶余於一九七七年（民國六十六年）九月十六日，受商界李雲鵬❾約，就任彼出資成立的「天華出版公司」及「天華月刊」之總編輯一職，在臺北市南京東路三段二一五號泰伯大樓十樓揭幕，公司成立，除李雲鵬以「國際傳播公司」董事長身份兼任「發行人」，其他職員，有臺灣大學歷史系畢業之陳肇璧、黃秀慧，余學生陳素甜（政治大學財稅研究所畢業）之妹陳素珍，及臺北市立高商畢業之陳國定（此女於次年二月到職）等四人。

到去年九月一日，余辭總編輯職，交與顏宗養居士（臺灣輔仁大學哲學研究所畢業）接替，計余任此職六年缺十五天。

余辭天華總編輯職，基於下列原因：

㈠余與李雲鵬思想層次差異太大，無法久處。

㈡余年屆六十，又任臺北市立高商夜國文教師，日夜兼顧不及，且修道無緣，撰述無暇，而又視力漸弱，體力日衰。

㈢佛教界亟須培養承擔文化事業之人才，一睹目前情況，顏宗養居士年輕有為，彼曾襄助懺雲法師⑩策劃「齋戒學會」五年，為人淸白，能力亦佳，余之早退，彼如能獲得李之信任，當有一番作爲。

〔案〕惜事不如人意，宗養與李相處一年，又掛冠求去，出任「慧炬基金會」執行秘書。但二年後又離職，自創「法爾出版社」。

㈣天華經余開創六年，在社會形象及文化水平上，均已有相當基礎，余已爲彼神勞心瘁矣。

㈤李承諾印行之「護生畫集」，由余編定設計，並已獲預約、助印三百萬元以上，彼竟以「風水」、「流年」等迷信推拖，欺罔同道僧俗兩序，迄今食言；如有人告發，彼勢必受法律制裁，而後彼竟然「僭爲人師」，是可忍、孰不可忍？余乃毅然求去。

此余辭職之五項助緣也。

五、今上午九時許，學生謝雪燕、陳素甜偕夫婿楊克誠及子女，先後來舍拜年，十一時後辭去。

【註釋】

❶弱水：民國四十五年七月十八日酉時生於屏東縣東港鎮客寓。臺灣大學歷史研究所肄業一年後，赴美攻讀博士學位。

❷小筆：名陳筆，余之幼子，民國五十年十二月十五日戌時生於花蓮縣光復鄉花蓮糖廠宿舍。此時就讀東海大學經濟系。

❸小孟：余內人楊筱孟，已於一九八一年前自臺灣省立育幼院退休。

❹小慧：余女，名陳無憂，淡江大學教育資料科學系畢業，民國四十七年十二月二十九日酉時，生於屏東東港婦嬰醫院。

❺楊麗敏等四人：均爲余任敎「臺北市立高商」民國七十二年班畢業之學生。

❻沙千夢：請參閱本書「師友書信集註」（下）沙千夢函＜之一＞❶。

❼廣欽老和尚：當代高僧，於民國七十六年圓寂於臺灣高雄縣六龜鄉寶來村妙通寺，享年九十五歲。事迹見余著「當代佛門人物」一書。

❽廣義法師：請參見本書「師友書信集註」（上）廣義法師函＜之一＞❶。

❾李雲鵬：河北任邱人，曾任臺北國際傳播公司董事長及天華出版公司發行人，余與之共事六年，因「新

編護生畫集」案分手。

⑩ 懺雲法師：其個人歷史見本書「師友書信集註」（上）懺雲法師函〈之一〉❶。

〔二月五日・農曆正月初四・星期日・晴〕

昨宵晚睡，今晨七時五十分倉皇起身，盥洗畢，服黃豆粉一杯，出門叫車，到士林區中山北路「銘傳商專」前，接堂嫂（張翠華）❶同車到臺北市議會門前，等候遊覽車到，同赴苗栗苑裡鎮大興善寺拜見「無名比丘尼」福慧師❷。至市議會時，僅有生徒十餘人先至守候；余之同事吳金友老師亦先至，當即將淨行法師❸主持的靈山講堂代購之「錦繡中華」、「神秘西藏」、「臺灣寺廟」等畫册計五大册及地藏菩薩聖像二幀，派學生謝雪燕、林姵君，送到對面七樓靈山講堂交與其徒清德師❹。

時已八時四十分，陸續到達者一九七九年班（民國六十八年）畢業生計有謝雪燕、莊梅芳、林姵君、朱淑錦、沈麗惠、柯玉鈴、趙麗玲……等十一人，一九八三年班在學學生遲美菊、邱淑芳、李淑玉等三人，靈山講堂出家衆清德師、越南籍比丘尼清海師❺、在家衆呂小姐（後出家爲清如師）……等六人；余與吳老師、三嫂等三人，共計二十三人。

此番朝禮苑裡大興善寺無名大德尼，在計劃前有意同往者約三十五六人，剛好接近一車，但因臨時爽約者有許甘桂居士、學生吳麗娟、陳鈺純、孫子宜、陳君枝、陳雅玲等六人，邱淑芳、吳繼娟與家人等三人，連同堂妹關月❻因故臨時缺席，計缺席達十人之多。

約九時許，余命令開車，十一時卅分到達小小的「大興善寺」，吩咐學生先行拜佛；當人潮擁擠之際，忽見「無名大德尼」瘦小的身影從人羣中穿至供桌邊，與余謙笑爲禮（師已禁語二十年），此時大德尼之翻譯常持師（逢甲大學畢業，余已識多年）亦與余相見，然後師分發「草菩提念珠」與學生，每人一串；並即吩咐學生等到後面午餐（飯、菜、湯水一大碗），飯畢，回至大殿（很小，約二十坪）由三嫂開始，學生及其他來參拜者，依次坐於小板凳上，請師以密咒加持。我於最後亦隨喜加入行列。

一時許，有人從厠所中撿獲一枚「佛像玉珮」交與師，師以手語，由常持師譯國語告誡大衆，不可佩戴佛像入厠，即攜帶念珠亦不可。當念佛時可攜念珠，不念時不必隨緣到處攜帶，始是恭敬。師一面手語，雙眸則泫然浮淚，狀至悲戚。

之後，余指揮學生成兩排坐於殿右地上，師坐殿中佛像前，其他寺中尼師坐於師之右首，由莊梅芳等引聲，合唱「恭禧恭禧你」、「一支小雨傘」、「小城故事」等歌曲十餘首，以娛這位無名大德尼。

師頻頻以糖果分享諸生。下午三時，諸生灌滿師所加持後的「大悲水」登車，師則立於大殿門前相送，直至吾等絕塵而去，始入殿。

車行途中，清德、清海二尼師由中壢交流道先下，吾等直駛臺北希爾頓酒店停車。余送三嫂先行返家，後叫計程車到濟南路「華嚴蓮社」❼請一居士代爲登記「本月十一日海柯三伯母週年忌超薦事」，返舍時，在希爾頓前候車，適吾女小慧亦等車，吾父女即相偕回北投寓所。

晚八時後，沉思中，忽悟「無瞋無愛」之旨，胸中葛藤為之一清；但不知何日何時能否「放下」罷了。

回邵夢蘭（前中正高中校長）一片。

【註釋】

❶ 堂嫂張翠華：為族兄陳復增之妻，與余族兄於民國四十一年由香港來臺。

❷ 「無名比丘尼」：臺灣苗栗苑裡鎮天下路「大興善寺」住持，三十五歲出家，民國七十四年三月三日（農曆正月十二日）圓寂，享年五十六歲，僧臘二十一秋。師行苦行，禁語二十年，以密行、大悲水度衆；並以「無名」名世，頗得大衆法緣。事迹詳見拙著「當代佛門人物」。

❸ 淨行法師：越南人，留學臺灣國立師範大學，獲博士學位，現任臺北靈山講堂住持。師已入籍中華民國。

❹ 清德師：為淨行法師剃度弟子，靜宜文理學院畢業，二年後，考入「中華佛學研究所」攻讀，並作長期研究。時在該講堂處理財務。

❺ 清海師：越南人，生於民國四十一年（一九五二年），民國七十三年來臺受戒，借住「靈山講堂」，惜其人，後在印度從錫克教上師薩卡．辛學法，彼再度來臺後，以「觀音法門」名義，傳錫克教之「印心」、「五句咒」，引起佛門極大震驚，此乃近代佛門之異象也。請參閱沙弗林「致清海法師四十九問」及鄭

法明「臺灣有一個錫克教的傳人」等文。（可參閱本書附錄諸篇）

❻闕月妹：爲余族伯父陳珊公之長女，臺灣中興大學法律研究所碩士，現服務「中華民國駐華盛頓軍事採購團」。

❼華嚴蓮社：爲佛教界長老南亭老法師來臺後創建於臺北市濟南路二段四十四號，南老去世後，由其徒孫成一法師接任住持。

〔二月六日・正月初五・星期一・晴〕

上午十時許，余抗日戰爭時入伍同學林松齡（輔仁大學秘書，前該校中校教官）偕全家來聚。

松齡贈以「石濤畫」（故宮博物院影印）一幅、飲水器一臺、蘋果一盒、美酒一瓶（吾禁酒），中午餐後，兩家十人參觀余新舍一二樓，至下午四時三十分，共進銀耳湯後，松齡偕家人離去。

松齡小余二歲，浙江蘭谿人；其妻秀蓮，臺灣旗山人。

余等於一九四三年（民國三十二年）十月，在江西上饒同時入伍，進二十六軍幹部訓練班，三十三年夏，移防金谿剡坑山中，共認農夫王吉旺先生夫婦爲義父母，因余等均因患病受二老照護，情同己出，直至病癒。時余二十歲，松齡十八歲。

吾與松齡，於一九四六年在湖南衡陽（受訓畢業）分手，余分發至陸軍二十六軍四十一師二一二團二營六連任中士班長。彼則分至常德一六九師某團任見習官，不數月即赴青島，投效丁治磐師❶，出任排長，次年作戰負傷，在濟南一軍醫院療養後，出任該院副官。一九四九年六月，吾等撤退到浙江舟山羣島之岱山重逢，時彼任暫編十四師二一二團三營上尉副營長，時二十三歲，余則任暫編第一軍通信營第二連上尉幹事。

來臺後，雖不在一地，然魚書往返，兩家相聚甚頻，今年余六十矣，彼五十八歲，彼此相交四十餘年。

【註　釋】

❶丁治磐：字似庵，江蘇東海人，前江蘇省主席，爲余從戎時之軍長兼幹訓班主任，於民國七十六年逝世於臺北，享年九十七歲。

〔二月七日・正月初六・星期二・晴〕

余雖辭「天華」總編輯職，因餘事未了，自去歲九月一日起，每週二、四、六仍回該公司「等編」——拖四年未出版的「新編護生畫集」，而李某迄今不能履行其出版義務，使天華在衆口交譽中蒙受羞辱。如其再拖，余定於三月一日求去，不再爲人作嫁矣。

下午二時後，編好「認淸自殺後的眞相」一書，此書本在大陸佛教界出版，因已陳舊，余則加以重寫、整理之。

同日校對中村元❶等日本學者編著之「世界佛教史」之中國部份，此一部份由余命名為「中國佛教發展史」，約一千餘頁。執筆人對臺灣佛教及神教有令人「啼笑皆非」之「調侃」。僅對林錦東及星雲法師二人有所讚譽，眞是掛一漏萬，由此可見中村等人收羅之薄與眼界之窄；亦由此可見歷代的史書與當代人物行徑是有所距離的，「盡信書不如無書」，古人語，良有以也。

正工作中，在辦公室抽屜突發現周正濱老居士寄存余手中之「紅樓夢資料」五大册，驚喜非凡。但千夢信及廣老像仍未見。

余自任天華編職，以多種珍貴藏書均以無代價奉獻翻印，尤其「寒山子研究」❷一書，由華新公司收回版權，不收版稅交與天華印第四版，「弘一大師墨寶」七種一併由之翻印，並作精美設計，每年不加薪，年終獎金放棄，自思余一手創辦、策劃之「天華公司」及「月刊」，以及對李某，可謂「仁至義盡」，余自忖，在天華六年，在佛理上，余從未違過「妄語戒」、「盜戒」。余之作為，一以佛家「菩薩戒」為準繩，取捨之間，求其不違利人之原則。

又，余為門前圍欄杆事與建管處交涉纏訴頗久。門前乃余之地皮，約三十坪，新舍未建前有圍牆，建後拆除太半，但為維護安寧計，乃圍之，不料建管人員竟指余「違法」，眞乃民主社會奇譚。

當余夜燈之側，記此日諸事時，忽破顏自道：

「若果明日余往建管處為門前欄干事『變通』一番，豈非『聖人』行賄？——如聖人不行賄，只有坐待被拆之命運。同時也只有任門前猫狗大便、人屎、垃圾淹沒矣。此所以聖人難爲之道也，嗚乎！」

做聖人不難，處犬馬社會實難！

做自由人不難，面對官僚施政行爲實難！

【註釋】

❶ 中村元：日本著名佛教學者，著述甚多，其主編之大部頭著述有「世界佛教史」二十册，曾於民國七十二年來臺出席「中日韓佛教學術會議」。

❷ 寒山子研究：爲余所著，在民國六十三年由「桂冠圖書公司」印行初版，三民書局於七十三年印行第五版。

〔二月八日・正月初七・星期三・晴〕

上午十一時，上樓草就「當代佛門人物」❶前記初稿，下午謄正，然後上街複印三份存檔。

午後，小筆看余稿，謂：「爸爸的字很漂亮，但很難認。」

生活，是一連串「痛苦」的結，解了上一個結，卻又扣上下一個結，永遠有得解、有得結。生生世世。

余三十年來，寫了十來部書，大都在「煩惱、痛苦、勞碌」的生活中完成。用腦寫書，用心解結。但値得一讀者不多，而糟粕泰半也。

【註　釋】

❶「當代佛門人物」：於民國七十三年六月，由臺北三民書局（東大圖書公司）印行。

〔二月九日・正月初八・星期四・陰〕

九時三十分，苗栗大興善寺常持師來電話，提及「無名比丘尼隨訪錄」一文，收於「當代佛門人物」事，渠云：「師父不希望露面」，余則告以「請隨緣」。——凡事皆因多開口，當我二月五日帶學生到大興善寺時，如不提此事，常持師也就無從向大德尼說及我寫她的專訪稿一事。余以爲此文無論如何不能從書中抽出。

□□謂，□□❶太太在某一職員前說：「陳老師很難相處。」又云：「□□法師❷說：『慈航』❸之停刊因陳某之故！」

「何故？我貪汚？還是侵佔？」

我爲「慈航」工作八年，已經做到點滴歸公，淸明如水。已經估過價的印刷物，寄給非律賓發行人報備，事後出版品問世，實際價格減少至八成，余一依後來實際價報出，如有心貪瀆，後來實際付出減少，又何必提出？

□□太太之語，余一笑置之。在中國人情上說，一個已出局之人，是「惡之欲其死」了，那裏有好人？

我很難相信□□法師會在背後以疑言加我，我深深了解這位法師，尤其我本身在八年中無一事不清白。

對佛法體會不深之人，實難消業除障也。

近日將天華所存，屬於私人資料，逐日帶回以了緣。

春節以後，仍祇能做到每日焚香一次，拜佛三拜，日記一篇，餘暇皆爲俗事所誤。

【註 釋】

❶ □□：因事實需要，隱其名。

❷ □□法師：同上，隱其名。

❸ 「慈航」：由旅菲律賓之我國佛教女衆大德清和姑，創辦於民國五十二年初，並由自臺去菲之自立法師執行刊務，倩予在臺北代理校對、發行業務，到民國六十年停刊，計發行八年。

〔二月十日・正月九日・星期五・陰〕

天華公司自農曆年後，營運狀況極佳，每天銷出的書包不完。爲了這份佛家文化事業，一切的恩怨應該全部消融才對。

我個人希望顏宗養居士能延續它的生命，誰是老闆，都不重要——只要把佛家文化事業擴展出去，即是「莊嚴法寶」，擴大它的影響。我們不都是虔誠的佛弟子麼？

這兩天我陸續把天華辦公室的私人存書及文件帶回自己的樓上佛堂，作抽身之計。

我準備把所有師友們來信，抽空按時間順序整理編號，成爲個人的文獻史料。

下午四點，三民書局❶一位編輯來電話到天華，要我爲他們解決芝峯法師❷「禪學講話」上的脫行。

準備明天下午三伯母忌辰過後，到三民檢視該書。

【註釋】

❶ 三民書局：係由江蘇南通籍來臺人士——劉振強先生創辦，位於臺北市重慶南路一段六十一號，「東大圖書公司」，爲其「關係」機構；該局爲臺北極具規模之出版界翹楚。

❷ 芝峯法師：太虛大師高足，曾任大陸政治變革前之「中國佛教會」秘書長；大陸棄守後，據聞已還俗。

〔二月十一日・正月十日・星期六・陰〕

上午八時驅車到〔臺北市〕濟南路華嚴蓮社，三伯父❶、彭年弟、大妹、二妹、三妹、彭年媳、三妹子女均已行禮，余亦趨三伯母❷靈前頂禮，畢，與大妹（頃自美國回臺）寒喧。

爾後陸續有族叔陳玉照全家，族弟陳化民、啓民，族兄復增三哥、三嫂，堂妹國華及其女小文，前軍法局長顧樸先夫婦，復有不知名族人親友數位與祭。

上午誦經三堂，法師中慧坦師❸是熟人。又蓮社住持成一法師❹與余晤面後，送箔箱一付並行禮。十一時許三伯父之獨子——彭年弟率族人一一向三伯母遺像行禮，法師則環繞遺像誦經。

午齋時，三妹❺之夫——沈大川❻來，在另席就餐。不久臺北「掃蕩」雜誌發行人□□□與其妻亦來，挿坐於余側。

飯後，有少數人離開，余則與近八十高齡之三伯父及諸兄妹淺談佛法，並集議下週五（二月十六日）坐中興號公車，赴苑裏大興善寺拜見無名大德尼。正言談中，三妹之翁姑——沈昌煥夫婦❼來行禮，禮畢卽離去。之後，其獨子沈大川亦離去。沈氏目前任「國家安全會議秘書長」。大川則爲「亞洲信託」特別助理。三妹在華航服務。

下午兩堂經，再行禮一次，然後全體與祭者由三伯父率領到後面焚化爐前焚燒紙箔，大家同時拜祭，直到化完始一一離開華嚴蓮社。

三伯父驅車走後，我逕去重慶南路三民書局，將「當代佛門人物」前記交與陳姓女編輯，之後，渠等將重排之「禪學講話」脫行部份，送余審閱，文中至「法界次第十云：『……聞思修……』」止，不見下文及標點。「法界次第」爲隋代智者大師所撰，爲一工具書。俟留晚間回寓再處理，如辭典無著，恐將要動「大藏」矣。

離三民時，門市經理劉秋涼謂，余前著之「寒山子研究」，可以考慮由該局重印。

白天，在蓮社時，親友間有人問余年齡，余云六十歲，彼云：「可以賀一下。」余云：生日那天禁食，蓋「母難日」❽也。

【註釋】

❶三伯父：本名陳珊，字海柯，南京中央大學法律系畢業，生於民國前五年冬，在國民政府未撤守大陸之前，任徐州高等法院院長兼徐州軍事總部特種刑庭少將庭長，來臺後，歷任軍法局少將副局長、公務員懲戒委員會委員，及中興大學法律系教授等職。

❷三伯母：本名姜秋明，江蘇銅山人，上海大夏大學畢業，於先一年因腦溢血逝世於臺北榮民總醫院，此次係由余之介，在華嚴蓮社做「週年忌」。

❸慧坦法師：廣西人。係余在花蓮旅居時之舊識，民國五十三年後來臺北出家。其俗名不詳。

❹成一法師：江蘇泰縣人，上海中醫學院畢業，南亭長老之徒孫，現任華嚴蓮社及臺北縣智光商職之董事長，時年六十八歲，並具中醫師資格。

❺三妹：本名陳巴月，因生於「巴蜀」故名，爲余三伯父之三女，臺北中國文化學院新聞系畢業，嫁於前外交部長沈昌煥之子沈大川。

❻沈大川：爲沈昌煥氏之獨子。

❼沈昌煥：上海市人，前國民政府發言人，來臺後任外交部長、國防會議秘書長，蔣經國總統時代，出任總統府秘書長，民國七十七年中辭職，改任總統府資政。

〔二月十三日・正月十二日・星期一・陰〕

上午出門理髮，對鏡，滿頭荒禿，白莖蕭然。

返寓時，在門前地上，檢起土城承天寺傳顗法師❶來信一通，上樓閱讀，彼云：「十四日午，請居士在臺北妙香林午齋，又請借印順導師❷七十彩照，印於『佛教讀經示要』（此書由傳顗法師收集資料，由余編定成書者）首頁。」

晚餐前，余出門購置文具，並打電話至承天寺，由一尼師接話，謂傳顗法師下山未回。余請其轉告，明日午齋不能出席，星期三可在靈山講堂晤敍云云。

午後直到深夜，除晚餐外，在樓上淨室詳閱廣欽老和尚資料，發現可資證明廣老在「泉州清涼山岩洞入定一個月」的文獻均甚薄弱，有關弘一大師「由永春回泉州省視老和尚入定事」，約爲民國三十年間（一九四一年），在弘公年譜及一般史料上均未見。也許廣老自述，或其弟子林覺非所述在臺灣缺乏認同之證人，但亦無礙於事實，況一代高僧，豈有妄語？有關廣老（余擬撰「廣欽老和尚禪修譜」）一文，仍未能下筆，有待繼續查證。

【註釋】

❶ 傳顗法師：其個人簡歷見本書「書信集註」〔上〕傳顗法師函〈之一〉❶。

❷ 印順導師：其個人簡歷見本書「書信集註」〔上〕印順長老函〈之一〉❶。

〔二月十四日・正月十三日・星期二・陰〕

在臺北處理俗務，竟日勞瘁歸來。

見五斗櫃上有信一疊。

星加坡演培法師❶、美國舊金山謝冰瑩教授❷各一通。市政府建管處公文一件……。

余之公寓三樓住戶，爲一從事旅社業者，每至深夜，吵鬧、木屐聲、打彈珠聲，雜沓喧嘩，傳於上下樓及戶外，罔顧鄰舍之安寧，彼等均至天亮始眠，由彼等行徑，令人深感中國人民品德素質之低劣至無以相與之境地；處於這種社會，而此種人民，俯拾皆是，其衣食雖豐厚，而大環境則人人祇謀私利，到處雜亂汚髒喧嚷，有己無人，有個人無羣體，無法無天，信乎「中國人醜陋」也！

余自思終身勞碌於世俗，幾使精力泰半耗損於讀書與寫作之門外，甚爲悒悒！

【註釋】

❶演培法師：其個人簡歷見本書「書信集註」〔上〕演培法師函〈之一〉❶。

❷謝冰瑩：名作家，其個人簡歷見本書「書信集註」〔下〕謝冰瑩函〈之一〉❶。

〔二月十六日・正月十四日・星期三・陰〕

工作之暇，楊子談到□□□❶時常懷疑別人要殺他、呑他財產，並命徒衆嚴密保護；動輒對周遭人事疑神疑鬼，風吹草動，鬼影幢幢，誠不可思議……。

四樓所製鐵欄柵，用作擺置花盆養花，經常澆水而任其由上向地面余之院中傾灑，致門前淋漓如雨。

隔牆十六號及其四樓養狗，清晨牽之出門，任意在門前道上撒大小便，便畢，昂昂然而去，狀頗自得。

【註　釋】

❶□□□：暫隱其名。

〔二月十七日．正月十六日．星期五．雨〕

七時三十分出門，約四十分鐘，到臺北公車北站，三哥、三嫂及闞月大妹已先到，候余前往苑裡。

余買票時，發現九時前車票已售完，乃購九時整中興號，直驅苑裡。十一時二十分到達大興善寺；住新竹之國華妹已先至。

此行，除上述人等之外，另有三哥之女小華、大妹、闞月三妹巴月，及大妹國內同學一人，國華則攜其女小文，另鄰友（淮陰人）一位。總計「朝山拜師」者共十人。

大家入殿拜佛後，即與福慧大德尼晤面寒暄，並安排爲各人加持。大妹問其母逝後「生在何處」？經過常持師翻譯，師云：「——不知道比知道好，只要念佛爲你母親廻向就好了！」旨哉斯言也。大妹亦甚以爲然。但她說她本不想問，只是二妹非強她問不可。

然後常持師再指導大家拜佛。

午齋後，各人買塑膠水桶，注入「大悲水」，於下午一時十五分離去，師在門口相送。此行除二妹一人未拜，也未請加持外（二妹似乎與佛無緣），其餘諸人均已受加持。

據寺中一師云：「昨日有一人攜妻，自稱是陳老師弟弟來寺禮佛。」余細問其形貌，原是彭年弟夫婦。

離寺時，福慧師父又送紅麵龜一大盒，各人分而受之。

返舍時，已四時二十分，小孟適因購物自外返家。

世事各有因緣，余接引數十人去大興善寺，唯自家妻兒未去。

〔二月十八日・正月十七日・星期六・陰〕

晚間返家，上樓，設計「佛教讀經示要」封面，並焚香、放「六字洪名」❶錄音帶，在佛號中工作，心甚專一。

【註　釋】

❶ 六字洪名：指「南無阿彌陀佛」六字。

〔二月十九日・正月十八日・星期日・陰偶雨〕

中午眠後，上樓，放懺雲上人❶錄音帶，音頗嘈雜；又放莫佩嫺居士❷「觀音法門」，頗爲清晰。

余於三時許焚香，靜坐一小時，頗感清淨。

晚，致香港法住學會霍韜晦居士❸一函。

【註　釋】

❶懺雲上人：其個人簡歷見本書「書信集註」〔上〕懺雲法師函〈之一〉❶。

❷莫佩嫺：本名莫金喜，廣東中山人，約生於民國二十二年，其尊翁爲莫正熹長者。佩嫺學佛自民國四十年始，並在汐止彌勒內院，教授英文，現居臺南市。

❸霍韜晦：香港中文大學講師、法住學會會長。

〔二月二十一日・正月二十日・星期二・晴〕

天華上班如儀❶。

約九時，成一法師來電話，約余明日上午十時去華嚴蓮社，商編輯彼之文稿事，並爲彼擬創辦之刊物命名。余私忖：如不能用「華嚴世界」，用「法界」二字亦可。全名卽爲「法界月刊」❷。

下午五時離開天華，到校❸出席開學典禮，至六時卅分離校，坐車返寓。

因中午曾接悟一法師❹電話，謂彼已於三天前從香港回臺，並攜回大陸家信數通❺，因此，車抵北投轉驅師所主持之金山分院，由一婦人交余信一束。

晚間，焚香、禮佛之後，展信而讀，計：

上海秀文❻一通，泗陽愛羣❼二通。又秀文附來其全家照片二幀，秀文女照片一幀。

【註釋】

❶ 時余於星期二、四、六到天華處理未定之事務。

❷ 法界月刊：當時成一法師與余討論，彼擬創辦此刊，後因故不再討論。

❸ 指余白天任職之「臺北市立士林高級商業學校」。

❹ 悟一法師：江蘇泰縣人，前臺北善導寺住持，時任「中國佛教會」常務理事、世界僧伽會中文秘書長。

❺ 約七年前悟師受余之託，請其爲余經由香港轉收大陸親友函件。

❻ 秀文，爲余親三叔之女，於民國三十八年流落上海做工，後已在滬成家立業，余三嬸則依之過活，三叔於民國四十五年前後，死於東北。

❼ 愛群：爲余遺落故居之子。

〔二月二十四日・正月二十三日・星期五・偶晴〕

今上午到臺北華嚴蓮社成一法師處，取回托編之文集❶資料。

中午十二時許，與王鈺婷❷在妙香林用齋。

午後返寓補行午睡片刻，到校❸辦好小筆教育補助費之申請，在辦公室休息，忽有一九七九年（民國六十八年）四年級九班畢業生王素貞入室與余寒暄，謂曾讀余著「弘一大師傳」，並謂彼已學佛，每日誦「阿彌陀經」、「往生咒」等，對佛家名相已有初步認識云云。

【註釋】

❶指成一法師托余編印之「慧日集新編」。

❷王鈺婷：爲余臺北市林森北路小屋之房客，約二十六七歲。

❸學校：指余日間任教之「臺北市立高商」，在士林區士商路上。

〔二月二十五日・正月二十四日・星期六・半晴〕

九時到天華，由中村元、金岡秀友所主編的「中國佛教發展史」❶第二篇校完，此書共五大篇，達二千七百餘頁，余通校一遍，其中見地頗多值得珍貴，以目前臺灣出版界而言，是一部較好的「通俗佛教史」書。

在天華，自去歲九月一日交下總編輯職務，五個月又二十四天，除編定一部「認淸自殺後的眞相」❷、校「死亡與再生」❸、「空虛的雲」❹及「中國佛教發展史」等三書，總校閱達四千餘頁佛書，約二百餘萬言。

「天華月刊」❺在余手中，自民國六十八年六月一日創刊，至五十三期，天華公司所出版之「佛學」、「佛典」、「瓔珞」、「文學」、「書藝」等五種叢刊，計印書一百餘種。其中有四分之一以上爲余舊有珍藏之典籍，重加翻印或整理，皆以新面目問世。

餐前，余爲留在天華辦公室之餘書，稍加整理，裝入一紙箱，抽屜中已無餘物，稍事休息，即叫車到農禪寺❻與聖嚴法師❼見面，此來目的，係師之約請，出席「聖嚴法師演講發起人籌備會議」❽；除主人——聖嚴法師外，尚有成一❾、靈根❿、今能⓫法師，寺中有果梵⓬法師等緇素；來賓有翁嘉瑞、曹仁山⓭等居士，其他男女居士三十餘人皆不識。

五時，告別農禪寺，回校上課。

走前，以四事請果梵法師辦理：

一、請聖嚴法師補「留學及美國宏法」那一段經歷資料，以便補入「當代佛門人物」一書文中。

二、代爲複印「法燈」一——六、八——十一期。

三、請複印聖嚴法師論文數篇交余發表。

四、請備聖嚴法師個人彩色照片，及于斌主教⓮、悟明法師⓯等合影一幀使用。

【註釋】

❶「中國佛教發展史」：爲日本著名佛學者中村元教授等所編的「世界佛教史」·「中國部份」，余請人翻譯之後，命題如上。

❷「認清自殺後的眞相」：爲民國三十八年以前，大陸出版之佛書，經余整理、改寫，以「天華編輯部」名義出版之。

❸「死亡與再生」：爲楊銳所譯，其人於民國七十一年由大陸申請到香港，目前寄迹香港。

❹「空虛的雲」：著者馮馮，旅居加拿大溫哥華，爲一頗負盛名之作家，著述甚多，有「水牛的故事」、「微曦」等十餘種小說，及佛理作品「夜半鐘聲」等。此書約一千餘頁，爲舖述禪宗高僧虛雲老和尙之小說。

❺天華月刊：爲四開報型佛教雜誌，於民國六十八年六月一日在臺北由余設計創辦，並任總編輯，直至民國七十三年三月離職。

❻農禪寺：位於臺灣臺北市北投區大業路六十五巷，民國六十年前後由大陸來臺之東初法師建立，東初法師民國七十四年逝世之後，由法裔聖嚴法師繼任住持。

❼聖嚴法師：生於民國十九年，江蘇南通人，幼年出家，來臺後，不斷閉關、苦學，於民國七十年前後，獲得日本立正大學文學博士，現任臺北市北投區佛教文化館董事長及農禪寺、美國紐約東初禪寺住持、臺北中華佛教研究所所長等職，著作三十餘種。

❽「聖嚴法師演講發起人會籌備會」：聖嚴法師擬於本年度秋在臺北市國父紀念館擧辦大型演講，特邀佛教界法師居士共商籌辦事宜，唯後來此項演講並未擧辦。

❾成一法師：臺北市華嚴蓮社住持、中華佛研所副所長、私立智光商職董事長，爲大陸來臺之南亭老法師之裔孫，並繼承法業。約民國七年出生於江蘇泰縣。

❿靈根法師：臺北市松山寺住持，於民國六十五年前後繼承松山寺首任住持道安法師法業。係湖南人，約民國元年前後出生。

⓫今能法師：臺北市聖能寺住持，臺灣人，約民國二十五年前後出生。

⓬果梵法師：爲一比丘尼、畫家，聖嚴法師剃度之弟子，時任農禪寺執事。

⓭翁嘉瑞、曹仁山：前者爲臺北市北投「春暉印經會」創辦人；後者臺北法輪講堂負責人之一。

⓮于斌主教：黑龍江人，爲天主教臺北區樞機主教、輔仁大學校長，曾在紐約與悟明、聖嚴法師相遇合影。已於民國七十年逝世。

⓯悟明法師：臺北市觀音院、臺北縣海明寺、日月潭玄奘寺住持，中佛會常務理事，民國七十五年出任〔臺灣〕中國佛教會理事長，民國七十八年，前「世界佛教僧伽會」會長白聖長老逝世後，出任會長。師河南商水人，民國前一年出生，十四歲出家湖北竹谿縣觀音閣。

〔二月二十六日・正月二十五日・星期日・陰〕

九時，謝雪燕與林姵君準時前來協助到市場購物，以便今天十一位學生到余寓聚會飲食之用。

中午以前，林姿伶、許玉蓉、陳月鳳等陸續來齊。

午餐後，不久有郵務人員送來弱水自美國❶寄到之掛號信一封，信中除報告求學經過及艱辛之外，並附去秋及冬天在紐海汶一帶照片八九幀，又轉來母親及余弟永健（與其妻合照）❷生前照片二張，惜影中人均已作古。余弟永健儀貌頗似父親❸；他與其妻均著醫務人員白色制服。

不久，林代書來，收新舍權狀之代書費用；新舍係由余原〔臺北市北投區公館街十六號〕舊居改建；舊居為民國五十六年完工，在此之前，余於民國五十一年十二月已由臺北信義路五段趙亮杰家遷至北投，到五十六年前後五易其居，至今恰為二十一年又三個月矣。

弱水當時，由臺北三張犁三興國小一年級上學期轉到此間中山國民學校，不過六歲，無憂四歲，小筆不足週歲；余則三十九歲，一壯年人耳。

回顧夙昔，不禁如夢如幻。

午後三時，帶學生上樓，先命之拜佛，余再放詩詞錄音帶，後，諸生圍余坐地毯上敍聊，聽歌，到五時許始散。

此輩生徒，均非雋才，亦非美姬，但余與彼等相處四年，情同父女，頗心愛之，此之謂「師生之情」也。其中謝雪燕❹、林姵君等數人，尤樸質賢淑。

晚十時許，余與小孟赴民族街口一帶，為「陳貓」❺送飯。

【註釋】

❶弱水於民國六十九年赴美留學於康乃狄克州紐海汶之耶魯大學，攻讀歷史學博士。民國七十六年冬學成，同時出任耶魯歷史系講師。次年夏，應加拿大溫哥華之英屬哥倫比亞大學之聘，出任該校東亞系助理教授，該校之中國籍教授自臺灣去者，另有名詞人葉嘉瑩而已。

❷永健：爲余胞弟，於民國七十三年春，以腸癌逝世於彼服務之江蘇大豐四岔河醫院，年五十歲。時彼任該院痲醉師，其妻史玉雙，則爲化驗員。

❸家父：陳海涵公，於抗戰前去貴州，一直未歸，時余十歲，弟三歲而已。家父亦於民國七十三年冬逝世於貴陽，享年七十七歲，在黔留下一妻一子，後母名賈福華，大夏大學畢業，弟陳群，成年後，在貴陽第一中學任教師。

❹謝雪燕、林姵君：爲余民國七十二年畢業班學生，謝福建安溪人，父爲一水泥工人，已逝世。畢業前，任本班班長，時年二十歲。林姵君之籍貫家世不悉。

❺陳貓：爲余寓於數年前收養之流浪幼貓，入余戶之後，命名「陳貓」。彼因建屋而不隨余遷，再度過其流浪生活；余與小孟經常循其行踪，送飯餵之。

〔二月二十七日・正月二十六日・星期一・雨〕

余於民國七十一年十月初由舊居〔北投公館街十六號〕，遷租於相距二百公尺之民族街五四巷七號四樓鄭某之舍，於今計一年兩個月二十多天之後搬回。而陳貓❶於余搬家之後不願同搬，舊舍拆除，彼卽獨自流浪去也，成爲無家無食之流浪貓，每一見之，狀至狼狽。其出沒於垃圾箱與車底、陋巷之際，皮毛邋遢，消瘦不堪，最後每晚出現於民族街口兩側汽車底盤之下，與數野貓爲伍，不料於一個月之前，余妻小孟與筆兒爲彼送飯時，竟發現彼之尾巴已被某種鐵器夾斷，唯靠外皮連綴，使其尊尾成爲一血肉淋漓之骨鞭，使余家人驚心動魄。而彼每見余等呼叫其名：「陳貓喲！……」彼卽聞聲而至，可見其尚有「親情意識」在焉。

今日微雨，家人未爲其送飯，陳貓失望矣！

午後，余上樓作書，計馬二舅母❷一通，愛羣、亞珠、秀文❸各一通。

晚間到校上課，爲生徒附講東坡「題西林寺壁」詩及趙翼「論詩」二首，並賦以新義。

夜九時許，回寓途中，遇天華職員何淑本，謂余曰：「公司要『英雄寂寞』❹二十冊。」余云：明天我自己帶去，後天便不再上班了。

何云：「不要嘛！何必呢！」

十時上樓，禮佛，放「南無阿彌陀佛」錄音帶片刻。

【註　釋】

❶ 陳貓：見上一日記事❺。

❷ 馬二舅母：名馬景武，服務於臺灣臺中市省立第二中學，大余五歲，爲余三嬸之嫡兄張秉家（心齋）先生之繼配，三嬸之兄排行第二，吾稱二舅，故稱馬景武女士爲二舅母。張二舅曾任團長，約歿於民國四十六年。

❸ 亞珠、秀文：亞珠，吾之族妹，小余五個月，同年生，時任臺北市松山商職數學教師。秀文，余三叔之女，小余八歲，民國三十九年流落至上海做工，不久與南通一青年結婚，並奉母至今。

❹ 「英雄寂寞」：余所著之書名，由余自己發行，惟印一版，其中大部份文字，至民國七十七年與「薝蔔林外集」溶成一書，不再流通。

〔二月二十八日・正月二十七日・星期二・雨〕

今天是到「天華」上最後一次的班。

上午編一册學術性書，唯尚有三分之一未完，忽接馮一奎❶兄電話，在電話中他的聲音有點嗚嗚咽咽，口齒不清；再細聽，原是哭泣聲。繼之訴說他的夫人蔣東梅女士（七十一歲）在本月二十一日清晨四時，抱頭屈身口鼻溢血而逝；他痛心責斥自己沒有照顧好老妻，使她無端地猝死，萬分地對她不起，而他也不想活了。

我一聽，嗒然如失良久。我在茫然中語無倫次地安慰這位老朋友之餘，只有勸他保重身體，而老嫂子已達七十一高齡，不算短壽，死得又未見痛苦。且他對妻子又是如此體貼疼愛，每天如影隨形地陪伴，一生如一日，還不夠嗎？結果終於安慰住了，也不再哭了。但他要求我爲嫂氏找出家人來念經，又要我去陪伴他一併商量喪事，而且他女兒曼玲❷（前政府中央銀行總裁張嘉璈之孫媳，在香港任職美國運通公司，似爲經理。）在她媽死後三小時也從香港回到臺北了，曼玲見母親去世，痛不欲生。兒子維誠在美國從公，也於三月十七日飛回臺北，並決定三月十八日下葬；墓地已購置在臺北郊區六張犁「福德公墓」；又托同鄉劉立卓❸爲之全權辦理喪葬一切，因爲其人本在臺北市立第一殯儀館對面開一家「儀葬公司」，是處理喪事專業。

老馮把話說完，我放下電話，馬上與海明寺悟明長老連絡，請他找出家人爲馮嫂念經。結果悟老找了兩個西雲寺的比丘尼，約我下午三時到臺北新生南路觀音院接人。就這樣我於餐後稍稍休息，便登車直撲和平西路馮兄借住的馬太太家❹，我們一見面他又哭，我安慰他說，不要再哭了，「你要自己爲太太誦經、念往生咒、念佛！爲你太太廻向……」就這樣坐了一小時，再坐車到新生南路觀音院接那兩個比丘尼（那兩位女尼好像一付不耐煩的樣子），一同再到馬太太家，安排她們把靈位由一奎床對面移到客廳，於是二位尼師便念起「佛說阿彌陀經」……。

我悄然告退，再叫車趕回「百齡橋」畔的「市立高商」，出席本學期第一次國文科教學會議。之後，又上了一堂課，再叫車趕回和平西路馬家，見了老馮，再努力安慰他，直到十時卅分。我在床上「打坐」到十一點半，又把白燭吹掉，香也燒完，就在東梅嫂的放大照片一側的小床上，側身入睡，可是老馮一再打呼，一面呢呢喃喃地夢語——「東梅喲！……你怎麼這麼早就走了呢……」一直唸個不停。

我在他的夢語裏睡了大約兩個小時，而天明前五點一奎又醒了，坐起來又哭又呢喃，我一睜眼，天已濛濛亮，也就起來了。

這是我生平第一遭，爲朋友妻渡過的「守靈之夜」。（二月二十九日晚補記。）

【註　釋】

❶ 馮一奎：江蘇漣水人，民國八年生，大我六歲。民國三十五年從故鄉漣水，放棄小學教師工作，到南京投入中央日報任校對；當他於民國六十七年自臺北中央日報退休時，任職該報副總經理，然後移民美國舊金山，此次攜妻回臺灣，乃是希望爲其妻治療宿疾，卻不幸病逝臺北。

❷ 曼玲：爲一奎之次女，臺灣國立政治大學新聞系畢業，曾任中央日報記者，後又留美，不久與張嘉璈之孫締婚，轉身美國商界。

❸ 劉立卓：時約七十歲，江蘇漣水人，抗戰時曾任江蘇政府軍少將旅長，在臺北曾當選過市議員，當時經營儀葬公司。

❹ 馬太太：係一奎朋友之妻，當時寡居，馮來臺因無居所，乃借住其寓。

三月杏之章

〔三月一日・正月二十九日・星期四・陰雨〕

九時許，寫「廣欽老和尚禪修譜」約四千字，下樓，接洛杉磯玉棠姑母❶（自美返臺）來信，約一見。又接香港中文大學霍韜晦老師❷補寄來之「法燈」月刊七——十二期，惟一——六期未補來。

霍信云：

慧劍居士：承惠手教，知

居士已移師「現代佛教」❸，想必有大計。囑弟撰文，敢不從命？惟「法住學會」初創，事務頗多，暫未能構思長文，如不以一稿兩用爲嫌，則弟在「法燈」內所鼓吹之佛理現代化之文或可供臺灣轉載。蓋「法燈」每期寄往臺灣者不過五十二份，對臺灣尚有可看之處也。……

請居士裁之。

弟霍韜晦拜　一九八四・二・廿五

飯後午睡中，忽有電鈴聲，起應門，乃是學生洪秀粧❺帶道友四人來訪，卽速整衣陪登二樓，談佛法至五時，並各贈「英雄寂寞」一册。彼等禮佛後，並進大悲水一小碗，然後離去。

晚九時到公共電話亭（因租屋無電話）打電話給棠姑，並約其於星期六來余處一聚，然後到民族街一帶找尋「陳貓」。余沿街一呼，彼卽從一車下出現，余以所帶食物饗之。

彼之尾巴中段血管似已變粗，且有發炎現象，而彼不覺其苦然。飽餐後，彼又躲到另一車下，忽見一截爲人丟棄之香腸，啣之而去。

【註釋】

❶ 玉棠姑：大余十餘歲，為余族中堂姑，但余幼年曾住於其家，宛如家人。余父與彼及長姑玉白，均如手足。彼現移居美國。

❷ 霍韜晦：見前註。

❸ 「現代佛教」：為越南籍入籍中國之淨行法師所創辦，於民國七十三年起，聘余為「顧問」，並為其雜誌約稿，但余對該刊「並無大計」。

❹ 洪秀粧：為余任教之學校夜間部已畢業多年之學生，其生平不詳。

〔三月三日・農二月一日・星期六・晴〕

午后，去臺北火車站前廣場大廈九樓佛光出版社❶購買錄音帶三捲，經架一個，主持人依願法師❷贈余「覆經布」一幅，其上，即余所撰之對聯❸一副。

文曰：

展卷親覩諸佛寶相，

開顏可悟萬法唯心。

然後，到重慶南路六十一號三民書局，交余著「當代佛門人物」補文。又承門市經理劉秋涼承允重印余著「寒山子研究」❹一書。

事畢，去延平南路三十一號六樓大乘精舍，先購「弘一大師音樂作品」❺錄音帶二捲，弘公全部音樂遺作在焉。此卷乃□□廣播電臺合唱團指揮□□□，以余編選之「弘一大師音樂遺集」爲粉本，不告而錄之製作。余對斯人之行徑，一笑置之。蓋弘揚一代高僧之遺作也。之後與精舍負責人樂崇輝❻敍晤片刻。

下樓後，驅車去馮一奎處，再度安慰之。彼已無前數日之悲戚狀矣。余並允諸代其義女碧蓮❼爲義母——東梅嫂撰輓聯一付，一小時後，余到校上課。

【註釋】

❶佛光出版社：習稱「佛光書局」，爲臺灣高雄縣佛光山寺所屬之文化出版機構之一。

❷依願法師：比丘尼，三十餘歲，佛光山宗長——星雲法師剃度之弟子。

❸余曾於此前受依願法師之託，爲其「覆經布」上撰聯句，此次來購物，業經印於布上。

❹「當代佛門人物」及「寒山子研究」二書，均余近年所著。後者承該局改爲二十五開版重印。

❺「弘一大師音樂遺集」：爲余任職天華總編輯時收集弘公音樂遺作，編製成書，計十六開，一册，請劉海林製譜，鄉友彭漫設計封面，甚爲美觀。

〔三月四日．農二月二日．星期日．陰〕

玉棠姑母來余寓，盤桓竟日，備述在美與上海之玉白大姑、曼谷玉成三姑，姐妹團圓之事。

下午五時，二姑走後，余小眠，晚餐後，上樓整理成一法師託辦之「慧日集新編」❶編輯事，直至深夜。

【註　釋】

❶「慧日集新編」：為成一法師多年來佛學著述散篇之結集本，不久後印行成書。

〔三月五日・農二月三日・星期一・陰〕

十二時前，編好「慧日集」後，寫好致東梅嫂之輓聯，及代碧蓮撰之輓聯各一付。

余所輓者，文曰：

四十載辛勞，相夫教子，唯謹唯誠，締修齊典範；

三千天伴守，海角天涯，亦趨亦步，盟金石終身。

此意在寫死者之夫馮一奎兄與其伉儷情深也；局外人也許不盡明了，而一奎讀之不無老淚縱橫也。

余代碧蓮所撰者：

蒼天何以無情？竟讓老媽夢中走失，留下一片愛的空白；

大地當眞有意，忍教小女醒後傾哀，尙餘滿眶淚之斑痕。

聯成後，翻抽屜，忽見南京棲霞山明常老和尙❶於七十歲壽時，贈余聯句一付。

文曰：

甚深功德，

無上清涼。

【註釋】

❶明常老和尚：民國三十八、九年間，由南京棄寺至港，駐錫於棲霞下院——香港鹿野苑，任住持。經常來臺，後在臺久居者多，其法子有法宗、悟一、超塵、達道諸法師，明老於民國六十六年寂於臺北市光復南路精舍，遺骨亦化於臺灣，建塔於北投山間。

〔三月六日・農二月四日・星期二・陰〕

午間，命七海印刷公司老闆駕車送余至和平西路一奎兄處，彼將東梅嫂之「訃聞」及「哭吾妻東梅」一文交余發排。飯後，七海老闆陳慶松到此將「訃聞」等稿取走趕排。治喪會之主委為顧祝同❶，曹聖芬、周天固❷副之。余忝列為委員之末。

走時，一奎又倩余為馬太太再撰一輓聯，余諾。

返後，上樓，焚香，禮佛。

找出王尙義❸「野百合花」，惜此書未見收「大悲咒」一文。

又憶在一奎處，彼有一奇事告余。

當時，一奎與房主馬太太均異口同聲云：

今晨拂曉近五時，他們都已睡醒，在房間同時聽到死者——東梅嫂在浴室前走道（一奎住房門口）大叫「——馮一奎！」聲音清清楚楚：一如常人。當他們二人開門，一奎問：「你聽見了沒？」

馬太太說：「聽見了！」

我問：「聽見什麼？」

馬太太說：「東梅姐叫馮先生的聲音！」

老馮又說：「——我在前晚上床入睡時，聽到東梅的呼聲；但我以為是自己的呼聲。我清醒一下，不是，是她打的呼！」

馬太太說：碧蓮在夜間聽到客廳中「媽媽的腳步聲」，極為清晰。

一奎向來不信鬼神事，今晨老妻回來了，不禁啞然。

我說：「你念她念得太深太切太多了！你念力太強，感應到她『顯靈』回來，這樣她走不了啦！你會害她的。你為她多唸幾遍往生咒吧，不要整天呢呢喃喃地哭個不停、如痴如醉了。」

馮說：「好！好！我不再整天叫她的名字了！」

東梅嫂的神識還捨不得離開這間屋子，還有她的最愛的丈夫呢❹！

【註釋】

❶顧祝同：江蘇漣水人，時任總統府戰略顧問委員會副主任委員，一級上將，前陸軍總司令，抗日時第三戰區司令長官。於民國七十三年以九十三高齡逝世。

❷曹聖芬、周天固：曹爲湖南人，中央日報社長。後改任該董事長、中國國民黨中常委，爲馮之老上司。周天固，江蘇阜寧人，前臺灣省新聞處長。馮之鄉友。

❸王尚義：臺灣青年作家，臺大未畢業卽以癌症逝世。著有「野鴿子黃昏」、「野百合花」等，曾以「大悲咒」一文，發表於民國四十三、四年間之聯合報副刊，曲解佛義。

❹有關東梅嫂靈魂於初七期中回家之事，余已爲文「無鬼論」詳述其事，並收錄於「薝蔔林外集」一書。

〔三月七日・農二月五日・星期三・雨〕

昨宵到民族街路邊餵過陳貓之後，卽決定今天到「天華」一行。九時許抵達，與顏宗養❶居士寒暄。

然後打電話給馮一奎兒，詢知其夫人「魂兮歸來」確實時間是「三月五日清晨四時四十分許」。碧蓮則於前三日夜間聞其義母在客廳中之綷綷綷綷足步聲。

旋與宗養談及念佛事。彼卽以香港藍地妙法寺印堅師由港帶來「小型星月菩提念珠」流通，余當卽買下兩串（各一〇八粒，狀頗細膩而有道氣），以一串贈編輯郭暖卿❷，一串留自用。

十二時，暖卿為余盛湯一碗，贈甜餅一枚，以作午齋。此刻，余已將在「天華」服務六年五個半月最後之工作做完，便將王文顏之「佛典漢譯之研究」一書編定交與宗養。王文顏為政治大學剛通過之「文學博士」；此書卽為彼博士論文，指導教授二人，一人是聖嚴法師，另一似為羅宗濤。

又據顏云：李□□告訴他，「馮馮『空虛的雲』可以拖一拖，你看：『護生畫集』還不是拖了四年了？」此語一出，顏為之倒胃，余聞之則頓為之悲哀；此誠不知「妄語、詐欺」為何物矣，佛子云乎哉！顏謂，他的錢可差不多了，都用在改造「風水」上，「護生畫集」策劃四年，預約上百萬元，助款二百萬元以上，寧可將錢移去「造風水」「改房子」，而不遵約印書，那些預約此書的人，眞是太鄉愿、太溫情主義了！而現在策劃這部書的人——我也走了，他還不印❸。此人之面壁工夫，大矣！

午間稍事休息，與大家道別，到農禪寺，聖嚴法師到「出入境管理處」去了。

晚間到校上課，為諸生講活生生的「鬼」故事。

返舍上樓後，為馬太太撰聯一付「弔東梅嫂」：

文曰：

地北天南相聚時，他鄉結故知，而今吾姐安在？

陽間幽府原無界，冷雨消殘夜，此際汝靈歸來！

【註釋】

❶ 顏宗養居士此時已接余任天華總編輯約半年矣。

❷ 郭暖卿：於民國六十九年秋，來天華任職，輔仁大學歷史系畢業，時約二十三、四歲。

❸ 著者案：「護生畫集」一直食言未卽，欺罔同道無數，意欲拔毛戴角還乎？

〔三月八日・農二月六日・星期四・陰雨・婦女節〕

午前分別到士林「市銀行分行」、「華嚴蓮社」、「佛教書局」辦事，然後逕至馮一奎處，忽會見民國二十年前後家父學生金泰斗❶先生夫婦，彼曾於民國四十四年爲余婚禮中爲證婚人，時彼爲高雄市軍人服務社組長、前陸軍獨立第六旅參謀長，今已近七十矣。

於馮處飯後，悄然引去，至靈山講堂，直至晚八時始歸。飯後，卽設計以長口袋一條，與吾女小慧，到民族街，先將「陳貓」從暗處喚出，引牠進食，正進食間，命小慧將口袋張開，余突將陳貓抱起納入口袋，彼三度掙扎吼叫欲逃，均被余制住。余將口袋頭收緊，捋在手中，將彼由民族街經公館街押解回家，彼先仍在口袋內掙扎無狀，但因無法突破「羅網」，終於馴服。余手拎口袋，快步回家，小慧則先行到家傳報「捷音」，謂陳貓已被擒獲，「一家團圓」可待。當余進入家中第一道鋁門窗口，將牠放出，彼卽形同驚弓之鳥，一躍衝出余放鬆之口袋，登上冷氣機頂，躲將起來；不管如何用計，硬不下來；其先，是大叫幾聲，至後，卽不再叫，只是惶恐無狀，而瞳孔放大，牠媽——余妻小孟叫牠不應。這一幕，可命題曰：「陳老爹，計擒陳貓！」

自余搬家至民族街五十四巷一年三個月以來，流浪在外的陳貓小子，風雨如晦，形同囚犯，且尾巴又被因偷吃某家捉老鼠而設之餌，而被鐵夾夾得只剩一支魚脊骨，至為可憐。余等愛之如子，彼竟不知；擒之回家，冀其久住安樂窩，彼竟認余「欲謀殺之煮湯而後快」，殊無理性也。

余上樓時，已筋疲力竭，但彼仍伏於冷氣機上，唯已似入眠矣，混蛋！

【註釋】

❶金泰斗：江蘇泗陽人，約民國四、五年間出生於縣城郊故居，十七歲時畢業於泗陽縣中，時家父任該校教務主任兼教英語，暇中並為家父繕謄書稿。

〔三月九日・農二月七日・星期五・陰雨〕

午前，完成了「寒山子歷盡滄桑史」（「寒山子研究」總序），約三千字。下樓午餐時已一時四十分，陳貓在鞋櫃上睡覺，到飯後，其野性大發，一直叫嚷；余欹沙發上小眠，牠還是叫；午眠醒後，牠依然叫，如喪考妣；小孟上街洗髮，我到玻璃門邊，牠圍着我轉，其尾巴已因發炎而奇臭，我把門推開，牠站在門口，看了看外面風景，狀似輕鬆，我一不在意，牠便施施然向前院短牆邊走去，然後轉到後院，我到後院再去找牠，牠已越牆跳到隔壁人家院中，在一水溝邊喝水了。我叫牠——「陳貓！」牠頭也不回，沿着下面一溜牆逃走了。

我突然想起下午校中要開會，便留下便條告訴小孟：「我要到校開會，出門時是三時四十分，陳貓，我放生了！」

晚間課後回家，幼兒陳筆已由東海大學回家。

〔三月十日・農二月八日・星期六・陰〕

十一時前，寫好「成一法師傳略」，然後上街複印「寒山子歷盡滄桑史」二份存檔。中午草草飯畢，卽赴華嚴蓮社交稿，隨又驅車至馮一奎處，察看「訃聞」及其夫人事略等印製情形。不久，薛光祖夫婦❶來，慰唁一番，並寒暄一小時，交余名片一張，離去。

入晚，天氣突轉冷，余頗感不適，亦不思飲食。蓋余到晚間十時十分，尙未用餐，亦不餓。胸部有鬱悶感，大概心臟血流不暢故也。

【註釋】

❶薛光祖：江蘇漣水人，當時七十歲，始從「人事行政局」副局長任內退休，係前高雄師範學院院長。

〔三月十一日・農二月九日・星期六・雨〕

連日陰雨纏綿，乍暖還寒，身體極感不適，畏冷、腹脹，喉頭梗塞，混身倦怠。上午除外出爲陳筆買一個 Casio 計算機之外，什麼事都未做。

〔三月十二日・農二月十日・星期一・陰偶晴〕

上午十時到「戶政事務所」，辦吾女小慧分戶事，辦完，再到金山分院❶看悟一法師；太滄幼稚園❷主任陳居士謂，師已出國，大約一週後回臺。

當上街時，在公館路口米店前，打電話給學生陳素甜，問她昨天打電話找我何事？

中午睡在樓下小筆的床上，一小時餘醒來，身體略感舒適。

晚間，學校週會時，校方請國民黨臺北市黨部副主委馬鶴凌❸演講，題目已忘記，因其鄉音頗重，有口齒不清之感。聽口氣，馬星野❹是他的老師，他是重慶時代❺政大畢業的學生。

作文課時，我出的題目是「馬鶴凌先生演講側記」，我所不稱之為「馬副主委」，其目的在讓學生不要過份染上官氣而卑躬屈膝。其實他講的內容，可說乏善可陳；之所以出此作文題，乃期學生練習歸納與綜合能力而已。

【註釋】

❶金山分院：位於北投清江里，為前鎮江金山寺住持太滄老和尚建立於一九六〇年，太老於一九七〇年寂後，由嗣法弟子悟一法師繼任。

❷太滄幼稚園：為紀念「太滄老和尚」而設。地在北投金山分院內。

❸馬鶴凌：湖南人，約生於一九二五—三〇年之間，其子馬英九，哈佛大學博士，於一九八〇年前後回臺，時年二十八歲，出任總統府秘書、國民黨中央黨部副秘書長、研考會主任等職。為國民黨才俊。

❹馬星野：前中央社社長，曾任政大教授。

❺重慶時代：指一九三七年到一九四五年，抗日戰爭中，中國政府遷播於重慶這段時間。

〔三月十三日・農二月十一日・星期二・陰〕

午後稍作小憩，乃逕去臺北，到三民書局，將「禪學講話」一書中「法界次第」脫漏部份補上，同時將「寒山子研究」交與王韻芬小姐，彼云將候劉振強董事長指示辦理。

返舍、晚餐後，學生黃雪影忽來，謂明天八時四十分到臺北市中山北路國賓飯店前與其他同學相會，然後去內湖邱秀蓮家，再轉赴新竹關西鎭，參加秀蓮之婚宴。——這是余執教鞭以來第二次參加之學生婚禮。第一次是五年前在木柵區政治大學餐廳爲陳素甜證婚；至於其他學生之婚禮，如林寶珍、王麗惠、許月英等結婚，余皆派小筆或郭暖卿代理；蓋余乃素食主義者也❶。

晚九時上樓，沐浴、焚香，聽「觀音法門錄音帶」。

【註釋】

❶上述諸生，除陳素甜，爲余在淡水初中任教時之學生，已見前註。郭暖卿爲余任天華總編輯時之部屬；至於黃雪影、邱秀蓮、林寶珍等人，均爲余在臺北市立高商任教時之前屆學生。

〔三月十四日・農二月十二日・星期三・半晴〕

清晨草草飯畢，即於八時許驅車到國賓飯店前，與黃雪影、陳月鳳、范秀麗會合，轉駛到內湖邱秀蓮家，受到其母及家人接待；並候新郎羅勝龍來「迎親」。當新郎到時，負責拍「錄影帶」的業者，其中掌燈光的青年，竟趨前稱余「老師」，彼云，係余六年前在「陽明山華興高中」任課時高一學生馬啓明，惟余已不識，孩子長大成人矣！馬生與棒球國手（已赴日本打球）之李宗源同班；余當時受該校校長邵夢蘭女士之聘，前往兼課一班；僅一年，余辭職，趕寫「入聲字箋論」（此書於一九七七年獲中國語文學會獎章）一書，邵不久亦辭職。（彼改任「文化大學」女生部主任及東吳大學副教授，今〔一九八四年〕已七十五歲老人矣。）

余等坐客廳不久，新郎入廳亦與余寒暄，一陣忙碌之後，上車，十一時五十分，抵新竹關西新郎祖居。

入席時，悉主人備素齋三席，余與莊梅芳、楊麗敏（楊女後嫁美國人方胤中）同座，彼等均小心侍候余進饍。陳淑莉、林姵君、陳月鳳、蕭麗珍、范秀麗、黃雪影則坐於鄰席，師生共九人。

餐後，余與新郎、新娘合影乙幀。

下午二時，坐車回臺北，三時四十分下車，由光復南路帶梅芳到靈山講堂，介見住持淨行法師（越南籍）及其徒清德師（靜宜文理學院畢業，出家越一年）。

〔三月十六日・農二月十四日・星期五・陰〕

十時以後，做了些雜事，到樓上佛堂，以一個多小時寫好「論潮打空城寂寞回」❶一文。

午眠後，即驅車中山北路六段天華公司，送還忘記交回余在職時使用之電子計算機，同時又以六百元買了一串小型星月菩提念珠；楊銳❷的譯作「死亡與再生」已印好，帶回十五册，又受贈「生命不死」❸、「歐美的佛教」❹各乙册。並與公司同事談天至下班，坐公車到士林，與郭暖卿在一小吃店以小米稀飯爲晚齋，然後到校上課。

因爲喉頭不適，上課時幾乎又不能講了。近兩個月，喉部慣性發炎加重，痛、癢，有時作咳，唯非感冒使然。余喉咽部上延至鼻腔，自（一九五一年）民國四十年即開始發現充血、發炎徵狀，由鏡中也可以看到咽部兩側浮腫帶有狀充血，因而整個喉腔部，終日有埋刺狀梗塞感、乾燥感，然而羣醫對此病束手無策，均謂是氣候使然，如遷居於溫燥地帶即自癒，此病纏身數十年未癒，但對健康亦未造成重大損害；不過總感覺那塊肉「非我族類」而已。這三十餘年，倖而未發展成「喉癌」，算是安寧無事，想不到如今竟然爆發起痛癢。是否有某一種「前業」一直未消？而這一生有大半時間，爲其所磨，亦如余之另一種「業障病」，胃腸長年積寒、脹氣，百醫千藥罔然！

【註　釋】

❶ 此文已收入拙著一九八八年版「薝蔔林外集」。

❷楊銳：是余妻小孟之弟，北大法律系及山西醫學院畢業，於一九八二年脫離大陸到香港定居，受余之邀，為天華譯英文宗教書數種。

❸「生命不死」：為楊銳譯作之一。

❹「歐美的佛教」：為香港中文大學新亞書院講師霍韜晦所著，現為香港「法住學會」會長，曾留學於日本京都大谷大學。

〔三月十七日・農二月十五日・星期六・陰〕

午前到靈山講堂辦些瑣事，下午三時許，俟郭暖卿❶到，交代一番，即下樓，時已四點，乃逕赴民權東路市立第一殯儀館，看東梅嫂出殯日❷準備情形，時馮一奎兄已在，余協助之，惟因缺其義女碧蓮之輓聯（碧蓮輓其義母輓聯，余本已代撰，但為一奎兄移作其另一義女李小麗名下，而碧蓮則無，余期期為不可！）臨時再代撰之。

文曰：

十數年來，魂夢相依，馮咪乍爾大去；

一剎那際，親恩頓失，女兒惟對孤衾。

我撰此聯文旨所本，乃因東梅嫂在日，皆由碧蓮朝夕照料，同吃同寢同行，形同影像，無所不至，故云。

五時卅分，靈堂大致佈置停當，馮去，余亦返寓。

返舍，接栗海信及文稿、香港劉文蘭❸信、文化大學新聞系某生信；該生謂要轉載余在報刊發表某文，並在信封正面，稱余為「陳慧劍小姐」，不知據何所云。

喉，痛癢依舊。

【註釋】

❶郭此時因余介，兼任靈山講堂「現代佛教」編輯，於假日或晚間到該堂編輯月刊。

❷東梅嫂出殯日訂於三月十八日（即次日）；公祭後葬於臺北市南港區福德公墓。

❸劉文蘭：為一九六六年到臺灣師範大學就讀之僑生，畢業後返港任教於某一中學，與余相識，後偶有信往還，彼為一虔誠天主教徒。

〔三月十八日・農曆二月十六日・星期日・陰〕

清晨八時不到，驅車直駛民權東路市立第一殯儀館景行廳東梅嫂靈堂，先行致賻儀一千元，再到靈前行禮，然後到一奎兄前慰唁，並見其子維誠與婿張邦傑；其子媳女兒等均在答禮席。

當余回到來賓席坐定，見到金泰斗先生，而前余任教東南工專時之該校董事長蔣志平在焉，但未談話。

十時卅分「引發」以前，出席喪禮、亦為余所識之弔客，有光武工專校長單繩武、中央日報社長楚崧秋、薛光祖等一、二百人。

余趨金先生前寒暄，彼告余，謂余日前所贈彼之近作「英雄寂寞」一書，當天回家之次日已看完，層境頗爲高遠云云。送殯時，彼因事先離去，余隨車到墓地，直到下葬，十一時四十分下車，回車時，馮與其子維誠坐於余側，相與撫慰，車至光復南路一飯店午餐，余因素食不便而告退，另行叫車到火車站前「妙香林素食」用齋。

晚間，在樓上校稿，焚香、禮佛，放錄音帶，十一時入睡。

【註釋】

❶「英雄寂寞」：爲余離開天華之前集論文數十篇之「論集」，至一九八八年併入「薝蔔林外集」，並刪其蕪陋之文。

〔三月十九日·農二月十七日·星期一·雨〕

全日大雨。

午前在工作中，學生賴美蘭送來李雪映訂婚之「囍餅」。

從早到夜，校成一法師之「慧日集新篇」畢。本書乏善可言。

余爲靈山講堂所譯之「悲華經」❶、「法句譬喻經」，譯稿自簽約後，因搬家，僅將經文大部份斷句，然未能著手註釋譯爲白話；思之頗歉。離開天華總編一職，依然忙於自身事，一直忙不完，家事、佛教事、寫稿事……。

【註釋】

❶「悲華經」：余因經文複雜，時間不够，後未譯；「法句譬喻經」於半年後成稿，約四百餘頁，出版後書名爲「法句譬喻經今譯」，流通後今已三版，尚有薄譽。

〔三月二十一日・農二月十九日・星期三・先陰後雨〕

今爲俗傳「觀世音菩薩」壽辰。

昨晚工作至十一時後，到小筆臥室看兩小時書，三樓的〔隣居〕男子，從午夜十二時似乎發酒瘋，又鬧又摔又嘔，直鬧到凌晨二時以後，我在吵鬧中強勉入睡，直到今晨九時才起身下樓，赴北投區公所辦理民國七十二年（一九八三年）所得稅申報手續。

午後二時上樓，批改作文十餘本。

題目是「我的幼兒史」，惟全卷閱完時，發現竟無一生作品可讀。

余自爲人師至今，所教學生計：

一、一九六八年八月一日起，受聘臺灣臺北縣淡水鎮淡水國民中學教師，教授「國文、地理」二科。——至一九七三年。

二、一九七〇年九月受聘兼任私立東南工業專科學校講師，教授國文一科。——至一九七五年。

三、一九七三年八月，改任臺北市立高級商業職業學校教師，教授「國文、中國文化基本教材」、「三民主義、商業概論」等科。——至一九八九年八月一日退休。

四、一九七五年，受聘私立光武專科學校講師不足一年，因另受他聘辭退。

五、一九七六年，受聘臺北市北投區法藏寺，了中法師主持之「法藏佛學院」教師，教授「論語」。——任課一年。後因出任天華總編輯而辭退。

六、一九七六年夏，受聘兼任臺北陽明山華興育幼院所屬華興中學高中部國文教師，一年後辭退。

自一九六八年（民國五十七年）迄今，總計十六個年頭，爲人師，教授國文，受教人數，幾達二千人，以國文基礎而言，幾無一可述，異哉今之教育也。

蓋當前病況，余以爲「基礎教育」之貪多不實，有以致之也。

〔三月二十二日・農二月二十日・星期四・陰〕

上午九時出門，到「靈山講堂」看「現代佛教」新聞版，並指導其編排。

十一時二十分，由靈山到「總統府」側臺灣銀行總行與陳素甜會面，並同車到忠孝東路〔杭州北路〕審計部對面，看她新購之九樓住宅。在雨中，師生同行，入工地服務處巡視一番，看樣品圖，水平堪稱上選，爲素甜慶。

十二時二十分，驅車再到車站對面「妙香林」午齋，談甚久。飯後分手，彼去銀行研究室上班，余回靈山講堂小眠。

四時後辭出，至三民書局，看余著「當代佛門人物」校樣，當時由王韻芬取出「讓渡書」，交余塡寫簽字；塡寫後，卽交付稿費臺幣十六萬元（約美金五千元），扣去所得稅一萬六千元，淨酬爲十四萬四千元。另「寒山子研究」一書，則因係舊書新印，余減收稿費爲新書半酬。

今在靈山講堂時，接千夢①自加拿大來信，辭情至切，得此天涯益友，彷如一盞清茗，其香不待言之矣！

【註釋】

❶千夢：本姓沙，作家；其個人簡歷見本書「書信集註」沙千夢函〈之一〉❶。

〔三月二十三日・農二月二十一日・星期五・陰〕

早晨清完「慧日集新篇」，拜佛數十拜，下樓。

中午，自煮白麵條一碗，加昨日剩餘酸菜，麵中撒「胡椒、麻油、醬油」等佐料，餐畢，至臥室小眠。

今晚，在校爲學生講「出師表」，僅釋第三節「──臣本布衣，躬耕於南陽，苟全性命於亂世，不求聞達於諸侯。……」四句，一堂課中，泛及「三國演義」中「三雄、三德、三漏」諸民俗典故，與劉備求賢兼及當代隱逸高蹈之士，如徐庶、司馬德操、龐統……，又談到曹氏父子在文學上的成就。諸生聽課之情，盎然如享盛饌……。

晚十時後，坐車經「榮民總醫院」繞道返家。

因夜已深，未上樓工作。

〔三月二十四日・農二月二十二日・星期六・陰雨〕

晨宴起。

整理文稿，上課，陰雨不絕者，數十日矣！

〔三月二十九日・農二月二十七日・星期四・陰〕

印入我頭腦裏的東西，幾乎存在不了一天，就忘得差不多了；一天下來，除非靜坐時，妄想紛飛，或「靈思湧動」，則別無一物，此之謂「老之將至」也。

午前入佛堂校稿，中午十二時三十分下樓，吃小慧煮米粉，小眠三十分鐘，父女共乘計程車到華嚴蓮社，余洽事，小慧逕去其高中同學「薛某人」之樓下看「傷科士醫」。

晚間返舍，看「當代佛門人物」校樣六十頁。

又，千夢寄譯文來，在樓下閱畢，較上一篇雅達。

記住：凡事要心無罣礙！

〔三月三十日・農二月二十八日・星期五・微晴〕

整日校閱「當代佛門人物」。

晚五時到校上課，據聞：

——今上午十時許，臺北市螢橋國小二年級某班有學生五六十人，正上課間，被一個三十四歲桃園人蔡心讓衝入敎室，以硫酸潑傷者十餘人，並有數人重傷，均送市立仁愛醫院急救中，該凶犯於潑傷學童之後，即拔刀從自己胸口揷下，自殺而死。此一莫名其妙的凶案，在臺灣時有所見。

——另有一青年逃兵孟大中（吉林人），開車到北投大業路一巷口，遇有騎機車者三人穿出，因彼自用車未開後燈，與騎機車青年擦撞而過，彼即下車將一騎機車青年（查爲東南工專學生）抽刀殺死；另二人下車探視，以爲死者係受傷，亦被孟某刺殺重傷；臺灣之凶殺淫亂暴戾之氣，令人觸目心驚肉跳，眞有「今世何世」之嘆。

晚返寓後上香、沐浴，十時四十分，寫「千夢❶、馮馮❷、會性法師❸」各一函，然後就寢。

【註釋】

❶千夢，見前註。

❷馮馮：作家，其個人簡歷見本書「書信集註」〔下〕馮馮函〈之一〉❶。

❸會性法師：佛教界知名的自學有成的律學者，其個人歷史見本書「書信集註」〔上〕會性法師函〈之一〉❶。

四月桃之章

〔四月一日・農二月二十九日・星期日・陰雨〕

全日校訂二十年前舊作「心靈的畫師」，並已改題為「萬法唯心」（尚待徵求星雲法師同意），讀完、改完。它是少年時代生活的浮雕掠影；它是我這一生唯一以「長篇小說」形式問世的著作。

另外，又寫一篇「前記」，用以紀念這本書的新姿。

在這一天，我又準備在本月五、六、七三天到中南部拜訪佛教界高僧大德的供養禮品。

我準備「第三屆世界僧伽會製作的僧袋」、「紀念幣」、「英雄寂寞」一書，另加臺幣□□元，供養屏東會性法師；

以臺幣□□元供養蟄居臺中的印順長老❶；

以蕪糖三罐、杏仁粉二大瓶，供養臺中李雪盧老師❷。

如有多餘時間，準備順道訪問落迹高雄的林世敏❸、屏東的陳柏達❹。

晚間，評閱學生試卷。

【註釋】

❶印順長老：其個人簡歷見本書「書信集註」〔上〕印順長老函〈之一〉❶。

❷雪廬老師：師諱李艷，字實美，號炳南，又字雪廬，其個人簡歷見本書「書信集註」〔下〕李炳南老師函〈之一〉❶。

❸林世敏：青年佛教作家，臺灣政治大學新聞系畢業，著有「佛教的精神與特色」等數種，頗受歡迎。

❹陳柏達：屏東師範專科學校副教授，其個人簡歷，見本書「書信集註」〔下〕陳柏達函〈之一〉❶。

〔四月二日・農曆三月一日・星期一・晴〕

昨晚入睡前，想到「萬法唯心」這本書，在二十三年前，由「佛教文化服務處」印行，今如交靈山講堂重印，勢必應向當時主持人——而今佛光山的星雲法師❶作一番交代，才不失禮。因此，便於上午十時驅車到臺北民權東路五八〇號十一樓佛光山臺北分院——普門寺拜訪住持慈容法師❷，以便與星雲法師連絡。

當我到達該寺九樓「文物流通處」，問寺中執事慈容法師在否？那位年輕女性執事說——「讓我看看。」我說：「不必了，我沒有特殊緊要的事。」她又說：「大約在十樓吧！」接著便由一位年輕比丘尼去通報，很快的，慈容法師就來了；一見面噓候之下，便隨師到會客室坐定，余贈以「英雄寂寞」、「佛教讀經示要」各一册。並告以余已離開「天華」。彼即訊以「來佛光山幫忙好不好？」並云：「大師也在這，請來一敍。」

我說他很忙，不打擾了。慈容法師說：「我去通知——」於是她馬上接電話。星雲法師不久便到會客室來；我們便換個座位再談。言談之際，他又召來佛光山菁英份子——依空尼法師（日本東大碩士，臺灣中興大學中文系畢業，研究華嚴，現任佛光山文敎處長兼佛光山出版社負責人），相互討論佛敎出版事業。在談話的過程中，我提起「心靈的畫師」改爲「萬法唯心」，由余重改並自行處理，並承彼慨允。談話直到中餐。未畢，星師又偕楊白衣、林寶璧夫婦❸入席，余再加餐一小碗。

席中，楊白衣謂，彼三月十四日以「唐代圓測大師之研究」（五十萬字論文），獲得日本京都佛敎大學博士學位（校長是前年來臺參加佛光國際學術會議的日本學者水谷幸正），彼此均甚爲欣慰。

飯後約一時許，又轉至大客廳再敍，到有星師、楊白衣夫婦、慈容法師、依空法師（上述二位係星師弟子）及不知名者二位，與余共八人之多。彼等要我協助佛光山策劃文化出版事業，並約余在普門寺演講四次，每週一次；然後，大家又到此棟大樓後側另一棟公寓式樓房之二樓參觀慈容法師管理的另一房舍，容師云可作「編輯部」；看過之後，再到地下室參觀，畢，返原會客室續談。余並爲慈容法師介紹顏宗養居士來此演講。星師等並約我夏天到佛光山講「編輯學」云云。

最後余建議：

由佛光山高層先訂定「出版政策」，再決定「出版計劃」；然後決定編輯部是否遷於臺北❹如遷於臺北，我再參與工作，每週只能兩天，如不能將「佛光文化事業」編輯機構遷於臺北，則仍舊留於佛光山本山，也就不必再勞師動衆了。

我說：等星師將大計決定後，再進一步討論行動❻。

余於下午三時辭出，晚間在樓上批閱試卷，全部閱完。

【註釋】

❶ 星雲法師：爲余舊識，生於民國十六年，江蘇江都人，俗名李國生，十二歲出家於南京棲霞山；後畢業於棲霞佛學院，來臺後歷任宜蘭雷音寺、高雄壽山寺住持；佛光山開山後，任開山宗長、美國西來寺導師，著有「釋迦牟尼佛傳」、「星雲大師演講集」、「星雲禪話」等多種，並長於演講，盛名遠播世界各地。於一九八九年四月二十四日起，一個月間率團八十餘人訪問中國大陸，頗使喪失佛法多年的大陸人民動容。

❷ 慈容法師：臺灣宜蘭人，星雲法師剃徒，約生於一九三〇年前後，日本佛教某大學社會福利系碩士。於一九七八年，出任佛光山臺北別院及普門寺住持；後又兼任北海道場創辦人。

❸ 楊白衣：爲筆名，學佛多年，爲一佛教學者，生於一九二三年，臺灣高雄人，臺北工專副教授退休後，

以「唐代圓測大師的研究」一書，獲文學博士。林寶璧女士為其續絃。

❹余曾建議佛光山應統合其文化事業，成立「佛光文化事業出版公司」。編輯部本設於高雄佛光山寺中，如為了方便，則可遷於臺北。

❺此次會談後，未見佛光系統再有行動，亦未成立「佛光文化出版公司」；其後，「佛光出版社」、「佛光書局」、「覺世旬刊」、「普門月刊」、「佛光大辭典編輯部」，仍分散於「高雄、臺北、彰化」各地。

〔四月三日・農曆三月二日・星期二・晴〕

早上九時，與小孟到「北投福利中心」購物，但先行返寓，稍作準備，即逕赴臺北；先到林森北路客寓❶，打電話與顏宗養居士，轉告慈容法師邀他演講的事，希望他考慮接受。他在電話中與余敍談約三十分鐘，歷述□□種種，及文學作品以一折出售情事，且遠期支票於昨日「跳票」；再者，「護生畫集」再不出版，對「預約者來信」，他不再覆信騙人，由□某自行處理❷……。

晚間，坐於客廳等電話，坐候即將在臺中〔東海大學〕畢業❷的小筆回家。小筆於九時二十分許叫門，余開門，一家歡喜，其母在門口抱親之。

小筆吃飯時，余赴樓上工作。

【註釋】

❶ 余在臺北市林森北路林森公園附近，於五年前因經濟衰退，以集腋成裘方式購小型客寓一間，約九坪；供自身在臺北臨時休息之所，有時租與他人。

❷ 指「天華」食言，「護生畫集」收取讀者預約、助印費用，久不出版，時遭讀者來信斥責、卑棄。

❸ 余之幼兒陳筆，於當年東海大學經濟系畢業。在最後一學期，雖未逢週末，無課時亦偶而返家。

〔四月四日・農三月三日・星期三・晴〕

九時許，去靈山講堂交出「萬法唯心」校樣，又與住持淨行法師「論」佛教新聞發稿的路線問題；例如，比丘圈中有些互相指責情事，刊物對被批判的一方，是否擯棄？余以為——外界認為佛教是一塊招牌，不管佛教那個和尚都是「佛教」，因此發新聞時不管派系或「互鬪雙方」都要發他們的稿，否則便不公平，便有門戶之見。佛門內有批鬪，但對外界則立場應一致。

之後，與其徒清德師一同走上陽臺，他們的臨時寮房(卽僧舍)在上面，看來屋頂浸有水漬，且十分簡陋；內有女衆床席八個，一英國比丘尼在焉。

中午，余在獅子天橋下買酥餠十枚回家，與小筆作為午饍。余腹部頗為不適，大約清晨麵包「有問題」。

午睡至三時許，腹痛洩瀉一次。

旋上樓，先行沐浴，再準備南下衣物及照相機，並草擬與拜訪之師友談話要點。

余拜訪印老，有三項問題請示：

一、「四禪」與「四果」，在人格表現上是何情態？其彼此關係如何？

二、「一念無明、一念不覺」，是否表示佛性可以被污染？

三、「大乘」是否佛親口說？抑後人根據佛說而加以演譯而造「大乘經」？

〔以上問題，日後均蒙印老親口解答。〕

〔四月五日．農三月四日．星期四．晴〕

今爲清明節，蔣介石總統忌辰，全臺公務機關放假。

清晨六時許，匆促食酥餅二枚，飲開水半杯，即乘車直達臺北西站，坐國光號長途車，十時正到達臺中，下車後，即另換計程車，到印老之華雨精舍，惟開門之尼師云，師已北上，不在精舍，乃頹然回火車站，過天橋，在復興北路「熱海飯店」闢室休息，隨即接電話到「佛教蓮社」，打聽鄭勝陽❶居士行止及詢問李老師雪廬公近況，經轉話至鄭之胞姊處，彼云：老師已臥病兩個多月，但目前已逐漸好轉；余當即要求去探視，承彼答允。即離旅舍，坐車到正氣街九號❷，找到居於隔鄰的鄭居士胞姊，彼先至九號告稟病中的老師是否接見，師云：見！余躡足走進九號老師臥室，見「菩提醫院」❸一醫務人員正爲老師抽耳上血；余趨前抓住老師的手，與師寒暄。師云：「老弟，〔我〕還死不了！」又云：「現在，臺灣的麵條、味精、醬油都不能吃。」後來才知道師之得病，是由於一次道友請吃齋，另一次晚輩送麵來，這兩次都吃壞了，洩瀉後，患腹痛、消化不良、無食慾，自己服中藥瀉下劑，因體質衰弱，導致體重驟減，消瘦臥病。

余初見師，幾與五年前判若兩人。

在病床前，余僅慰問老師數語，請老師躺下休息，保重法體，即辭出，到鄭居士胞姐家坐談近一小時，剛好鄭居士從某處講經回，余與彼談老師病況半晌，始辭退。

回熱海飯店，假眠一個小時，付費出，買「牛舌餅」❹一包，等南下車二、三十分鐘，直駛高雄，五時三十分抵達，投宿車站前不遠之「凱得來飯店」，訂好房間之後，乃驅車到市政府後七賢三路之「普賢寺」❺參觀，由依日法師❻接待，到十二樓大殿拜佛後，承引至十一樓晚齋。談到八點多，辭出，返「凱得來」，在底樓餐廳，飲咖啡及蜂蜜各一小杯，九時三十分回房，看「時報雜誌」。因席夢思太熱，不能成眠；又因房中電話不斷有人打入干擾❼，隨起身寫日記。至凌晨二時，又靜坐一小時，始下坐恍惚入夢。

今晚多次打電話找開證法師❽及林世敏，均無人接話。

【註 釋】

❶ 鄭勝陽：李雲廬老師之入室弟子，中興大學畢業，李師侍者。

❷ 李雪廬老師來臺後，不久即住臺中市正氣街一瓦頂老式房，分外間、內間，各均五坪多，共約十坪。外

爲會客處，內爲老師臥室；後面，有蹲式厠所，極爲狹窄寒傖，而老師樂此。師之臥榻——單人木床，在內室左牆邊，其後爲書架。如三人入內，則無容身之地。

❸ 菩提醫院：爲李雪廬師於一九六〇年（四十八、九年）間發起興建，民國五十三、四年間完工開幕，病床約一百餘張，內又建「太虛紀念堂」。此院由海內外佛界道友捐助完成，首任院長爲于凌波居士。師任董事長，後不久辭去。地址在臺中市郊，通往中興新村之路側。

❹ 牛舌餅：爲臺中之特產，狀如牛舌，內爲甜餡，或作千層酥狀，爲素食品。

❺ 普賢寺：爲民國七十年前後佛光山購地所建，在高雄市政府後側，係一十餘層大樓，每層約二百餘坪，佛光山取得六層，名之爲「普賢寺」，首任住持爲星雲法師首席弟子慈惠尼法師。

❻ 依日法師：爲星雲法師剃度之弟子，女衆，曾繼慈惠法師爲普賢寺住持，直至後來（民國七十七年）退居，由佛光山派心定法師接任。

❼ 臺灣大多數旅社，凡客人投宿，只要是男性，晚間便有人以電話打擾，誘以色情。觀光大飯店稍好。

❽ 開證法師：臺灣高雄人，宏法寺住持，約生於一九二四年，熱心法務，爲臺灣南部重要之佛界賢才。

〔四月六日・農三月五日・星期五・晴〕

九時在旅社起身、整理衣物，再到樓下吃清粥小菜，畢，結賬，叫車到宏法寺，開證法師仍未歸，據云已去臺南妙心寺主持「佛教百科全書編輯籌備會」；與會有妙心寺住持傳道法師、林世敏、洪文瓊、陳重文等居士。並告以臺南妙心寺地址。余卽步行到高雄公路車站，買票下屏東市。

十時到屏東，即叫計程車到「長壽里、東香巷、圓音精舍」準備去看前「法藏寺」學生續慧比丘尼（在法藏時伊並未出家，後轉讀陽明山華梵學佛園、華梵研究所始正式出家），到圓音精舍一問，一老尼云：「她去臺北了！」乃悵然去；又到民權路屏東師專宿舍查陳柏達住處，最後到林森路屏東師範專科學校❶，走進門房，查柏達住址、電話，一位三十餘歲之傳達員，逕入行政大樓總務處打電話給陳柏達，彼返門房時，告余：「陳已來接。」果然，片刻之間，遠遠見柏達騎一車，左手又牽一車，施施然來。彼此互通名姓；此乃余與陳柏達第一次會面，余大彼二十七歲，所謂「忘年交」也。

彼交一車與余，吾二人各騎單車，一先一後，從一條小柏油路，騎至民學路十六巷彼之寓所。

至，其妻美華❷出迎，並呼「陳老師」；余以「英雄寂寞」、「佛教讀經示要」各一冊，「銀製佛像紀念章」一枚相贈，坐定之後，相談甚歡。余勸其新著「圓滿生命的實現」（布施波羅蜜）應交由三民書局印行，以提高佛學著作地位，不要再讓佛教界去「粗製濫造」了。

午齋後，余與柏達、其家人照相數幀。

下午二時，彼堅持要以機車送余到萬巒拜候會性法師，余隨緣，二人一車，呼嘯之間，二十餘分鐘，抵達萬巒鄉街上，柏達買木瓜兩枚，到竹雲巷一號講堂，先行禮佛，再請一尼師通報會性法師，不久，有一人至，爲柏達相識，爲鳳山預校敎師利明堂居士（會性法師弟子），三人一同到大殿右側之會客室；法師由寮房至，分座，師之右眼自小時已失明，左目、患白綠內障，能見度極弱，目前不能讀、不能寫，二年矣。今服中藥，亦不能開刀，萬一開刀失敗，則雙目皆盲矣。

余以所帶之書二册及微薄供養相贈，又請示「佛性是否會被污染」問題，離別前，在大殿前院中，攝影十餘幀❸。

柏達又載余至屏東公路局車站，送余坐上直抵臺南的中興號公車始辭去。柏達不慕榮利，彼稱會性法師極有學問。

余到臺南站時，已近下午七點，先買次日上午十一時北上的「國光號車票」，又在博愛路訂好「光華大旅舍」之房間，入房後，打電話至四分子之妙心寺，開證法師在焉，約余一敍。余乃下樓，叫車到妙心寺，開證法師之弟子、妙心寺住持傳道法師及居士陳重文均在，但林世敏於昨晚已返高雄，失之交臂。

師引余參觀妙心寺環境及「佛敎百科全書」資料庫約一小時，乃返旅舍，途中買報紙二份，但天候已晚，無以爲餐，卽以在臺中所購之「牛舌餅」二塊啖之，飲白水二杯，沐浴、看報、寫日記，後入睡，一日之勞，如此而已。

【註　釋】

❶ 此校後改「屏東師範學院」，柏達在此校任副教授。

❷ 柏達妻美華，姓羅，係臺北國立政治大學畢業，與柏達前後同學，畢業後，字之。

❸ 余與會性師、柏達、利明堂等合照，乃隨緣之事，與日後印行「當代佛門人物」所收「會性法師與大藏會閱」須用照片無絕對關連，因余手邊已有會師照片。唯後來印書選用此次所照之照片，會師以為余未曾相告而頗不然，余亦無可如之。蓋余書出後，並寄上一册供養，余深以為問心無愧也，祈會師以慧光燭之。

〔四月七日・農三月六日・星期六・臺南陰・臺北大雨〕

昨宵睡較安。

晨啖「牛舌餅」一枚為餐，九時許出旅社，驅車到公園路余之姨妹月珠家❶，孰料地址記憶不清，車到「實踐新村」，找不到人，在巷中穿越再三，始知此間「實踐新村」，均非余所找之處所，當地人謂公園附近有「實踐三村」，余恍然悟，待余欲問路前往，忽有一北方中年人騎機車經過，因余向彼問路，彼竟謂欲載余前往，余謝之再三，登之，車行經過多條街巷始到，下車後，再謝！彼似深悟助人為樂，余以目前社會，此種人已極罕見，余下車後，彼即驅之離去。

余找到月珠寓，見彼一人在焉，餘人均已上班上學，余與之共敍家務事，一小時半。至十時，彼送余至公園路口，余上車回旅社，匆匆收拾行囊，下樓結帳四百七十元，出旅邸，在一飲料店飲咖啡一杯，到公路局車站候車，十一時登車，在車途再食「牛舌餅」一塊，車經由高速公路臺中檢修廠休息十分鐘，余又食一「牛舌餅」，至此，三天來十塊牛舌餅告罄，計於本月五日清晨出門，至七日下午一時許，計食正餐三次，此三餐是五日晚間在高雄普賢寺一餐，六日在凱普來飯店早齋清粥，六日陳柏達寓午齋。其餘皆以「牛舌餅」爲餐，因素食店難找也。

在車上，至一時後，腹部微痛，不解何故?心中默持佛號，行車中一直大雨、大霧，此國光號公車，時有汽油無法化完現象，頗見車力不足，到臺北時，已下午三時十分矣。

下國光號，找車回家，余入室小眠，睡頗濃，至七時許，吃芝蔴拌飯，飯後腹劇痛，不久如厠，瀉，知是食久存之牛舌餅故。據回憶，前二日不痛，大約餅尚新鮮，此日方痛，餅已漸腐矣。余胃腸衰弱如是。

瀉後不久，腹痛漸止，卽在家照相，至晚九時，三十六張膠捲拍完。

此行除印老到北部某地未遇，雪廬老師因病未與共影，會性法師與陳柏達均已留照。小筆與其母亦拍之。拍完所餘膠捲，乃爲「陳貓」送飯。

【註釋】

❶ 月珠：爲余姨母之女，民國三十九年隨軍來臺，不久轉職民間，此時任臺南市安平國小護士，其夫徐某

已退役，領終身俸。子女四人，均在學與就業。

〔四月八日・農三月七日・星期日・陰〕

天將拂曉時，余聞小孟咳聲，起身後，見彼擁被而坐，云「甚冷」。彼云：夜間曾咳血數口，余聞之甚驚，乃囑女兒起床侍候其母。

九時許，余至街口打電話到「慧日講堂」❶，住持厚行法師接聽，余詢彼印公❷是否在講堂，彼云昨日已由新竹福嚴精舍返回臺中。但將於農曆三月二十三、四日來臺北小住，再轉赴花蓮。彼云：屆時居士可來一晤。

十二時，小筆午餐畢，即離家去東海，午後，余睡至三時，持膠捲到士林沖洗。回家時已七點，待餐後打開電視，新聞報告云：高速公路苗栗附近濃霧，發生大車禍，死十五人，輕重傷二十餘人，車毀五十餘輛，至九時後始恢復通車。余全家心情頓爲之緊張、沉悶……直到女兒小慧上街打電話與其同學欒敏，經告以車禍發生於上午十二時三十分，係由臺中北上車道霧中，較小筆上車時間早一小時，始釋於懷。

九時後，再看照片，九時五十分，上樓寫日記，澆花。

今晚小孟咳聲與氣管出血似稍好，亦未聞再吐，晚間在飯廳用餐。

小筆個人照片極佳，造型似一付娃娃臉型之大醉俠。

【註釋】

❶慧日講堂：係於一九六〇年（民國五十年）前後，由印順長老所建之道場，地址在臺北市龍江路五十五巷十一號。

❷印公：卽指印順導師。

〔四月九日・農三月八日・星期一・晴〕

清晨料理小孟早餐，女兒出門後，余於八時乘車直抵臺北市華嚴蓮社，到三樓會見馮一奎❶，並交代社中執事送箔箱二隻到靈堂，然後見成一法師談印書事。

十時半，以家人生病告知一奎，乃乘車回家，午後在沙發上小眠，五時許，再備晚餐，送到小孟床頭，卽去學校上課。

晚九時回北投，在北投國民學校附近之藥房，買「止血片」五天份，又到市場買「故宮」月刊及「時代」各一本，米粉一包，細麵條五捲，饅頭三個，回家後下厨，爲小孟煮麵一小碗，以湯煨之。余啖饅頭一個，及上午剩菜及湯，又食楊桃一枚。

小孟病係「舊疾復發」，據上午閒談中所得資料，當余去南部時，彼曾食油炸核桃若干枚，想係此物引發。本草云：「核桃補腎肺，臃氣，強氣力，唯對肺部及氣管有宿疾者，極不佳。」過去小孟有三次發病顯係由誤服中藥補劑所致。

民國四十六年（一九五七年）在屏東東港鎮，因服其同學馬瑞初餽贈之「人參酒」少許，發病；九年之後，因食魚再度復發；民國七十年，吃荔枝發病；今食核桃又發。其中有三數次係在不明情況下發病，惟中醫藥書所載誤食與病體相反之藥物而發病，頗値警惕，不可掉以輕心也。

余等自結婚後，彼發病已達六七次之多，惟民國四十六年到五十一年在花蓮糖廠時未發，來臺北，就業於「臺灣省立臺北育幼院」初服務三年亦未發；彼由東港初發病，到北投，於五十三年第一次發病，是在「新興巷」住所。第二次在公館街十六號，大約是五十六七年間。第三次是民國六十年前後；此病已成爲彼之生活中陰影，一旦發病，全家即陷入脫軌狀態。

〔四月十日・農三月九日・星期一・雨〕

小孟今發燒至攝氏三十八度以上，經注射止血劑，中午又去藥房購抗生素服用，下午稍能食麵半碗，而大半碗青菜亦吃完，病況則較昨日爲重。昨晚起卽不能躺臥，一夜多半坐眠，天快亮時似略好，唯白天咳血較多。

余上午十時赴郵局信箱取信，計得加拿大馮馮一函、馬來西亞繼程法師❶一箋及來稿；苗栗獅潭鄉粟耘信一封，臺北「文化復興委員會」魏子雲❷邀余演講函一通，並附聘書一紙，香港法住學會寄來「法燈」二十二期。

午眠後，爲小孟沖牛乳一杯；到校上課一節，再回家爲炊；又爲女兒煮明日備用飯菜。

晚，小孟仍發燒三十八度，食麵及青菜，畢，不久倦臥，余則讀書、寫日記。

小慧於十時三十分回家，余命其星期四請假侍母，余則擬於同日赴臺中拜訪印順導師。

【註　釋】

❶繼程法師：馬來西亞出生之華裔青年比丘。其個人簡介，見本書「書信集註」（上）繼程法師函〈之一〉❶。

❷魏子雲：作家，世界新專教授，並任「中國文化復興委員會」總幹事，主辦有關邀請學者、專家在該會演講事務。

〔四月十一日・農三月十日・星期三・陰〕

一早將小孟飲食料理停當，正想出門，孰料成一法師偕其徒開車抵達寒舍門外，隨央進坐定，寒喧片刻，師贈余「凍頂茶葉」一罐，並談印書事，隨後余即順搭師之車到臺北辦事，並在靈山講堂與魏子雲先生通話，談「文復會」約余演講事。看時間表，與余三十日晚上課衝突，經磋商，由該會出面提具邀請書，由余向校方請公假，余乃可依時前往重慶南路二段會堂演講，題爲「寒山子與王梵志」。

〔四月十二日・農三月十一日・星期四・陰雨〕

清晨六時，匆匆起身，逕往臺北，七時十分上「國光號」，九時三十分抵達臺中，驅車到

「太平鄉」華雨精舍，一問，印老仍未回來，不知何故。無奈，乃再返臺北，余在車中思維：何不利用下午時間，到承天寺❶一行？因此在臺北車站前「功德林」用素麵一碗，乃命車去土城鄉承天寺，由監院傳悔法師❷接待，而余所稔者傳顗法師未在寺中。

既到寺中，乃擬留照爲他日之用，乃請悔師帶至「祖師殿」，見當今禪宿—廣欽老和尚❸，先行頂禮；說明來意，承允相與拍照多幀，惟因外面大雨，余又「忍禁」，狀至狼狽，蓋事事強勉，實爲不智人也。惟廣老心慈，承其加被〔以咒在頂額加持〕，余再拜，告辭，出祖師殿。

離開承天寺，乘車到臺北希爾頓飯店前，正下車疾走，背後忽有人伸手抓住余衣袖，一看，鄭榮子❹也。又一番敍說家常，始各自歸去。

返舍，見小孟病狀已輕，稍慰。

今訪兩方外大德（印老與傳顗師）皆不遇，爲廣老拍照時，又甚狼狽，然惟一快事，乃悉昨日「七海」一外務員將余文稿在送稿途中丟失，又有人送回，頗值大喜一番。

一日之內，有得有失；但得失本無，心爲之浮沉已爾。晚間，小孟出臥室，在客廳看「天涯若比鄰」。在此前，新聞播報中，云「財政部關政司長陳某（四十歲），在夢中被其二十二歲之妻，持白刄殺死云云。」實人間一大悲劇。據云：其妻患「妄想型精神病」，經警方偵訊，亦不明所以。此抑前生業報歟？可歎！

【註釋】

❶承天寺：爲閩南泉州承天禪寺——廣欽老和尚於民國五十年前後建寺，取「承天」爲寺額，乃紀念其出家之祖庭耳。地在「臺北縣土城鄉山中」。

❷傳悔法師：山東人，約生於民國十三年間，爲廣欽老和尚剃度之弟子，老和尚在世任該寺「監院」（卽當家師），老和尚圓寂後接任住持。

❸廣欽老和尚：別號「水果師」，因師多年來不食人間煙火，每日只食番茄或香蕉一兩枚故，爲臺灣家喩戶曉之高僧。其詳細事迹見余著「當代佛門人物」。

❹鄭榮子：臺灣花蓮人，臺北縣中港國民學校敎師，爲余與小孟之舊識。

〔四月十五日・農三月十四日・星期日・晴〕

今天天氣轉晴，而室內依然清涼如春。二樓亦然。

晚，應本班學生之邀，赴臺北衡陽路口正中書局樓上「棕櫚西餐廳」聚餐；余至時，學生多已到齊，入座後，余卽以預先準備之手念珠數十串，交由蔡菊娟分贈諸生結緣，隨卽用餐。西餐廳內，余可食之物不多，但稍後，店中改以「素三明治、麵包」等饗余。諸生用餐畢，卽開始「歌詠、拍照」等娛樂節目，至九時三十分，席散。

返舍後，改作文至深夜。

〔四月十八日・農三月十七日・星期三・微陰〕

九時，赴郵局寄馮馮雙掛號信〔內附旅行支票〕一件，返舍後將昨日未改完之作文改完。下午四時二十分，離家到校上課。

晚，九點，看完「華視新聞雜誌」所播報的「高雄路竹鄉龍發堂收容二百餘名精神病患」單元，感覺「龍發堂」以養鷄、養猪來賺錢照顧精神病人，本極違背佛家戒律，但亦隱隱透露一層無可奈何的悲心，該堂住持，為一未曾受戒的出家大沙彌——釋開豐，是一草莽型的出家人，「特立獨行」，此之謂也。該堂如果能有一日在經濟狀況好轉之際，實應改變其目前求生方式，在實踐佛家戒律的前提下，去濟世濟人，才不負佛陀遺教。

由電視觀之，該堂照顧病人的方法，是命病患學習「早晚課、念佛、持咒」，本有佛家「消除業障」的懺罪消業的功德在內，惜一般社會人士不屑於了解「罪由心起，仍由心滅」之理，乃稱其為「民間療法」❶。

【註釋】

❶龍發堂：自當年臺灣各資訊媒體報導其「收容精神病人」消息之後，另一方面，政府機構，又無法普遍地收容臺灣衆多的精神病人，因此，「龍發堂」的「土法煉鋼」，也就成為各大報章雜誌以及其記者採訪的對象，使此一「土產精神病院」弄得家喻戶曉，而「龍發堂」的「濟病」行動，一直延續不輟。但

正統的佛教會，並未承認它爲「佛教機構」，釋開豐，也不是佛教的「和尚」。

〔四月二十日・農三月十九日・星期五・雨〕

早齋後，到市場買菜，在樓梯口遇到五年前退休的同事——詞家關照祺❶，彼已七十開外，頂雖禿，而體頗健壯，衣履鮮明，到區公所辦戶籍來，與其相談片刻。

晚間，到校上課，返寓時，在市場書攤，買「柏楊六十五」❷一册。女兒小慧晚十時許返家，帶回「大華晚報」一張，「淡水河副刊」，有小盂「木瓜的回憶」一文，閱後，析其內容，較之以往作品，結構謹嚴，頗富新意。

晚十一時，記日記，略看「柏楊」。

【註釋】

❶關照祺：關，爲廣東人，曾任廣東省立花縣中學校長，自臺北市商退休後，現任「世界關張劉趙四姓宗親會總會秘書長」，其辦公地點在臺北市長安東路某大樓。時見彼在臺北大報發表詩文。

❷「柏楊六十五」：柏楊，河南輝縣人，本名郭衣洞，東北大學畢業，著有「中國人史綱」、「醜陋的中國人」、「柏楊版資治通鑑」等多種，曾因「言禍」，入獄多年。

〔四月二十二日・農三月二十一日・星期日・陰〕

整個上午，看「當代佛門人物」最後校樣，晚間六時，去臺北靈山講堂，會同郭暖卿、清德師，發五月一日的「現代佛教」新聞版❶，當時適逢祥雲法師❷第一天在該堂講「金剛經」。新聞編好，與郭同車，彼至劍潭站下車，余回北投寓，休息到十一時，待入睡，忽聞有異味入鼻，便到各房關窗，又到後院察看異味來自何處？原來發現，是一陣輕煙由後面巷中衝來，係自民族街十五巷口一號人家院中升起，其味有似毒質，竄鼻難忍，彷彿燒電線的化學毒物「戴奧辛」，並已持續一週左右。門窗關後，室內猶有餘味。

【註　釋】

❶ 余當時受聘為靈山講堂顧問，每週去該堂一——二次，處理其文宣事務。

❷ 祥雲法師：遼寧海城人，俗名李孟泉，生於民國十年前後，民國五十年出家，有「雲海蒼茫憶故人」等作品問世。

〔四月二十四日・農三月二十三日・星期二・晴〕

全日看稿。

十時，小孟從郵局信箱帶回香港中文大學霍韜晦老師信一通、陳銚鴻居士文一篇、畫家粟耘信一通。

晚間到校為三十日赴「文復會」演講申請「公假」；返寓後，編輯「當代佛門人物」插圖，直至凌晨。今日較想像中更為忙碌。

〔四月二十七日・農三月二十六日・星期五・雨〕

昨宵三樓住戶狂吵狂鬧到天亮，因此一夜難眠，九時起身後，學生賴美蘭來，告以許月英、王惠麗下星期一要來看我。余答「可」。十一時上樓抄「梵志・寒山」演講大綱畢，下樓到臺大爲小筆看「試場表」，然後與慧日講堂連絡，印老已來臺北，余請接話者轉告，余明日去拜訪印老；四時後到學校，上課至九時三十分回家，剛到，小筆謂渠計算機無開方設計，余卽再冒雨上街，在「清音電器行」買 Casio 進口計算機一臺返寓；先洗足，再命小慧燒湯一碗，並在客廳寫日記。

在進餐時，小慧告以李敖❶千秋三十一期「□□愛」中，所謂「大學生作家」卽指「□□」；而文中之小茱，卽□□之妹；若果如此，情何以堪！余爲之唏然良久。

【註釋】

❶ 李敖：臺灣作家、歷史學家，著作繁多，「千秋」爲彼獨力經營、自寫自印之雜誌，爲臺灣反國民黨頑強知識份子之一。曾入獄七年餘。但生平酷愛美女，並謂「靈肉兼愛」云云。

〔四月二十八日・農三月二十七日・星期六・陰〕

清晨，小筆出門考試〔考研究所〕，余飯後赴臺北三民書局，然後去靈山講堂，並在該堂午齋。二時三十分，偕清德師驅車至慧日講堂拜見印老。剛進講堂，見印老忽從外入；余以爲係由某處剛回，詢之，始知印老正登車去看病中之信士，見余至，乃又下車回講堂。余與師相偕返丈室坐下，隨以月前三事印證。

即：

一、大乘是否佛說問題；

二、佛性是否會被汚染；否則爲何有「一念不覺」之說？

三、四禪與四果境界比較與彼此情境是否可以溝通？

經印老開示後，感覺頗爲詳盡；但因時間有限，待來日再深究之。

晚，焚香、拜佛如儀。

〔四月三十日・農三月廿九日・星期一・陰雨〕

昨宵咳不停，天明九點始起身，旋學生許月英、王惠麗來見，並攜果品一盒；坐談時，始知彼等均已有兒女呀呀學語矣。談話間，又互看余所收藏之照片至午，並在飯前到樓上參觀，入佛堂小坐片刻。下樓後，午餐，由小孟以「大滷麵」及四色菜餚饗客。彼等於下午一時半離去。余送彼至公館路市場口賴美蘭家。

余返後小眠，五時餘離家去臺北，六時四十五分到重慶南路一段「文化復興委員會」，晤魏子雲先生，七時十分上臺演講（題目：「梵志與寒山」），聽衆約二百六七十人，講至九時五分，掌聲熱烈。

返家後，因全身汗濕，在樓下沐浴，又食稀麵條一碗，休息。

五月櫻之章

〔五月一日・農四月一日・星期二・晴〕

氣候初有熱意。

八時後乘車去臺北，到桂林路佛教書局買懺公❶早晚課錄音帶計四捲，然後到火車站對面廣場大厦九樓佛光書局，適祥雲法師在焉！

余先購星月菩提手珠二串，備贈與胖妞——李文鳳❷，俟後，余以「英雄寂寞」二十冊寄售，然後與祥雲法師相偕下樓，余乘車返，下午四時許，做「外丹功」❸一小時，然後去學校上課。在第一堂課間，將念珠頒與李文鳳，此妞甚喜。蓋全班四十餘人久已人手一串矣。

晚八時返舍時，在市場書攤買「天下」❹、「萬歲」❺月刊各一冊，「萬歲」內有黃怡❻寫「龍發堂」專題報導一篇，當較各報紙所報爲詳也。蓋黃怡曾住進「龍發堂」與精神病人爲伍者，一個多月，觀察該堂作略。

返舍後，十時上樓，沐浴，放懺公晚課錄音，焚香。

睡前看「萬歲」。

△天華轉來悟一法師自美國寄來「沙彌戒」一文，已被拆開。

【註釋】

❶懺公：卽臺灣南投水里鄉蓮因寺住持懺雲法師。

❷李文鳳：爲余當時本班學生，山東人，因其人頗肥，手脛骨粗，當余於月前贈全班每人一串手念珠時，獨彼無法套上手腕，乃另買一串珠粒大而長者贈彼。

❸余自「天華」辭職後，爲色身故，乃赴士林區「劍潭青年活動中心」習當時極流行的健康運動「外丹功」；此功由山東人、曾任小學敎師之張志通所創，習此功者，海內外達百十萬人，且授者不收費用，而此功又頗有益，習之者衆矣。

❹「天下」：爲「經濟型」大型月刊，由殷允芃女士創辦，並自兼總編輯，品質精要，發行量廣，爲此時唯一獨創之刋物，余每期均購閱之。

❺「萬歲」：爲歷史學家李敖所創辦，余偶購閱，李所辦「千秋」與「萬歲」兩種刋物，皆屬「自由派」反當權者之論調。

❻黃怡：爲自由派女性青年作家。

〔五月二日・農四月二日・星期三・晴〕

九時，將寄與粟海之書包好，騎單車送到郵局寄掉。

開信箱❶見馮馮、魏子雲及學生譚德瓊等信。回家後，信箱中又見楊銳一信。

下午五時到校上課，回家時已九點，小孟熱粽子一隻，食之。

今日覺甚倦，又猛打噴嚏，感冒矣！

十時四十分，睡而不眠，起身寫小筆信一封，屬吾兒放下胸懷，接受人生磨練。

【註釋】

❶余自民國五十一年在北投郵局開有「信箱」，已達二十餘年。

〔五月三日・農四月三日・星期四・晴〕

上午偕小孟赴北投「大南汽車公司」❶總站買「榮民票」❷，心殊悒悒；想昔年，二十不到，在兩豸之間無所選擇，祇有「報土從戎」，當抗戰「草鞋兵」。抗日戰爭之後，又為敗軍之將之懦卒，而今竟成為「榮民」，恐不免為稗官野史所唾笑矣。

辦好「榮民票」之後，到中央南路看陳置音響之臺櫃，返舍後，小孟之同學蔡希蘭、馬瑞初來；彼等走後，余與小孟到士林各電器商參觀，最後在中正路一家電器行，買「蘭歌」音響一套，臺幣二萬元，甚為滿意。

下午返舍之後，十時上樓，焚香，寫日記。

因「類感冒」無心做事，多日來，胃腸脹悶，咽喉不利，余弱不禁風之狀畢露，烏乎。

【註釋】

❶大南汽車公司：爲「榮民輔導會」投資設立於民國五十七年以後，在臺北有四〇、二一六、二一七、二一八、二二三、三〇二、二六六等多條路線。

❷榮民票：凡有退役軍人身份，並持有「榮民證」者，大南公司有半價優待票出售。另有「欣欣客運」亦具同等義務。惟「欣欣」係在臺北市木柵區開發多條路線。

〔五月四日・農四月四日・星期五・半晴〕

今「自立晚報」❶有張忠棟❷教授爲文紀念胡適之❸，並肯定胡對中國近代思想界之啓發有重大貢獻。尤其並不認爲胡氏之「破壞舊文化」、「打倒孔家店」……這與一面倒的陳腔濫調，迥乎其異；倒是「黨國元老」吳稚暉、吳虞等人，發過不少「謬論」。

上午在樓上寫稿，精神不佳；午飯後，小眠時一直做夢，夢中正爲「論往生咒」一文大做其生花夢，醒後上樓，靈思如湧，着筆卽成篇。異哉！

下午五時卅分，先食粽子一隻，到校上課之後，回家途中，在北投市場飲花生湯一碗，食糯米粢粑兩粒，到家後，看中視「新聞週刊」節目——秦代兵馬俑專題，因夜已深，未上樓沐浴。

日來眼角奇癢，蓋與吃胡椒有關乎？十一時半小孟爲余點眼藥水，仍癢之不已；且眼內角淚腺處癢之難忍，右眼稍輕。

客廳及書房，置小筆幼時照片各一幀，可觀。

【註　釋】

❶自立晚報：爲臺灣省籍李玉階氏創辦於民國四十年前後，但於民國五十年代賣與臺南籍企業家吳三連，立場不偏右、偏左、不八股、不高調，而成爲一無黨無派之報紙；民國七十七年報禁開放之後，吳氏家族又創辦「自立早報」，由吳之長子吳樹民任發行人，增額國代吳豐山任社長。

❷張忠棟：臺灣大學歷史系教授，著名政論家，自由主義者。

❸胡適之：本名胡適，字適之，安徽績溪人；前北大校長、中央研究院長，逝世於民國五十一年，享年七十歲；胡氏著作等身，爲一近代中國啓蒙思想家、自由主義、無黨派之學者，但受到一些黨棍之攻擊，直至死後。

〔五月五日・農四月五日・星期六・陰〕

昨晚至此刻，又感不適，似乎上午天變受寒，鼻流水、喉痛、早餐未食，但午前仍寫「論虛空藏菩薩咒」一文。

午餐吃饅頭一個，無菜。飯後睡一小時，上樓抄稿，至四時二十分下樓，整裝去學校。

小孟亦患感冒。

晚回寓，上樓找「珠算考試資料」，並寫日記。

睡前服感冒藥二粒。

〔五月六日・農四月六日・星期日・陰〕

晨起，未用早晨，即匆匆叫車到學校「監考」珠算檢定。十一時三十分考完，回寓時，行經升旗場邊，忽有一著洋裝年輕女子，從後擁余曰：「老師！」咦，乃雪燕也。彼畢業後，已多時未見，今亦來校參加珠算二級檢定，師生相偕走至百齡路車站，彼與一女生送余上車，然後去圓山。

余返後，又服藥。飯後睡至三時半，小孟燙地毯，余上樓沐浴，抄稿。

身體仍不適，了無精神。

〔五月七日・農四月七日・星期一・晴〕

清晨六時起身，盥洗畢，即去臺北公園路「公保門診中心」排隊看病。十時三十分看畢，去三民書局，交「寒山子總序」一稿，並由編輯部王小姐代表書局，交余「寒山子版權讓渡」之稿費臺幣五萬九千五百餘元（余以半價收彼稿費，蓋此書乃舊版新印也），扣去所得稅六千元。然後返舍。

小孟告以三民已派人將「當代佛門人物」等校樣送到。余則告以菲律賓隱秀寺——余之老東家自立法師[1]已來臺，決定明後日去拜晤。

午休後，四時三十分去學校上課。九時三十分回家，上樓，先焚香拜佛，次查「藏經」中所需資料㈠念珠經，㈡大毘婆婆論，㈢唐書李輔國傳；均查出。另「虛空菩薩經」、「戒淫經」，一併檢出備用。

夜十一時上樓，做過「外丹功」❷入睡。

【註釋】

❶自立法師：原法名乘如，字自立；其個人簡歷見本書「書信集註」（上）自立法師〈之一〉❶。

❷余自離開「天華」後，習外丹功約二年餘，健康日益進步；後因於民國七十五年受「花蓮慈濟功德會」證嚴法師之邀主持「慈濟文化服務中心」而中輟。

〔五月八日・農四月八日・星期二・晴〕

上午九時出門，先到士林銀行，再到「公保中心」，時已九時三十分，便排隊掛下午門診胃腸科程東照醫師❶，當時余已排至十六號，似乎已無法列診（因公保只保留十五號，其餘十五號為電話預約，醫生每日半天只診三十位病人），乃問掛號人員，據答，今天可多掛一號，余心甚喜。

俟掛完後，仍坐於候診室，直到下午一時三十分，受理掛號為止。惟余倖而掛到第十五號。於候診時，抽空至對面素食館午齋，再回公保三樓候診室，至二時三十分，候診室顯示十五號，余乃入診療室，見（曾為余診治腸病多次的胃腸科專家）程東照，經詳診後開藥，並囑余下週再來，余下樓拿藥畢，即赴火車站前第四〇號大南公車，適學生宋孔亞❷亦來候車，等上車後，余入一空座，宋生立余側，車行中，宋生細述其家世。

到校下車，經「陽明國中」之體育館——臺元館❸，稍停，看「中華女籃球隊」練球，因彼等不久將出賽本年度「瓊斯杯」矣。在館中，除教練江憲治外，余可識者，有球員簡玉桂、許翠齡、陳景鳳、黃玉蘭等四五人而已。

看球約三十分鐘，乃到校上課，九時許返家，知弱水、小筆均有信，弱水並寄來照片數張，皆為雪景。

【註釋】

❶ 程東照：時任三軍總醫院胃腸科主任，當時週二下午在公保駐診，余之腸病（腹瀉久不愈）經多方診治不愈，唯經彼初診，不久即愈；後偶發作，亦經其治愈。程為臺灣臺北縣瑞芳人，國防醫學院畢業，時官拜中校，但四年後，已由主任升任副院長，再升三軍總院院長矣，以上校佔少將編階。此人甚為誠樸，誠良醫也。

❷ 宋孔亞：浙江奉化人，為蔣介石總統之晚輩表親——似為其妹之外孫女；孔亞於民國六十九年始由大陸隨其外祖母來臺。於七十三年夏考入本校，分入余班受教；此女因由大陸來臺，不識繁體字，故初中在華興育幼院重讀一次，到本校時，其年齡較之同班同學大三歲，今年二十矣！彼平日住於其舅父宋敬銘

處。

❸臺元館：此館爲臺灣汽車業盟主嚴慶齡之關係企業——臺元紡織出資興建，供其本身所成立之「臺元女籃隊」練球之用，但在名義上屬於臺北市陽明國中，因此館建於陽明國中校區也。

〔五月十日・農四月十日・星期四・晴〕

十時，將「當代佛門人物」最後校樣送到三民書局，並交代拼版、校對等事宜，十一時三十分到臺灣銀行總行大廳與學生陳素甜會面，並偕同到博愛路一家飯店午齋。

素甜爲余自教書以來唯一未斷來往之生徒，平日噓寒問暖，關懷備至；在臺北市立高商，已十一年，尚未見某生之愛師如是。唯就整體言，七十二年夏畢業班，爲余執教以來最有情感之一羣學生，畢業前夕送別行列，亦幾使余不克自制，在校門前師生數數相撫而泣，余何其重感情也。其實，臺北一市，足可朝夕見面，但以時態紛繁，即使居處一市，見面亦不易得也。

此班學生中，如林姵君、謝雪燕、莊梅芳……等，尤無隔膜；蓋余待諸生，亦如父之護子女也。

晚間又到民族街暗陰下尋找「陳貓」，竟不見踪影，涂恐其凶多吉少矣！

〔五月十一日・農四月十一日・星期五・晴〕

全日校「寒山子研究」新版。服「腸藥」三次。

下午六時後王秋明❶已爲余買「時代羊乳粉」二罐，每罐價二五〇元，比之「神奇牌」少一五〇元，懸殊極大，不知此物服後對余弱質功效如何？

晚，返家時，在市場買胡蘿蔔汁一杯，二十元，食後，經民族街，一路呼喚「陳貓」，猶如呼喚子女然；此貓突然由鐵路局圍牆邊竄出，施施然而來，至余三公尺處，鑽入一輛車下，不再理會余矣。余乃返家取食物，回原處將食放下，余喚多次，不見踪影，片刻，見其竟傲然坐遠處牆上視余如無物，並有鐵絲網相隔；余以食引之，伊不動心，但微「喵」數聲，冷漠之狀，令人齒寒。蓋伊猶未忘二個月之前余以口袋計擒其回家一幕「驚心動魄」之大事也。余乃放食物，任其腐臭而去。

返家後，上樓沐浴、焚香、寫日記。

【註　釋】

❶王秋明：海南島人，民國四十三年生，本姓方，幼爲孤兒，從其姑母長大，改姓王，後臺灣師大畢業，分發至吾校爲「國文教師」，其妹方偉民，乃余任教於華興中學之女弟，故彼在校與余甚契也。

〔五月十三日·農四月十三日·星期日·晴〕

今沉睡至九時許始起身，食豆奶一杯，上樓沐浴，檢校寒山資料，下午一時下樓，至四時又上樓，爲「念珠經論」一文，查「念珠」的起源及出處，在藏經中已查出者有七八種經文，而記載多在「密部」。下午七時下樓晚餐前，與女兒小慧將二樓鐵門軸加潤滑油，俾消除軋軋升降之雜音。八時上樓續查有關「念珠」之史料。

十時三十分記日記。

〔五月二十日·農四月二十日·星期日·大雨〕

腸不適，已服藥兩週，仍未愈。

上午做雜事。

午後一時，即上樓，從一時半到五時，覆各地友人信，計香港霍韜晦、馬來西亞繼程法師、加拿大沙千夢、趙能瑞、美國悟一法師等各一簡。七時下樓，復接馮一奎自美國來信一通。

晚餐後又上樓，工作至十一時。

今日主要工作，是追踪「念珠論」一文之資料。

〔五月二十三日·農四月二十三日·星期三·晴〕

清晨，做「外丹功」第一段，然後打點完畢，與小孟先到士林銀行領款，再到臺北臺灣銀行總行，結匯赴美。之後到寶慶路遠東百貨公司購物，途中經過中華路「第一百貨」附近，忽遇一人呼余姓名，問余：「你是否陳某?」余答：「然。」認半晌，仍不識。當面乃一鬢髮微白之結實、紅潤五十餘人。彼自稱乃「程澤民」❶也，余思之良久，乃大悟。彼乃吾三十餘年前之老戰友也。彼云：已由上校階退役，曾談片刻，並交余名片一張，並謂，曾讀余著「弘一大師傳」及

「金剛經」等佛典，已信佛云。

分手後，余赴「遠東」購物畢，返舍時已下午四時，旋即到校上課。

晚七時返家，飯後未上樓，看完「臺視新聞」，休息。女兒小慧至十一時三十五分仍未歸，余與小孟均甚焦急。俟其返家時，余問之，彼答以有朋友多年未見，談天所羈耳，故作甚輕鬆狀。

爲父母者，關念兒女，一呼一吸，如痴如醉，如刺如螫，眞乃世間之一大絕症！而子女不知，奈何！

【註釋】

❶程澤民：安徽泗縣人，爲余舊時戰友，上校退役軍官。

（五月二十五日・農四月二十五日・星期四・晴）

全天寫「念珠經論」。餘皆葛籐。

小慧晚七時由臺中回家。

（五月二十六日・農四月二十六日・星期六・半晴）

上午九時，騎單車送舊衣一箱到（北投奇岩新村）清江國民小學，轉寄泰北難胞。當送達時，由一位工作人員帶領參觀地下室各界送來的舊衣貯存處，自佛教某一機構發動捐助以來，約一個月，已捐新舊不等、均可使用的衣物達六十多箱，並打包完畢。工作人員云：所贈之衣，女裝太多，男裝太少。

返舍後，整天細閱「晉書」、「南史」，查「范縝、阮瞻」史料，並撰「神滅論」一文，初稿已成一千餘字，餘待明日續完。

余必須放下一切，善惡均不黏，細心契入「般若」，期其了無罣礙。蓋如長此埋身著述，而不能時時提起道念，終無可修之日也。

〔五月二十七日・農四月二十七日・星期日・雨〕

全日寫「神滅論」，批判范縝思想，並為之抄繕，約六千字。

〔五月二十八日・農四月二十八日・星期一・陰〕

清晨起後，見「中國時報人間副刊」，發表小筆「不准走別的門」一文，立論甚是。

余九時半到臺北，在靈山講堂指導工作人員編輯「現代佛教」。並悉余著「萬法唯心」（即原「心靈的畫師」一書之新版）已出版。余取十冊，留贈朋友及學生。

下午四時離靈山，坐計程車，偕學生宋孔亞等到校，贈吳金友老師余著一冊。

九時返寓，焚香、沐浴如儀。

〔五月二十九日・農四月二十九日・星期二・大雨〕

上午九時許，到「福利中心」購「洗寶」，繼之到區公所為小筆取「兵役抽籤通知單」，離區公所，經公館路，買西瓜半隻，聯合報一份，返家。

因手提食物，甚疲；上午未再寫作，在樓下看報；等小孟出門買菜返家時，從郵局帶回信件一批；內有悟一法師轉來「余胞妹令慧自南京寄到香港再帶到臺北」之信，又有〔苗栗〕中央大學佛學社邀余演講函一件，及學生邱秀蓮寄來結婚照片六、七張。

近中午，郵差又送到香港楊銳寄來彼所譯羅桑倫巴著「藏紅色的法衣」書稿，約十三萬五千字，此書爲余所約，將由「天華」出版，稿費約臺幣四萬元。

下午睡至三時，因上午腹微瀉，未再工作，在樓上靜坐四十分鐘，四時五十分出門，到街口打公共電話，與悟一法師略事寒暄，乃去學校，晚九時返寓。

小慧於十時五十分回家，彼云今日弱水〔自耶魯〕曾來電話。

〔五月三十日．農四月三十日．星期四．陰〕

上午寫好「無鬼論」初稿，下樓時是一點。

下午到校上課，回家時八時三十分。

當時小孟偕女兒小慧上樓料理衣物，過數十分鐘，小孟忽由女兒扶持下樓，因小孟在浴室時，氣管忽然出血，鼻腔亦相繼出血；原係宿疾復發，余爲之打止血針（平時卽準備），服藥，然後入睡。

此病爲何復發，經仔細檢討，可能是數日前食「芒果」兩三枚、蓮霧數次所致。此二種水果，熱量極大，均非血病者所宜。

六月榴之章

〔六月一日・農五月二日・星期五・晴〕

昨宵睡至三點，小孟忽來叫我，已知彼病轉劇，隨卽起身，爲之注射止血針等，輾轉至四時餘再睡，七時餘起，知彼一夜未眠，吐血甚多，並決定赴臺北「防癆中心」看病。隨卽準備身份證、公保單，卽扶之至公館路口，叫車到臺北青島西路防癆中心掛號、驗痰、候診，等病看完，已十一時多，返家後，熱少許飯菜，食後彼卽上床休養，余臥一小時，起後彼要量血壓，余上樓取血壓計，下樓量之，高血壓約一五〇度，體溫攝氏則三十八度，於是按醫生規定服藥……。一天，在紛忙中度過。

〔六月二日・農五月三日・星期六・陰・晚大雨〕

晨起後，上市場買菜。

小孟熱退至三十七度二三，顯示藥已生效。

中午有信來，計媳婉窈一封，內容述及「爲何沒有寫信回家」，並云曾與居住南京之余妹令慧及其女紅梅通信；又云弱水近常感冒。

余腸部時感不適，有隱痛及重壓感，此病連綿已久，時愈時發，眞積業纏身也。

腸藥已忘服三日，因小孟病也。

〔六月三日・農五月四日・星期日・拂曉大雨・二六〇公厘〕

拂曉前後，大雨數小時，爲臺北地區八十年來所僅見；臺灣高速公路、鐵路到新竹之間，均爲之中斷，且山地沿線坍方多處。

九時後，到市場買菜，返寓後即泡糯米、粽葉。

午後二時，郵差送到由「中國時報」轉致小筆之讀者來信五、六封，中有女作家韓韓❶信一件。

不久，小慧自外返家，三時許小筆亦自臺中東海大學返舍。

下午四時，余在厨房包粽子，約二小時包完，並以大鍋煮之，至六時卅分始出鍋，粽香滿室。晚餐時，余以粽子二枚爲食，差強人意；惟粽子極大，一隻約有半斤，小者亦四五兩，比之肆中賣者，大一倍許。此番余用四臺斤糯米，半斤紅豆，成粽子三十餘隻，亦云豐收矣。

晚，家人看「綜藝一百」，余則昏昏欲睡。

九時五十分，上樓，焚香、寫日記。

【註　釋】

❶韓韓：係筆名，女作家，本名不詳，「環保主義者」。

〔六月四日・農曆端午節・星期一・陰雨〕

昨凌晨前後大雨，臺灣北部地區，滿目瘡痍，死二十餘人，傷數十人。九時，余到樓上抄「無鬼論」草稿，並整理文件，下樓時發現，夜雨浸入全樓，樓梯如洗，地下室中，積水甚多。

余今午齋，仍食粽子二隻，午睡一小時，然後上街買鋼鋸一把、西瓜半隻。又至中央南路某照相館複印最近完成之論文四篇。返舍後卽開始鋸斷信箱前之鐵柵，以便綠衣人順利投信。惟鋸至一半，全身汗流浹背，事倍而功半，擬歇手俟來日再鋸；後命小慧、小筆同至地下室清理積水。

晚餐後，余上樓整理資料，並指導女兒小慧編輯「兒童畫刊」，沐浴後，卽在樓上休息。睡前，爲學校「作文競賽」評分。

〔六月五日・農五月六日・星期二・雨〕

昨宵爲高四「入選作文」評分，直至凌晨一時，又看「天下」至一時卅分，晨起乃遲。下樓後，小筆已去臺中，余上午卽續昨日未鋸完之信箱鐵柵之續鋸粗工，約一個小時鋸完，大哉斯役也！

中午做飯。惟余仍以粽子一枚又半爲午齋，並炒馬鈴薯、胡蘿蔔片一盤、黃豆芽一盤，飯後三時，因天又大雨，延至四時三十分始出門，到校時，始知臺北市敎育局通知停課，經過升旗場時，遇學生曾惠敏，彼即以唐瑞紅訂婚之喜餅一盒相贈。

晚餐後，稍作休息，至十一時看瓊斯杯女籃賽——中華對英國，結果以八六—六八獲勝。比賽中途，中華黃玉蘭以五犯離場，余以中華隊員犯規太多，且賽程中，失誤連連，如果再遇強隊，景況堪虞矣！中華隊之球員，余可識者，已較前增加，計爲黃淑霞、陳莉蓮、葉淑娟、陳素琴等四人。

〔六月六日．農五月七日．星期三．晴〕

上午九時到臺北靈山講堂，「現代佛教」六月號已發行，即取二份；又爲一位青年開導「捨戒」❶的問題；當時並電天華總編輯顏宗養居士，談及楊鋭譯稿已到。宗養云：洗塵法師❷現在李家休養云云，但「護生畫集」要到明年。〔我看，這本書註定完了！〕

十一時到三民買六部「弘一大師傳」，計臺幣七百元。分寄的對象，是宋澤萊、陳柏達等❸。返家時，十二時三十分。午齋後，見信箱中有弱水自耶魯來信，談及彼工讀事。並希望家中將彼之存書寄去。

下午三時，到郵局開余之信箱，內有加拿大馮馮信一件，返家後拆閱之。培德云：望余勿過勞累，注意攝護腺及心臟疾病等，語甚殷切。又云：彼因眼睛發炎，致久未來信。

晚間到校時，帶熱粽子二隻爲餐，上完課，九時餘返寓，稍事休息，即上樓沐浴，十一時看

「瓊斯杯」女籃賽。

【註釋】

❶ 捨戒：在佛家戒律上，有「開、遮、持、犯」之戒律運作問題，這位青年顯然遇到受戒而不能持的煩惱，故為釋之。

❷ 洗塵法師：時任香港僧伽會會長，新界藍地妙法寺住持，因尿毒症在臺就醫，此時移住李雲鵬家之佛堂內客室。

❸ 余購自著「弘一大師傳」，乃係作家宋澤萊等先將書款寄余，余為彼等代購，再轉寄之。

〔六月七日・農五月八日・星期四・晴〕

晨起後，即準備食物，並洗鞋二雙。之後到地下室清理書籍。地下室有兩面牆壁滲水，涇損衣物，應全部以瓷磚貼牆以防水滲透。

余腸胃藥，時停時服，大便仍不正常，百思不解。

晚間改作文至十二時後。

對門十七號，以小貨車賣青菜、水果之房客一家五六人，今忽撤走，余欄柵前霍然一清，不亦快哉！

〔六月八日・農五月九日・星期五・晴〕

八時陪小孟到臺北「防癆中心」看病，十時半返北投，先到市場買菜及水果，返舍後，擦皮鞋，並將小筆於小學時勞作課中所做的「番布小凳子」從地下室找出，曝晒去霉。

午後澆花，偶見信箱中又有中國時報轉寄小筆讀者投書一批，乃取出待小筆返家時閱之。

四時五十分去學校，十時返家。稍事休息，即上樓、沐浴、焚香、養息。

〔六月十日・農五月十一日・星期日・午晴晚雨〕

七時半起身，匆匆食粽子一隻，即整理自行車、用物、水果，推車出門，由東華街直奔士林，四十分鐘，到達外雙溪「故宮博物院」門前，應本班學生四十一人協議師生郊遊計劃，到外雙溪河床野餐。時已有學生二十餘人先到。余與諸生在故宮門口等至九時，仍有懶鬼五六名未到，拖到九時三十分出發，而洋馬—李文鳳仍未到，乃留下許秋慧、蔡菊娟二人在原地坐等，以免此妞誤入「歧路」。余乃騎單車，深入內雙溪，學生到前一站上公車，先去「雙溪橋」。余到雙溪橋，學生坐公車亦剛到，余命學生在橋下覓地、分組而遊，並準備野餐。片刻，余臨高四顧，乃選擇上游三百公尺溪底對岸邊，有大樹蔭蔽，分組帶去就位，余將車從亂石之間，提到溪底，累得滿身大汗，車放置於距離本班營地一百餘公尺、視力可及之處。惟因未帶鑰匙、未鎖。余逕由溪床穿越遍地纍纍卵石前去與學生會合。十時，許秋慧等與班長簡碧雲回到溪底報告，洋馬仍未到，只好返隊。

此時大家即開始製作午餐，有一部份在溪中玩水。余則隨緣爲這一羣毛頭拍照，至十時三十分，李文鳳竟然搖搖晃晃地來了，到時，余問爲何遲到？伊云：有同學在家，昨晚遲睡。余云：該罰喝溪底汚水十口。並云：因你一人，拖累全班時間晚到三十分鐘，此爲余最厭惡之中國人不守時惡習也！

全班人員到齊後，余陸續爲諸生拍戲水照片二十餘張，眞可憐，沒有空間、沒有山水可遊的人擠人的臺北，我們跑到亂七八糟的外雙溪橋底，竟然發現有這麼多人——除本班外，還有他校學生及遊人數百人在溪底擠來擠去——來此垃圾場中排遣假日，眞是好笑極了。

十二時過後，各組野餐終了，玩到二時正，天色驟變，電光閃閃，烏雲四布，余命迅速集合，並將食後之垃圾集中入袋，帶到雙溪公園路邊垃圾箱中丢棄；余將自行車搬上橋面，俟學生到齊全部上了公車，命彼等乘車到雙溪公園。余乃乘車如飛下坡，十分鐘後到公園，但因附近無「寄車處」，公園又不准推車入內，只好命學生陳麗香看守，余入園爲學生拍照，再由班長簡碧雲替換陳麗香入園，照拍完之後，余吩咐學生：雷雨將至，大家如已盡興，可迅速分別回家；因此學生紛紛乘車而去，余卽出園上車，騎車到士林「福國路」福特汽車經銷商門前；急雨追踪而至，余停車，約十分鐘，再冒雨騎到東華街（可直通北投公館路，去余寓不遠）石牌火車站後面，將車停於一店前走廊下，躲雨三十餘分鐘，俟雨稍小，乃一面騎車，一手撐傘，到家，已三時三十分矣。隨卽沐浴。入晚，在床上眠一小時，小慧亦回家。

今日本班舉辦之「外雙溪郊遊」，計劃學生三十五人，其中十人因事未來，其中數人實無要事，皆藉故而已，此均國人之散漫習久故也。惟來者，皆甚愉快，不負此行也。

余今日因騎自行車數十里，又推車到數百公尺遙之河底，出大汗數次，手臉均晒黑，而宿疾——腹脹亦舒，精神反而甚快，是為記❶。

【註釋】

❶此班為綜合商科一年十二班，余任導師，彼等於民國七十六年夏畢業，計修業四年，諸生均已二十如花矣。而畢業前淘汰四人，計畢業者四十一人焉。

（六月十一日・農五月十二日・星期一・陰）

早齋後，將宋澤萊、陳柏達托購的「弘一大師傳」，包紮妥當，草函各一件，到郵局掛號寄出，又從信箱中取出香港霍韜晦居士寄來之「法燈」一份，粟海文一篇，然後返家。

午眠後，坐計程車直驅天母（中山北路六段）天華公司，郭暖卿因休假不在，其餘同事均工作中，余將天華托譯之楊銳譯「藏紅色的法衣」全稿交與總編輯顏宗養居士，彼囑發行部職員何淑本取來新書之「中國佛教發展史」送余一閱，並談及洗塵法師病況（洗師當時住李家已一個月，晚間睡覺要鎖門，時時驚怖惴慄……）並由李家照顧飲食（後來雙方又鬧翻，不再往來）。又云：「護生畫集」仍不能出版，余苦笑不已。

至四時十分，辭出，並以馮馮贈余之「空虛的雲」（上下二冊）交換「佛教發展史」一套，彼送余上車，余至學校，開會時，李咸林校長將聘書一一送至各位老師手中，並以點心一盒相餽，謝師一番。

余課畢，九時後返寓，看瓊斯杯球賽至十二時卅分，中華隊雖敗，惟表現甚強。此輩兒女，爲余心目中之中國青年也。

〔六月十三日・農五月十四日・星期三・晴〕

昨宵「觀戰」，甚倦！

今九時許出門，先到臺北靈山講堂，交稿五件、海外發行單十七張與清德師，並交代編輯要旨，同時爲弱水從講堂取得「中華藏」第六十八册、影印圭峯禪師「華嚴原人論」全文三十六頁。

中午飯後，未休息，逕赴三民書局，代弱水買「柳宗元集」新版一册，「韓愈集」則無，余遍走重慶南路所有書舖亦未見韓集。

在三民，門市經理劉秋涼謂余：六月三日水患，彼局新店倉庫，損失書籍達一千三百萬元之多，凡水漬書均作廢紙賣出，而化爲紙漿再生新紙。又云：該局編印已十四年之「大辭典」，將於明年五月前出齊，全部印刷作業均在日本處理，印好後運臺銷售，計印五萬套，全部經費消耗約臺幣一億二千萬元。

余著「當代佛門人物」、「寒山子研究」爲該局出版之新書，余翻閱之，編印水準平平，紙質亦薄，印工粗劣，遠不及「弘一大師傳」。余建議：再版時務必加強其製作水準，圖片可改爲彩色。

離三民後，在文翔書局買到「韓愈研究」一册，可供弱水撰述論文參考。

迨轉至忠孝西路，在一咖啡店，飲咖啡一杯，食小麵包數枚。

晚回家後，十時上樓，寫日記、沐浴。

十一時，爲「原人論」斷句。

思自「天華」退出，工作、生活依然緊湊，無日不忙碌，誠可謂「勞碌命」矣。

〔六月十七日・農五月十八日・星期日・先晴後雨〕

清晨五時卽起，與小孟驅車到臺北公路局西站，搭七點十分國光號長途公車，十時到臺中。然後叫計程車到東海大學；這是我第一次到東海校園，爲吾幼子小筆大學畢業典禮席上作客。吾等到東海校園時，小筆、小慧姊弟二人已在蔣介石總統像前守候，隨卽展開攝影活動。

小筆有時穿便服，有時換學士服，在偌大校區，拍照片七十餘張，直到中午，才走出校園到小筆住處龍井街用餐，飯後走路七八分鐘，至小筆所租宿舍，稍事休息，便協助整理衣物書籍，裝成五箱，行李由其自行料理。三點後捆好，小筆到外叫車，適天將大雨，等計程車帶回，大雨已至，余與小筆及其室友共三人將五大箱書物搬上車，然後在雨中開至龍井小街一貨運行托運。余與女兒小慧攜帶其中重要者二箱，驅車至臺中公路局車站，買「補位票」國光號上車。不久車開出市區，小慧看報，余則入睡。七時卅分到臺北，再叫車回北投家中，略事整理，做飯。飯後，余上樓沐浴，小慧隨之上樓。

小筆在臺中東海大學讀書四年，次年轉入「經濟系」❶，可謂備嘗讀書之苦，今終於告別大學生活，余心稍慰。

【註　釋】

❶ 余幼子陳筆，東海畢業後，在馬祖等地服兵役二年，再苦讀二年，於民國七十七年夏，考取中興大學經濟研究所，再度營其「三更燈火五更鷄」之夜讀生活，將於民國七十九年，獲經濟系碩士學位，並擬赴美攻讀博士。

〔六月二十三日・農五月二十四日・星期六・陰颱風〕

因昨宵晚睡（余常在凌晨一至三時入睡），至早九時始下樓，草草餐後，即著手整理「法句譬喻經」原文，準備先做「註釋」，至下午一時下樓午齋。

下午三時半又上樓整理經文一小時，即赴學校上課，返家後，飲礦泉豆漿一盒，即上樓將整理之經文分節貼入稿紙，計七十五張，預計成稿約五百張，並期其兩個月脫稿。

十時五十分沐浴，記日記。

十二時分別寫信給大陸江蘇之愛羣及堂弟永濤。

〔六月二十四日・農五月二十五日・星期日・晴〕

今日颱風似已遠去。

上午爲「法句譬喻經」作注釋，撰稿五六張。下午四時到士林，轉往外雙溪，在「故宮」對面下車，向右彎走小徑，在「婆婆橋」邊一別墅門前坐下，看「自立晚報」二十分鐘，王秋明坐車經余身側施施然過，視余如無睹。

四時五十分，余過橋，右轉，到〔今日爲歡送退休之同事吳金友老師而設的宴會場地〕青青農場，進門，一賣門票者問余是否爲「士林高商」老師？余曰：然。乃允免票。並送「天鵝識別證」一枚，入內。余由右線水池小徑，看世界各地奇禽異羽，十分可觀，尤以貓頭鷹特大，大犀鳥之盈尺長喙，均爲前所未見。在場中約數百公尺平方面積的水池中，浮盪黑白天鵝四十餘隻，余素聞其名，而未見面，今見之，其體型約家鵝之倍，羽毛潔淨，巍峩可愛；池中又有鴛鴦等水族百餘隻，遊人餵之水草，則羣來爭食，可愛之極。

本級各班導師計十五人，經陸續抵達者已十三位，分別是（以年庚次序排名）：

王一心：江蘇金壇人，六十一歲，淡江大學中文系（夜）畢業。

陳慧劍：江蘇泗陽人，六十歲，高中國文教師檢定及格。

吳我惬：山西太原人，五十九歲，東吳大學法律系畢業。

孫潔先：山東即墨人，五十八歲，臺灣省立師範大學畢業。

吳金友：臺灣臺北人，五十二歲，前臺灣省立師範學院理化系（信佛）畢業。

洪武男：臺灣雲林人，四十二歲，淡江大學商學系畢業。

林昌行：苗栗苑裡人，四十一歲，淡江大學商學系畢業。

徐潔敏：河北景縣人，四十二歲，靜宜文理學院商科畢業。

林武光：臺北市人，四十歲，淡江大學英語系畢業。

蔡明通：福建金門人，三十九歲，中興大學商學系畢業。

廖麗珠（女）：臺灣臺北人，三十九歲，東吳大學英語系畢業（信佛）。

王聰昇：臺灣宜蘭人，三十五歲，淡江大學中文系畢業。

王秋明：海南島樂合人，二十九歲，國立師範大學國文系畢業。

未到者：

張冠春、陳素琴，前者淡江中文系，後者中興大學畢業。

此一送別宴會，由林武光老師主辦，純烤肉席，唯余素食。余在未開席前，看天鵝、看珍禽異鳥、看馬，後因有本校夜三年級一班及十五班各有男女同學一位在此「打歌」，林老師即命彼來此席間獻歌，而一女生之歌喉，頗有情味，不遜於普通之歌女也。

余等相聚至夜九時後盡興，出農場門，約十點。

返家後，不久上樓，譯經二小時，至凌晨一時入睡。

（六月二十八日・農五月二十九日・星期四・先晴後雨）

連日爲「法句譬喻經」作註，今成數十條。飲食起居如儀。

明爲余生辰。

（六月二十九日・農六月一日・星期五・晴）

今，爲「母難日」，禁食一日。（但飲白開水一杯，及服維他命一片。）

小筆上午十時去臺北與再興中學同學聚會，至晚九時始回，余俟其返家後，十時上樓，沐浴，爲「法句譬喻經」譯稿編註目次，寫日記。

又接學生謝雪燕來信，文字淸通，家人閱之。

今爲母生余之日，親恩涓滴未報，而母已逝一年又半，除於「母難日」，念佛、禁食、廻向母親而外，又能作何事？所謂「子欲養而親不待」，卽此景也。

七月荷之章

（七月二日・農六月四日・星期一・晴）

今下午三時四十分出門，到校開「導師會議」。

六時開完，監考兩節，至九時三十分，由校長李咸林主持本學期結業典禮，這學期於焉結束。

余來本校任教，計十一年矣，下學期爲十二年開始。

六十生辰，已過三日，了無老態，惟頭半禿、髮已斑。

檢討六十年來，善惡是非好醜，胡作非爲，沓至紛來；潛思世間之聖賢，實了不可得。反之，卽奸臣賊子，其一生行爲，私而不彰處，容或有可稱者，因此，一闡提有佛性，非妄說也！

晚十時上樓，焚香後就寢。

〔七月四日・農六月六日・星期三・雨〕

全日爲「法句譬喻經」作註。

註文已至第二十二篇❶，中有「弗加沙王」、「太山地獄」❷二條，查無出處，暫闕。

【註　釋】

❶第二十二篇：爲「法句譬喻經」雙要品第十。見「法句譬喻經今譯」第一〇七頁。

❷太山地獄：後已查出。

〔七月五日・農六月七日・星期四・晴〕

全日續譯註佛經。

下午謝雪燕來信云：因事改七月二十二日晤面。

晚間，學生林姵君、楊麗敏騎摩托車來省，談至十時始離去。楊麗敏大學聯考剛完。

譚德瓊亦來信。彼多次來信，余尚未覆。

顏宗養居士命何淑本來寓，通知代領楊銳「藏紅色法衣」之譯文稿費。

〔七月十二日・農六月十四日・星期四・晴〕

這兩天氣溫極高，達攝氏三十六度，室內頗熱。

上午去郵局寄信及書一包給陳柏達。

下午三時，換裝去臺北，並帶「英雄寂寞」十冊，「寒山子研究」、「當代佛門人物」各五冊，到桂林路交給佛教書局。余購「清淨法身佛」錄音帶一捲，小念珠五串，然後去三民書局，發現陳列之新版「當代佛門人物」，四本中竟有兩本裝訂錯誤；據門市經理劉秋涼云：有些書被裝錯，只有作廢。我嚇了一跳，劉又云：陳柏達的「布施波羅密」一書已付排。後余買「韓昌黎全集」一冊，離開三民，在忠孝西路成源書局隔壁「綠洲」以小麵包三個為齋，並飲冷飲一杯，回家時已晚間八時。

晚上樓，接續「譯經」工作。

多日來，別無大事，惟埋頭於「佛典現代化」。

〔七月十三日・農六月十五日・星期五・晴〕

上午十時出門寄陳柏達信，又與林錦章居士❶通話，問彼為余修理鐵門何價？林云：免錢。

又與雪燕通話。

下午譯經。

至「教學品第二」，有一偈云：「學先斷母，率君二臣，廢諸營從，是上道人。」「率君二臣」，語意不明。

余無何，用「以你的定慧之力」來意譯，勉代之，不知當否?日後擬請印老❷開示。

今晚譯至夜深十二時後。又譯出「譬喻品」八篇。

【註　釋】

❶ 林錦章居士：業鐵工廠，做鐵門窗、欄干之類包工，並曾皈依廣欽老和尚，素食，在商而純厚，爲余做短時間修理門窗，均免費。

❷ 印老：卽臺灣佛教思想家印順導師。

〔七月十七日・農六月十九日・星期二・晴〕

今仍在北投國中操場，教導小筆練習騎自行車。

今清晨六時攜小筆到北投國中操場騎車，今彼已可勉強上車回家。八時，教車畢，返寓後小眠片刻，午後又譯經二篇。

三樓之露水婚姻似乎消散，蓋不見吵鬧之聲，清靜不少。

午睡後下樓時，發現大腿內側皮下出血甚多，內褲均染紅一片，因在浴室內洗淨。此病十年間已發三次，不知何故？

又，晨間在北投操場教小筆練車時，迎着晨曦，忽見眼前蠅蚊飛舞，心頗訝異，乃靜立對陽光凝視，眼前是飛蚊狀散點，飄忽不定，因忽悟莫非「飛蚊症」乎？「老矣！」又增一病。人生危脆，寧若是耶？

余之病，自幼至今，有下列諸端可記：

一、由童年時代，被匪盜所虜，置於氣溫攝氏零度之下的寒舍，流浪三個月，被釋後，卽患嚴重之內臟滯寒，胃腸隱隱作痛多年不愈，此其一也；

二、民國三十九年（一九五〇年五月）到臺灣後，不久發生慢性鼻炎過敏、慢性咽喉炎，迄今亦未愈，如梗在喉！此其二也；

三、民國五十四年，發現心律不整，經治療多年，時愈時發，影響工作效率至鉅，此其三也❶。

〔余重理此記時，已六十五歲，百病纏身，從事佛門文化工作未息，迨生死間事，皆因緣定之也。〕

晚九時半上樓整理「法句譬喻經」譯稿。

【註釋】

❶五年後——民國七十五年十月，參與慈濟基金會工作，又罹心絞痛；至七十六年後稍緩未發，惟不知此病與心律不整，是否糾纏爲心臟病帶來嚴重之訊息！

〔七月十八日・農六月二十日・星期三・先晴後雨〕

清晨五時四十五分，下樓帶小筆同去操場練車。

下午二至六時「譯經」。

晚又陸續譯至十時後。

昨宵三樓如入無人之境，今晚仍靜悄無聲，此境乃半年來最安寧之日也。似非中國人之歲月矣！

〔七月十九日・農六月二十一日・星期四・雨〕

清晨仍帶小筆到北投國中操場練車，今第四日。

下午去靈山講堂接受「刊物編務諮詢」，並先與悟一法師通話，後與卓東來之夫人❶程居士通話半小時，彼均以余之「寒山子研究」爲議題論之。

後郭暖卿來，同飯，俟將「現代佛教」編好，余約清德師、暖卿到「歐吉」便齋、談天。暖卿云：洗塵法師前宵僅穿汗衫、短褲從李家跑了，後來到復靑大廈(卽「東西精舍協會」)理論，不久被送入永和中與綜合醫院治療，蓋洗師之病入膏肓矣！

清德師云，此間工作量已減輕了不少，〔係因刊物編務已上軌道之故〕，計余任此間顧問已十個月，既然主方認爲「工作量已少」，意在言外，余乃決定擇期提出辭去「顧問」之議。

余默計，退出靈山講堂後，將可集中精力撰述。

離開「歐吉」時，余告郭暖卿，暫時對環境須忍讓，靜待機會來時，再隨緣分飛。

回家已晚九時以後，十時卅分上樓寫日記。沐浴、焚香……。

〔七月二十日・農六月二十二日・星期五・陰〕

清晨，仍與小筆到操場練車，當小筆自騎經過河邊公館路、右轉光明路口，到山東人開的燒餅店門口，因熟練不足，導致車頭掌握不穩，撞破一輛停在路邊的計程車反照鏡玻璃，而車中又無人，余卽到燒餅店，問路邊計程車主是那一位？有高瘦者卽云：是他的車。余卽引其至車前，謂余兒不小心碰破了他車上後視鏡的玻璃，問他須要多少錢，彼謂五十元。余探手入袋，惟只帶十元，便卽上車急馳返家，取錢後又馳至店前，付了車鏡賠償費，然後，小筆騎車由第一銀行對面上坡，再命其騎車上下坡道三次練之，但在路兩端行小度轉彎時仍會歪倒。

再至北投國中操場練習，余見一可愛小兒，騎一小車，至爲純熟，先是其母陪其練車，余亦逗之嬉戲，後其母離去，余觀此兒甚爲清秀，聰慧可愛，而視其車技純熟，必可上路矣。

至八時返家，小眠。

下午一時小筆出門，赴一讀者女子之約。

因讀徐鐘佩❶「我的父親」一文，晚間，余示小筆，娶一悍慢無狀之婦，不如不娶，更無緣談所謂幸福；娶妻應擇明理賢柔之女，學歷之高低乃次焉之條件。「家有賢妻，夫不遭橫禍。」實寓至理焉。

晚餐以後，繼續譯經，並希望「債務」早了。

如能延年，六十五歲以後❷，決不再爲人作嫁，作自了漢矣。兒女已成年，余父職已盡，夫職已盡，閉目亦無愧於天地蒼生矣。

粟海寄來「空山雲影」一册贈余，文甚清雅，畫亦不俗。

上樓後，睡而不寐，心情至惡，清晨四時起，譯經。

〔上文次日補記〕

【註釋】

❶ 徐鐘佩：女作家，著有「倫敦的霧」等書，「我的父親」一文描述其父母之不幸婚姻。

❷ 余六十五歲仍未能「獨善其身」，頗爲懊惱；因於一九八六年八月一日，再度出任花蓮慈濟基金會臺北慈濟文化中心主持人及慈濟道侶總編輯，進亦不得，退亦不得；修亦不得，寫亦不得。

〔七月二十一日・農六月二十三日・星期六・晴〕

晨八時，偕小筆由北投國中操場回來，尚未早餐，從客廳向外望，忽見鐵柵門外有人問路，細細端詳，竟是〔屏東師專副教授〕陳柏達。此君騎在摩托車上，余急推門出迎，彼停車後與余相偕入室。

寒暄畢，即為介紹小孟及幼兒小筆，談約一小時，即偕其上樓，覽余藏書，並贈以余著「當代」及「寒山」各一部，然後晤談約二小時，下樓午齋；餐後騎機車，余坐其後，直駛臺北三民書局。

二時許到三民，上二樓與三民董事長劉振強之助理王韻芬小姐見面，王即約余等至董事長辦公室簽約❶，三民計付陳稿費二十三萬餘元，後劉振強由十一樓下來，與余等相見，談及彼局將出版「大辭典」❷一事，直至彼有客人約會，乃辭出。下樓到門市，余又為陳購余著「當代」與「寒山」各五部，始離開書局，在重慶南路對面分手，陳去木柵其妹處，余返北投。

晚，甚累，沐浴後提前入眠。

【註　釋】

❶ 陳柏達居士著「圓滿生命的實現」一書，在三民出版，今來此，即為此書「簽約」也。

❷ 三民版「大辭典」已於民國七十四年八月出版、十六開，約七千頁，在日本印刷、裝訂，初版五萬套；在編修期間，余於後期參與該典佛學門修訂，及再版本辭條撰稿工作，前後達二年。

〔七月二十二日・農六月二十四日・星期日・晴〕

十時，謝雪燕、林姵君、黃素燕、邱玉燕、陳月鳳等五生〔依多日前約定〕來舍；余起時，小筆已開門揖客。

稍談話片刻，即命彼等上樓，到佛堂看照片、聽詩詞頌唱錄音帶，敍談甚歡，此蓋師生之情也，未有教師經驗者，不知也。

彼等索余前在外雙溪底、大石上之照片，每人一張，並各題贈款，又贈彼等「萬法唯心」各一册，十二時下樓，飯未好，再看家人照片十餘匣，彼看十三年前陳素甜高一時至大學畢業逐年照片，甚「贊」。

一時許午餐，余獨坐長桌之一端，女兒小慧及小筆坐另一端，余右首依次是：謝雪燕、黃素燕、陳月鳳；左側是：小孟、林姵君、邱玉燕。飯後稍停吃水果，至二時，余再度引諸生上樓（俾讓家人午睡），談做人做事、佛理奇事，至四時三十分，下樓，各各整理衣物，雪燕等與師母及小筆告辭。

剛出門，學生黃雪影到，但因諸生已準備離去，因此，黃生乃回家。余偕謝等五生在公館路叫車二輛，到士林外雙溪故宮對面青青農場，觀賞鳥園奇禽，鳥中最奇者，爲「領帶鳥、大犀鳥、巨梟、兀鷹、孔雀、黑白天鵝……」約二小時，欣然出園，彼等皆期再遊。

七時，彼等個別分途回家。

余返舍，略看「神雕俠侶」即上樓。

今日美中不足者，小孟滿面鬱鬱悶悶，冷冷淡淡，不知何故？火宅之寒涼，使余倍增出世之感慨，而筆亦不盡濡矣。

〔七月二十三日．農六月二十五日．星期一．晴〕

早齋後，痛眠至日上南山，一時上樓，稍憩，去靈山講堂，直至下午六時郭晙卿到，將刊物版面拼好。

返寓後，覆粟海、千夢各一函，信中與千夢談余每日三餐內容，余之飲食之疏簡，彼必十分驚訝。

〔七月二十五日．農六月二十七日．星期三．晴〕

清晨六時即起，帶陳筆沿公館路、東華街、福國路、福林橋、士林中正路、文林路，在中正高中對面一早點店，進早餐，再直駛北投中央南路、光明路，入公館路，回至老窩，余帶小筆，如老鷹引小鷹，歷北投、士林兩區，行經車陣、人潮之間，約二十公里而歸。小筆之車，可以獨行矣。

返後上樓「譯經」，下午五時沐浴。

因倦乏，譯經不及一篇，乃罷。

〔七月二十六日．農六月二十八日．星期四．晴〕

九時，帶小筆騎車，由中和街，經致遠新村、政幹學校、中央北路，環繞一匝，約五六公里返家。余到光明路，逕赴劉雪華❶家理髮，並與其父閒談。

午前，余剪粟耘發表於「聯合」、「人間」二副刊之「無關傷逝」、「空山蝶影」等散文二篇，複印九十二份，俾於晚間上課時，分發與諸生爲範文。

下午五時到〔北投〕金山分院，與悟一法師談約一小時，彼由香港返臺北數日，帶回余故鄉信件二封，其中一封爲愛羣函，餘二封，爲代轉函！

返寓之後，又見香港楊鋭函一件，馬二舅母函一封。

【註釋】

❶劉雪華：爲吾兒弱水小學時同學，時任臺北縣某國小教師。

〔七月二十七日·農七月二十九日·星期五·晴〕

上午到臺北金石堂書店看書，發現「胡適年譜長篇」甚佳，擬購藏，惟目前並未出齊。

俟後，到車站對面「妙香林」午齋，發現女主人喬劍秋已走，另由新人蕭惠文接辦，麵食水平低劣如故。

齋後，到中央日報，與一雲南籍老工友晤談，並買本月六、九兩天報紙各一份，再去靈山講堂辦事。

傍晚回寓。

〔七月二十八日・農七月一日・星期六・晴〕

早七時三十分出門，到陽明國中爲「市立商校」聯招監考，余與陽明國中一曾姓年輕老師一組，至下午三時監考完畢。

同事張□□老師托余云：彼明日監考因事不能去，托余覓人代其監考，余乃命小筆代之。

四時返家後，見悟一法師來信，約余爲彼撰對聯一幅。（惜撰後忘記留底。）

小慧於下午去東部秀姑巒溪旅遊，訂明日晚返家。

余九時及上樓，沐浴、焚香、休息。

〔七月二十九日・農七月二日・星期日・晴〕

今晨七時半，帶小筆到陽明國中監考。

監考時，許多考生以「異樣」眼光視之，某些監考老師問其何校老師？彼稱北市商。問教書幾年，彼答剛開始。問：何校畢業，彼答：東海。問幾歲，彼答：二十二歲……。如同審問口供，蓋彼等看小筆太嫩也。那有這麼年輕的老師？何況，小筆又生就一付娃娃臉，看起來只係高中生。

中午，監考完了，午後，余至本校批閱考卷。

晚九時十分，余乘陳恆嘉❶老師車返家，剛進門，堂弟啓民❷偕其女小瑩坐於室內，告余，海柯三伯父八十壽辰，陳氏族人，訂於八月五日下午五時，在民生東路一飯店爲老人祝壽云云。

啓民走時，小慧適由花蓮返家入門，余即上樓。

【註　釋】

❶　陳恆嘉：臺灣人，約四十餘歲，作家，經常在報刊爲文，並譯日人小說爲中文發表。

❷　啓民：爲余堂弟，來臺僅十八歲，在余部隊衞生連任士兵，現在則爲臺北市立復興高中、高中校主任教官。

八月蒲之章

〔八月一日・農七月五日・星期三・陰雨〕

上午，小筆去圓山游泳池游泳，然後再去其同學蔡康永家。

下午四時，余休息後下樓，發現小孟又似乎宿疾復發，因彼云：痰中有血。乃決定明天到學校取看病單，再到臺北防癆中心看病。

今晚餐由余操作，小筆等均於七時後陸續回家。

〔八月三日・農七月七日・星期五・晴〕

上午陪小孟去臺北防癆中心看病。

今天余仍處於「無文化氣氛」狀態，停止譯經。

〔八月四日・農七月八日・星期六・晴〕

臺北賴金光居士，約余下午三時在靈山講堂討論「虛空藏菩薩咒」。因此，余午前到達靈山講堂，飯後，未休息，三時，賴居士來，稍談片刻，彼有事與住持淨行法師見面，卽分手。余下樓，坐車到士林復增三哥處，三嫂揖門，三哥亦在家，閒談片刻，並搭彼便車到北投，返舍。

至晚間九時，欲上樓時，何淑本立於鐵柵門外，余爲之愕然。問何事？彼答：送書來。不知何人贈余書寄至天華。何淑本（彼家在余同一街口）去後，余上樓一看，乃彰化福山寺慈怡法師贈予新書「新註雜阿含經」一套四册，甚受用。福山寺仍以爲余在天華任職也。

十時在床上，看李贄「焚書」，至十一時後入睡。

〔八月五日・農七月九日・星期日・晴〕

今天是三伯父海柯公八十（今年實齡七九，提前過生日）壽辰。係由復增三哥發起爲柯伯煖壽，地點是臺北市民生東路二十八號中華川菜餐廳三樓。出席者，有陳氏在臺家族各輩二十六家，計六十餘人，開筵五桌。

余上午九時，先上街爲弱水寄「唐書」兩套，再買脚踏車用鎖，午齋後，小慧、小筆去〔圓山〕再春游泳池游泳，余午睡片刻，下午四時，堂弟啓民、姨妹月珠、姨弟復聰等夫婦，及月珠長子均來寓，稍坐，卽一同出門，到街口叫計程車，直駛臺北川菜餐廳；余到時，參加者已陸續到齊，靜候三伯父至，即趨前致意。

余與小孟、三嫂、堂兄泰來、堂弟彭年（柯伯之獨子）、表弟梅嶺及其家屬共坐一席，三哥爲余備素菜三種。

餐前，各家與三伯父合影，然後再拍全體照，隨之三伯父切蛋糕，並由梅嶺起音帶唱「生日快樂歌」。三伯父甚爲歡愉，唯此次煖壽乃復增三哥之力也。

筵後，因小孟要服藥，乃於晚九時辭出，先行回家。

〔八月六日・農七月十日・星期一・晴〕

午餐由小筆執炊，飯後稍憩，又見粟耘來信，並附路線圖。此人「山居」苗栗獅潭鄉，年來文思泉湧，寫出頗具山水清音之散文，簡潔清雅，發表園地頗多；今女兒小慧帶回「大自然」季刊一册，亦有彼「空山天問」一文，約七八千字，附圖極爲出色。余與粟耘相識十七八年，初見時彼僅二十歲少年，尚在空軍高砲兵服役，二十年來其畫名未見大噪，而文名卻在瞬息之間爲人樂道矣。由「林白出版社」印行彼之散文集「空山雲影」可爲之代表。由於彼之創作，可見人之運勢非天造，乃自造也明矣。

〔案：粟耘於此後多年，除閉門作畫之外，筆耕不輟，成績斐然，作品亦遍見坊間，儼然今之田園派矣。〕

〔八月七日・農七月十一日・星期二・雨〕

今有颱風。

全日譯經，效果卓著。

八月八日

八月九日

八月十日

八月十一日

以上四日，譯經不輟。

〔八月十三日・農七月十七日・星期一・晴〕

全日譯經，已近尾聲。

女兒小慧帶小筆同去臺北縣泰山「臺塑鳥園」訪問該園園長（或稱莊主），晚八時後歸。

〔八月十四日・農七月十八日・星期二・雨〕

「法句譬喻經」，今全部譯完，計四十品、七十五章、二十餘萬字。

「前記」及「綜論」均在一日同時完成，精神負擔爲之一鬆，而身體亦爲之疲累不堪。惟譯文不盡如己意，但勉力焉耳。

〔八月十五日・農七月十九日・星期三・雨〕

下午三時，余至靈山講堂，與淸德師討論刊物及譯經計畫。

彼云：□□□無法譯下去。余謂：彼手中有兩種經，能譯一種就可以了。另一種（過去現在因果經）有困難，可退回。

晚齋後，郭晙卿來，卽將刊稿交代由她回家後編定，至周六再帶來。八時許，離開講堂，一同坐車，彼至劍潭下車，余則返北投寓所。

晚，仍憩樓上。

（八月十六日・農七月二十日・星期四・雨）

清晨起身後下樓，看報，早餐。

午齋後上樓，不再午眠，卽將「法句譬喻經今譯」綜論抄好，約二千四百字，又標註頁碼，共稿紙六九〇張，全書告成，時已四點。

隨後又找抹布乾、濕各一塊，動手擦大房間窗戶上面雙層小玻璃窗，擦亮，再擦套房洗手間窗戶玻璃；擦亮，到佛堂，擦南側窗戶上下玻璃八塊。自此房完工接手以後至今二年，除學生林姵君等協助擦過一次，這是我個人獨自清理的首次工作，到近晚六時擦完全房間所有玻璃，滿身是汗，順便沐浴。

七時下樓，看小筆等做菜。

晚餐後，點眼藥，服心律不整藥粉及維他命片，十時上樓。

讀友人□□□信，看來經濟似乎極其困難，出乎意外。如此則歲月不知如何渡過。

睡前，寫信一封給旅居溫哥華的千夢。

〔八月十七日・農七月二十一日・星期五・雨〕

上午，小孟到臺北看病，由小筆隨往。

余在舍休息，晚間上樓整理剪報，以便結集成書。至十二點，打坐後入睡。

〔八月十八日・農七月二十二日・星期六・雨〕

清晨六時，起身打坐，八時許出門，先到臺北公園路公保中心眼科看病，到十時半，到靈山講堂將「法句譬喩經今譯」全稿交與淸德師，此一工作就此告一段落。然後又指導彼與一五專畢業之學生編輯此書，余先編範式五十五頁，示渠等照葫蘆畫瓢，限彼等下周三以前編完，再由余檢驗。

下午郭暖卿來，一併編定「現代佛教」，至六時卅分，在風雨中離去。

余七時許到北投，在市場買甜瓜三枚、芒果三個返舍。

飯後九時三十分上樓，仍靜坐一小時，入睡。

〔八月二十日・農七月二十四日・星期一・晴〕

上午十時半，在樓下擦拭大臥室及洗手間上下玻璃窗，累得全身大汗，但全戶二十六扇大小窗戶，數日來已由余之雙手，磨得山明水淨矣。

中午齋後，稍睡即起，穿衣出門，到郵局開視信箱，發現有千夢及學生陳珠英各一函。千夢信中提及彼生活狀況，余順便將前日寫好之信投郵。

然後去市場買西瓜半個、麵包一條。

返後，小筆卽騎單車出門購物，彼至六時五十分始回家，天已殘黑。余時時出外眺望，彼返後謂余：係順便去天母繞了一週，行十餘公里，快哉小子！

晚九時卽上樓，查日記，馮一奎夫人係逝世於二月二十一日凌晨，而非三月十七日夜，余撰「無鬼論」中竟誤寫時間，記憶之差，誠難思議也。

〔八月二十一日・農七月二十五日・星期二・晴〕

上午淸理門前鐵柵內外地段，以及公寓門外數公尺地面，掃盡大地髒穢入袋，並命小筆倒到公館路口垃圾櫃。

然後又去淸掃公寓一、二、三樓及地下室之樓梯間通道。到十一時，抹淨二樓樓梯間之大窗戶二面，再回舍擦抹佛堂後面窗戶，淸理工作在下午一時以前做完，使這棟公寓二樓以下眉目爲之一淸。

下午在樓下小憩，醒後卽再擦拭走廊窗門，淸理畢，澆花；約二小時工作完畢，沐浴。

晚間醒前，致書沙千夢，又看「內明」一四八、一四九兩期中馮馮之文。

〔八月二十二日・農七月二十六・星期三・晴雨不定〕

早晨八時下樓時，家人已外出，電動拉門已下；余開電門入內，正待整衣去臺北，惟九時許小孟等已回家，彼等原是去菜場買菜，候明天待客。

余九時二十分到光明路候車，十時到臺北市議會對面七樓靈山講堂，遇學生莊梅芳已先在，彼云：昨天已來候余，未遇；十時卅分，與淸德師至臺銀申請外滙（寄稿費與千夢），返後，隨與之談話，直到齋後二時。余爲「法句譬喩經今譯」做編輯校正工作，至四時過後，再集「現代佛敎」第一版新聞稿，梅芳亦在旁協助整理名單；六時半，等編輯郭暖卿到，將新聞版交之拼版，直至九時余乘車返家。

返寓後，接學校寄來「導師」聘書一件。

〔八月二十三日・農七月二十七日・星期四・晴〕

九時出門，在公館路口郵筒投寄千夢信一通，再乘車到臺北靈山講堂與梅芳會合，又當時打電話給臺銀經濟硏究室陳素甜，問伊近況，彼云最近眼睛發灰紅腫，余謂何不到公保眼科治療？隨卽命彼立刻到公保三樓，余將至該處等候云云。然後與莊生同去公保三樓等候素甜看病。約十時多一點，素甜至；余與彼不久前見面，而現在因彼消瘦脫形，見面已如不識，頗怪之。當時卽爲之掛號，掛號單是一診五號，看畢，卽下樓取藥，然後再坐車到忠孝東路二段世界貿易大樓後面一巷中北方飯店午餐（吃小米粥及小菜），並閒話家常，飯後再驅車送素甜回臺銀辦公室，余與梅芳則在臺銀營業大廳休息至一時三十分，始步行至峨嵋街找「帝后」（前小筆除痣之診所）無著，乃另找一家「新帝人（美容）診所」，在昆明街九十五號，爲一湖北人（似爲退役軍醫）

主持，乃請彼爲梅芳切除頭手痣疣數粒；約十餘分鐘手術即完畢，再同車至中山北路「漢妮」食品店，看學生葉惠麗，談半小時，余上車，莊生回家。一到北投市場，買雜誌三册，返後，上樓、沐浴，小睡片刻，六時三十分下樓，小孟之同學馬瑞初在焉❶。

余在樓下客廳，候小筆返家，始一同以涼麵爲餐。九時後上樓，稍感倦乏。

近數日，有反胃、欲嘔現象，頗爲異之。

【註釋】

❶馬瑞初：浙江東陽人，一九二五年生，浙江省立杭州醫事學校畢業，爲已故作家兪南屛之妻。

〔八月二十五日．農七月二十九日．星期六．晴〕

上午九時許，正讀報時，忽有電鈴聲，一看玻璃大門外，立一穿青年裝之中老年人，貌似君子。余出門問訊，彼稱名□□□❶，云係〔余友〕法振法師介紹，前來與余研究辦刊物事。余乃請入客廳寒喧。彼云：要辦對開式月刊——九品蓮，需余指導云云。又談及彼曾爲中國佛敎會介紹購買「佛敎大學」用地，與中佛秘書長了中法師相識。

復次，彼又云，電視演員周仲廉等結合的臺北「演藝人員學佛會」欲建金塔，彼可介紹製作

「類金磚」（硬度10°）作爲外層護牆云云……。約一小時，爲家人活動方便，余乃引之上樓，看「天華」等刊物，直至下午一時，彼始告辭。余因與之初識，未便留客午齋。此人在余樓上客聽，看「弘一大師音樂遺集」，讀譜試唱，音階節拍井然，頗有音樂素養。

晚齋後，至十時始上樓，將民國七十一年所購「明代宣德」間製的坐姿觀世音菩薩銅像一尊❷，頂禮後裝入一紙袋中，準備明日送與抗戰時間患難之友林松齡供養。

【註釋】

❶□□□：河北口音，爲一退役軍人，記憶中名劉繼遠。

❷余於一九八二（民國七十一）年在「天華」任總編輯時，在一古董店中購得「底座」烙有「宣德」字樣之明代銅製觀世音菩薩像二尊，一坐一立；余乃以座像贈與松齡，立像余仍供於自己修行之小佛堂中。

案：明代佛像，爲中國歷史上最珍貴之製品，在世界古董市場上佔有一席之地。

（八月二十六日・農七月三十日・星期四・晴）

上午八時，全家三人（余與小孟及幼子小筆）出門，坐公車到臺北市議會後叫計程車，到新莊松齡住處，約二十餘分鐘抵達。

松齡因自輔仁大學退休，並準備遷居臺中霧峯，余到時，彼之傢俱用物已一一裝箱停當，並訂於明天以貨車運到臺中霧峯鄉萬豐村新居，從此在臺中鄉村養老。

余以「觀世音菩薩銅像」相贈，並附雀巢咖啡一瓶。余等卽在彼處午餐，敍及彼此生活，健康狀況，彼又介紹三重市有一老者治療胃寒藥方一帖。

下午一時告辭，彼贈小筆紅包一個，返家時約二時卅分，旋卽午睡片刻。

晚十時上樓。

今小慧與彼服務之寬聯公司❶人員出差溪頭風景區，至晚十時，仍未返家。

【註釋】

❶寬聯公司：爲抗日名將孫連仲之孫大偉所經營，除代理美國「麥當勞」漢堡店、在臺灣各地經營之外，其關係企業—寬聯公司，爲一「傳播機構」，同時另有新成立之伊登公司，做廣告業務。女兒小慧，自淡江大學畢業之後，卽考入該公司服務，寬聯之總經理陳耀圻，爲一電影碩士，在臺灣薄有知名度。

〔八月二十七日・農八月一日・星期一・晴〕

凌晨四時，被一陣吵雜聲驚醒。

原來是三樓男子在外面路上，以石子向彼陽台拋擲，並大聲叫門。其同居人不應。石子撞擊三樓鐵欄干、玻璃門聲震天價響，該男子又叫又丟，使得公館街兩側各樓人家紛紛在夢中衝出觀看，對面公寓有兩個女子竟衝出大門察看。那名男子丟了二、三十分鐘石頭，他的同居女子才由陽台上放聲與他對吵，其穢聲穢語，惡經四迸，聲聞四鄰。女的將公寓門打開，但彼戶的鐵門並未開，男子上樓後，又在三樓樓梯口，與女的隔著一層牆壁再開釁端，而彼戶之鐵門則被男子捶得彷彿大地震裂。

此戶人家可說是這一帶社區之毒瘤；而此一毒瘤，偏偏待這一對寃家拆夥之後，又被另一個毒瘤人家所接手，此地依然得不到安寧；打電話到派出所，告狀到區公所，都不生效。對面的主婦說，主要的是這家男子是「流氓」，又經營□□旅館，警察都維護他三分。

前者這一對同居者，夜夜樂此不倦，經常在下半夜吵打砸鬧，半年來最低紀錄已十餘次，而被電話檢舉，也有七八次，檢舉歸檢舉，鬧歸鬧。

現在，此對男女在門內外大叫大罵數十回合之後，經女方提出條件之後，始開門放男子入內，之後便悄然停止了惡鬪。據我判斷，男子當然不會到此爲止，但照以往經驗觀察，也許他將駝鳥數日。

余經此次天翻地覆，失眠達一個半小時，才沉沉補睡至早晨八點半，飯後卽出門，到靈山講堂，清德師云：有人來電話，留下姓名——馮一奎。

余乃先與陳素甜通話，問其眼疾及健康狀況如何？後與謝雪燕通話，命彼於週內伴余去三重看胃病；最後打電話給馮一奎，但無人接聽。

在靈山工作到下午四時以後。並閱讀美國禪學家卡普樂❶在家訪問紀錄及三次演講稿，又讀彼與南懷瑾及耕雲❷居士等對話錄。

返北投時，約五時卅分。

晚九時三十分，讀完「居禮夫人傳」，上樓。

【註 釋】

❶卡普樂：爲一在日本學禪有得的美國禪學家，著有「禪門三柱」等書。

❷南懷瑾及耕雲：南懷瑾見前註。耕雲，爲一新近學禪有得之居士，據聞爲一退役軍人，眞實姓名及身世不詳。

〔八月二十八日・農八月二日・星期二・偶雨〕

早餐後，坐在沙發上讀報，劉繼遠先生忽又來，余出門引之上樓晤談。彼來此目的，欲余指導其創辦之刊物——九品蓮。彼又云：希余與彼、臥龍生❶、葛香亭、周仲廉❷等十人爲編輯委員云云。

坐約一小時，告辭，云去天華。彼留下桂圓數斤，殊難收受，唯不受亦使對方難處，乃屈勉受之。

彼去後，余乃到地下室整理被水汽浸濕之書物，至中午始出地下室，並帶出「水泥工」❸工具。

下午四時，即帶工具攪拌沙與水泥，小筆在一傍協助，將小院後牆加新三合土與碎玻璃，以防宵小越牆，至五時卅分完工。最後，再將門前破紙箱交與小筆送到公館街垃圾箱。

本想打電話給社子公司上班的謝雪燕，通知今天不再去三重看病了，希彼亦不必再等，但一看下班時間已過，只好留待明天當面解釋。

雪燕個性純厚、柔淑、有正義感，實爲余敎書市商十年來在品德做人及負責態度上最出色之學生，雖然學歷只是「高商」但不自卑，接受任何應做之事，皆無怨無尤，惜余無個人事業，無緣羅用。

晚間看「驀然回首」，此劇爲玄小佛原著改編，在整個劇情推展中，全無冷場，情節緊湊，波瀾起伏，是頗具水準之連續劇。

九時上樓，沐浴，寫日記，打坐。

【註釋】

❶ 臥龍生：約生於一九二六—二八年，江蘇人。臺灣武俠小說作家。

❷ 葛香亭、周仲廉：均爲電視演員，前者爲演員公會理事長，均有知名度。

❸ 余因自十八歲從軍以後，諸凡粗重勞動工作，無不與役，因此，到臺灣以後，日久水泥工作，亦粗可勝任。余前舊居公館街十六號之庭院水泥地，皆由余自行鋪設，只女兒在傍打雜而已。

〔八月二十九日・農八月三日・星期三・偶雨〕

上午在半眠狀態中度過。午後三時出門，先到郵局開信箱，無友人書信，惟一堆「垃圾」❶。再打電話給馮一奎，稍寒暄，並相約日內到延吉街其新居大樓晤敍。然後坐車去士林，在中正路口一照相館中〔兼營複印工作〕，複印誠然谷「鮮花與牛糞」剪報，計四十六份，備開學後分發諸生，作爲寫「小說」的範本。

然後，到對面光華書局，買「Z理論」、「臺北人」各一本，再到土地銀行附近一水果店，飲紅木瓜汁一杯以消暑，即坐車到延平北路二一五號雪燕服務之鞋業公司，經詢問後，雪燕即從內走出迎接，等十分鐘，一同坐車直趨三重市龍門路四四號找九十歲老醫生楊金榜，車中，余將所購之書，轉贈雪燕。彼云，亦有胃病，不多天前，曾至臺北市立中興醫院急診。停車時，楊老醫生已去高雄，不在店中，乃頹然半晌，只好送彼至新莊其居家巷口，余即回車北投。

晚間上樓後，寫日記，沐浴，聽宋詞錄音帶。

入睡前，靜坐四十分鐘，數息念佛。

【註　釋】

❶ 垃圾：指臺灣目前流行的宣傳品或不入流之贈送雜誌。

〔八月三十一日・農八月五日・星期五・晴〕

上午經忠孝東路二段志上廣告公司訪副董事長彭漫(尊寶)，匆匆晤談二十分鐘，即去延吉街二一八號，找馮一奎。上樓，馮開門相見，一面談話，彼即備飯，二人在一玻璃爲面的小桌上，邊吃邊談，之後又上頂樓參觀。彼云：房屋已租出七個單位(含地下室百餘坪、一樓三個店面、二樓兩個單位、各六十五坪……)，除依法繳稅，生活已很敷足，更不必爲稻粱謀了。

飯後本擬在彼處午眠，但彼因有約去「打牌」(余深惡此習)，乃於二時辭出，相偕下樓，彼又介紹與其房客見面，中有一荷蘭人(妻．臺灣人)在一樓開麵包店。……余至街口與馮分手，直奔靈山講堂，與淸德師洽談二小時，乃下樓轉向社子，到百齡新村下車，走過天橋，沿街參觀一列「中古車商行」，再穿越一小巷，到延平北路五段二一五號，雪燕在室內等候，見余之後，乃出門與余同至街口，叫車直駛三重楊老醫師住處，此老人不諳國語，只好由雪燕翻譯，彼爲余看病時，不依常規「切脈」，只以手掐看余左手「中指、食指、無名指」三個手指，以中指掐看最久；彼卽藉「指診」判斷病理。並謂余「腎、心、肺、胃」皆有病，頗爲複雜，看後開處方二張，命取藥十五服，服後再議。

彼又順便爲雪燕診療，手法亦同，謂雪燕有輕度「胃寒」，腎亦有疵，開方二張，取藥十付。余付診資後，到楊隔壁藥店拿藥，計藥資二千餘元，七時許，藥包好，叫車先送雪燕到三重分局站牌，看彼上公車回家，乃放心叫車回百齡橋再轉北投。

晚餐後十時上樓，放宋詞錄音帶片刻，卽就寢。

九月桂之章

〔九月一日・農八月六日・星期六・雨〕

今日無所事事，亦無心緒提筆。

唯在十時，將公寓大門前後及二樓以下樓梯掃淨，又清理地下室樓梯，得垃圾一包。地下室內甚濕，將來，其牆壁勢必須加貼瓷磚，地面水泥加厚，始可防潮。

清理環境之後，入室，將工具放妥，午後，在信箱內得曹永洋老師❶信一封，內中道及臺大研圖室主任曹永和，係彼堂兄，此人經近日各報刊報導，研究臺灣史及中西文化有成，通德、法、荷蘭諸國語文，被聘爲中央研究院「兼任」研究員及臺大歷史系「兼任」教授。因爲學歷只有「高中」畢業〔案，本人妙悟正式學歷不過小學畢業〕，致被埋沒數十年；學術雖斐然有成，而名份始終是扶不了正。不知中國是什麼社會，什麼禮義之邦？

永洋又說：彼於五六年前「倒額」，不明何故？又談及彼子女就學狀況……。復次，除永洋信之外，又接獲佛光山辦「普門」月刊六十期，內容欠實，有余著「無鬼論」一篇在焉。

七時四十分，小慧、小筆回家。

九時上樓。

【註釋】

❶曹永洋：臺北士林人，約一九三五年生。臺北市中正高中國文老師，東海大學第三屆中文系畢業，為徐復觀教授高足，與余相識多年，著述不輟，永洋夫人鍾玉澄老師，則譯有「居禮夫人傳」等甚多譯文，夫婦均係文士。

〔九月二日・農八月七日・星期日・陰〕

清晨打坐後，下樓早餐。

八時半，騎自行車去本區長春路西園街十四號顯明法師住處❶，將三民書局贈送之「當代佛門人物」交與他的弟子某女士。據稱：顯師已自美國返臺，不久前去香港講經，兩個月才回來。

余離西園街，順便到郵局寄學生許應華信。

午餐後，即上樓提出歷代各種版本之詩集數十種，先行檢閱「李賀集」，至下午四時三十分告一段落，稍倦，上床小眠片刻，然後下樓煎藥。計煎兩次，分二和（音ㄏㄨㄛˋ），每和煎二十五分鐘。第一和煎好後倒出，再下肉桂；如是，再煎第二和；並在晚飯前服第一和，餘留次日清晨飲服。

今臺北電信局來一通知，十分荒謬。文云：臺端於半年前申請之復舊電話，須住戶自行裝設水溝地下管線，然後再通知裝機……。

其實，余門前電話地下管線與公寓管道接榫處，已由電信工程單位於數日前裝妥，且內部管道亦接好，僅待裝機矣。而老大昏庸之電信局內部互不溝通，又再找住戶自裝，眞是荒唐之至。細檢中國歷史實在沒有爲老百姓設想的政府，全是官僚、顢頇、無能之輩。如比諸歐美物質文明諸國之簡明誠實之行政措施，說我們文明、民主、法治，實在令人錯愕？

電話因搬遷而斷了九個月，移機不成，到現在才通知要住戶自己埋管線，要那些電信工程單位何用？

中國歷代官僚政治，永遠處在一個長不大的蒙古症狀態，徒然「勵精圖治」三十五年！

【註釋】

❶顯明法師：河北人，一九一七年生，遼寧錦西人，十二歲出家於寧波觀宗寺，受天臺宗衣鉢，精於天臺諸大經論，惟於抗日初期棄僧從軍，在臺處俗時，任職臺北市中國國民黨市黨部編審，於民國六十六年退休，旋卽再還本來面目，出家爲僧，惟仍住黨部配給之北投宿舍。法師平日則在國內外講經說法，居處則由一女弟子照管。

〔九月三日・農八月八日・星期一・陰〕

上午首先到臺北仁愛路一段電信局查訊昨天送到的八月三十一日該局營業處服務中心通知內容——所謂「自行埋管事……」經與設計人員電話洽談，該員承認是工程人員已先做好，沒有上報，造成誤發通知，並謂近日該員檢查，通過後即可裝機。余以爲政府機構設計、負責工程的地下管線，沒有叫民間自行埋設的道理，因爲這在電信單位都有營業收入來支出，並且已收受民間的費用，又要民間埋設管線，焉有此理？——好在政府機構常常說過話不算數，互相踢皮球的現象太多，也就見怪不怪矣。

至中午返家，下午四時靜坐四十分鐘，起身後沐浴、澆花、煎藥，七時後服藥。

晚九時上樓焚香，看「王維詩集」。

睡前仍靜坐四十分鐘。

〔九月四日．農八月九日．星期二．晴〕

早餐前服藥一碗。

飯後，卽去臺北信義路國際學舍本年度秋季書展會場，本意購買聯經公司出版的李贄「焚書、續焚書」，但聯經公司此次並未參展，只好另買一批閒書，計得「日本第一、第三波、王右丞詩、夜遊」等四種，又購時報出版公司出版的青少年版、六十四開的「莊子、老子、孟子、荀子、墨子、列子、韓非子、宋元學案」等八九種。

在書展會場，巡逡約一個小時，再到重慶南路「商務印書館」買「韓愈、黃庭堅年譜」各一冊，下午二時返北投。

晚間，校稿、打坐，十二時半入睡。

〔九月六日・農八月十日・星期三・晴〕

早餐後，煎藥、服藥。

今〔全〕日校對「法句」「初樣。

下午一時許，小孟突云：小筆鼠蹊部淋巴腺仍腫，微痛，自去歲病發，在校服西藥至今未愈，余異之。並告以——可以去三重市楊金榜老人處看看，可由謝雪燕陪同並翻譯。

於是，余於二時卽到街口打電話與雪燕連絡，雪燕答以今晚公司出貨，至七時始可下班，明日則可行。遂決定明日下午五時三十分，由小孟偕同小筆到雪燕公司，一同去三重看病。

余服楊金榜之胃藥五天，腹脹有顯著減輕，唯精神仍萎蹶不振，俟服完十帖再說。

楊金榜老人（九十歲）開余之處方，計十九味：

木香、伏苓、白朮、厚朴、白蔻、藿香、麥芽、蒼朮、枳實、砂仁、莪朮、香附、烏藥、大附子、神麯、陳皮、萆薢、山查、油桂（五分）等。

〔九月七日・農八月十二日・星期五・晴〕

上午服藥後，在樓下休息至十二時。

下午到臺北靈山講堂辦事。

晚間由學校返家後，小孟云：莊梅芳、莊淑惠二生來省。

小孟已於五時二十分坐車到延平北路五段雪燕服務之公司，卽一同去看老醫生楊金榜，開七天份中藥，中有「蝦蟆、穿山甲、白花蛇草、生地、鼈甲……」等破核清涼劑。

余在樓下，爲小筆煎完藥後上樓。

〔九月八日・農八月十三日・星期六・晴〕

今上午九時，與小筆推車出門，投香港劉文蘭及清德師信二件，然後騎車到外雙溪青青農場作「半日遊」。途經東華街、福國路，過福林橋，延中山北路五段，到中正路左轉，直駛故宮，約三十分鐘，到達故宮對面農場，將車鎖上，買票進門。先參觀入口處之鳥羣，忽發現「雨傘鳥」失踪，乃問飼鳥人，彼云「已死多日」，嗚乎！

余與小筆沿園中小徑參觀各種鳥類及天鵝，最後看馬。末了，轉至餐廳，用飲料各一杯，再走下來坐在水池邊，看天鵝游水、野鴨浮波，十一時十分，上車經中山北路六段天母游泳池返北投，到家時，剛十二點。

入門後，小筆即換衣去其姐小慧服務臺北之公司。

下午五時，余去學校，爲學生講當日課程，並分發余複印之小說「鮮花與牛糞」、「專家專家」二文，作範文參考。

晚十時返家，煎藥，服後上樓，澆花、沐浴。

〔九月九日・農八月十四日・星期日・晴〕

早餐後，十時上樓工作，剛出門，忽見門外有民國六十八年班畢業學生陳淑麗（住附近民族街）來見，余卽邀之上樓晤敍。

坐定後，卽問伊仍在「劍潭幼稚園」否？彼云：已於去年受聘至彰化二水新開辦的幼稚園任敎。

隨後，伊卽談到自身發生的一件奇事：

〔——我在五年前看電視時，忽然「入定」，溶入「空靈無物」狀態，約一、二小時，當時雙手並不自主地自動揮舞作「結印」狀，家人爲之驚惶失色，自己也莫名所以。後來到過農禪寺及一貫道講堂「尋過根」，每一坐、或念「觀音菩薩」時，便會不自禁地，溶入「定境」，無念無想，時常在「剎那」間渡過二、三小時，有時會無端地唱起一種「歌」來（或許是梵唄），自己因不明所以，感覺很駭怕，也不知是怎麽回事？每「坐」太久時，別人便認爲我要「死」掉了，爲此很煩，但「坐」後精神舒泰，有時也會感覺自己的「靈」會飄出體外，看到別人在「叫」自己，自己反而成爲「局外人」作壁上觀。而且「坐」後會按「天台止觀方式」，雙手按摩關節足部；平時「上座」時，會自動「舌抵上顎」……。〕

陳生對佛法本門外漢，卽使一知半解也談不上，又曾受一貫道信徒接引，但她認爲一貫道沒有「東西」可學，只跑一兩趟便不再去了。

像她這種動輒「入定」（相似定），實在是學道的好材料，別人努力一輩子，還沒有她一坐之下，便進入「無念」之境，如加以琢磨，不難成爲可造之材。

余當卽叮嚀她要把握「人身」，珍重今生，有緣當介紹她到南懷瑾老師處學習，學到一定的果位，再獨立宏道。

彼臨去時，余贈以「萬法唯心」、「英雄寂寞」二書及念珠一串。

彼不知自己有宿修，根基深厚，如荒蕪下去，實是可惜。

等她下樓時，已是午後一時了。

午餐後，余在樓下小眠，因「中國時報」送報者按鈴收費吵醒，乃上樓在佛堂靜坐一小時。余之打坐，等於「蚊蟲叮鐵牛」而已，甚爲可歎。比之陳淑麗，乃知「學道無先後，根機各在人」耳。陳生前身似卽已有「滅受想定」之三禪功力，是一「老修行」也。否則焉能一坐卽定呢！

又讀聯合報，有一則新聞，介紹某中藥方可治「過敏性鼻炎」。乃提筆記之：

黃芪五物湯、蒼耳子、白芷等三味等分，連服一個月有奇效。其因，乃以體虛、肺氣不足。黃耆五物湯，經查其成份爲：黃芪三錢、桂枝三錢、白芍三錢、生薑六片、大棗六個。如「陽虛」（按卽怕冷、易感冒之人），加附子二錢云云。

〔九月十日・農八月十五日・星期一・晴〕

今中秋節。

賡續做「法句譬喻經今譯」校勘工作，至下午二時。三時四十分打坐約一小時。

五時下樓，晚餐後服藥。今天無過節氣氛，工作照常。

〔九月十一日・農八月十六日・星期二・晴〕

上午十時到街上修車，並複印身份證三張，買報，到郵局取信。

——接千夢寄來中秋禮盒一個，內放 Cross 金筆一對。

返家後出示——盒中一小箋，題有「慧劍伉儷……二姐敬贈」字樣。

「無男女相、無衆生相、無人我相」，俗人是無法體會的，只要心地清淨，世間相乃假名耳，世人不解深一層的佛理，凡男女相總往「情」上妄想……。

午齋後，靜坐約四五十分鐘，然後下樓煮藥，六時四十分，出門去學校上最後兩節課，返舍，食米粉一碗，拌莊梅芳送的小菜，頗得。

這是今天的晚餐，約十一時上樓。

〔九月十二日・農八月十七日・星期三・晴〕

今午齋前後，昏沉欲睡達二三小時，色身四大不調，達數十年，尤隨年齡而衰狀益增。

幼年時即有「胃寒」，青年時「攝護腺」已有發炎症狀，至二十六歲來臺，由二十到二十六，這幾年間，健康狀況較佳，三十九年五月，到臺，住屏東恆春鎮國校內，又罹慢性喉炎及鼻過敏，至今如梗在喉，遇冷鼻塞；民國五十六、七年間，又罹心律不整症，心跳加速，數日間形瘦面黑，經多年治療，稍有改善，但其根未除，時緩時急至今。余三十餘年，服藥不斷，然無一病可除，此所謂「業障病」也。

惟對服膺佛法眞諦之決心不懈，而對人生目標之奮鬪毅力不廢，故每遇一事，必堅持到底，不屈不撓，乃稍有成果可見。

下午三時三十分靜坐至四時十分，起坐時，一身是汗。然後下樓，到校上課。

晚，返家煎藥。

〔九月十五日・農八月二十日・星期六・雨〕

上午十時前痴候電信局工程車來裝換電話，但一直未來。乃去臺北靈山講堂辦事。

下午四時來到學校，本班三、四節作文，余以「讀『空山蝶影』誌要」爲題示諸生。「空山蝶影」係粟耘在「聯合副刊」發表之五千字散文，意境清新，爲一時之佳選，余乃複印與諸生爲作文範本。

晚九時五十分返舍，吃粥一碗，煎藥後，端上樓，到十一時五十分始服。

又，寫南懷瑾先生信一通，其中詳述「陳淑麗異事」。

〔九月十六日・農八月二十一日・星期日・晴〕

上午將已校之稿封妥，準備送廠。

午睡後，打坐一小時，沐浴，再打掃公寓三樓以下樓梯，並將門外數公尺一帶清理一番。

晚餐前，莊梅芳來電話，要在七時四十分見余一敍，余允之。

看八點電視新聞時，小孟又云「發燒」，不知何故？

飯後，莊生果來按鈴，余匆匆服藥，即偕之上樓晤談。至九時卅分，女兒小慧上樓云：媽媽已睡。余云：大約精神不好。

不久，小筆又上樓沐浴，梅芳辭去，並贈彼粟耘畫册，因天色近夜，路暗，乃送彼到公館路站牌上車。

返家後，洗小毛巾，食小梨二枚。

〔九月十七日・農八月二十二日・星期一・陰雨〕

清晨早餐後，小筆陪其母去臺北「防癆中心」看病，拿藥。小筆則順便到中與醫院看「鼠蹊淋巴腺」發炎。余在樓下看門。

十一時許，學生陳美齡打電話來，想來省余。告以十月間再行決定。下午三時四十分去學校，先行參加「導師會議」，第一節係班會，余以「本班六大信條」昭示諸生，並命各生抄錄，作爲「做人做事讀書」之準則。

晚歸後，學生王怡心來電話，希來晤敍。

八時後煮藥，九時三十分上樓。

沐浴。

〔九月十八日・農八月二十三日・星期二・晴〕

整日候「七海」（印刷廠）送稿，但未見人至。

十時許，表弟張銳❶忽來電話，閒談一個多小時，彼云，是七海老闆陳慶松轉告，余樓下舊電話已通云云。

下午二時，電信局工人又按鈴，謂今日要裝二樓電話。余隨引之上樓，十餘分鐘之內裝好。工人之一（留小鬍子）云：「你們自己買的電話恐怕無用。」

余問何故？

彼云：「此機是四條線，而電信局電話是二線，機房與你們自購電話可能不搭線，只能打出，不能打入……。」

余謂：「請你裝上，打不通再說。」

裝後，工人離去，余小眠至三點，經與「七海」通話，竟然很好；又命老闆陳慶松打進來，亦通。」

那兩位工人老爺，態度實不似工人，卻像老闆。一身僚氣。

下午四時，余至樓下打坐，四十分鐘後下坐，逕行煮藥，至六時許，去學校。

晚十時半在北投市場食「麻醬麵」一碗，返寓。

工作至夜十二時又服藥，就寢。

〔九月十九日・農八月二十四日・星期三・陰雨〕

全日校稿。

下午二時許，靜坐片刻，出汗頗多。

近日體質甚爲虛弱，易汗，頗爲奇怪。

晚間上四節課，全身已濕透。返家後，小慧云：南懷瑾先生來電話；余食玉米湯一碗，上樓。

焚香，沐浴。

〔九月二十日•農八月二十五日•星期四•先晴後雨〕

清晨六時二十分起身，四十分叫車到臺北後火車站，與學生楊麗敏、林姵君、莊梅芳會合，坐七時卅五分中興號公車去苗栗，九時卅分到苗栗站，再轉獅潭線，一小時餘到獅潭鄉街上，途中山青水秀，下車後，再叫計程車，五分鐘到永興村，經詢路邊小店——粟耘的隱居小屋，乃循山徑，走約六七分鐘，到達這位隱士夫婦居處，粟夫婦聞聲出迎，余餽以「雀巢咖啡、禮品」各一盒。

余等與粟夫婦談彼近年發表之田園派散文、畫，學生則參觀其畫室；彼於中午以地瓜飯相待，其生活簡約，居室亦甚古雅，並告以每月生活資僅三數千元而已。

至下午二時，余等辭別下山，乘客運車到獅潭，再轉車到苗栗，四時四十五分，乘中興號，五時二十分到臺北重慶北路，分別轉車，學生則各自上學或返家。余六時許到家。

小孟告以南懷瑾老師、及不識之劉某曾來電話。

余飯後即上樓，七時卅分，先行沐浴，再打電話給南老，但接電話人告以南老不在，再與友人馮一奎通話。

〔九月二十一日・農八月二十六日・星期五・陰〕

晨齋後，上樓靜坐四十五分鐘，然後將「大念珠」剪斷，另行換線重穿。

下午一時下樓，小筆云：昨日打電話之劉某又打電話來，彼稱爲「書」事與余商量。筆云「不在家」，請留姓名電話，彼不願留，而出言不遜，此中國人之「常禮」也。據判斷，似爲前來請余支持辦刊物之劉先生，但口吻又不似，此人不知從何處得悉余之電話，經下午二時與在「天華」服務之顏宗養居士連絡，彼云未見此人。余請彼告知天華同人勿將余之電話及地址告知素不相識之人。而此時，正余「了卻世間雜緣」之時也。

與宗養通話後，又小眠一刻，下樓，準備出門，小筆云：學生吳雪華來電話問候。

又小孟洗髮回來，帶回加拿大沙千夢姐信二封，香港中文大學霍韜晦老師信一封，新加坡演培法師信一封。

余上車後看信，彼等所談均爲佛教文化上事。

在校上課三節，一身是汗，體頗虛弱。

最近特易出汗，以中醫言，是虛汗，一動即出汗。又時覺胸部悶塞，氣血不順。

晚十時四十五分返家，在樓下飲蜂蜜水一杯，上樓。

〔九月二十二日・農八月二十七日・星期六・晴〕

上午十時到靈山講堂，問清德師，是否有人將余電話告知外人，彼云有此一事。無心也。十二時，做完「法句譬喻經今譯」封底面完稿，略小眠，校對余近撰之論文，不久，郭暖卿來，將第一版編好，四時離開，去學校上四節課，返家後，小孟云：劉某又來電話，要余學校名，糾纏不已，家人厭之。

余告以——必須余親接電話，與其溝通後，可了緣。

十時上樓，尋覓老友法振法師電話號碼，然後沐浴。

〔九月二十三日・農八月二十八日・星期日・晴〕

上午十一時，謝雪燕、林姵君、吳麗娟來，余正在樓上，聞之下樓，相偕入樓下客廳，坐敍至午，餐後，即開始搬地下室藏書至二樓，三生總搬二十分鐘，即已搬完，小筆則在地下室做轉運工作。

搬後，齊集樓上客廳，吃水果，談天，並各送粟海畫册及錢鍾書著「談藝錄」各一本。學生協助搬書事後，於下午三時離去，余送至光明路車站看彼等上車始返家，上樓，眠不久，又有人按鈴，小筆打電話上樓，謂有學生攜一小兒來訪，余下樓，一看，原是許麗卿（致理商專畢業，已出嫁生子），其子已二歲九個月，頗爲清秀可愛，並說一口清脆國語，余與許生談約半小時，彼即因事離去。

晚間，九時上樓，沐浴，再打電話與學生吳雪華（世界新專畢業），談十餘分鐘。

睡前，覆香港中文大學霍韜晦、新加坡演公、加拿大沙千夢各一信。

〔九月二十六日・農九月二日・星期三・晴〕

上午到靈山講堂，遇莊進村❶、劉奕賜❷；劉現在中正理工學院任講師，莊辦「中華慈恩周刊」（二年後停刊）。

今午，在講堂小眠三十分鐘，四時許下樓，去學校上課，至第三堂，本班（余擔任導師之班級）學生送「教師節」禮物一份——是檯燈。

晚十時返舍，正食粥間，有人來電話，先是小筆接，云姓劉。余接之，彼自稱市立成功高中老師□□□，要求余贈以近作「當代佛門人物」數十册，贈送學生，余告以臺北市三民書局可以買到。其立意雖善，而章法不當。

數日來，小孟等所談不斷來電話者，語言無味，呶呶不休，余以為別有其人，卻想不到是此君。

十時五十分上樓。

【註　釋】

❶ 莊進村：時約三十五、六歲，曾皈依白聖長老，此時辦「中華慈恩週刊」。

❷ 劉奕賜：約四十餘歲，臺灣師範大學英語系畢業，同校英語研究所碩士。大學畢業後參與新竹譯經院工作，譯經院於民國七十三年撤銷後，轉至中正理工學院，目前任副教授。

〔九月二十七日・農九月三日・星期四・晴〕

全日校「法句」。

中午下樓時，先後接學生陳素甜、謝雪燕、林雪珠、李瑞惠、李燕珠、王昭丹等多人祝賀教師節之卡片。

午眠後，整理零放各處之新舊照片，從中檢出陳素甜由高一至結婚後（包括與余合照者）約二十餘幀，另余與其他生徒共影者，總約四五十幀，分別排定，擬購册存之，此册不失「小道可觀」者，蓋爲人生之吉光片羽也。

〔九月二十八日（教師節）・農九月四日・星期五・晴〕

今又接學生吳麗娟等人賀片。

上午將「法句」整理完畢。

精神頗爲不振，不明究裏。

早餐、午餐後，都因困乏無力而躺臥約一小時。

下午六時致書「中國名人錄」撰編中心，希望他們根據余著「當代佛門人物」，再增加佛門人士入錄。

晚九時半上樓。

〔九月二十九日・農九月五日・星期六・晴〕

午前約十一時許，弱水忽自美國來電話，謂已以「A十」高分通過「博士候選人」口試，余與小孟分別與弱水及媳婉窈談話約五分鐘，家中並預備寄款為彼購冬衣。

午間，接香港劉文蘭、學生陳淑麗信，淑麗又云：本月十二、十三日，晚間靜坐出現雙手作印、舞動、及口出不明語言，並在「定」中與人說話，前後約一小時……。彼云：暫在中部，不返臺北，準備十二月參加「保育人員」考試。

下午四時卅分，去學校上四節課。

課間，遇余授課班之畢業學生許綺紋來訪其導師洪武男，與此女寒暄片刻。

當余上「作文」課時，學生宋孔亞出示其弟自浙江奉化寄來之信函送余閱之。宋生之弟，文筆清順，字亦佳，不似高中畢業者。

晚返家時，在市場買「天下雜誌」四十一期。

返後，至九時上樓。

〔九月三十日・農九月六日・星期日・晴〕

今日午前、午後各「坐」一次，每次四、五十分鐘。

中午餐前，接婉窈（媳）自美來信，敍及在美留學之辛苦。

午後沐浴，寫信給臺中雪廬師，探問老師近況。

四時，在床上自行灸「關元」一次。

近晚，整理沙千夢來信，計約六年，二十三通，約全部三分之一，餘信不知置於何處，遍尋無著。

彼第一封信寫於一九七八年九月十二日，寄自溫哥華，當時千夢偕子女移居加國已三年。

十月菊之章

〔十月二日・農九月八日・星期二・晴〕

早起後，靜坐至八點，即下樓整理衣物去士林，轉赴臺北購買外滙，分寄給弱水及楊銳。

中午到家，小孟等已去臺北看〔電影〕「望鄉」，余至郵局寄信。

返後，午休畢，再灸「關元」三十分鐘。

五時下樓，吃素麵一碗，即去學校，上課三節，返寓時，已十時四十分。食冷粥一碗上樓。

——枯寂蕭條，此余之心境也，惟念珠與佛號是依，別無餘戀。

〔十月三日・農九月九日・星期四・晴〕

今小孟生日。子女以禮品、電話賀之。

〔十月五日・農九月十一日・星期五・陰〕

全日校稿。

晚十一時後，炙任脈中脘以下三穴。

〔十月六日・農九月十二日・星期六・陰雨〕

八時四十分起，在客廳甩手五百次（治療心部悶塞症）。

中午在臺北靈山講堂用齋，飯後坐椅上小眠。

二時李世傑❶在此講「俱舍論」，余與印刷廠老闆談印書事，未能與彼晤談。

三時離開靈山講堂，余在一影印店中，影印「致全班同學書」四十四份，然後到博愛路買「薑糖」（治胃寒）、「南瓜子」（治前列腺肥大）各一包。又在一衞生器材行，買本省治「艾條」一盒，二四〇元。惟此店亦有港條，四支，一八〇元，太貴。

四時許到校，分發各生信件，再上四節課，返北投時，約十點。

晚粥時，雪燕來電話，叮嚀明日晚六時聚餐，勿忘。

【註釋】

❶李世傑：佛學者，日文譯家，譯著甚多，較余大六、七歲，自臺大工學院圖書館退休不久。

〔十月七日・農九月十三日・星期日・雨〕

上午「靜坐」四十分。早餐後上樓，整理照片簿直至下午一時，並分別標定拍照時間、地點、因緣，頗足私覽。

下午三時卅分，炙任脈三穴達一小時，因近來多日沿中脘以下至關元之炙治，使身心頗爲舒暢，腹部已無「隱痛」及壓迫感。如無副作用，則將繼續炙至任脈沿線無壓痛感爲止。然後再炙任脈兩側平行之陰蹻、陽蹻兩經重要穴道。

炙後沐浴，穿著整齊出門，去臺北衡陽街「老大昌」出席上屆畢業學生之餐宴，其中有多人已一年未見。不久，洪武男老師亦到，餐敍之際，與諸生相談甚歡，惟此店飲食無甚水平，又以無其他熱飲，余只勉強用咖啡一杯。

返家時，與莊梅芳同行，到北投時，已近夜十一點，在樓下休息十分鐘上樓，打電話到新莊，問雪燕是否到家，其妹云：未到。唯彈指間，又云：已到。

余乃釋然，休息。

〔十月八日・農九月十四日・星期一・陰〕

昨晚十一時五十五分，上床靜坐，直至今凌晨一時十五分，計坐八十分鐘，此爲余年來較長一次的靜坐。

因夜眠不熟，至天亮僅睡二、三小時，六點之後，續睡至八時五十分，起床甩手六百次。

下午睡一小時，再炙任脈關元附近多穴，達四、五十分鐘。

上午寫信：致佛光山慈容法師；下午致花蓮證嚴法師一通。晚寫學生周玉玲信一通。

晚間靜坐一小時。

生活了無情味，念佛尚有餘香。

〔十月九日・農九月十五日・星期二・晴〕

今延琦生日，業海蒼茫，不知何在？

早起身未做任何運動及靜坐，下樓後，即外出寄信，又順便到中央南路一照相館複印寄香港友人之信。

下午三時半，灸胃腸穴道約四十分鐘。

又，接南懷瑾老師一信，佛光山「普門雜誌」兩期，刊中有余著「神滅論」一文，手民誤植連篇，令人扼歎。

晚間上課後返北投時，在市場食陽春麵一碗，買刊物一本。

十時上樓，靜坐如儀。

〔十月十日・農九月十九日・星期三・雨〕

清晨六時起身，匆忙著裝上樓，吃粥一碗，即驅車去臺北總統府前、政府舉辦的雙十及閱兵慶典，本校師生淩晨在南海路附近集合，由教官指揮、帶隊進入指定位置，並負責「旗海」表演，余到南海路，與本班學生會合入列，至十時許，蔣經國總統出現於總統府陽臺閱兵，講話……然後參與之各文武單位帶開遊行，直到十二時許解散。

余將學生帶開遣散後，卽叫車到漢口街大順飯店，看香港來臺參加國慶之友人蔡祖根，見面時彼卽胃痛，不能外出用餐，乃與小孟連絡，促其速來。又撥電話到「勞友之家」，住於此間之香港僑團仍未回，小孟之八姨亦不在。

小孟坐車於半小時後到大順飯店，取藥後交祖根服下，又將送彼之禮物留下，祖根則在旅舍休息，余與小孟去「勞友」找人，八姨在六樓房中已午睡。叫門後，稍談片刻，彼不欲出門，且已用過午餐，乃留下禮物卽與小孟相偕返家。

至下午二時午齋，三時小眠，四時五十分打坐至五時卅分，下坐。

晚餐後，九時上樓，「復得返自然」。

睡前，炙胃穴二十分鐘。

〔十月十三日．農九月十九日．星期六．晴〕

今天是俗稱「觀世音菩薩出家紀念日」。

上午起身後，「坐」四十分鐘，又至樓下閉目十分鐘。再上樓抄「坐而論道」短文，不佳。

下午三時許，炙胃穴，下樓，提早出門，先到郵局寄稿紙二百張與溫哥華沙千夢居士，再坐車到校上課，五時卅分有人打電話到校，找余買「弘一大師傳」，並自稱是——林明德，余謂

「三民書局」有書，請直接去洽購。

返家後稍坐，卽與莊梅芳通話，上樓。

十一時後，靜坐四十分鐘。

一日匆匆，浮光掠影又深秋。

〔十月十四日・農九月二十日・星期日・晴〕

晨起後，在樓下看報，見廣告版有「劍潭青年活動中心」開班招收「外丹功」學員，乃以電話詢問詳情，又於下午一時卅分，坐車到圓山劍潭青年活動中心報名，報名費三百元，二時半，到二樓二〇二室開始第一次練習。指導老師爲退役少將魏華炎，約五十餘歲，湖南人，精神甚健；另一助手爲一六十餘歲之退伍軍人劉某。學到四時二十分鐘結束。在初學第一週，由自己在家練習「預備式」及輔助動作二——三種，每天可練二——四次，返家後，余於六時半起，練二十分鐘。

晚間上樓，稍事休息，又練一次。

余之「業障病」（嚴重胃腸滯寒，心臟病等）是否有轉機，端在此一試。

余決心將此功練至圓熟之境。

〔十月十五日・農九月二十一日・星期一・晴〕

晨八時，做完外丹功，下樓，出門到臺北靈山講堂，不久，高雄道宣法師來，敍談片刻，彼去後，至中午有一女子至，出示兩張照片，謂影中有「神佛示現」，余審視之，似有外物印入一佛堂下方，而此女竟謂「旛影」，疑神疑鬼。又云：彼有一老師，並學習星相武術，又稱「佛、道、法」是否可以突破？語意朦朧不明。至午齋時，留彼用餐，彼不願，乃去。午後再來，余與彼談約兩小時，其意識徘徊在「佛、道」曖昧之間，至下午二時卅分，余以「阿彌陀佛」一念爲中心，勸其放棄一切雜念、幻境，隨緣做事，放下人我恩仇，始爲正途。此一番話，似合彼意，乃辭去。

余四時離講堂，候車時，遇一五十餘歲胖婦，在余身後「揷隊」，余請其至人羣尾端依序排好，彼默不作聲，候公車來，彼又不顧秩序強擠上車，余斥之。彼竟謂：「我揷隊，與你何干？……」其聲狺狺，與余爭論數分鐘，一付阿修羅狀。而車上司機、學生、乘客，目睹此狀，無一人仗義執言。此實爲余國人最大之絕症，縱容壞人，罔顧正義，置公共道德於敝屣之地。所謂五千年之文明，有如是之濫乎？

返校上課，以此爲例，教導生徒，此事絕不足法。

今晚返舍後，住樓下，因小筆明日清晨卽去入伍也。

家人睡後，余做外丹功，至十一時半休息。

〔十月十六日・農九月二十二日・星期二・晴〕

今天，幼子小筆入伍，時間一年十個月。

余六時起身，六時四十分，女兒小慧陪小筆到臺北火車站報到搭車去「臺中光隆營房」。小筆走後，余稍補行休息。

上午未做任何工作，上樓後又小眠，十一時，接悟一法師來信。

午後二時又上樓，開始作「舊詩吟唱」錄音，經多次重錄，至下午五時始錄完六十分鐘之一盤帶子；另一首老歌「燕雙飛」未錄成，蓋余老顙沙啞也。

五時後做外丹功，再沐浴、下樓。

晚間等小慧至十時三十八分。

上樓，稍事整理，再做外丹功一次（約一小時），入睡。

〔十月十七日・農九月二十三日・星期三・陰〕

一早，小孟與女兒小慧分別去臺北看病及桃園拍寬聯公司❶之照片。余下樓先做外丹功，早餐後，卽上樓進行「念佛錄音」，至十二時三十分，錄完一捲，試之尚可，惟自己聲帶粗啞，音不圓融，自錄自聽可耳。

下午二時又上樓，小睡片刻，又試音，三時半試畢，又做一次外丹功，下樓看錶，然後去清江里金山分院會悟一法師，師外出，不知何事，乃順道坐車去學校上課，課畢返北投，下車買膠布一小捲，「千秋」一册，返寓時，小慧燒「粗湯」一碗饗之，未食畢，卽上樓，聽自己「念佛」，又做外丹功，看李敖雜誌❷。

【註 釋】

❶ 寬聯公司：見前註。

❷ 李敖雜誌：李敖爲臺大歷史系民國五十年代畢業生，頗有文才，強烈自由主義者，歷史學家，自辦「千秋評論」，余卽指此。

〔十月十九日・農九月二十五日・星期五・陰〕

今氣候頗冷。

上午錄「念佛」四十五分鐘，下午三時又錄「大悲咒」，直到四時三十分，下樓，著裝去學校。

返家時，已十點多，在樓下食粥一碗。

上樓，先食「南瓜子」（係馮馮指示），做外丹功、沐浴。

看「千秋」。入睡。

〔十月二十日・農九月二十六日・星期六・晴偶雨〕

早晨八時，小孟等出門去臺中「光隆營房」看入伍訓練中的小筆，余做完外丹功，九時許下樓，食麵片一碗、麵包二片，將門戶關妥，卽去臺北靈山講堂，到時，見淨行法師等四人正開小型會議，余卽加入。

會後，即處理「法句譬喩經今譯」之校勘事。

下午四時下樓去學校，第三節本班作文課，余出題：「山林與城市的戰爭」，但惟恐諸生不明本題象徵意義，又另出兩題，一是「聽君一席話」，一是「百齡橋」。

今接大陸愛羣、宇清，及妹令慧、堂弟永濤等信。

宇清來信謂，要余寫一封信給他，彼四年級時，爲兩班榜首。又云：彼所不解的〔數學〕問題，均以深思、乃至廢寢忘食後解決。設若如此，則孺子可敎矣。

晚歸時，在市場買木瓜三枚，雜誌一本，與看守賣書攤位之何淑本談話五分鐘。

到家門口，才發現早上出門時鐵門忘記放下，即離去。

入門後，再返身關門，稍事休息，即熱麥片，待麥片煮好，食一大碗，至夜十二時做外丹功，一時入睡。

今家中僅剩余一人，住兩層樓，頗爲「清淨」，不亦快哉！

〔十月二十一日・農九月二十七日・星期日・晴〕

昨晚余住樓下，今晨約八時起身做外丹功。

早齋草草，即去郵局取信，發現千夢有掛號信一件，拆之，乃係六萬六千字之「千里學靜坐」全稿，係余約彼爲「靈山出版部」譯者。

返舍後，在樓上整理文件，忽聞樓下鈴響，臨窗一看，「乃余於民國三十二年入伍從軍時之同學，江西廣豐籍之高光松也。郎匆匆下樓迎之，至客廳坐定，天南地北蓋一通，彼對□□嘖有煩言。因家人去臺中，余乃下厨，以隔宿菜飯，加熱，並煮麵，二人共食。下午二時，余因去劍潭青年活動中心練外丹功之故，乃一起出門叫車，直駛劍潭，下車後，余去活動中心，彼則另搭公車去臺北。

外丹功約一小時餘學完，返後在家吃「南瓜子」約二百粒，至六時四十分，小孟偕女兒小慧回家叩門，余應門，彼等一臉倦容。

坐定後，談及小筆，在營中較家居疲累，訓練頗爲辛苦云云。今晚餐由余執炊，食後不久，余郎上樓。

今〔美國〕弱水仍無電話來。

〔十月二十二日・農九月二十八日・星期一・晴〕

清晨做外丹功四十五分鐘，下樓，直至午餐後，再上樓，寫綱領性短文「絕情論」一篇，直到四點。四時三十分出門到校上課，晚九時返北投，在市場買木瓜二枚，飲花生湯一碗，未再晚餐。回家，食「南瓜子」一小撮，小木瓜一個。上樓，澆花，沐浴，復做外丹功一次。

〔十月二十三日・農九月二十九日・星期二・晴〕

起身後，做完外丹功，下樓，飯後去臺北靈山講堂，忽覺腹部脹痛，有瀉意。初在晨起時已有一次痛感，頗爲怪異，至午餐後，在靈山講堂盥洗間，腹瀉二次，回憶自己並未吃外面食物，惟一可能係早餐麵包，因存放冰箱內爲三天前所買，如是麵包作怪，卽使存放冰箱，超過冰箱保存限時亦不能再食矣。余之腸胃之弱，不能與同倫類也。

下午三時，在講堂遇祥雲法師，略談片刻，吾二人乃先後離去。余至學校，爲高一十三班代課，講司馬光「訓儉示康」一文，又兼講元稹「離思」七絕二首。

待第五節課完，返家時已十時卅分，在市場飲花生湯一碗，睡前卽不再飲食。

晚，看小筆來信，報告營中生活。

〔十月二十五日・農十月二日・星期四・陰雨〕

今天是臺灣第三十九屆光復節。

埋首於書卷之間，睡前做外丹功如儀。

〔十月二十六日・農十月三日・星期五・雨〕

今早、午、晚，各做外丹功一次。惟健康之功效尙未突顯。腹脹與肝臟不知是否有必然之關係？

晚間卽到校上課一節，別無事事。

返寓時，在光明路一家「體育用品社」察看有無寬大之運動衣，以供打坐時穿著。但竟然未見，再思，唯至僧衣店做「打坐服」——類僧衣，否則無所選擇矣。

〔十月二十七日・農十月四日・星期六・雨〕

上午做外丹功，炙任脈數穴，餘無所事。

午後，接佛光山普門雜誌寄來稿費一千七百元，惟「無鬼論」一文稿費，尚未見付。

午齋後上樓沐浴，再食南瓜子；之後，寫「絕世論」一文。

四時許下樓，食粥一碗，逕去學校。

晚歸後，十一時上樓，再做外丹功。

近日上課後，感覺丹田力頗充實，講課發聲亦不覺吃力，不知日後是否仍有進展？

△早八時張磊平（前華興中學總務主任，已退休，與余爲隣）來，謂余學生布其如（服務於榮民總院掛號室）打錯了電話，打到他家，謂忘了余寓電話，並留下彼服務處所之電話——八七一—二一五一，希余回話。余當時回話至榮總，多次未通——電話線被佔用，無奈，只有放棄。

布生曾於本週二晚，在指南二路開淡水之車上與余相値，謂伊已信佛，希望皈依。余乃留下電話，可介紹彼皈依法師。

〔十月三十一日．農十月八日．星期三．陰〕

日日是好日，日日外丹功。

今國定假日，休息。

上午外丹功後，在樓下「養神」。

中午未眠，寫「白居易詩論」，直至晚十時完成，約八千字，粗覽之下，了無新意。

今三樓露水夫妻已搬家，爲之隨喜一番。晚間再無人喧鬧矣。但今天搬來之另一人家，有小孩多人在樓上奔跑喧叫，樓梯砰砰砰價響，唉，走了一窩獝，又來了一羣獠，南無阿彌陀佛！

我在這間小佛堂裏，要「寫」定終身呢，護法神可憐可憐吧！

十一月陽春章

〔十一月一日・農十月九日・星期四・偶晴〕

上午十時始下樓，出門，先去電信局繳電話費，再到光明路山東〔張某〕刻字店，爲「韓林」❶刻印一方，然後沿溫泉路上行，到江清波中藥店前，江某與余相寒暄，余乃暫入店內小立，並互道「很久不見」。店中有一青年人，惟滿頷留黑鬚長二寸，其狀突兀，彼竟問余是否「陳□□老師」？余點頭示意。彼卽云：「我是您學生曹健德！」余因記憶模糊，一時朦朧難憶，再細看彼面貌，約三十上下。江清波云：是彼女婿。此時曹健德云：兒車上之小孩，是彼之子，店內另一女子，是彼妻，江清波之女也。

俟余告辭後，返家細思，忽悟此生乃係余於民國五十七年在淡水初中敎書時——國中第一屆、一年六班班長曹健德也。斯時之曹健德，白胖天眞，頗爲可愛。彼適才云：曾到余寓，現以開自行車爲業云云。

日月如逝，匆匆十六年矣，想來頗爲惆悵。

下午，在樓上抄稿。晚睡前，做外丹功一次。

【註　釋】

❶韓林：爲余「筆名」之一。

〔十一月三日・農十月十一日・星期六・陰〕

上午十時出門：

一、到光明路大南公車總站買月票一張。

二、到郵局劃撥臺幣二、〇〇〇元捐贈花蓮慈濟功德會。

三、到「山東刻字店」，取「韓林」印，一五〇元。

四、順路到溫泉路江清波中藥號，敍及江之女婿曹健德，實爲余十六年前最喜愛之學生；不久，曹生又偕其妻來，與余敍晤片刻。

五、返寓途中，買胚芽米兩包，二四〇元。

午齋後，上樓抄稿，惟三樓人聲雜沓、樓板震動不已，乃上三樓叩門，門開處，有新買此樓之婦人出現，余道：「貴寓太吵」，又見客廳中有國中、小學生五六人喧叫，樓板之震動，皆此孩童爲之也。余告以不可太吵，不可擾害同樓隣居之安寧云云。彼婦自稱以臺幣一八〇萬元購下此樓。又云：彼小孩想補習準備升學，余稱最好勿殺鷄取卵，任其自動自發爲佳。下樓，又抄稿至四時，忽有人上樓，以爲是小孟，抬頭一看，乃小筆自臺中營區返舍。小筆進入余佛堂，視之，較未入伍前稍胖，一付呆狀，彼云上樓來沐浴。

余下樓，吃粥一碗卽出門。

近十時由學校回寓，在市場買「哈密瓜」及點心，留小筆食用。抵寓後，再包素餃若干，入鍋後，至十時始用餐。食後，小筆要早睡，余乃上樓。

先看稿，抄若干紙，再沐浴，至十一時五十分練外丹功。

〔十一月五日・農十月十二日・星期日・晴〕

小筆返家，又熱鬧了起來。

早晨八時後下樓，看報、聊天，中午餐後，約一時五十分，出門到劍潭活動中心，學第四次外丹功（每週日學一次，其餘在家自練），越學越複雜起來，但身體狀況，卻有好轉現象。

一、眼睛已少流「不悲傷」的熱淚；

二、腹部脹氣已逐漸消滅；

三、聲音與精神均較前宏量而充足。

晚四時半返寓，飯後八時，上樓焚香、抄稿，九時半抄完「白居易詩論」。計三十七頁，約一萬餘字。

之後，又修改三十年前舊作「我師父的傳記」，並加以改寫，儘量中國語法化，題目則改爲「荒島殘僧錄」，預計會比三十年前的文字老練而感性化，本文改後，將送花蓮「慈濟月刊」發表（惟後因慈濟發稿不良，乃不再交餘稿，改由「現代佛教」一氣發完。）

改稿時，一面聽自己念佛錄音帶，一付沙啞的顙音所發出的梵音，竟是如此缺乏音樂性，令自己頗感吃驚。記得在民國六十七年臺大演講，第一次有自己錄音帶，聽到如此糟的聲音，眞還不敢相信。我欠缺「自知」之明，徵諸現代佛教界的「菩薩們」，不知有同感否？

十一時後，練功。

〔十一月八日・農十月十六日・星期四・晴〕

昨夜，三樓未聞播放音響殺人。

惟因多日深夜受到「噪音刺激」難以成眠，今天仍陷於倦乏狀態。早餐後，睡了一小時餘，下午工作二小時後又睡，眞怕自己「病」了。

晚間寫作、練功。

我的深宏大願，是生生世世爲佛宏法，研究佛學、莊嚴「法寶」。

每日練外丹功如儀。

〔十一月九日・農十月十七日・星期五・晴〕

天氣又忽然熱了起來，今天攝氏二二度—二七度C，明天將再增高兩度，彷彿是初夏了。

上午批閱作文，下午四時出門上課。

晚間返舍後，十時上樓。

這種逢吃下樓，睡覺上樓生活，已十個多月，隱居歲月，算起來，似已十年以上。

今天身體感覺上又舒服一些，只穿短袖上衣一件。

花蓮慈濟功德會林碧玉打電話來，請爲余作「證嚴法師的慈濟世界」一文寫序，並修訂四版文字。

十一時做外丹功，看「天下」，約十二時入睡。

〔十一月十二日・農十月二十日・星期一・陰〕

上午無神無力，在樓下沙發昏沉約二小時。

中午飯時，弱水忽自美來電話，謂在紐約「中國時報」只上班七天，該報便由於強大的政治壓力，被迫解散。弱水言下頗爲憤憤不平。這是對該報發行人余紀忠頗大的打擊。美洲中國時報已停刊四天，而臺灣各報竟沒有一家發出消息，不知是不是爲之報導「江南」❶案被擲出局？

下午即在樓上續寫「荒島殘僧錄」，直到六時三十分，未曾休息。

下樓晚餐後，突接小筆自基隆來電話，謂目前駐基隆「韋昌嶺」，要家中送「毛線襪子、手套、背心……」並稱星期三可會見家人，諒必去馬祖無疑矣。

——由於小筆之服役，一個月來家人、親友、同學，逢假日必去臺中探慰，余之未去，其原因，不屑承擔自己命運中的軟弱形象，有些看來不經意的經驗，都會累積成日後的人格形態。現在家家孩子都太驕嫩了，多半是父母造成，這些孩子如何能體會人生的艱苦與寂寞？加熱的塑膠壺，冷卻後會變形的。

堅強的人，不論年齡大小，都會打落牙齒和血呑，苦與樂是比出來的，也是一念間決定的。有些世間苦，有人以爲樂，那就是取捨的觀點迥異而已。

【註釋】

❶江南案：係發生於七十三年十月，旅美的中國籍作家江南（劉宜良），因寫「蔣經國傳」被國民黨情報機構派遣殺手陳啓禮等三人赴美，於劉家中車棚內射死，震動中外。俟後臺灣情報局長汪希苓、陳啓禮等被指爲代罪羔羊而入獄。

〔十一月十三日・農十月二十一日・星期二・晴〕

上午在樓下做外丹功，小孟去臺北看病。余在臥室小睡，並候小筆電話。十一時，電話果來。小筆告以昨日相同地址、會客時間。唯因營區等候通話的新兵太多，話說完便掛斷，余等將於明日上午十時到臺北候十一時去基隆直達車，到基隆後再叫計程車直驅韋昌嶺。

午後，余上樓細閱「荒島殘僧錄」一遍，再到市場附近複印一份，帶回以信封裝好，以便投郵。

晚間課後，上樓時是十一時。

（十一月十四日・農十月二十二日・星期三・晴）

上午十時準備停當，叫車到臺北車站，候小慧到達，即一同坐中興號公車直達基隆，再轉叫計程車到「韋昌嶺・馬祖留守業務處」。余等到時，新兵家長有一百餘人等候會面，直到十二時後，編號九〇二一—一一四〇者可以登記會客，余登記爲第一號，並覓一棵樹下爲休息之處，至十二時二十分，已看到值星官將隊伍由後面營區帶到司令台前，余見小筆赫然排在第三列第一名，並向余示意微笑。不久，隊伍解散，可以自己「會客」，小筆便從操場跑步上來，席地坐於余側，與家人邊坐邊談。彼謂此次在「韋昌嶺」候船，可能去馬祖前哨「東西莒」，反正，去馬祖已定。余至三時二十分離開營區，先回臺北，轉車到學校上課。

晚九時返北投，在市場食花生湯一碗，返家後未再用餐，九時半上樓，沐浴、洗頭，十一時做外丹功。

小筆有當兵照片一幀，由其母帶回，看來「兵氣」十足。

（十一月十五日・農十月二十三日・星期四・晴）

早晨做完外丹功，下樓匆匆用完早餐，乘車去臺北，到忠孝西路廣場大廈九F——佛光書局，訂「中阿含」一套，又買手珠三串。

然後下樓，去十普寺附近購僧鞋無著，乃步行至羅斯福路一段南門市場附近新文豐出版公司，購「梵和大辭典」二册（價一、四〇〇元），即在該公司八樓，食小地瓜二枚為中餐，下樓後，突遇已退休之吳金友老師（近亦信佛），相偕走過天橋，彼去國稅局辦事，余則去永康街「久明照相館」❶取照片，一看，頗為平凡，並不及弱水出國照片水平。起初，乃崇名心理作祟，故來此店拍照，只因北投照相館的照片更差，因小筆為之間接宣傳，才有此一試。

由「久明」出來，叫車到市議會對面靈山講堂，交代編刊諸事，至五時，新生報一位女記者偕其友——新竹某醫生太太廖□□來見（係事先約好），彼云：自己每一「靜坐」，念「觀世音菩薩」，手足即有震動現象，隨之雙手結印，繼之頭頂震動，心甚畏懼。又云：彼曾至「天華公司」訪余不遇，結果被帶至天母李（雲鵬）家，李告以彼已中魔，更加害怕。余云：魔乃心生，只念觀世音菩薩，毋需著意外境，身動、幻象、均「有為法」，不必著意，自無他事。何況，身動乃週身氣動引起，魔從何來？

談至六時許，彼二女乃辭去，云日後再為聯絡。余謂，如不能為彼解惑，當代覓老師指導，但請勿懼。

之後，余到後面用餐，陳淑莉、莊梅芳二生及郭暖卿均至，陳淑莉自日本返臺，帶回「金剛子念珠」一串贈余。暖卿、梅芳均加入共餐，餐後暖卿將刊物編定，乃相偕下樓。

余返北投後，接花蓮慈濟功德會林碧玉寄來「慈濟小册」一本、信一封。十時上樓，看照片。十二時做完外丹功。

【註　釋】

❶久明照相館：爲臺北著名之人像專家，主人陳某，四十餘歲。待客頗具細心，並參與多次攝影大展，時人趨之若鶩。

〔十一月十六日・農十月二十四日・星期五・晴〕

上午做完外丹功，下樓早餐，小孟則出門購物，余今日覺精神較爲舒暢。俟外丹功益見功效，即步入學佛正軌，至六十五歲，停止寫作，專修佛道。

上午十時，應「文復會」邀約講演之講稿「梵志與寒山」作校正，十二時後下樓，並寫好信封，貼上郵票，寄出版者「巨流圖書公司」。

下午二時半，又上樓校訂「證嚴法師與慈濟世界」單行本，此文業經「慈濟功德會」一位嚴姓委員發心印行六萬五千本，分送各界，今再印數萬册，請余校正，並作新版之序。

晚間，小筆自基隆來電話，將於明日下午五時回家，星期六晚上返營——大約赴馬祖又延期矣。

晚九時上樓，繼續校稿。

【註釋】

❶ 余當時發願六十五歲息心修道，惟天不從人願，至六十五歲（十一月）之前，仍在慈濟功德會作馬前文字之卒。

（十一月十八日・農十月二十六日・星期日・陰）

因「一等兵」小筆在家休假，余上午未做事，在樓下看報，並與多年未見之（女作家）秦梅通話，約數十分鐘。

午後一時二十分出門，去劍潭練外丹功，返後，晚餐包餃子，泰半由余動手，小筆吃過第一鍋三十多個餃子，即整理行裝，約六時十分出門去基隆，八時許來電話，謂已到營區，可能明天開航。

余晚間十時上樓，寫愛羣、宇清父子各一函，交代他們注意勿食帶霉菌之食物，並指導宇清遣詞用字及思考之方法，十二時入睡。

（十一月十九日・農十月二十六日・星期一・雨）

晨起後，在樓下為家事齟齬，頗為不樂。乃上樓檢閱「王維資料」，但欠「年譜」，擬明日到臺北一查「王右丞集」中末尾有附否？

午餐後又上樓，先看「新舊唐書、王維傳」，稍倦，乃假眠半小時，又灸任脈穴五十分鐘，起身下樓，去學校上課。

返後，在樓上「孤芳自賞」，看本月五日在「久明」所拍的照片。

〔十一月二十日・農十月二十七日・星期二・雨〕

上午十時出門，先到博愛路買南瓜子二包，艾條二十六支。再到三民書局，送余半身照片一張，囑編輯人員，以後凡著作再版，以此「照片」補換，勿再用老照片。

又去「金石堂」及「世界書局」購李卓吾「焚書」、「王安石集」、「王維集」、「黃山谷集」等各一部。又到商務印書館購「章太炎、譚嗣同、黃山谷、元稹」年譜各一册。

返家後，卽上樓看「焚書」，不久，午睡一小時，至五時下樓用稀飯一碗。去學校上課。

晚間——看書、練功如儀。

〔十一月二十二日・農十月二十九日・星期四・雨〕

昨宵看「李卓吾」至深夜二時以後，約三時才入睡。

今日整日在靈山講堂，指導編輯工作。其餘乏善可陳。

〔十一月二十四日・農閏十月二日・星期六・雨〕

昨日繼爲「慈濟功德會」校稿。

上午，花蓮林碧玉來電話，談「慈濟世界」印行事，初校由余本人負責。十一時至下午三時批閱作文。

四時三十分，出門，到臺北松江路「九如酒樓」出席一九七三年就聘臺北市立高商同仁餐會。到朱松、林金堂、廖明哲、盧麗芳、嚴以言、唐明芸、劉玉雲、蔡桂芳、張惠義、鄭秀珍、孫薇薇及余，計十二人。劉玉雲老師則從家中製素菜六味，帶至酒樓以饗余，其情感人。菜中有三色頗可余口，卽「香菰栗子、糖醋核桃、烤麩燒木耳」，另有「素魚子、素火腿、素麵筋燒紅棗」等，至晚九時席散，由康明芸老師駕自用車送余至北投公館路口，道謝而別。彼開車回天母寓所。

余返家在樓下略事休息，卽上樓。

〔十一月二十六日・農閏十月四日・星期一・陰〕

清晨下樓，吃紅豆湯半碗、麵包半片，卽出門，先赴郵局取信——見粟耘、千夢信各一通。返後，改作文至下午三時，沐浴、澆花、四時許，炙胃腸各穴，直至五時半，看「維摩經問疾品」。

晚六時，剪「千面夏娃——臺北」一文，準備給學生作範文。余自擔任本班導師以來，計一年三個月，複印報紙副刊優秀作品，計有粟耘「空山雲影」等四篇，誠然谷文一篇，老歌「燕雙飛」附文，郭等「好個翹課天」等七篇。

九時四十分上樓，進入「孤獨世界」，此爲最清淨之凡夫世界，唯余一人，獨處於數十坪天地，闃無餘靈，唯夜聲而已。

燈前，覆粟耘一信。

十一時，枯坐床上，看李卓吾，一樂也。

〔十一月二十八日．農閏十月六日．星期三．陰〕

昨深夜，續讀李卓吾。

今十時，去靈山講堂，到達已近十一時，看完稿件，中午未憩，編千夢母子譯「千里學靜坐」。

至三時許，印刷廠送來「法句譬喩經今譯」出爐本，形式甚雅，余帶回一册，此書爲余從事著述以來第十本書。

返舍後，練「功」如儀。

〔十一月二十九日．農閏十月七日．星期四．陰〕

上午看雜誌兩份、報紙兩份，午後上樓伏案時，接霍韜晦之學生——臺大某研究所讀書之黃俊威寄來霍稿「絕對與圓融」約二十萬字，分十八篇、附錄三篇，又陳淑麗信一通。略事翻閱，乃論文之集合，以其中之「絕對與圓融」約四萬字較長，並作書名。此書將由余向三民書局「滄海叢刊」推介也。

之後，抄余近作「兩個世間女子」一文，至五時抄完，約四千字，抄好後，覆陳淑麗一信，囑其元旦北上，一同去見禪家南懷瑾先生。

今中國時報、人間副刊又有粟耘「臺北、臺北」一文發表。

六時許做外丹功，晚間候女兒回家，至十時始上樓，寫日記，沐浴，看「李卓吾」。

〔十一月三十日・農閏十月八日・星期五・陰〕

上午又接花蓮「慈濟功德會」寄來余著之「證嚴法師的慈濟世界」之再版校樣，發現製作水平極差，乃打電話與花蓮連絡，靜思精舍一居士謂：林碧玉已來臺北，又再打電話到該會吉林路臺北分會所，與彼討論是否可以重新鉛排，製作好些？這樣對功德會及證嚴法師形象都好，經決定下午到吉林路洽商。

余於下午三時去吉林路一〇一號七樓，見到功德會代表林碧玉，經與承印此册之商人林敏隆面商，便決定鉛印打樣，然後以平凹版印刷。余當時即在該處設計版面，但未完工，因要回校上課，乃離去。

晚間返舍後，檢齊參考材料，準備明日再到吉林路設計。

今晚停練外丹功，蓋甚覺疲累故也。

十二月雪之章

〔十二月一日・農閏十月九日・星期六・陰〕

今七時卅分起，做一小時外丹功，下樓，餐後即去臺北吉林路，會見花蓮功德會之印刷廠林某，當時將「慈濟世界」之版面設計好，並編好圖片，候證嚴法師照片送到即可一併拼版。文字則先發「中南鑄字廠」檢字，余又與郭暖卿居士通話，請她也來盡點義務協助完稿，然後下樓，叫車回家，

晚間上課如儀。

〔十二月二日・農閏十月十日・星期日・陰〕

早起後做外丹功。

下樓，飲可可一杯，食餅干二、三片，看報，然後到民族街口寄信二封——一封信給彰化的陳淑麗，一封信給吉林路慈濟分會。

午后，接小筆自馬祖離島之東莒來信，敍近十多天「前線」士卒生活。

下午一時半，余逕去劍潭活動中心，練外丹功。

返後，晚間十時上樓，閱讀書報。

〔十二月四日・閏十月十二日・星期二・晴〕

今晨做完外丹功後，即下樓，用可可一杯，地瓜十小片。

十一時去臺北靈山講堂，未用午餐，即協助彼處整理「佛學教材」。因余譯「法句譬喻經」已印妥，乃取十六册，至下午一時半，去重慶南路三民書局，在店中突遇佛學者楊白衣兄，晤敍一番，後門市經理劉秋涼來，余隨緣送書，計劉秋涼、王韻芬、楊白衣等「法句」各一册。劉則

送楊白衣之余著「當代佛門人物」一册。余又購三民版余舊作「水晶夜」一册贈楊。楊於今年五月獲日本佛教大學博士學位，論文是「圓測法師之研究」。時年六十二歲。

在三民，余將霍韜晦「絕對與圓融」一書全稿交由劉秋涼收下，彼云：此書要明春才能付印云云。

一時五十分，余與楊白衣離開三民，送彼至市議會隔壁中國國民黨市黨部門口上車離去，余則過天橋去靈山講堂，至五時去學校上課。

晚返舍後，接信兩通，一爲佛光山普門雜誌主編吉輪常來約稿；一爲慈濟功德會林碧玉寄來「慈濟世界」校樣。

〔十二月五日・閏十月十三日・星期三・陰〕

上午將「證嚴法師的慈濟世界」一稿校完，即至地下室清理積水，飯後再整理衣物，於二時後出門，坐車至吉林路一〇一號，見花蓮靜思精舍住持證嚴法師，坐談片刻，余並贈以「法句譬喻經今譯」一册，後，彼去行政院拜訪副院長林洋港，由慈濟委員柯美玉續談，彼云，擬將證嚴法師每月對信徒開示之講詞（已由慈濟月刊每期發表），由彼收集，請余整理編定之。余當下首肯，並樂助之。

余五時離開，柯送余至門口，余卽登車馳至學校上課。

晚返家時，在市場買葡萄一斤，雜誌一册。

十時後上樓。

〔十二月六日・閏十月十四日・星期四・陰〕

九時許做完外丹功，上午接弱水及其舅楊鋭來信各一通。弱水云：將於兩年內完成博士論文，又云：明年夏將返臺。

午齋後上樓，先讀「焚書」，再寫短論「愛的形下學」（應普門約稿），越寫越醜，蓋才力如此，盡心焉而已。

晚閱報：高雄某醫療機構經實驗，中醫處方：「黃蓮解毒湯」（見「醫方集解」），可治B型肝炎，效果卓著。

又致「霍韜晦」一函，告彼三民已採用彼著「絕對與圓融」一稿。

〔十二月八日・閏十月十六日・星期六・晴〕

午後，接香港袁錦常兄信，彼云：他的老闆——何世禮主持之香港工商日報已停刊，想彼亦輟業矣。錦常兄在香港奉母以居，至今六十餘歲，仍單身耳。

今與一陌生女子發生齟齬後，余拂袖而去。細思與人積怨太深，似前生有欠於人，今悶氣在胸，心臟又感不適。

余每試，只要「生氣」，卽心臟病最先反應。余非聖賢，尚未能「忍辱」如佛，亦未能「幽默」如林語堂，如此積怨，當非一日之寒。兩枚埋在地心的雷，活在上面的人，如何能生活得平靜？余願放棄一切，來消除業障。

往昔所造諸惡業，皆由無始貪瞋痴；從身語意之所生，一切我今皆懺悔。

〔十二月九日・閏十月十七日・星期日・晚陰〕

余願此身，永遠孤獨，天地之間，惟我獨尊。一個人，既不累己，亦不累人，與世無爭，與人無怨。今買白象牌三公升電熱水瓶一台，一千八百元。為余樓居生活方便不少。晚，開爐沐浴，寫日記。

〔十二月十日・閏十月十八日・星期一・晴〕

晨起做外丹功，早餐缺席。

十一時經郵局逕去臺北林森北路一素食店午齋。走至南京東路、林森北路口，見「全省素食餐廳」招牌，進門有女侍接待，坐定之後，要「辣豆腐、冬瓜湯、蒸餃」各一份，吃畢，餐費一八八元，好珍貴的午餐？步出店門，再坐車去忠孝西路一複印店，印了十一份論文稿，在附近郵局買了信封，再去靈山講堂，先與陳素甜通了電話，然後為此間解決一些新書版面上的錯誤，又看了陳柏達「占察善惡業報經今譯」原稿，到四點鐘，將「論愛的形下學」寄與「普門雜誌」吉輪常，乃搭車去學校上課。

返寓後，晚餐麵包一份，在佛堂吃後沐浴。入睡。

〔十二月十一日・閏十月十八日・星期二・晴〕

晨起後，炙任脈穴一小時，食麵包半個，水一大杯。下樓看報。午後接美國婉窈信及松山寺靈根法師邀稿函。

下午二時上樓，至四時許，電話鈴響，係樓下小孟打來，並云：天華公司有事來電話，彼又云：身體不適。余與彼通話後即下樓，知彼舊疾再發，咯血，乃訂明日去臺北防癆中心門診。

今晚在樓下書房休息。

〔十二月十二日・閏十月十九日・星期三・晴〕

上午陪小孟到臺北看病，醫生謂：病灶已好，但咯血之原因不明。僅開止血藥數日，即返北投寓所。

余去臺北時，家中信箱有人留言，「請速與三民書局劉振強老闆連絡」云。又見學生王昭丹賀年片一封。

稍事休息，即炊午餐，三時，與三民書局連絡，經與劉秋涼、王韻芬及最後與該局負責人劉振強一談之下，原是該局新編之「大辭典」佛學部門有問題，急需余前往做修訂工作。余乃答以明日上午九時前往，事即匆匆決定。

下午五時，在樓下做外丹功。

晚間仍睡書房照顧病人。

〔十二月十三日・閏十月二十日・星期四・晴〕

清早七時起身做早餐，餐後，攜「佛學大辭典」一套，八時出門去臺北三民書局，到三樓與該局董事長劉振強見面，稍談片刻，卽就位開始「修訂」佛學辭條；參與工作者，有八十餘位各大學教師，師大教授（余舊識）莊萬壽在焉。與余寒暄爲禮。中午，在附近「素菜之家」午餐。

余途經宏業書局門前，查沙千夢「人間・靈界・天堂」一書，發行情形及是否可以轉移版權？中午未眠，工作至五時三十分，乘車回北投，下車後，在市場逡巡半晌，返家時，三民書局外務員騎機車來，余將工具書十一册交彼帶回，放余桌上備用。

余晚仍棲樓下。今因參與「大辭典」修訂工作，生活突然緊張起來。但望此「心」不動。外丹功，今晚九時做一次，至十一時養息。

〔十二月十四日・閏十月二十一日・星期五・晴〕

早七時起身，先做家事，八時出門坐計程車到三民書局上班。全日工作六小時又二十分。這是參與「大辭典」編纂工作之第二天，上午與政大中文系謝雲飛教授爲鄰，亦互敍片刻。

下午五時許，余離開三民去學校監考，晚十時返家後，在市場帶回水果及次晨食用之麵包，回家未再用飯，但喝飲料。十時五十分做外丹功，未沐浴卽睡。倦矣。

〔十二月十六日・閏十月二十三日・星期日・晴〕

上午在家整理舊著「入聲字箋論」，及新著「英雄寂寞」二書，計四百本裝箱，捐與花蓮慈濟功德會，假新生南路「空軍活動中心」義賣會場義賣，作爲「濟貧建院」之資。並聽該會臺北區委員柯美玉居士下午五時來取。

余於中午餐後去士林練外丹功，四時半返家，稍事休息，聞門鈴聲，知柯美玉居士已至，乃出門相迎，彼與夫婿黃思哲先生一同開車前來，余約之上樓敍談，並參觀余佛堂及藏書，彼交余「證嚴法師開示」之剪刊九十餘頁，俾作爲編書之用。

晤談約四十分鐘，黃先生將書搬至樓下，余下樓送他們離去。此對夫婦爲「慈濟」熱心服務多年，後柯居士並主持天南電台「慈濟世界」播音工作。

〔十二月十七日・閏十月二十四日・星期一・晴〕

早起即匆匆備餐，八時出門，因士林塞車，至九時十分抵達臺北重慶南路三民書局，今臺大楊惠南副教授（由余邀約）亦來參與修訂工作。

彼決定一週來此工作十二小時，余則每天六小時。星期天上三小時，星期六則每天九小時以上。因須加工修訂，以俾將稿樣送日本印製也。

余自受邀修訂佛學辭條工作，時間頓時急迫起來，幾無片刻休憩，身心亦頗疲累，陳素甜欲見余時間亦無。中午與楊惠南同在「素菜之家」用齋。

今上班至下午四時四十分，再到學校上課。

晚十時半在家做外丹功，十一時卅分寫小筆信一封，勉勵其外島生活。

〔十二月二十日・閏十月二十七日・星期四・陰〕

日日在三民上班如儀。

今上午九時先到靈山講堂指導編刊，十時十五分再轉至三民修訂辭典。中午在「宏林」午齋。

午間，因辭條中有「玄沙師備」〔禪師〕語：「大小肇法師，何以作寐語？」「大小」二字初不解。籌謀約一小時，忽得破悟，「大小」乃「如此這般」之「指稱詞」，此二句係一年約四十之某大學教授問余，余乃解之。復經查專書，果爾。

三民下班後，返北投時，同車遇亞盟副秘書長李文哲，多時不見，敍晤甚歡。至中山北路，又遇女兒小慧下班上車，余與李直至北投公館街口，始各奔家園。

晚十時四十分做外丹功，十二時入睡。

〔十二月二十一日・閏十月二十八日・星期五・陰〕

中午在三民書局附近藥房，買「止血片」四十片，備小孟用以止血。另購絲巾四條，備作獎勵學生之用。

今在三民上班計六小時。

晚九時上樓，找「蓮宗十三祖名錄」未見，然後澆花、沐浴。

小孟病已漸好，但仍不能行動。

〔十二月二十三日・農十一月二日・星期日・陰〕

今九至十二時在三民修訂辭典。下班後在「素菜之家」吃麵，然後驅車「空軍活動中心」，隨喜「慈濟功德會」義賣，余捐資二千元，並買信封一百元，見功德會長證嚴法師，寒暄數語，余心中已定彼之「開示」爲「慈濟叮嚀語」矣。〔案：此書名自余提出後，經一度波折，始定案成書。〕

離開會場後，余去劍潭練習外丹功。返家，略事休息，即至地下室清理髒水七八桶，再上樓。

十時三十分養息。

〔十二月二十五日・農十一月四日・星期二・陰〕

今，耶穌誕日，休假。

余仍至三民，計工作七小時四十分鐘，中午在「宏林」午齋。

晚間返舍後，接學生徐美枝、李燕珠、陳珠英等賀卡，及美國玉棠姑來信。

又見弱水寄小慧生日賀卡。

女兒小慧生於民國四十七年十二月二十九日下午五時，出生於「臺灣屏東東港婦嬰醫院」。

今晚十時三十分練外丹功後，入睡。

〔十二月二十七日・農十一月六日・星期四・陰〕

今在三民上班七個小時四十分鐘。

早八時五十分，余在重慶南路遇表弟史宜居，差肩而過，寒暄數語而已。

晚七時自臺北歸，到家後小慧仍未回，余自去三民書局參與「大辭典」修訂工作以來，多日未在家晚餐，今為第一次也。

晚齋後，上樓查書，帶下「圓覺經」及「佛教史」二種。

十時，〔女作家〕秦梅來電話，略述數語，即做外丹功。

小慧十一時始返。

〔十二月二十八日・農十一月七日・星期五・陰雨〕

余至三民已第十六天。今仍工作七個小時以上。

中午在「素菜之家」用齋時，遇「三峽淨業林」某老居士，已七十五歲，二人同桌，最後此老堅持付齋費。

晚至學校上課，接畢業學生陳碧芳賀卡。

十一時做外丹功後休息。

〔十二月二十九日・農十一月八日・星期六・陰雨〕

日日在三民。

午齋，與楊惠南副教授在「宏林」共享。

下午四時五十分，離開三民，在臺北火車站前大南四〇號候車排隊時，見身後有二位女士入隊，其中一人正捧玉蜀黍一根啃食，吃時突然倒地不起，俟余轉頭反顧之際，已被另一人抱起，余初以爲此女是不小心跌倒；又過片刻，嘗見此女雙眼緊閉，其同伴另一女子作驚惶欲哭狀，此時有一六十歲左右男子，便出列叫車送醫，余乃知該女必有問題，似爲癲癇？後有人言，剛因「輸血」，走到此地，故忽然暈厥。

余身前另一男性學生，則到警亭叫計程車，將彼二女護抱上車，逕去某一醫院急救。病者女件直哭，口中喃喃云：「對不起她……。」

此幕人情場面下，惟一主動出面助人者，即那位年約六十以上之白髮內地人，及另一學校放學候車之男生。余與同校一朱姓老師在列中，皆因一時徬徨，木然未及伸手，且未警覺其嚴重性。又以余等係趕車去學校上課，救人與上課之際，一時無從抉擇，而猶疑不定。余事後思忖，當時實應「放下一切」〔遑論上課？〕救人第一。即使因上課缺席，可俟人送醫院之後，再返校申述缺課原由。

所謂「良知」之實踐，與掌握時間爲絕大的關鍵，此中頭腦之敏捷與利害之抉擇，尤具要件，更猶疑不得。此皆余之修養不到火候故也，愧甚！愧甚！

晚回家，接前學生——淡江大學張淑貞賀卡。又聞陳淑麗曾來見余，但人已去。余當時與之連絡，決定元月一日一同拜候南懷瑾先生。

十一時上課，做外丹功，十二時入睡。

〔十二月三十日・農十一月九日・星期日・晴〕

今下午六時，本班學生在昆明街愛菲亞西餐廳餐宴。

余九時到下午一時在三民工作。

午齋在「妙香林」用香菇麵，然後坐車到劍潭練習外丹功。練完再循中山北路轉車到昆明街，到愛菲亞時，學生蔡菊娟迎余上樓，諸生大半已到，五時三十分，科任老師蔣延齡（會計）、陳茂雄（英語）陸續前來，從六時至九時整個宴會過程中，包括三項活動：即「唱歌、做遊戲、用餐」，蔣延齡老師唱「鍾山春、鳳凰于飛」，余唱「燕雙飛」，學生全穿「啦啦隊」服，一片青春氣息，她們唱流行歌曲，還有我愛聽的「天天天藍」與「一支小雨傘」，這是她們有心娛師。然後，又互拍照片多張。

九時後，宴會散場了，余與蔣延齡老師及學生簡碧雲、陳君秋等叫車經石牌回北投；我與蔣老師在北投「臺北市銀行」前下車各自返家，簡碧雲則轉車去關渡住處。

余回後，小孟云：謝雪燕來電話，要送余慢跑鞋。

十時，余上樓沐浴，又與莊梅芳連絡，囑其元旦不必來晤敍，因余仍要去三民上班。下樓後又與雪燕通電話，約明晚在學校會面。

〔十二月三十一日·農十一月十日·星期一·晴〕

全日在三民修訂「大辭典」。

中午與南懷瑾老師聯絡，接電話者云：師已外出。午間與楊惠南一起共齋。午間，三民發「修訂辭典鐘點費」，余工作十八天（每天約六——七小時），共四萬一千二百八十元，另補餐費一千零二十元。

四時五十分離三民去學校上課，在週會時，一位少校教官忽來本班前列告余，學生劉惠娟在來校途中車禍，現住中興醫院……云云。余云：上完課即去探視。

課上完後，等雪燕未來，即逕赴中興醫院，到時，劉惠娟及其父母均在急診處病床邊照料其女兒，見余云：馬上出院了。余詢問車禍原委？原來劉惠娟與四年級四班一女生坐計程車趕來學校途中，與他車互撞，但情況並非嚴重，劉生頭額撞腫，左手一指骨有裂痕，頭微暈。余去看四班女生，傷較重，似乎腿已斷。余候其母取藥，便同時扶劉生走出中興醫院，分別返家。

余返後，有舊日長官張輔民信一通，小筆自東莒來信一通。筆信云：每餐米飯三碗尚不飽，體力甚佳云云。

余今喉頭頗不適，鼻塞、噴涕連連。並自昨日起感覺右肩奇酸，頸部亦酸痛。似爲外丹功反應。

十一時做外丹功。

元月梅之章

〔七十四年元月一日・農七十三年十一月十一日・星期二・陰〕

今自上午九時——下午五時二十分，在三民上班。

〔元月二日・農十一月十二日・星期三・陰〕

今在三民上班八小時又十分鐘。

右手臂、肩，三天來異常酸痛，精神萎頓，但強勉工作，夜間難以成眠。

今午仍與臺大副教授楊惠南共餐。

下午五點離開時，告知三民工作人員陳芳汶云：余明日不上班，休息一天。

返家後，上樓沐浴，並與謝雪燕通話。

下樓後，十時五十分做外丹功。

〔元月三日・農十一月十三日・星期四・陰偶晴〕

上午躺在大沙發上昏昏沉沉二小時，臂肩酸痛。此病不知是三民書局冷氣孔直吹引起，還是外丹功練後內寒向外散發所致。

下午到臺北靈山講堂交代校對「千里學靜坐」細節，即去車站對面「綠灣咖啡廳」候謝雪燕，不久，雪燕到，余即打電話到靈山，問莊梅芳來否？云未至，乃與雪燕乘車去忠孝東路二段世貿大樓附近巷中平素熟知之專賣小米稀飯、小菜、煎油餅之小飯館。余與雪燕在此共餐，本約莊梅芳同來，但彼未至，再打電話到靈山，云已到，乃與雪燕帶水餃、小菜一包，坐車到靈山講堂，與梅芳見面，將食物予之。

彼食後，晤談至八時半，下樓分手。余與雪燕步行至北門，彼上車返新莊家中，余返北投。

雪燕與余，狀似父女，無人疑也。

返家後，做外丹功，睡前以沙發爲床，以免肩部奇痛。

〔元月五日・農十一月十五日・星期六・陰〕

續至三民修訂辭典。

左肩、臂、頸均酸痛異常，已第五天。中午與楊惠南在「宏林」午齋。

離開三民之前告知陳芳汝，明天休息。

返後，晚十一時二十分做外丹功。

〔元月十二日・農十一月二十二日・星期六・陰〕

一週來肩痛仍未癒，仍帶病在三民修訂辭典，咬緊牙關做外丹功。昨宵睡眠仍未濃。

〔元月十三日・農十一月二十三日・星期日・陰〕

上午在家休息，雪燕十點來余寓，送來全新慢跑鞋，余留彼午餐，彼稱要回家包餃子，堅不肯留，余乃偕其上樓，贈以「第三眼」、「日本第一」等暢銷書各一册。彼下樓後離去。

雪燕走後，余小睡片刻，午後去劍潭習外丹功，今日加入新手約十餘人。返家後，晚間在書房為學生評學期操行分數。十一時入睡。

〔元月十四日・農十一月二十四日・星期一・陰〕

在三民工作至中午，與楊惠南在「素菜之家」午齋。

晚間返舍後，見小筆自馬祖來信兩封。

信中備述在「東莒」前線，從構築工事——扛鋼筋、揹水泥、寒夜戍守孤島前哨，到海中駁船搬運補給品的種種「勞其筋骨、餓其體膚、拂亂其心志」非臺北繁華世界所能體驗的磨練生涯。

小筆天性至純，對余之崇信佛法，鑽研佛學，隨喜而已，並非如余之信仰虔誠，隨分力行也。彼對佛法之態度，亦如其兄弱水，隨喜而無信仰，一學者敎宗觀耳。

弱水專治「中國思想史」，筆初從東海經濟系出身，日後走經濟學之路，似已無疑矣。彼與弱水，文字能力均不弱，所謂「下筆能文者」，一般知識頗為豐富，兼有辯才；但佛法不明，未入生命深層，讀信之餘，不免繫念於懷也。

十時做外丹功。

〔元月二十二日・農十二月二日・星期二・陰〕

九時四十分到三民書局，工作至下午三時，遇友人——師大副教授陳郁夫來此參與「順讀」

工作之，稍事寒喧，卽各自埋頭於文字之間。

晚間，在家看「劉宜良案發展的報導」（卽「江南案❶」），深感「政治」之殘忍無情，冷酷無義，只問目的，不問手段。世界任何獨裁者，其手法皆如出一轍也。

因看報延至十二時未睡，外丹功例外停止一次未練。

【註　釋】

❶江南案：江南，爲作家劉宜良之筆名。劉係江蘇人、臺灣政戰學校畢業，後移民美國，因寫「蔣經國傳」、「吳國禎傳」，獲罪於當權派，於月初被殺於洛杉磯寓所。

〔元月二十七日・農十二月七日・星期日・晴〕

午後在書房查各家「金剛經釋疏」，將「衆生相」疏解定案，卽下樓。

今晚全部休息。

〔元月二十八日・農十二月八日・星期一・陰〕

今俗稱「釋迦牟尼佛成道日」。

上午九時二十分坐車抵三民，下午三時離開。

惟中午與師大教授莊萬壽在「素菜之家」共齋。餐間有一道菜炸油味極重，餐後頗感不適。

回家後，弱水有信，談及申請兩筆獎學金有望，又云今年七月初可回臺灣。

晚十時半做外丹功。十一時三十分入睡。

〔元月二十九日・農十二月九日・星期二・陰〕

今在三民工作至下午四時。

午齋在「素菜之家」，製作水平越來越差。

下午四時二十分到靈山講堂稍事交代，即返北投下厨做飯。

今見「自由日報」，小孟有「兩代」一文在副刊發表。

晚餐後評改學生試卷，十一時練外丹功。

〔元月三十一日・農十二月十一日・星期四・陰〕

上午九時——下午五時三十分在三民工作，並發半個月鐘點費，計臺幣六萬三千七百六十元。

下午六時半返寓，小孟說法振法師來電話約余出席「續明法師獎學基金會」，余並非會內成員，無出席之必要，又因太忙，也無暇分身。惟對振師，頗爲歉然。

〔二月一日・農十二月十二日・星期五・晴〕

今三民又補發半個月午餐費一千二百元。

中午十二時到臺灣銀行總行與陳素甜一同將弱水的錢滙出，計臺幣六萬七千零八百元。然後偕同素甜到素菜之家午齋。飯後，將三封信：杜立夫老師、張輔民先生、法振師各一通，交素甜代爲投郵，余則獨自回三民辦公室工作。

〔二月四日・農十二月十五日・星期一・晴〕

日日在三民工作如儀。

中午在宏林用齋時，順便到對面郵局投寄「花蓮證嚴法師」信一通，內容提及「慈濟功德會」發起會員每人響應捐資一萬元，支持「建院」（建「慈濟醫院」），余非會員，先行響應寄上臺幣一萬元，以爲「樣榜」。

下午三時去靈山講堂有電話兩通，均爲細事。

晚返舍後，松山寺寄來「守培法師全集」一套。頗爲可貴，余珍藏之。

十時十分練外丹功。十一時後入息。

〔二月七日・農十二月十八日・星期四・陰雨〕

〔上午九時二十分——下午四時四十分在三民。〕

中午又在宏林午齋，順道在漢口街買兩小盆菊花（但養之不久卽枯死，誠暴殄天物也）。

下午四時五十分，到靈山講堂，有女子徐曼馨者來問余弘一大師事，彼提出資料目錄，余又爲之補充；彼云，要拍弘一大師電影，余告以高僧電影，演出後，恐怕會叫好不叫座，製作人會虧本，要她冷靜考慮。另外彼又云，拍電影之後，再製「錄影帶」，余云，這不會虧本。徐女是原無佛法信仰者，其拍片動機，只是一種理想而已。

余下樓時，彼送余至臺北車站，然後握手道別。返家後，發現小筆自東莒寄來家信及照片一張。好胖。

晚間看雜誌，「普門」已發表余著「愛的形下學」，惟校對竟不知何爲「維特的煩惱」？校對者亦不應盡爲「魚魯」不解之輩也。

十一時三十分，家人看電影集「刺鳥」，余做外丹功。

〔二月九日・農十二月二十日・星期六・雨〕

中午，三民兩位女性編輯約余至素菜之家午齋。

下午，因應杜立夫老師約，五時到金山南路僑福樓餐廳，出席彼之次子婚禮。余入座後，杜師爲余一一介紹同席舊日同僚，可記憶者，有抗戰後期：

前二十六軍四十一師參謀長何繼厚；

前同軍四十四師一三一團長余嘯牧（七十餘歲，看若五十許）；

退役不久，北部某軍團，一個軍之副軍長、前二十六軍特務營長宋敬銘（當時任梨山管理局長）。

後來因換桌，同桌者：

一爲前南投某軍醫院長、現在新莊開設綜合醫院之劉文烈醫師；

一爲前二十六軍幹訓班之軍需郝振興；

一爲李二白律師，及某稅捐處處長劉某。其餘爲女性。

余在全席中只吃數粒蓮子，兩葉芥菜，未待席終，辭出。

〔二月十一日・農十二月二十二日・星期一・陰雨〕

上午九時三十分——下午五時三十分在三民工作。

下午四時許，劉振強約余到彼辦公室晤談，關於舊曆年後，聘余在家中爲彼補寫「佛學增補再版辭典」之辭條，余允之。

因漸近年關，擬將帶至三民之參考書取回。

〔二月十三日・農十二月二十四日・星期三・陰〕

整個上午，在樓上整理由三民帶回來的佛典等參考工具。午後下樓，看到小筆由馬祖來信，說及在海水中扛砲彈、抬鋼筋、水泥，水冷徹骨，患感冒了。

二時許，練外丹功，到三時三十分，便匆匆帶兩篇舊稿，坐車到臺北，在火車站前一家複印店，印了四十一份，再去靈山講堂，參與晚齋，不久郭暖卿來，便到前面流通處編組十六期「現代佛教」。

在工作間，學生布其如突然出現，〔非常怪異的是，每當我由一地轉到另一地參與佛教文化工作，消息不久便傳遍社會，山南海北，都有人來問學、問道、問暖噓寒。〕原來布其如在靈山隔壁一家皮膚科診所兼差，每天下午五—七時上班。今天她過來看看（佛教場所，任何人都可自由來），聽到我講話聲，就進來了。

於是，我和布其如、郭暖卿，談了一陣，三人一同下樓，在市議會後面青島東路車站等車，布其如去關渡家中，我與郭暖卿上車，我回北投，她到劍潭。

返家後，小孟云：三民派人送稿費，計兩個月，稿費十三萬元，但扣除所得稅百分之十，一萬三千五百元。

晚間寫信給小筆，慰勉之，並叮嚀他特別注意身體健康。

〔二月十四日・農十二月二十五日・星期四・陰〕

從現在起，爲三民「大辭典」再版本撰述辭條後修訂工作完全在家中進行了。

上午九時，余與妻小孟到北投福利中心購物，寄給戍守馬祖的小筆；返家後，進行包裝。飯後再去郵局寄掉。再轉去士林，到臺北市銀行士林分行領出臺幣六、五〇〇元，去中正路郵局，連同靈山講堂付的稿費四千七百元，兩項稿費相加，臺幣一一、二〇〇元，以其中一萬元，透過劃撥，寄給「花蓮慈濟功德會」，作爲捐助建院之用。

返家後，再編證嚴法師的每月開示：「慈濟叮嚀語」。直到晚間十點以後，其間並與慈濟委員——與余負責協調之柯美玉居士通兩次電話，討論「叮嚀語」印書問題。

〔二月二十日・農七十四年正月一日・星期三・雨〕

多天來，日日爲「慈濟叮嚀語」做整理、潤飾、編輯，甚至校讎工作。

早餐後，即上樓焚香、拜佛，並將待寄給千夢❶的書整理出來裝箱，又寫了五封信，分別是香港袁錦常、劉文蘭，加拿大沙千夢，本島的陳柏達、莫佩嫺，再下樓將余過去寫給學生的信，整理出二十四封，分寄給吳雪華等，作爲做人做事參考。

三時後，做外丹功，不久，門鈴響，小孟去開門，原是張棨全家來賀年。余停止外丹功，小孟則招待之。快到七點，又有門鈴聲，開門一看，原是慈濟柯美玉居士及其夫婿黃錦棨先生來訪，因樓下已無坐處，乃請至樓上客廳敍談，並命女兒小慧送茶。

柯係送「慈濟月刊」合訂本全套來供余參考，並帶證嚴法師問候口信，及感謝狀等。柯又致禮物一包，推辭無方，愧納之。談約一小時，二位辭出。

晚間，張棨全家去後，余續做外丹功，已十一時五十分，又與堂弟啓民連絡，明天上午一早去海柯伯處拜年。

【註釋】

❶寄給沙千夢女士之書籍，係余先前承諾，以一部份余之著作及一些佛學工具書，寄之。因溫哥華，買佛書不易也。

❷張棨：廣東中山人，大余約十歲以上，爲小孟在蘇州軍方醫院服務時之同僚兼好友——張劍鳴女士之

夫，因劍鳴已去世多年，張棨偕其二子及媳等住新店，每年新正，必來相聚也。

〔二月二十一日・農正月二日・星期四・雨〕

上午九時，與啓民到臺北民生東路三三一巷一號六樓三伯父處拜年，與三伯寒暄間，問及在美國華盛頓「中華民國軍事採購團」服務的大妹關月是否回來？三伯說剛好回來。便命大妹出來見面。與大妹談了片刻學佛問題，彼贈余及啓民巴拉圭製圍巾各一條。因有客人續至，余乃辭出。

返寓後，家人云：堂妹亞珠之夫婿李宏榜（前臺北市工務局總工程師，已退休）電話來賀年。午後續有學生王昭丹、陳美齡來電話拜年。

余三時做外丹功，直到六時，無電話。

晚間，余與小孟到士林堂兄復增處拜年，進門時，座上全是客人，有啓民、宜居、國華等及家人，談約一小時，辭出返北投。

返家後，女兒小慧說張輔民公自鳳山來電話，余隨即掛電話至鳳山，由張公夫人（聽口吻似是）接話，隨即張公與余談數十分鐘。

睡前看「刺鳥」。

〔二月二十三日・農正月四日・星期六・陰〕

十時，到郵局分寄二十四封答謝多年來不同年度畢業之學生賀年信卡，另寄陳柏達、張輔民公、莫佩娴等信。

下午一時四十分，小孟與女兒去臺北購物，余一人在沙發上看報，不久，學生陳淑麗偕另一慕名而來之女子見余，坐談約三小時。

陳淑麗已來臺北工作，但因未來是否能「棄俗」，未能決定（她有一個不確定的美國男友——藍汀，在政大教書），所以拜訪南懷瑾老師一事，就此擱淺。余多次爲此生有煩南老，頗感歉意。

學生走後，余做外丹功，孰知腹部一陣氣脈如鼓，脹到極處，幾乎爆炸，到最後，漸漸氣出如雷聲，始漸漸平息。

如此這般，在一小時內有三次，不知何故？

晚間，家人看電視，余在臥室閱三民委託審查之「現代哲學□□」一書，逐頁逐字細評，看了兩章，後來發現，此書竟無結論。——大約以附錄「□□□□□觀點看宗教」代結論吧？

此稿，謹嚴度略差，要接受，就必須修改。

十一時後在疲倦中入睡。

（二月二十四日・農正月五日・星期日・雨）

上午九時許，七海印刷老闆陳慶松來，余將「慈濟叮嚀語」複印稿以及設計圖、排版條例交彼；又將「苦海慈航的呼喚」一文，以十五級粗明體打字排版，交彼一併開始製作。同時三民書局亦派人送來補修之辭條八條，余當時將已審閱完了之「現代哲學□□」及審查意見書，交來人帶回交總編輯王韻芬。

晚間，乘車到學校，與學生檢討寒假交辦之事。

返後，九時已過，小慧侍余食素麵一碗。

上樓。

〔二月二十七日・農正月初八日・星期三・晴〕

一早起身，去學校出席八時卅分召開之「動員月會」，午間，到臺北，先在宏林午齋，二時後，到三民書局門市，買自著「當代佛門人物」一册，又上三樓將修訂之八條辭條交王韻芬小姐，返北投時，已三點過矣。

晚餐前，上樓沐浴，後寫余自述「年表序」，下樓，身上稍感寒顫，直到飯後始回暖。

餐後，三民湯嘉蘭小姐又派人送辭條來訂正。

九時後，始做外丹功。

〔三月十八日・農元月二十七日・星期一・陰〕

苗栗苑裡大興善寺、福慧大德尼於本月四日凌晨四時，因肺炎突然病逝，逝世前十天，起初感冒、咳嗽，後轉肺炎症狀，惜無人注意，大德尼又有願：生病不服藥、不送醫，乃致延遲住世壽命，終致引起心臟衰竭捨報。

福慧大德尼之逝世，以五十六歲之年離開人世，余心至感悲痛，自記事以來，未有如此爲一方外女子之死，如此哀者。

余於元月六日晚九時獲訊，打電話給師侍者——常持法師，期早作荼毗，並將舍利塔殿建於寺內供養。

因大德尼之身後有舍利，余視爲必然！凡道行高潔之僧尼，即使無慧眼之一介凡子如我者，亦一言可斷。

△三月十二日（農元月二十一日）下午一時，師遺蛻在三峽火葬場荼毗。

△今——三月十八日上午十時，由懺雲法師在大興善寺主持告別式，余不及前去。惟師逝世之後三日，余已親去拜靈矣。

△福慧大德尼荼毗後，得舍利花、黑白紅綠黃諸色舍利子三千餘粒以上，現供於器皿內，藏於該寺供世人瞻仰。

△大興善寺於一年後遷銅鑼山間。余已多年未省矣。

△余之日記，寫至今日停止。一則無恆，一則爲哀痛師之去也。

杜魚庵師友書信集註●前記

三十八年之前——民國四十一年十二月初八日，我在臺灣「菩提樹雜誌」創刊號，發表第一篇佛學論文——「持名念佛的價值」，那是我以文字因緣作「慧業」敷陳的開始；那一年，我已二十八歲。二十八歲，是我從事著述生涯的歷史線；在那以前，我從沒有人生目標；也可以說，「學佛」，給了我一個活着富有深義與美感的人生情境；當我的第一本純文學散文集「水晶夜」問世之後，我不再追求浪漫的文學花果；我決定，把全生命奉獻給佛家的「文字慧業」。

在從事「文字慧業」的過程裏，我從未想到「將來」要在「這裏」得到什麼？當我撰述「弘一大師傳」的三年間，每於執筆之前，心中必然默祈——在常寂光中的弘一大師，能扶持我這個凡夫俗子，把他的光芒在衆生幽黯的心靈深處，點燃一盞智慧的燈；而我自己，則一無所求。爲佛法而布施甘露，是我的職份，與我的初願。

從那一日開始，我點點滴滴、陸陸續續、踉踉蹌蹌爲廣大的社會，結文字佛緣；幾幾乎，我在任何發表的場地，都未獲取一分稿費；佛敎刊物，眞是一塊不食人間煙火之地；而我，也順理成章，變爲一個不食人間煙火之人。正因爲如此，我與佛教界的法師、居士，乃至忘年的朋友，結了數不清的翰墨之交；有的我向當代佛學大師請求教益；有的是初入佛門之人，向我詢長問短；在互相滋潤之間，我如魚得水，如虎歸山，從此，寂寞的心靈，有個落腳之處。

記得，是民國四十年的晚春之夕，在新竹香山的一個小佛堂裏，第一次與太虛大師門下的大醒法師作抵足之眠，深夜聆聽山林的淒厲梟聲，直到更漏已盡，在漸聞漸遠的聲籟之中入睡，次日凌晨，便匆匆揖別這位天性純樸的方外長者，此後，我漂泊軍旅，而箋函的嘘候未斷，直到他離開這個冷酷的人世……。

在這麼一段漫長的時間，與我討論佛法、商談世理的信札，何只千封？可是，在我身無一物、顛沛流離的生涯裏，能保留而珍藏的，到今天，也只有三百多件遺珍；在每一度遷徙中，所散佚的金玉良言，每一憶起，便使我心爲之痛。

到民國五十年之後，我才開始注意到信札的歷史地位，但是，還沒有嚴謹到每函必加珍藏的地步；有些信，感覺只是談些「佛門家務事」，或者涉及「個人恩怨」，也就隨手付之祝融；可誰又知道，幾行淡淡的墨香，不管是恩是怨，是佛法還是人情，也會成爲今日之我的思想靈泉？

我今天從三百多件紙邊瑣語——敎我、勉我、慰我、護我的珍藏裏，檢出二百四十六件金箴玉韻，把它交給「永恒」，讓它傳之久遠，願讀此書的朋友，分享我的溫馨。

在每一件信札裏，我感覺需要爲讀者介紹某一師友的生平或某一事相的原委時，我便加以註釋：

一、在每一條註釋裏，凡有「余、我」的第一人稱代名詞，都是我這位註者的引言；

二、在夾註號〔 〕裏的文字，則是我的「補足語」，以塡補信中行詞的空隙，俾供更細致的了解；

三、在夾註號（ ）中，則是師友的自註；

四、至於被「刪略」的地方，基於缺乏第三者同讀的基礎，或彼此之間的閒言戲論，也一併割愛；

五、在所收的師友名下，並非只有這幾箇珠玉，因爲有些被逸失了，有些則未加列錄，這一系列信札，是「一個選集」。

今天，這個「選集」能列入個人的「稗官野史」，而且能與世人見面，我要感謝諸多因緣，尤其諸上善人，同聚於楮墨世界，寧非另一種「桃花源記」？

陳慧劍　謹誌一九九〇年三月十三日之午

杜魚庵師友書信集註〔上〕出家法師

廣義法師函❶四通

〈之一〉

慧劍居士：

查弘公與義同住事，在抗戰初期，是同住（泉州）承天寺，義住客堂，弘公住月臺邊數椽舊屋。不久移住永春，後轉住洪瀨（南安）靈應寺，以後去草庵（晉江），曾一度來泉，又去惠安稍住，之後，住百原禪苑（銅佛寺），係未入永春前。後泉州被炸，義卽往雪峰，後去家師小廟（清水東林），後因開元寺之請，初住客堂，任監院，代住持，而弘公住溫陵養老院（男衆），在泉城東北角，唐四門博士歐陽詹公祠及宋朱熹講院（小山叢竹）之華珍堂。左之數間，（係）妙蓮法師❷等住的地方。弘公住於華珍堂一小廳及兩房。養老院距離數里許（是開元寺），此院與開元寺有些關係，（但爲）獨立機構，係滬商伍澤民居士獨資布施，有董事會之組織，葉青眼、曾穎津、李秉傳、尤廉星等董其事❸。

星州騷亂❹中，義居本林❺，正在誦地藏經期中，出家人對生死事，總之如此，不必驚惶，但悲死傷很多，此間未曾確播其數目，衆生業力以致，悲夫。專此匆復

文安、不宣

衲　廣義手覆（一九六四年）甲辰中秋

△金粟寺內，有一女子養老院。名：「泉州婦女養老院」，係由開元寺搬出。

【註釋】

❶廣義法師：福建泉州人，約生於一九一五年後，青少年期出家於開元寺，與駐錫臺灣四十年之老宿——廣欽老和尚、新加坡廣洽老法師、馬來亞檳榔嶼廣餘法師均同門，菲律賓三寶顏之傳貫法師則在閩南僧界低一輩。廣字輩之上，則爲「轉」字輩，如「轉塵」和尚。義師現仍新加坡，駐錫華嚴講堂。

❷妙蓮法師：其個人歷史不明，民國二十六年自青島到閩南從學於弘一大師，曾一度也任侍者，弘公之遺著遺物存於妙師處不少，現在泉州開元寺「弘一大師紀念堂」所收，多爲妙蓮法師所存。妙蓮法師現在約八十歲，仍任泉州開元寺住持。

❸「弘一大師傳」於一九六四年底（民國五十三底）結集出版之前，余寫信給弘公生前有關之閩南生徒，查詢弘公在世時諸般生活狀況，這是廣義法師的提供之資料一部份。

❹ 星洲騷亂：當時新加坡之種族糾紛及政爭頻仍，故云。

❺ 本林：指當時廣義法師寄單的新加坡居士林。

〈之二〉

慧劍居士文席：

由白老法師❶轉函款（美金拾枚）收到，甚慰。現將〔有〕印度之行，約匝月方回，本年在本〔居士〕林❷度歲。對於預定弘一大師傳記之款，略爲一談。義此間可負責貳百部額，但是每部只收美金壹元額，不能再有郵票之寄費，一次只是壹元（包括寄此間之郵資），而義設法購買米鈔就是，聞在臺灣可能值得每元〔兌〕有四十五元之額，可以不必再索郵費，願 仁者見諒，〔係〕此間捐助經書之方式❸。

義將傳貫法師之住址（英文）照此可達，同時說義要他去推動些，可函菲島劉梅生居士❹。亦可函菲島佛教居士總林（信由惟慈法師或自立法師轉之❺）。

關於會公❻之紀念文字，先發表無妨也。將稿剪寄與常凱法師❼。（切要的！）義近日預備赴印手續，未能多敍，三校稿畢，寄檳轉此，總之待義校後方可出版，地名及人名均有出入。專此匆復。並祝

文安

廣義手復 〔一九六四年〕十一月十日晨五時許

△義約十八日乘飛機返檳，廿三日到曼谷，二十六日到印，二十九日鹿野苑大會。

【註釋】

❶ 白老法師：指當時之臺灣「中國佛教會」理事長白聖老法師。

❷ 本林：指新加坡佛教居士林，廣義法師駐錫之處。

❸ 案：「弘一大師傳」初版，係由余自印，並透過佛刋，向海內外徵請助印，承廣義法師及各地區法師、居士廣泛支持，義師曾經由白聖長老轉寄美金，故云。

❹ 劉梅生居士：指曾任菲律賓馬尼拉普賢學校校長之劉梅生先生，厦門大學畢業，在弘一大師住世時，曾爲皈依弟子，弘公寂後，其中骨灰之一部份，由梅生居士送至杭州定慧寺，再建塔供養。劉約於一九八三年，在馬尼拉大乘信願寺出家爲僧，法號「覺生」。

❺ 惟慈法師、自立法師：均爲臺灣旅菲之慈航法師門下，唯慈法師現爲宿霧普賢寺住持，自立法師爲隱秀寺住持，彼等於一九五六年間去菲，一至於今。

❻ 會公：指弘一大師在世時之閩南名宿會泉長老。

❼ 常凱法師：福建人，新加坡佛教總會主要負責人之一。其個人歷史不詳。

〈之三〉

慧劍居士文席：

義於〔一九六四年〕臘月二十五夜火車抵此（新加坡居士林），二十六日早六時四十五分，稍為洗面後，七時起——十一時坐閱「弘一大師傳記」❶，十一時卅分與常凱法師約談要事，午飯後，稍休息，下午一時起——六時，繼續閱讀。入夜六時卅分約往龍山寺❷一談，八時起——十二時（深夜），大部份閱過，其間錯字隨手改正（加以附明），有些字跡未明處，無法詳閱，亦經附註，由　仁者詳校之。關於有些出入處，「注意」附加說明，請　仁者愼重複寫之。其中「人名」及「地點」、「事件」，均已改正之。時間匆促，一時無法詳校，之後如發覺，再予抽出。瑞今法師之名❸，在學問、品德，應為「律學會」❹上之冠，名應列於廣洽兄❺之首，彼係「閩南佛學院」之發起人，在義代理開元寺舉辦弘公追思會時，由今師主持。慧因係開元寺慈院生❻，後入春院❼。抗戰間在「昭昧國校」讀書，弘公寂後還俗，諒在臺南。李芳遠君❽雖是學生，好議論，殊不知弘公偉大與高深處，以公大慈攝受，間有信中所說之事，實則過份，亦不自量；此君好名，間好政治，余有詩刺之——「有術登天願亦休」。此點不必對此君強調，殊令人作三日嘔。其餘平實寫去，常人之道，較為妥當。「書簡研究」中，獨許夏丏尊居士，應將其他亦插入，較為生活之全面。乞再斟酌。　仁者寫會公❾之文，對義過獎之處，反增余之罪戾。然則仁者善意，無量感慨與誌謝。關於寄款問題，年關已急了，無法奉滙，擬空郵雙掛號與　仁者，諒在新正過後數天。居士林初一日——初三日受八關齋戒，各方賀年事忙，念誦過密。此次旅印❿，業障深重，腳指間生溼、腫爛、苦甚。途中受風寒、破傷風、自忖諒無法抵菩提伽耶，率仗佛祖呵護，帶病朝禮聖跡，只有一處未到——昆舍離（廣嚴城），係維摩詰居士示疾處，無法前往，急返加爾各答，訂機返泰國轉檳⓫，經醫調治後，稍愈，在檳時雜務紛紛，無法先期來星洲，一、因公民權證年〔齡〕塡錯發生問題，提控在法庭，約十日間爲此事奔忙。二、木蔻山般若院請余往講經——林忠億居士⓬疊促（因年關布施事宜）。三、銀禧養老院布施。四、在印度途中旅費不敷，借債還債事（欠菲團數位之款，泰國黃麥衡夫人之款），設法籌借還之。五、菲訪問團來檳數日，大忙導遊事。六、「太平佛教會」⓭請講演，與心悟、廣餘法師⓮共三人。七、佛教義學開學，要去一看。八、關於「馬佛青」⓯出版問題。事繁多病，以致校閱愆期，請仁者見諒之，專此匆復，並希詳校以完此願。餘容後敍。卽祝

年禧

衲 廣義於〔一九六四〕年臘月廿六深夜書

△余病兼車、機數日夜未曾入眠，目力已衰，勉強濃茶提神校閱，錯處仍多，請　仁者原諒是幸。

【註釋】

❶余於民國五十三底初，完成「弘一大師傳」之初稿及附錄，乃將全文打樣，分寄東南亞各國，如「瑞今、廣洽、廣義、傳貫」諸師閱正，在臺北市弘公學生黃寄慈長者，亦曾參與校訂。此時廣義師於朝禮印度佛教聖迹、返駐地新加坡之日，卽接余所寄之鉛字初稿，做校正工作云。

❷龍山寺：指新加坡芽籠廣洽長老住持之龍山寺。

❸瑞今法師：福建晉江人，一九〇五年生，俗名蔡德輪，十二歲出家，此後多年，經歷參訪修學，民國十四年，回到厦門，創建「初期閩南佛學院」，二年後，始由太虛大師接辦，民國十九年，受知於弘一大師，民國二十九年南渡菲律賓，俟後承性願長老之緒，接掌馬尼拉名刹信願寺與華藏寺。爲菲律賓中國僑界佛門惟一之領導人物。

❹「律學會」：應爲弘一大師自民國十九年後，在泉州成立之「律學」研究社團。瑞今法師爲當時研究生之一。

❺廣洽兄：即新加坡龍山寺、薝蔔院住持廣洽老法師，福建人，一九〇一年生，爲弘一大師私淑弟子，曾任新加坡佛教總會主席。

❻慧因：在有關弘一大師傳記史料中曾提到此人，余不明其出處，乃查詢於廣義法師，承告以「慈院」，這是泉州開元寺立的孤兒院。

❼「春院」：疑爲永春某寺的孤兒院。

❽會公：見前註。

❾李芳遠：爲弘一大師在閩南晚期的一個私淑弟子，曾編定「弘一大師文鈔」一書，自一九四九年後，此人行踪不明。

❿指當年廣義法師赴印度參訪佛陀聖地事。

⓫檳：指馬來西亞之檳榔嶼，俗稱「檳城」。

⓬林忠億：個人歷史不明，當爲「般若院」之護法居士。

⑬「太平佛教會」：為馬來西亞一省級佛教機構。

⑭心悟、廣餘法師：前者於一九五五年前後，曾任臺北市圓山臨濟寺住持，還俗後經營私人事務十年，再度離家入寺，走星、馬一帶為僧。廣餘法師，為廣義法師同輩，檳城妙香林住持。

⑮「馬佛青」：為「馬來西亞」華裔「青年佛教總會」之略稱。

〈之四〉

慧劍居士文席：

白老之函並米（美金）百枚，已收到矣，慰哉。

廣餘法師貳拾本，已於前日函中，並夾米拾元（陳瑄璃居士之款），計米（美金）壹百貳拾枚，其餘俟往星州設法收寄❶，勿念。

昨日與瑞良（昭德）❷法師拾本，夾來米（美金）十枚，並希查收，見復。寄白老處易於收接，而有詳細英文住址、較為方便，仁者之信封（須寫）詳細英文住址，至為切要。

義於「佛義」❸董事會議後，赴星閱會泉老法師文稿。諒在花月❹觀世音大士誕前返檳，附此以聞。

關於「弘一大師傳」之精美，最為緊要，美術能為佛法之先導，而不可色彩濃艷，反為不美也。

藝術之整面化——輕淡中體驗（其莊嚴），亦不能以普通書籍□出之；仁者三復斯言，希

恕饒舌之咎也。專此匆復，並祝

編安

廣義手啓（一九六五年）二月十九日

△又妙香林廣餘法師米貳拾枚，計參拾枚，一併查收，至切。廣義又及。

【註釋】

❶案：當時廣義法師在檳榔嶼妙香林（寺）作客，故云。

❷瑞良法師：其個人歷史不詳。

❸「佛義」：指「佛教義學」，是不收費的佛教補習學校，以貧困、失學兒童爲招收對象。

❹「花月」：指農曆二月，爲春花初綻之月。農曆二月十九日，爲俗傳「觀世音菩薩」誕辰。

傳貫長老❶函四通

〈之一〉

慧劍居士文席：

承詢各節，敬復於下：

㈠在那年那月開始隨侍　弘公者？

我憶的是癸酉（一九三三）年三月，由泉州承天寺往厦門萬壽岩聽　弘公講「隨機羯磨」，

自此發心學戒承侍　弘公。

㈡抗日戰爭，厦門淪陷時，我離開　弘公者。我當時擬在惠安籌備一山岩小寺，請　弘公隱居於彼，我與家父——廣謙老法師及妙蓮法師同在惠安淨峯山。

㈢弘公圓寂時，由妙蓮法師侍奉者。

我自青島湛山回閩後與　弘公時離時會無定，妙蓮法師於丁丑〔一九三七〕年聞　弘公在湛山寺講律，自靈岩山寺偕道友數人特意到青島學律，弘公回閩時共同來閩。妙蓮法師見地高超，明悟圓理，眞正發菩提心，不同常人；因此　弘公器重他，故咐囑一切送終等事。我當時在福林寺聞　弘公有病迅速來泉州，　弘公圓寂時，我亦同在一處並共同檢拾舍利。

㈣性常法師：弘公圓寂時，他在何處者？

當時他閉關於泉州開元寺；性常法師翌年〔一九四三年〕癸未農曆五月間，圓寂在開元寺關房內。性常法師在諸同學中，律學成績最佳。

㈤泉州開元寺有沒有　弘公舍利塔者？

弘公靈骸遵其遺囑擬進承天、開元兩寺的普同塔，故分爲二磁壺，兩寺各一敬奉於祖堂。後來世亂日極，預防恐有不測，故合爲一壺，暫時藏入承天寺普同塔，至圓寂十週年，方請出，建造靈骨塔於泉州清源山、彌陀岩；開元寺距離彌陀岩大約在十華里之內，開元寺內則沒有　弘公舍利塔。舍利珠均是妙蓮法師保管、敬奉。

㈥妙蓮法師經常住那一個寺者？

妙蓮法師於丙戌（一九四六）年十一月起與我共同閉關於福林寺，三年出關後，代理泉州開元寺住持，現時尚在該寺忙碌❷。特此奉復並頌

精進

衲傳貫啓　（一九六四）民國五十三年八月二十九日

【註釋】

❶傳貫長老：福建泉州籍，生年約一九〇八——一一年間，先後出任弘一大師侍者約六年，民國四十五年赴菲律賓三寶顏，建立福林寺，爲開山住持迄今。

❷妙蓮法師接任傳貫法師出任弘一大師侍學弟子，自民國二十六年到三十一年，前後約五年。現（一九九〇年）仍任泉州開元寺住持。

又，民國五十年冬余執筆「弘一大師傳」初稿，前後四年，陸續徵詢有關弘一大師之生徒及友朋達十餘人，傳貫長老爲其中最重要的一位，提供不少寶貴史料。

〈之二〉

慧劍居士道席：

（一九六四年）九月十三日惠示收悉，所詢三事略復於下：

㈠妙蓮法師確實從蘇州靈岩山到青島，專誠一志要親近　弘公學律。

㈡弘公手寫心經、阿彌陀經（的問題）者？

「心經」末後的記載云：「歲次癸酉（一九三三年）質平居士慈母謝世爲寫心經一卷，冀業障消滅往生，安養者尊勝院沙門善臂印。」此本「心經」影印本由高文顯居士保存，並且獨本無法奉贈；今有「彌陀經普門品」合刊一本，由空郵寄上，到請惠復，示慰。

㈢南山律苑叢書，是否出版者？

弘公生西十週年，有出版一部「南山律在家備覽略編」，不久繼續再印「律部雜錄」全一册，於中收入卅三種：如「含註戒本隨講別錄」、「删補隨機羯磨隨講別錄」，均編排在內，其他尚未編完成者多，然「在家備覽」及「律部雜錄」，我處僅各存一册，無便奉贈，「中華大藏經會」❶，亦有此書。

我於丙申（一九五六・民國四十五年）離開大陸，所有珍貴經書法寶等，多未帶出來。特此奉復，並頌

精進

衲傳貫謹啓　（一九六四）民國五十三年九月二十五日

【註釋】

❶「中華大藏經會」：似爲臺灣「中華大藏經編輯委員會」，此藏計分四輯，善後工作迄未完成，前三輯「磧砂、嘉興……」等較完善。

〈之三〉

慧劍居士文席：

敬接〔一九七八年〕元月卅一日惠示及天華徵稿文件均已收悉，然「弘公印譜」，敝處尙未見，早年在大陸時，或有見過，我亦記不清楚。現時　弘公遺物全部存在泉州開元寺，由圓拙法師保管文物經書等，也無法寄出國。

關於　貴組織天華出版公司欲精印佛敎文物，莊嚴佛法，功德無量，至用讚喜。

居士擬編寫「中國當代僧寶名錄」囑塡表寄上，俟暫緩一時，我自當寫好寄上，請勿介。當代若從民初開始較有意義，如印光法師、虛雲和尚、弘一律師等均出於淸末民初，未悉　居士以爲然否❶？特此奉復，順頌

春安

衲傳貫啓

〔一九七八〕民國六十七年二月十三日

【註　釋】

❶ 余在天華主持編政時，有意搜集世界性僧寶資料，編成專書，惟未成功。

〈之四〉

慧劍居士道席：

去年接到兩信，因事忙未及作復，遲至今日，〔今始〕撥冗執筆，請勿見怪！

居士現任天華出版事業管理，主編各種書籍宣揚佛法，乃佛教徒之責，殊爲可嘉！玆將資料表塡就，順此夾進，到希檢收。

以居士之學識，擔任編排之責，自必游刃有餘，佛之正道，得以昌旺，可喜可慰❶！

此復卽詢

近　好

衲傳貫啓

〔一九七九〕民國六十八年三月二十三日

【註釋】

❶本函由傳貫長老之信徒代筆，信末落款則自簽。長老於近年法體欠佳，甚少音訊。

懺雲老法師❶函四通

〈之一〉

陳居士慧鑒：

惠書經已奉悉。雲因在臺中、高雄舉辦短期「齋會」❷，以致延稽奉復，至以爲歉。慧公❸住址附奉，既師❹住址不明，祈詢白聖法師❺或可知之耶？貴公司❻出版佛、哲書籍，弘公寫經❼，均祈寄下，當再訂購，分贈學生也。祇頌

法

安

拙衲 懺雲謹具 （民國六十六年）十二月十四日

【註釋】

❶ 懺雲老法師：吉林安東市人，二十六歲出家，嚴持戒律，專修淨土，時任臺灣南投縣水里鄉蓮因寺住持，該寺亦爲師所創建。事迹詳見余著「當代佛門人物」第十九頁——二十七頁。

❷ 齋會：係「齋戒學會」之簡稱。師在臺宏法，於一九六〇年前後，在臺灣之南投、嘉義、新竹等佛寺，於冬、夏假期，創辦「大專學生齋戒學會」，以四週爲限，藉佛法以饗諸青年男女學子，至今不輟，對臺灣青年學佛有極大之影響。

❸ 慧公：指東北籍之慧僧老法師，曾僑居美國宏法，於一九八五年許返馬來西亞，不久以肺癌捨報。

❹ 既師：指旅居巴西之既明法師。既師在巴西住址不明，至今音訊杳然。

❺ 白聖法師：卽中國佛教會理事長、世界佛教僧伽會會長之白聖長老。

❻ 指余時任職總編輯之「天華出版公司」。

❼ 弘公寫經：因懺公在信文中未落年月，余憶此信似在一九七七年（民國六十六年）冬十二月。弘公寫

經，指當時余籌印之弘一大師手寫金剛經等墨寶。惟當時係初印，或只先印「金剛經一種」（爲菊版八開），俟後二年陸續印弘一大師手跡約五種。

〈之二〉

慧劍居士淨鑒：

「文鈔」❶等已謹收奉，至謝。惠函謹悉。雲於十月二十九日，約可能至臺北，於時必以電話奉達。專此復音，餘俟面敍。祇頌

著安

衲懺雲謹具（民國六十七年）十月九日

又：

一、雲十二月中下旬將赴美弘法（打七等），一個月返山❷，辦「寒假齋戒學會」。

二、雲約於十月三十一日，將與北部同學參拜廣欽老和尚❸。

三、李居士❹約雲至彼處，應由李居士親至鄔宅❺邀約爲宜，如此則於佛法、人情均爲如法也。雲到臺北仍以掛褡鄔宅爲宜。

——附啓

【註釋】

❶文鈔：指余所校正李芳遠居士所編之「弘一大師文選」，經余手自印約六千册，分送佛教僧俗兩界。

❷返山：指南投水里鄉蓮因寺。

❸廣欽老和尚：指當代高僧——數十年不食人間烟火之臺北縣土城鄉承天寺之廣老。其事跡詳見余著「當代佛門人物」第二八三——三一一頁。

❹李居士：指當時天華出版公司負責人李雲鵬。彼由余之介，後於承天寺會見懺公。

❺鄔宅：指懺公之護法居士、浙江籍之鄔餘慶長者宅第，係在臺北市昆明街一巷內，鄔宅爲懺公長年備一淨室及小佛堂以供師來臺北時卓錫之用。

〈之三〉

陳居士法鑒：

承賜　弘公遺墨法寶❶，印刷、紙張、裝訂均臻上乘（理想），可與港版媲美，不稍遜色也。順此申謝。

地藏菩薩像❷，前有日本人所繪（古畫），在臺複印二次，祈查尋之。西方三聖像❸，雲曾於二十年前恭繪，已由朱斐居士❹手印出，至於以上各種及觀音聖像，祈尋近年臺北（故宮）、香港、日本出版之畫册（美術全集）；各地寺廟所供者，其塑造技術，均較低俗。雲四月二十三日或至臺北一行（祈於其時，詢鄔宅爲宜）❺，當面敍其詳。祇頌

法安

朽人懺雲謹具（民國六十八年）四月十三日燈下

附：雲因春假前南下，返山後，各地學生陸續來山約五六十名，以致延復爲歉。

【註　釋】

❶弘公墨寶：指余於民國六十六至六十八年間，在天華公司任職時，主持重印之「弘一大師手寫金剛經、藥師經、華嚴經十廻向品初廻向章、觀自在菩薩章、華嚴淨行品偈、李息翁臨古法書」等六七種；此番重印，均以雙色套印，絲線古裝、海月高級紙精印；其原稿爲余所收集民國二十年前弘公所書，特再饗諸私淑弘公之佛侶。

❷地藏菩薩像：當時余致函懺公，請師指示何處有繪製較佳之地藏像，俾供搜集再印流傳……。

❸西方三聖像：同上條文意，余欲印製較佳之三聖像，故師有此覆示。蓋近三十年臺灣流行之三寶像，多爲懺公在民國四十八、九年所精繪，其原迹仍供於臺灣水里蓮因寺。

❹朱斐居士：江蘇吳縣人，於三十八年來臺後，越一年，卽創辦「菩提樹月刊」於臺中，獨自經營，直至一九八九年（民國七十八年）底，轉移給臺北市靈山講堂淨行法師接辦。

❺鄔宅：同前註。指鄔餘慶老居士宅。

〈之四〉

慧劍居士淨鑒：

福慧師❶，聞爲苑裡富家女兒出家，似持大悲咒。忙中匆復，祈賜諒。順頌

法安

衲懺雲謹啓（民國七十二年）七月十五日

【註釋】

❶福慧師：即出身臺灣苗栗縣苑裡鎮，於民國五十年後在苑裡住持大興善寺之無名大德尼。其事跡詳見余著「當代佛門人物」第二六九——二八一頁。

竺摩長老❶函三通

〈之一〉

慧劍居士：

承寫「南天記」❷，至以爲感，「簡譜」❸材料未全，本不宜發表，惟居士雅意，聽之可矣。率奉書畫兩幅，一無可取，聊酬盛誼耳。所書舊作「行腳詩」，三十年前，有此情趣，今爲法務所忙，雅興盡失，已無從再覓。

繼程❹不知尚在臺北否？抑在聖嚴法師之北投文化館？竺後日飛加拿大弘法，約兩個月回檳❺，如有惠教，請寄下列地址（從略）。

順致

編著俱安！

不慧竺摩合十　（一九八〇）民國六十九年八月三十日

【註釋】

❶竺摩長老：浙江樂清縣人，一九一三年生，俗姓陳氏，十二歲出家，十八歲入「閩南佛學院」，與印順、東初等法師同窗，同爲太虛大師門下。民國二十六年抗日戰起，駐單香港，講經說法，並創辦「覺音月刊」；民國四十三年到檳榔嶼，從此定錫檳城，並建「三慧講堂」，竺師爲一頗負盛名之書畫家，並曾師事高劍父，著有「維摩經講話」、「佛教與人生的關係」、「篆香畫室文集」等書多種，曾出任馬來西亞佛教總會主席」十二年。其詳細事跡，見「當代佛門人物」第五九——七〇頁「竺摩上人南天記」一文。

❷「南天記」：原題「竺摩上人南天記」，於民國六十九年十月一日發表於臺北「天華月刊」第十七期。

❸「簡譜」：指「竺摩上人著述年表」，已補於「南天記」末章。

❹繼程：指竺公之剃度弟子繼程法師。詳見「繼程法師函」〈之一〉❶。

❺指「檳城」。

慧劍開士慧鑒：　〈之二〉

大作「南天記」十份，昨已拜讀，玆略有增補，原文附還一份，其增易有如下：

〔一九五七年〕民國四十六年在美國夏威夷弘法一年，任夏威夷中華佛教會導師、檀華寺住持、啓華學校校長，並展覽書畫，宣揚中國藝術及佛教文化，總領事陳維屏剪彩開幕。

一九六七年自行創建「新加坡佛緣林」，一九七二年創立「吡叻州佛寶林」，一九七三年在「吉打州創立佛法林」❶，均爲宣化道場，前稿亦忘提及，希爲增補之。

〔一九五五年〕民國四十四年在星洲公開展覽書畫，以畫款半數捐組「佛教高等教育獎學金委員會」爲基金，被推爲主席至今，植材不少。

〔一九五六年〕民國四五年係任「新嘉坡佛教代表團長」，非馬來西亞。星、馬兩國各自獨立，我經常往來星馬弘法。

〔一九五六年〕民國四五年「三慧講堂」落成，每週日設有「佛學講座」，及「週六念佛會」，至今二十年不輟。

檳城總警長陳仁慶伉儷及督學官梅錚憲伉儷皈依❷。均忘提及。

又「嵩齡無疆」一節首段「駐錫澳門十年多」，應改爲「駐錫港澳十多年」，事實我在港澳弘法，共十多年。

上列諸條，如出專書，希爲更正及增補。

竺摩合十 〔一九八一年〕十月二十日

【註釋】

❶吡叻州、吉打州：均爲馬來西亞省級行政區。

❷總警長：即「警察局長」；督學官，是「教育局長」。陳仁慶、梅錚憲，均爲華裔。

〈之三〉

慧劍居士：

昨接繼程來箋，知「簡譜」已轉入 慧目；並承允諾先寫簡傳，至爲可感！竺生來不喜多爲個人張揚，故對自己一生弘教的經過，隨過隨忘，亦無記錄，因此 貴社屢囑寫小史，皆無以應，歉甚！茲以徒弟（繼）程對 貴社❶出版之書籍，甚爲欣賞與讚美，亦屢促撰寫自傳。本亦久有此意，只是諸事所繞，放不下來寫作。即寫所呈「簡譜」，亦多錄自歷年來之「燈刊、海刊」❷等新聞，惜新聞既乏年月，又無系統，故爲文亦不連貫，只望居士之生花妙筆，有以潤色耳！

吾生平亦不好攝影，但團體照很多，不下二、三十函，個人照反而不多，今附寄三、二幅，不知是否可用？在講堂❸一九六五年購建開光，及（一九）七三年加建新殿，虛大師舍利塔❹、地藏殿落成開光，均曾全間攝影；但今翻箱倒篋找了一天半，都找不到小型照半張，明日擬請人來重攝，我想再快兩星期才能寄到臺灣。如待不及，或發表什麼，就用個人半身照就好，不知尊意如何？但簡傳寫好，最好以掛號先寄原稿，先閱爲快，尊見以爲可否？

附寄二十六年前拙作「南遊寄語」一册，今只留存一、二册了，居士能爲我校正再版否？不過早年之作，應可增删，苦無時間耳，順致

筆健

不慧竺摩合十　（一九八二）民國七十一年七月廿八日

【註釋】

❶ 貴社：指當時余任總編輯之「天華雜誌社」。

❷ 燈刊、海刊：「燈刊」指馬來西亞佛界出版之「無盡燈」月刊；「海刊」指臺灣之「海潮音」月刊。

❸ 講堂：指竺摩長老在檳城興建之「三慧講堂」。

❹ 「虛大師舍利塔」：指「三慧講堂」附建的「太虛大師舍利塔」。

印順長老❶函七通

〈之一〉

慧劍居士慧鑒：

語譯佛典，最是好事；希望能「雅」、「達」而又「信」。加些附註，可以幫助譯意的不足❷。

「當代佛學叢書」，可以「太虛大師年譜」編入❸。

我平日見客，沒有固定時間，只是飲食後，要略休息，及晚上不見客。現在所住的地址，可能會改變一下❹。

專復，卽請

法安

印順合十　（民國六十七年）四月五日

【註釋】

❶ 印順長老：浙江海寧人，一九〇六年生，十六歲至二十四歲任本鄉小學敎師，二十五歲出家於浙江普陀山，二十六歲任鼓山佛學院敎師，三十一歲在普陀山閱完全藏，抗戰期中，游學太虛大師之門，來臺後，四十年間，著作等身，爲當代最負盛名的佛教思想家。

❷ 余於接天華編政後，擬將重要佛典，加以「今譯今註」，方便社會，請示印公，蒙予示可。

❸ 余在草訂編書方針同時，擬印行「佛學叢書」，就商於公，蒙以所編「太虛大師年譜」列入。

❹ 當時印老蟄居於臺中市南區一小型精舍，余曾走訪一次；約一年後，移錫至臺中縣太平鄉華雨精舍。

〈之二〉

慧劍居士法鑒：

居士發心譯「肇論」❶，甚好，有古「慧達疏」，似更近原義，可以參考。「般若無知論」，〈知〉應作「陰平」讀；「無知」，即「無分別」。不如❷意識分別之知，乃「離名相」之「現證」（或作「現觀」）。〈此書〉淺譯誠屬不易，我未曾講此〈論〉，故無講記。專復，即請

法　安

印順合十　（民國六十七年）五月九日

前承寄來貴處出版書籍多種，謝謝！

【註　釋】

❶余於同年，擬自譯「肇論」，惟論旨高深，語義玄妙，請師指示參考古典之途，故云。

❷不「如」之如：同「似」或「像」。「不如意識分別之知」，即「不似意識分別之知」。

〈之三〉

慧劍居士：

「肇論」慧達疏注，出「續藏經」中❶。

專祝

法　安

印順合十　（民國六十七年）六月十日

【註　釋】

❶案：慧達疏，收於「卍續藏一五〇冊、四一三—四四四頁」。本疏下卷佚失，卽缺「不眞空論」。慧達，晉人，其生平不詳。

〈之四〉

慧劍居士慧鑒：

「天華」第二期已收，「覆木柵一讀者」❶，極好。

對我的介紹——「當代佛教思想家·印順法師」，有些「時、事」，略有出入，但不關重要。

惟士林「報恩小築」❷，爲在家弟子黃陳世德❸所造，不是我所創；這點如能更正一下，最好。

卽請

法安

印順合十（民國六十七年）七月七日

【註　釋】

❶「覆木柵一讀者」：係余於民國六十七年六月中，主天華月刊編政時，接獲木柵一位道友指名抨擊某些法師內訌，並要求天華公開「調查聲討」，爲余婉拒，並在當月刊物第二版發表覆函，謹錄如下：

㈠凡現「僧相」之人，不管他是「凡夫」，還是得道高僧，皆是「僧寶」，經有明文，視僧亦應如佛，對僧家是非，居士有何權訶責？

㈡本刊無任何派系色彩，凡「僧」皆敬禮供養；我們無暇也無權調查誰是誰非。因此，對僧家事，絕不介入。至於涉及功過，留待歷史去批判。須知居士一旦介入僧家相對之事(爭端)，不管是背後支持，或文字、意識之介入，祇有徒增紛擾，擴大其裂痕，招致更惡劣的外來誹謗，罪量重矣！如此造口舌之業，成文字之非，應該懺悔才是，胡可大言抨東擊西，自造惡因？

㈢菩薩戒本有明示：居士不說比丘過，僧家事由僧家管，干卿底事？

㈣閣下如果關心本刊（當時之天華），情本可感，奈何本刊對於尊意之違背佛家戒律，則不便苟同。觀閣下似頗知僧家事，在意識上，忿情亦躍然紙上，殊甚矜憫！盼同念「南無阿彌陀佛」，消災滅障吧！

❷「報恩小築」：為一山居小型精舍，供方外潛修之所，此築為在家居士之所以報「師恩」者也。

❸黃陳世德：為臺灣前「勤益紡織公司」董事長。

〈之五〉

慧劍居士：

陳貞煜校長❶擬與印一晤事，準於本月二十二日下午相晤。印因事，於二十或二十一日抵新竹，住「福嚴精舍」❷，故不必遠來臺中，可就近於新竹相晤。

專復即請

法安

印順啓（一九七八年）民國六十七年國慶日

【註釋】

❶陳貞煜：泰國前法政大學校長，後仍任教授，西德波昂大學法學博士，約生於一九二〇年，爲泰國華裔學者。彼到臺灣後，即與余相約，請余引見於當代高僧印老請益云。

❷「福嚴精舍」：地在臺灣新竹青草湖畔，爲印順大師於一九五一年來臺後所建，以教導後學所用。

〈之六〉

慧劍居士：

尊作❶中，有關事實錯亂者，已爲改正。關於「佛法與儒學之關係」，印之意見，與原稿頗有不同，故爲劃去一段，另加一段附上。印對儒學，所說不多，除「評熊十力」一文外，有「修身之道」及「中國宗教興衰與儒家」，可供參考也。「人心與道心別說」，亦可表示我之看法❷。

「著作年表」，竊以爲可省，大致已見於「年譜」❸，至於出版以後再版，如「佛法概論」、「中觀今論」、「成佛之道」❹，次數極多。過去由（他人）辦理（出版事宜），多數未標明「再版」、「三版」字樣，故無從縷述。

原譜照片，在嘉義❺，容檢出（恐不能完全）寄上。
年前年後，瑣事多，未能速復，乞諒之。
專此，卽請
法　安

印順
（民國六十九年）二月二十七日

【註　釋】

❶「尊作」：指余撰「當代佛教思想家——印順大師」，此文成後，惟恐有誤逕寄與印老，乞賜刪正云云。
❷以上三文，均爲印老之作，均收於「妙雲集」下篇。
❸年譜：指鄭壽彭居士撰「印順導師年譜」；後承印老允余之續撰，乃另由天華出版，改爲「印順導師學譜」，余接鄭著自印老七十歲後由余補續，寫至七十五歲。
❹上述諸書，請參閱「妙雲集」。
❺在嘉義：指師之資料藏於嘉義「妙雲蘭若」。

〈之七〉

慧劍居士：
所問二句——「謂實有者無，爲度衆生故」，及「亦不無因緣生」❶。也許文字沒有好好修飾的緣故。〔「智論」❷序末說：「——案譯而書，都不備飾，幸冀明悟之賢，略其文而挹其玄也。」〕銷文有點困難，但意義是很明白。

依「釋論」的意思，常啼菩薩❸執著佛實有來去，所以曇無竭說：「佛無所來，去亦無所至。」以如、虛空性即是佛，並舉夢幻等爲喻，主意在明〈佛如空〉不可得。「智論」接著說：「上說諸佛無來無去，薩陀波崙及諸聽者意謂：『諸佛尚無，諸法亦應滅，則墮斷滅，』是故今說因緣法譬喻。」——這正是此一段的主要意思。聽衆以爲佛沒有，那一切都沒有了。——上面是執著「實有」，現又執著「實無」，所以，以因緣法除其「無見」。這樣，這一段的意思，是：

> 「如你所執著的，以爲「實有」者沒有了（沒有墮於斷滅），〔不知佛〕爲了度衆生，從因緣和合，就有『佛』的『像』現起（不是斷滅無所有的）。爲了證明這一意義，所以說譬喻：如大海中生寶物，不從十方來，滅也無所去（這就是初說「不來不去」的意義）。但也不是沒有因緣而生的！以四天下衆生的福德因緣，所以大海就有寶生起。」

陳譯❹斷句——「意謂實有者，無爲度衆生故」，以「本體」譯「無爲」，似乎並不適當。他說：「它不是由因緣和合而生的，而是因爲衆生的福德業報所感而生的。」譯義與原文差得太遠。「不無因緣而生」，是說「有因緣」而生的「因緣」，就是「衆生福德因緣」；主張「不是由因緣和合而生的」，似乎對龍樹❺的大義，還有所誤舛。

不過，人總以爲自己立說是對的，我也只這麼說，供你參考吧！（下略）

此致，即請

法安

印順合十　（民國六十九年七月十日）

【註　釋】

❶ 妙蓮法師斷句本「大智度論」第九十九卷・釋曇無竭品（第八十九之上）第十五頁第四行起有句：「——如汝所著，意謂實有者無，爲度衆生故，從因緣和合則有像現……。」「——不從十方來，滅亦無所去，亦不無因緣而生，以四天下衆生福德因緣故，海生此寶……。」當時陳柏達居士今譯本「大智度論釋曇無竭品」送到我手上，爲了要使原文與譯文文法上的精確，使讀者清清楚楚，上述原文與譯文對照，我將陳譯文與原文影印寄給印老，請爲印可一下。因爲我對「原文」的斷句，即在「如汝所著，意謂實有者無爲，度衆生故；」還是「實有者無，爲度衆生故——」的譯文糾結。另「亦不無因緣而生」的否定之否定的譯法的商討。印老即來函有此一番討論。其實對陳柏達居士，存有實質上的肯定，在青年居士中，能精確譯出「大智度論」與「圓覺經」者，實在不多。

（成書後，譯文經確定爲「意謂實有者無，爲度衆生故。」）

❷ 「智論」：即「大智度論」之略稱。

❸ 常啼菩薩：即薩陀波崙菩薩的義譯。*Ssadāpralāpa* 義爲「常啼」，就是「常常的啼哭」。看到世人病

苦，就會哀痛得直哭。

❹ 陳譯：指陳柏達譯文。

❺ 龍樹：又名龍猛，是佛滅後九百年間印度佛教大思想家，「大智度論」的原著人。所謂「八宗共祖」就是指的他。

演培老法師❶函十一通

〈之一〉

慧劍居士道鑒：

多年不見❷，每以爲念。客歲返臺，得以晤敍，快何如之！居士完成「弘一大師傳」後（下略數語），出版事業，臻臻日上，可爲預祝。承請塡「當代僧寶行誼資料表」❸，玆塡妥寄奉，請查收，並函復，爲感。稱爲「當代僧寶」，實不敢當。（又略數語）星方❹，其他諸大德高僧，便當代爲勸請塡表❺。（下又略數語）

餘不多及，謹此　順祝

編安

演培合十

中華民國六十八年二月九日上午八時三刻

【註　釋】

❶演培法師：江蘇揚州人，一九一七年生，俗姓李氏，十二歲出家，民國二十五年入閩南佛學院，三十一年從學於印順導師，四十一年來臺日後講經不輟，人稱爲「經師」。師於民國五十六年移錫新加坡，直至於今。著「諦觀全集」二十八册行世。其行誼見余著「當代佛門人物」第二一七——二三七頁。

❷師長久在海外宏法，自民國五十二年起少在臺灣，故云。

❸此表曾向世界各地高僧大德塡寄。

❹星方：指「新加坡」，亦云「星加坡」。

❺余以與新加坡諸長老素未謀面，如宏船、廣洽諸老，乃懇演公代請賜塡。

〈之二〉

慧劍居士道鑒：

九月十七日惠書，收到將近匝月，未卽奉音，殊以爲歉。次囑轉宏船長老❶函，已轉去多日。長老似不欲寫此類傳記❷。唯「自敍傳」❸一文，擬寫一篇，但因近來爲建築❹，加上其他文債，稍遲不知可否？如可，再過十餘日，當設法寫奉。貴刊❺出版之「中國佛學思想概論」、「印度佛學思想概論」❻請各寄一册（下略）。

謹復，順祝

法安

演培合十　民國七十一年雙十節後二日上午九時

【註　釋】

❶宏船長老：新加坡光明山開山住持，福建泉州人，其誼德爲世所重，曾任新加坡佛教會長。

❷余請演公轉請宏船長老塡表，長老謙辭，演公欲代寫，亦不願，乃作罷。

❸「自敍傳」：卽「演培上人自敍傳」，見上函❶。

❹當時演公正籌建新道場——福利協會新址。

❺指「天華月刋」。

❻此二書本爲呂澂於一九六〇年前後所講「中國佛學源流略講」、「印度佛學源流略講」二稿之「方便更名」。當時臺灣禁忌翻印大陸書刋，爲避免安全單位影響，且呂氏稿中原有關於「搭題」唯物論的「應景」之夾敍，在余閱後，乃加以删定後改名，而非故意「擅改」呂氏之作，此不得已。

〈之三〉

慧劍居士道鑒：

水路（卽海運）寄來呂澂居士❶的兩本大著，已於今日上午收到。（下略數語）十數日前，航掛寄去「自敍傳」不知收到否？未見函告，以此爲念。該稿未留底稿，如收到，請函告，是感。

呂著兩本佛學思想概論，確是最有思想的論書，最好能向大專各佛學社團推介，使青年學佛者，對佛法有個正確認識。我想此書出版，定是「洛陽紙貴」，請者多❷。唯尚須多多宣傳，以便每個研究佛學者，人手一册。果能如此，大家對於佛學，必有一番新認識。不多敍。耑此順祝

編安

演培合十　民國七十一年十一月十九日燈下八時半

【註　釋】

❶　呂澂：字秋逸，江蘇丹陽人，一八九六年生，一九一四年赴南京，從學於歐陽竟無，攻研佛學，相依三十年，造詣高深，氏精通梵巴語文，著述極豐且精，從美學到佛學、佛史，爲近代重要佛學者、思想家。呂氏與熊十力等同門，而佛儒水火。呂氏於一九八九年七月八日逝世於北京，享年九十四歲。

❷　此二書在天華已再版多次，頗受佛學者珍視。

〈之四〉

慧劍居士道鑒：

最近曾回國爲高雄元亨寺佛像安座及講「心經」七日。惟在臺北僅逗留兩天，每欲去與居士一談，終因抽不出時間，未果，殊悵。回來❶，展讀十二月十七日尊函，各情均悉。彩色照片❷，當設法寄奉。宏船長老曾與一再談及，但不供給資料，無法爲之執筆。見面時，再爲請求，

看如何！(下略)

耑此順祝

新年法樂

演培合十 民國七十二年一月二十一日上午九時半

【註　釋】

❶ 指演公從臺灣返回新加坡。

❷ 此彩色照片，爲余索取擬用於「自敍傳」之首頁。

〈之五〉

慧劍居士道鑒：

二月一日貴刊❶，已於數日前收到，但僅一份。上次共有四份，是否尙有三份在寄發中。如無，請再寄三份來，爲感。國內佛敎，似時在發生紛爭，如□□□校，又有新發展，對海外華人，觀感惡劣，不審居士以爲然否？佛子間到處有紛爭，斯乃世間實相，乃人與人間難以避免者，但不若臺北公開化耳❷！曾一再請宏老供資料，以便爲其寫傳，但均遭彼嚴拒，有負所托，諸請原諒。現在我新建之「福慧講堂」，已建至第二層，夏曆年底可能完成！春末夏初，可能回臺一行，屆時希能晤敍，餘不多敍。

耑此 順祝

文祺

演培合十 民國七十二年三月二十五日上午九時正

【註 釋】

❶ 貴刋：指「天華月刋」。

❷ 師所指臺北佛教內之紛爭，其公開化，當指「訴訟」而言。其涉及人事不錄。

〈之六〉

慧劍居士道鑒：

夏末由臺返星，曾奉一函，諒荷收到。在臺晤敍兩次，知有意離「天華」，深爲天華失一人才惜❶；如能不去，還是繼續爲善，不審尊意若何？茲寄奉敝會❷公開舉行捐獻腎臟研討會新聞一則，請於 貴刋近期刋出，是感。研討會舉行，轟動社會，大小報數日詳盡報導，堪以告慰。餘不多敍。

謹此順祝

編安

演培合十 民國七十二年九月八日燈下九時正

【註　釋】

❶指「天華出版公司」及「天華月刊」。

❷指師所新建之「新加坡佛教福利協會」。

〈之七〉

慧劍居士道鑒：

在星接獲十月六日惠書，當即復音，諒已收到。時正準備返臺，以為在臺可以晤敘，不意此間建築，不克多留在外。在臺僅十日，即返新加坡，臺北亦無暇到，致未得以晤敘，每念及此，殊覺憾事。近閱各佛教雜誌新聞，得悉香港海仁老法師❶之「楞嚴經註解」❷，是美國文珠法師❸托天華代為出版及贈送，不知尚有存否？如有，請寄一部。(下略數語)「世界佛教僧伽」雜誌❹，不卜何日出版？屆時請寄一份，為感。餘不多奉。

謹此順祝

法安

演培合十

民國七十二年十月二十九日上午十時正

【註　釋】

❶海仁老法師：廣東人，長年卓錫香港，爲一楞嚴專家，有「楞嚴王」之美稱，於一九七八年初逝世，享年九十三歲。其個人歷史不詳。

❷「楞嚴經註解」：爲「楞嚴經講記」之誤；此書爲海仁老法師所講，海公女弟子文珠法師所記，在臺委天華公司編印，於一九八三年八月六日出版，約五十萬字。

❸文珠法師：廣東人，香港華僑書院社會系畢業，一九七二年移民美國羅得島州，現仍居美國，爲海仁老法師受業女弟子。

❹「世界佛教僧伽雜誌」：一九八二年第三屆世界佛教僧伽大會之後，余以當時大會中文秘書長悟一法師之約，於會後除編定「大會文獻——會議實錄」之外，該會並有意出版「世界佛教僧伽會會刊」(月刊)一種，擬聘余主持，係一九八四年，構想大致定案，並已申請「月刊」新聞執照，但在同年一次會議中，被當時主持會議的僧伽會長白聖長老否決，突然停擺。其實印行「會刊」，悟一法師已與白聖長老報備，中途突然變卦，余局外人，頗感訝異而已。演公所指，卽此一會刊。

〈之八〉

慧劍居士道鑒：

接奉十二月二十六日華翰，藉悉　尊編「當代佛門人物」一書，將由三民書局印行❶，欣喜之餘，不勝贊歎！拙文「自敍傳」荷承收編於內，如覺累贅，略可增損。餘不多奉。謹復。

順祝

文祺

演培合十 中華民國七十二年十二月二十八日下午二時

【註釋】

❶ 案：「當代佛門人物」一書，係由三民之關係事業「東大圖書公司」印行。

〈之九〉

慧劍居士道鑒：

接奉十月六日惠書，於十一日收到。承將新聞稿發表於天華第一版，甚感！

所詢：「所作已辦，不受後有」❶，是說「證得阿羅漢果聖者，所應做者，皆已辦妥，從不再感未來生死。」「後有」，是指「未來生命」。「不受後有」，是即顯示從此「入於寂滅涅槃」，「不再招感未來生命」之義。

「入流亡所」句，出於「楞嚴經」❷，意說「當外界聲音進入吾人耳鼓中，不要將〈入〉停留下來，使之像流水般不斷流去，不可於中生心分別」，如「金剛經」說：「不住聲生心」。到此即可「亡所」。此中所說「所」，亦即是「聲音」。所謂「亡所」，就是在修行時，聽到外在聲音，要將其「亡失」，不要爲其所動。簡言之，在聞性中，從耳所入聲音，要不住其聲音，亡其所入音聲對象，是名「入流亡所」。此乃觀音菩薩所修「耳根圓通」法門。當否，請審察❸！

餘不多奉。

謹復。順祝

法安

演培合十

佛曆二五二七年（民國七三年）十月十一日下午三時半

【註釋】

❶「所作已辦，不受後有。」見「雜阿含經卷一、五陰誦第一之第一、二、七、九、十一、十五等經」。原經文是：「我生已盡，梵行已立，所作已作，自知不受後有！」（佛光版「阿含藏」、雜含一第一—十八頁。）

❷「入流亡所」：出「楞嚴經」第六卷，其前後文是：——「初於聞中，入流亡所，所入既寂，動靜二相，了然不生。」

❸以上「所作已辦，不受後有」「入流亡所」：已成佛徒習用之成語，余因確定其詳實語義，特請演老解釋一次，余順便於上註列入其出處，以便讀者查核。

〈之十〉

慧劍居士道鑒：

承惠來「當代佛門人物」一册，已經收到。謹此遙謝。惟有關印公老人一文❶，有一兩處與事實不符，再版可以更正❷。香港海仁老法師「楞嚴經講記」，現又再版千部，廣結法緣；如該講記已出，請設法寄我一部，寄費若干，容當奉還。新建「福慧講堂」，已經告成，不日遷進，附奉新址❸，以便通函。祝

文安

演培合十　中華民國七十三年九月八日上午十一時十分

【註釋】

❶印公老人一文：指余撰之「當代佛教思想家印順大師」，收錄於「當代佛門人物」一書之首篇。

❷有關印老一文之不符，已於再版時訂正。

❸「福慧講堂」的新址是：105 Punggol Rd Singapore (1954)

〈之十一〉

慧劍居士道鑒：

接奉大札，□□□□，展誦之餘，藉悉發心主編「慈濟道侶」半月刊，深為該刊主編得人慶幸。承以我之不文，要為貴刊寫稿，本應略寫幾句，第以辦理「佛教福利協會」❶，服務社會以來，所剩時間不多，加上年高七十，身體日漸衰頹，不若過去甚多。唯如有暇，而精神亦勉可支持，當為文以供補白❷。（下略）

謹復。順祝

法樂

演培合十 中華民國七十五年八月十六日上午九時一刻

【註釋】

❶「佛教福利協會」：為演老卓錫新加坡所建的「慈善機構」，它所做的，包括「濟貧、濟急、養老、救孤」等，地在新加坡 Lorong g. Telok kurau. Singapore.

❷余每與演老通函，信發必覆。唯於一九八九年十二月二十六日辭卸「慈濟道侶」總編輯一職，未函告演老。

會性法師❶函十七通

〈之一〉

慧劍居士：

惠書誦悉，十月三日，歡迎你和□居士到臺中蓮社晤敘，但我可能要到十一點才能到臺中，如大駕先到，請稍候❷。

到蓮社❸時，可找「內典研究班」❹李榮輝同學❺，說明要找我。

拙稿❻。我會先整理出一部份帶來臺中，一切留待面談。

匆復，並祝

德安

會性合十　民國六十六年九月二十五日

【註釋】

❶ 會性法師：字宗律，臺灣苗栗人，一九二八年生；十七歲出家，從學於臺灣天臺宗老宿斌宗法師及慈航菩薩；並專任慈老之講經翻譯；師於民國四十一年接任獅頭山元光寺住持，四十七年閉關閱藏，五十三年移錫屏東萬巒竹雲庵，隱居；並歷任「壽山佛學院」、「東山佛學院」、「臺中內典班」教席，其個人歷史請參閱「當代佛門人物」第十一—十八頁「會性法師與大藏會閱」一文。又見本函〈之三〉。

❷ 余於民國六十六年十月三日與「天華出版公司」發行人李雲鵬赴臺中蓮社內典班拜訪法師，接洽印行師著「大藏會閱」一書事，並於先日函請印可。

❸ 蓮社：即「臺中佛教蓮社」，爲李炳南老師所創設。

❹ 「內典研究班」：係由美國沈家禎居士資助，於民國六十五年委託李炳南老師設班招收大學畢業生施以「佛典」研究，命名爲「內典研究班」，惟三年後，因經費問題而停辦。

❺ 李榮輝：爲當時內典班學員長，中興大學畢業，內典班結束後，先後出任臺中、臺北啓聰學校訓導主任等職務爲一處誠而長於事務能力在家居士。

❻ 拙稿：指在「臺中菩提樹月刊」連載多年的「大藏會閱」一稿，師以「藏頭」爲筆名發表。此書爲一「閱藏知津」式的大部頭「工具書」，頗似「四庫提要」，對學佛者極具參考價值。

〈之二〉

慧劍居士道席：

惠書誦悉。「佛說清淨心經」，菩刋❶原稿漏排，故須補之。此稿上次已交　居士，未知有否？

大函所提之第二問題，今改爲「凡例」，共四紙，可排在小乘經目錄之前。小乘經開頭，改寫如下：（文略）

一、「長阿含經」，「大正藏」中，無「佛說」二字，請刪去此二字。目錄中「佛說」二字亦須刪去。

二、菩刋原本開始：「我閱大藏………三藏中閱之」，此一段，已改寫在「凡例」中，請刪除。

三、「長阿含經」題目下，「近代比較普及………先列版本。」及「此經在『大正藏』……（線裝第三十三册）」此二段亦請刪除，已改寫在「凡例」中。

四、「七佛出現表」後，「『別識』………『閱藏知津』的。」亦請刪去❷。

拙衲不善文字，煩　居士作一序❸在本書之前，以敍述印行此書之因緣，不知　尊意如何？

能否滿我之心願？如不寫序，即以「凡例」開始，亦無不可。請居士自行決定可也。

匆此敬頌

編安

會性敬上　民國六十六年十一月二十二日

【註釋】

❶菩刊：即臺中「菩提樹月刊」，由江蘇吳縣人朱斐居士創辦於民國四十一年十二月，至民國七十八年十一月移交臺北靈山講堂淨行法師接辦。

❷本文所述，皆屬「大藏會藏」排印後校對過程中之「增損」文字問題之商討及訂正。

❸師屬余爲序，乃遵命撰文，於民國六十八年八月發表於天華第三期第四版。不久由香港「內明雜誌」轉載。

〈之三〉

慧劍居士道座：

惠書誦悉，承　惠予作序❶，甚感！關於拙之略歷，玆略述之：

我俗姓陳，本籍臺省新竹縣，生於民國十七年戊辰二月廿一日。民國三十三年，十七歲，投獅山元光寺，依上悟下偏長老出家。三十六年秋，親近　斌宗法師❷，聽講「地藏、楞嚴、彌陀」等經。三十七年十月，於中壢圓光寺親近　慈公❸。三十八年秋八月，於獅山靈霞洞側之石洞，獨住隱修，前後三年餘。四十一年九月，接獅山元光寺住持。四十五年秋，辭退元光寺住持，隱居於寺後之靈峰蘭若，開始閱藏。四十七年春，閉法華關於靈峰蘭若，至五十年八月，因胃病出關治療。五十二年春，再度閉關，至七月下旬，因獅山金剛寺如淨老和尚病重，奉老和尚慈命而出關。不幾日，如老示寂，爲辦喪事，兼爲元光寺塔落成事，過於勞累，致舊病復發❹。五十三年春，來屏東，於竹雲庵養病❺，五十四年初，病愈，開始於高雄壽山佛學院及屏東東山佛學院教課。

我的法名：剃度師爲我取名「會性」，四十一年冬，在大仙寺求受大戒時，剃度師已故，乃依　慈公爲師，法名「宗律」。因此，應以「宗律」爲法名，「會性」是字號。「藏頭」是筆名。

會性（未註年月日）❻

【註釋】

❶見前函。

❷斌宗法師：爲臺灣佛教天臺宗老宿，於民國五十年前後逝世。

❸慈公：指駐錫臺北汐止彌勒內院之慈航法師，於民國四十二年遷化，肉身不壞，四十六年開缸後，裝金供於今之「慈航堂」。

❹ 師有「胃潰瘍」舊疾，發時胃出血。

❺ 竹雲庵：在屏東縣萬巒鄉，一名「普門講堂」。

❻ 此信未註月日，依信文，應列於編號三。

〈之四〉

慧劍居士：

陳肇璧居士❶送來文稿，已全部收到，一切當照辦，請免念。

呂碧城著「觀經釋論」❷油印本及重抄本各一，並「歐美之光」一册，共三册書，交肇璧居士帶上，請覽之，如認爲可以翻印，則希印行，如不印，原本請妥爲保存，是盼。

匆此並祝

福安

會性合十　民國六十七年五月十七日下午

【註釋】

❶ 陳肇璧居士：臺北市人，臺大歷史系畢業，民國六十六年九月出任天華編輯，次年三月辭去。

❷ 呂碧城（女士）：安徽旌德人，一八八二年生，著名女詞人，婦女解放運動者，美國哥倫比亞大學畢業，一九三〇年信佛，九年後由瑞士返國定居香港，一九四三年逝世於「東蓮覺苑」；年六十一，一生

未嫁，著有「呂碧城集、曉珠詞、香光小錄」等多種。「觀經釋論」，全名爲「觀無量壽經釋論」，由會性法師提供，天華於民國六十八年十一月一日印行在臺初版。

〈之五〉

慧劍居士道席：

「藏稿」從臺中帶回來，即放下一切，以全心力閱稿，大約於下星期可能看完，即當親自送來貴公司。以華嚴部份，抽出二十二目，仍補上二十二目，且文字亦照原頁碼排足，前後不必更動，須面談方能清楚。惟原稿十册，不知是否仍須要用？若仍要用，則當送來，否則可以減輕分量，以文稿好重，提之頗感吃力耳。祈示知。

餘面敍祝

編安

會性合十　民國六十七年五月二十四日

〈之六〉

慧劍居士：

惠書誦悉。佛法講因緣，此書出版的因緣既已成熟，我亦定會隨順因緣，盡力而爲也。

大作序文：

一、俗名既有僧傳❶爲例，照例用之，可也。

二、我的出生處，如果按照現在的縣界，卻是在苗栗縣的南庄鄉、獅山村，俗家就在獅頭山勸化堂左側稍下方，從勸化堂到我俗家，只一刻鐘就可到。身份證是在舊時新竹縣尚未分三之時，所以本籍是新竹縣，且住在元光寺，而元光寺是屬於新竹縣〔獅山前半屬苗栗，後半屬竹縣〕故也。因此，或可寫作：「生於獅頭山下」，或作「生於苗栗縣南庄鄉獅山村」，或可不書生處，由　居士決定可也。

三、序文第二段：「迨慈氏法難之後❷，移錫秀峰，開彌勒內院」，這一段，事實上是在民國三十九年之事，我想：這段索性把它刪去，不必提及　慈公法難之事，因此事與我退居無關故也。未知　尊意以為然否？

其他不必更動。匆復　順頌

淨　安

會性合十　民國六十六年十二月二十四日

【註　釋】

❶　案：卽「高僧傳」。

❷　慈氏法難：指慈航法師於民國三十七年來臺後，在中壢講經，至三十九年遭到情治人員扣押，誣指為「匪諜」，受難一個月之事。

〈之七〉

慧劍居士：

書敬悉。我的出家因緣，實在不值一提。本來我家祖父是在家持素的附佛法外道——龍華教❶，小時跟著祖父學會念些「救苦經」等。從小就喜歡拜佛（神佛不分）。十二歲那年，祖父逝世後，十三到十五、六，學「龍華」的唱念經懺佛事，龍華教的都學會了，想學眞正佛教的唱誦佛事，所以十七歲那年就上獅山，住元光寺，學習經懺。寺中有一位妙清法師，是曾到大陸參學的，書很多，六月六日叫我幫他晒佛書，得閱讀佛學故事叢書等。妙師勸我發心學習佛法，由此我才漸生興趣讀佛書，民國三十六年，開始親近斌宗法師，當侍者，聽斌公講地藏經，即於是年十一月，才正式落髮出家，次年冬，即親近慈航老人………。

我身邊的藏經，有：「頻伽藏」原本、「大正藏」正續篇影印本、「中華大藏經」線裝、最近佛教書局依「頻伽藏」影印之佛教大藏經。還有線裝古書：「大涅槃經會疏」，「法華三大部疏記」，「楞嚴正脈」等疏多部，線裝古本「大明法數」、「大智度論」、「南山三大部」疏記等。

住在鄉下，要照相也並不甚方便，且近日我即將往大崗山的超峰寺爲大專講座授課，無暇辦此事，甚歉！——其實，現成有的資料盡量找出就行了，沒有的就算了，不必臨時向自己面上貼金，我不習慣這一套，除非你親自來拍照❸。

我學佛三十年來，一事無成，十分慚愧！閱讀，是出家人的本份事，沒啥了不起，不必過譽，更不必照相。祝

編安

會性復　民國六十七年六月二十一日

【註釋】

❶龍華會：是附會於「彌勒下生經」中「龍華三會」之「附佛法外道」，發生於宋代以後，中國民間流行甚廣。

❷余所撰「會性法師與大藏會閱」一文，因須要圖片配文發表，因此先向法師惠予照片云。

〈之八〉

慧劍居士：

六日收讀尊函，謂日昨來信問及「厚嚴經」事，但此日並未收到前函，即上臺中教課，今天從臺中回來，方讀到二月一日大函。關於「唯識史觀」一二五頁引「厚嚴經」二頌：據「望月大辭典」：「厚嚴」即「密嚴」之異名。但我即查大藏二種密嚴經中，皆不見此頌。也許是匆忙一時不易查到，抑或舫師❶另有所據。但書中「厚嚴經」之「厚」字絕不錯。不可改，只照原文排印爲是。此二偈，我有點印象，好像在他書中也嘗看到引用。舫師此書係據「成唯識論」寫的，

可能是「成論」原文或注疏中有引用此偈，卽依而引用，未查對原文，亦未可知，匆此先復，以
後我會注意資料。祝
編安

會性合十　民國六十七年六月九日

【註釋】

❶舫師：卽「法舫法師」，太虛門下四傑之一，河北人；四歲出家，青年時期從學於太虛門下，精通英梵
文，抗日勝利後，出任奉化雪竇寺住持，民國三十八年避秦香港，旋卽赴錫蘭（斯里蘭卡）大學講學，
不幸於一九五五年因腦溢血逝世於校園，年四十二歲，留有遺著「唯識史觀及其哲學」等書。

〈之九〉

慧劍居士：

「內明」❶早已收到，免念。「大藏會閱」遲些付印無妨，但必須把錯脫字完全改好，尤其
「華嚴」重改部份，若已改好，我希望能再看一遍，然後可印，比較妥當耳。

居士十五至二十日南來，既要到屏東，無論如何，請抽點時間光臨敝地一敍，至爲盼望！我
現在僅有每星期四下午去高雄，星期五早卽回來，十五是星期六，從十五下午至二十日下午三點
以前，此五日之間，我決定敝地候駕也。從屏東萬巒，公路局車不過三十分鐘，萬巒下車後，可

向村中人說：要來「新齋堂」，（人皆稱敝處爲新齋堂，說普門講堂，他們反而不知。）步行十分鐘卽到，亦可乘計程車，可到堂門口。最好是傍晚到敝地一宿。或有到潮州，於潮州乘計程車到敝處四十元。屏東公路局站乘往潮州的普通車經萬巒的，到萬巒站下車。附抄屏東往潮州經萬巒的車班時間❷。（下略）

匆祝

福安！

會性合十 民國六十七年七月十二日晚

【註釋】

❶ 內明：卽香港、新界、藍地妙法寺發行之「內明月刊」，當時由沈九成居士主編，在臺港兩地是一份頗有份量的佛學雜誌。

❷ 余已如約前往屏東拜訪法師，並曾在普門講堂掛單一宵。

〈之十〉

慧劍居士道席：

近來可好，念念。

「大藏會閱」是否快印好裝訂了？「序」刊出以後，時有人問及爲何還沒給人預約的消息，不知有計劃好預約通告否？何時可以給人預約？

續稿，擬以「律、論、密」爲一册，「雜藏」爲一册，因「律論」稿少，近月來補編，增加資料，至今天，才把「律論」整理好，共有五百六十多頁（五百字稿紙），後面的卽當繼續整理。我於農曆九月下旬要來中壢永平寺講經，如果需部份稿先編，祈示知，屆時當帶來。

十月號這期的菩提樹月刊（三一一期）有看過嗎？請看第四十八頁「編後的話」的最後一段❶。

專此　順祝

福安！

會性合十　民國六十七年十月八日晚

【註釋】

❶ 菩提樹月刊（民國六十七年十月號）「編者的話」對天華印行法師的「大藏會閱」，頗有微詞，該刊認爲沒有徵詢他們的意見，但余等知悉「請著者本人允諾」，卽符合社會一般理法，並無不當。著者亦未收該刊一文稿費，版權並非該刊所有，作者自可自由處理版權。

〈之十一〉

慧劍居士道席：

惠書誦悉。

一、「大藏會閱」預約消息刊在「覺世」❶，如果不是 大函示知，我根本就沒看到。因終日忙著寫稿，所有佛刊僅翻大題，不看小字，且此消息刊在第二、三版中間夾住一長條（卽中堂），不小心，眞是不易發現。刊出之後，不知反應如何？念念。

二、預約啓事中，有一句錯誤：「並搜集未入藏之明清大德禪宗語錄多種」，這不是「未入藏」，是說：「卍字續藏中沒有」。一般人都認爲卍續藏注疏最多，但不知明清兩代之禪宗語錄許多不曾編入。這些語錄，載在「嘉興藏」及「嘉興續藏」，卽今之「中華藏」第二輯。下次刊登此啓事時，煩把「未入藏之」四字改爲「嘉興藏中」，或索性把此四字刪去，作「並搜集明清大德禪宗語錄多種」亦可。

三、□□與我亦有三十多年交誼，這次爲了出版 拙著，他以這種態度對我，眞出我預料之外，這些事，留待面談，不多寫❷。

四、續稿分册，是在寫作時擬作如此，並非將來出版排印一定要依此；因「律、論、密」三稿合併起來，還不及「雜藏」的分量。所以於盡可能的範圍，把它補充，如果將來要這樣分册的話，才不會有厚薄不均之感，因此，現在編的定稿是第三次編寫。

五、經藏部份旣要到十二月才能出版，那末，續稿就等待全部編好時送上吧！因現已近半，如果沒有特殊雜事阻礙，大約在國曆十一月下旬就能全部三稿完成。

六、居士與□□□都是眞正爲佛法之慧命而發心辦此佛教文化事業，我相信龍天護法一定會護持，俾得諸般順利，不會有困難的。

匆此奉復，並祝

編安

會性合十　民國六十七年十月十三日晚

【註釋】

❶覺世：爲臺灣佛光山草創先期對外發行之四開報「旬刊」；在「佛光山」星雲法師接手之前，係由大陸來臺之張少齊居士創辦；星雲法師於民國五十一年度接辦，由余任主編，發行地址，在臺北縣三重市大同南路一信堂內。余主編十期後辭職，不久，星雲法師南遷高雄後三年，開拓佛光山。

〈之十二〉

慧劍居士道席：

惠書誦悉，續稿決定待全部整理好後送來，現已把「律、論、密」整理完畢，即當繼續整理「雜藏」。

居士大作評「佛心流泉」刊在「書評書目」十月號，我已拜讀過，精甚、確甚❶！

居士既然「對世情已經能放得下」，則對於□□□居士，盼能「放下」些，勿致太傷感情，是幸。若為拙稿而鬧得互相水火，我心亦不安也❷。

謹此奉覆，並祝

輕安

會性合十 民國六十七年十月十六日

【註釋】

❶ 評「佛心流泉」之文，原題為「佛典的翻譯與佛理的評議」；發表於臺北「書評書目」雜誌第六十六期，文約一萬餘字；現收於「薝蔔林外集」第四五三—四七二頁。

❷ 案：此事余日後並未再提。

〈之十三〉

慧劍居士：

惠書誦悉，大藏會閱五部精裝本今天下午二點收到，謝謝！新書得順利出版，喜躍無量！翻開一看，印刷、裝訂皆精美、莊嚴，惟「邊題」——「涅槃門」全誤作「般若門」（自九七九頁至一〇〇一頁），內容卽當繼續閱之。

我明天卽往臺中市北屯慈善寺講經半個月，順此奉告，原稿亦收到，免念。祝

法喜

會性上　民國六十八年一月二日

〈之十四〉

慧劍居士：

寄臺中大札及明片皆讀悉，近日回來普門〔講堂〕，貴公司寄來之大藏會閱平裝本二十部，早已寄到，請免念。

大藏會閱第一册，在臺中看完，發現有可疑之處，卽以紅筆做號，回來再一一查對原稿或原書，已發現一些錯字，待全部閱完後，當編一勘誤表，但因雜務甚多，尤其已近春節，很難抽點時間閱讀，進度甚慢。

書出後，流通情況如何？是否稍有增加？念甚！續稿有一二處擬再修改，惜春節已屆，沒空來北，待將來校對時改，恐致增加麻煩，未知是否已付排？須改的，僅禪宗部份，餘皆不必更動。

專此　並祝

新春吉祥

會性合十　民國六十八年一月二十日

〈之十五〉

慧劍居士：

讀四月十日大函，方知「事非經過不知難」，對於出版業毫無經驗的我，我想的，實在與事實相隔太遠，徒知責人，殊屬不該！

（第二節從略）

「觀經釋論」附印款，前天已於郵撥轉上四仟元，諒已收到。以此款附印多少本數都可，出書後，請寄下，以便交給附印者，但不急，何時出版皆無妨。

「大藏」續稿校樣，盼能快點寄下，以我最近十天較有空，本月下旬要上中北部一趟，下月上旬又要到鹿港講經，以後又要忙了。

祝

道樂

會性敬復　民國六十八年四月十三日

〈之十六〉

慧劍居士：您好：

天華創刊號❶已拜讀，甚佳！拙續寫「二祖慧可大師❷」，隨函寄上。

「大藏會閱」第四册何時寄來校對？我於本六月九日要到苗栗講經十日，是否寄到苗栗？但在外講經時校對比較不方便，有時要查原書，則無從查對。待講經回來後（六月十九日後），是否會嫌遲？請斟酌之。（下從略）

匆祝

福安

會性合十　民國六十八年六月六日

【註　釋】

❶天華創刊號，印行於民國六十八年六月一日，為雙色四開報。

❷法師自創刊號以「無得」為筆名寫「禪宗初祖菩提達摩大師」，寫到「四祖道傳大師」因故停筆。

〈之十七〉

慧劍居士：

「倒立而化」者，隱峰禪師也。法嗣馬祖道一。師，唐朝人，俗姓鄧，時人稱為「鄧隱峰」。唐，元和（八〇六—八二〇）中，於五台山金剛窟，倒立而化。詳見傳燈錄八、佛祖通載一五、宋高僧傳二一❶。

匆復祝

道樂

會性謹復　民國六十八年十一月三日

【註　釋】

❶ 余以受約爲某一出版社寫「隨緣論死生」一文，用「倒立而化」的典故，因求教於師，蒙開示如上。

幻生法師❶函八通

〈之一〉

慧劍居士文席：

久疏音問，每思神馳！近十餘年來，流落海外，偶爾返臺，與法振法師相見，曾詢及居士近況，略知一二。客歲移居此間，得讀「慈濟道侶」❷，觀其版面及風格，即斷爲居士所編，近讀大文，始證所測不錯。居士才華，令人敬佩。目前教內各小型報刊，版面處理美觀，文字暢達，校對精細，「道侶」應屬第一。

近讀此間「中報」副刊，見有「高僧弘一大師」一文，剪寄附上❸，作者曾經親近弘公，尤以論畫一段，殊少見之。「道侶」若能轉載，則更佳矣！

在此生有一建議，「弘一大師永懷錄」，出版於四十年前，其後各方所作紀念弘公文字，數量亦復不少，居士能否發心將弘公「永懷錄」，重新編輯，收錄其後諸文，歸類成書，不致散失，以保存弘公偉大不朽之資料。由「道侶」出版，精編精校精印，以傳之永久，未審尊意如何❹？

弘公百歲，林子青曾編「弘一法師」紀念刊（十六開一巨册），其中所收圖片，頗多珍貴，海外甚少見之。該書諒必早已閱及。

「成唯識論測疏」❺此間妙境法師藏有一部（木刻本，上下二册）。此書未著出版年月及輯錄者人名。依生所猜測，此書若非出自支那內學院歐陽竟無❻門下所輯錄，即係出自三時學會韓清淨門下所成。自唐宋各種注疏輯錄其引用測說之文，非精研唯識學者，力不能辦。「慈濟道侶」重新排印，至為可喜。現在一般閱藏者均用「大正藏」本，最好能將原書每段所注之版本，加注大正藏之册數及頁碼，方便讀者查閱原文，連貫前後文意，則功德無量矣❼！

此頌

道祺

幻生合十 一九八八年六月二十九日在舊金山

【註釋】

❶ 幻生法師：江蘇泰縣人，約生於一九二六年，幼年棄俗來臺後，經常隱居從事佛典研究及著述，成果不非。師於一九七〇年前已旅居美國，現掛褡於美國紐約郊區一精舍安居修道。

❷ 「慈濟道侶」：為臺灣花蓮「慈濟基金會」（即「慈濟功德會」之法人機構）證嚴尼法師約余於一九八六年九月一日創辦，創刊號自此始，至一九八九年十月十六日第七十六期，實質上，余完全交出，不再

負責。余之手共刊行三年有餘，直到同年十二月二十六日，辭卸該會於七月十一日發布余為「圖書資訊部主任」為止。余完全退出臺灣花蓮之慈濟功德會文化工作。

❸ 幻師所云關於「弘一大師之文」，乃一九七八年四月八、九日伍稼青發表於美國世界日報第六頁「特立獨行的弘一法師」一文。

❹ 「弘一大師永懷錄」一書，初版發行民國三十二年九月，由上海開明書局夏丏尊居士編輯、大雄書局印行。約數年前曾見臺灣翻印，但坊間所見甚少。師有意屬余徵集新發表之文字再印；余亦有心，唯此願稍待時日，必有成書之日也。

❺ 「成唯識論測疏」：乃大藏未收之唐代唯識家（高麗籍）之圓測大師所著。適出家於臺灣承天寺之傳顗法師，於一九八七年夏在臺北市「光華書肆」覓得此一民初版本，乃與余研擬重印，並由余重新斷句、新式標點，加注原典（大正藏）之出處，歷時一年，始予付梓，至一九八九年五月新版問世。此為「測疏」重新面世之因緣。

❻ 歐陽竟無：見前註。

❼ 余已遵照幻師之屬，並指導蘇釗琳女士查核原典，一併著錄成書。

〈之二〉

慧劍居士道鑒：

數日前寄上一函，告以有一文稿寄上，請代改正其中錯字。非常抱歉，那篇稿子沒有寄出——事情是這樣的：我匆匆寫完那篇稿子，未及細看，有一（位）在郵局服務的居士來此看我，因此交其代寄。次日再讀影印底稿，發覺其中錯字，故函請改正。數日後，某居士來電相告，文稿尚未付郵，故請其送來，重新改寫一遍。今付郵寄上，乞查收。文中欠當之處，尚乞不吝斧正。

中國佛教傳入美國，業經二、三十年，旁門左道滲入，幾已面目全非，言之痛心。早年□□之神通惑衆，現已斂迹；□□□❶繼起，更甚於前，旨在斂財，不知置正法於何地？生非好辯，乃不得已而爲之。「慈濟道侶」印數較多，發行較廣，讀者亦衆，此文擬在「慈濟道侶」刊出，未知可否？如蒙刊用，尚有不情之請，最好一次刊完，以便讀者見其全貌。若不擬刊載，煩請居士就近代寄「獅子吼」或「菩提樹」等刊；一切由居士全權作主處理❷。

耑此 敬頌

編祺

幻生合十 一九八八年三月九日

【註釋】

❶幻公所列人名，因方便故隱之。

❷幻公所寄之文，已於民國七十七年「慈濟道侶」第五四、五五兩期第二版刊載。蓋「護法」之文，有佛刊不敢發表，余樂爲之，唯因此亦於日後招致被「架空」之前緣，余更樂。

〈之三〉

慧劍居士道鑒：

九月十五日大函誦悉。承示給□□□函，有「人身攻擊」處，生亦有同感，多蒙指點，感不能盡。聽□錄音，義憤難平，故有此失。今將該文重新改寫一遍，凡有涉及人身及不雅字句，均予刪除，亦將印老一段刪去，寄呈審核。如有欠當之處，仍乞費神刪潤。若「慈濟道侶」不便刊登，乞將此稿代爲轉寄「獅子吼」（下略）。

LSI此次舊金山「弘法」，聽衆近千人，「盛況空前」，胡言亂語，爲「□□道」之翻版，許多初學佛者，不辨眞僞，多趨之聆聽。若無文字批判，默然無聲，則邪法橫行，正法隱晦。基於此義，故作此文。

此間佛教，至爲複雜。出家者傳播神通惑衆，在家者亦不落後。誠如西哲云：「佛教！佛教！許多人假汝之名而行罪惡。」❶默察此間❷佛教，確是如此，言之痛心。

耑此敬頌

編祺

幻生合十　一九八八年九月二十七日

【註　釋】

❶此數語乃法國羅蘭夫人語之假借。原句云：「自由！自由，許多罪惡，假汝之名以行。」

❷此間：指美國東西部。

〈之四〉

慧劍居士道鑒：

前接惠教，承示拙稿「忠告與期待」，決定採用，因事未復，至歉！「慈濟道侶」此間僅妙境法師❶有一份，屬於公物。拙稿刊出之後，尊處並未另寄與生。今午接到謝冰瑩教授❷來電，告以讀及拙稿下半，命將上半郵寄與之，生遍尋妙境法師一份不得，（大概被來人順手帶走），無以報命。茲請居士能否另以航郵寄二份與生（包括上與下二期），一份用以自存，一份以備友好索閱，可否？

承謝教授相告，彼在「師大」任教期間，有許多同事為「□□□迷」，彼擬將拙稿影印多份，分贈昔日同事。

謝教授住舊金山老人公寓，其夫賈伊箴教授❸半年前去世，現時一人獨居，今年八三，電話中交談，彼覺甚為孤苦，此乃美國老人普遍之現象也。生得便，將去老人公寓探望，並作慰勉。

耑此　敬祝

編祺

【註釋】

❶妙境法師：其個人歷史不詳。

❷謝冰瑩教授：請參閱謝函〈之一〉❶。

❸賈伊箴教授：前東吳大學及中正理工學院化工教授。

幻生合十

一九八八年十二月十四日

〈之五〉

慧劍居士道鑒：

十二月二十三日惠書奉悉。「慈濟道侶」亦同時收到，謝謝。轉來馮馮居士大函，業經閱及，當另奉復。

此次拙文刊出❶，爲居士帶來不少困擾，殊深歉疚❷，亦爲始料所未及。唯此間讀者反應尚佳，並有居士擬將其在「中報」重刊，徵詢生之意見，生自表隨喜而已。

今續寄佛教法義文稿，以後如有所作，自認適合於「慈濟道侶」刊載，當寄呈乞正。（下略一節）

六月十日將去移民局宣誓入籍，成爲美國公民，此後出外旅行，持用美國護照，將比中華民國護照方便多矣。宣誓後即將移居紐約；抵紐後，再告新址。

耑此敬頌

年釐

幻生合十

一九八九年元旦日

〔附言略〕

【註釋】

❶ 拙文：指「忠告與期待」。

❷ 所謂「爲居士帶來不少困擾……」云云，此一困擾不在□某信衆，而是「慈濟」內部的反應，余在發稿時已有預知，不予理會。「慈濟」的路線，凡「衞道」的文章，禁止刊載。——這一態度，我頗爲驚訝，過去也未曾料到。

〈之六〉

慧劍居士道鑒：

元月二十日惠書，已由舊金山轉來，生於元月十日在舊金山移民局宣誓入籍，正式成爲美國公民，十七日便來紐約，掛單於妙峯法師❶法王寺下院（在紐約鄉間，羅斯福總統故鄉。此地有一百三十多英畝土地，房屋數棟，環境寧靜，宜於靜修），離開舊金山前，不慎摔了一跤，跌得很重，來到紐約檢查，脊骨〔雖〕未受傷，背部很痛，〔經〕針灸數次，痛感略為減輕，尚未痊癒。年紀大了，機能衰退，恢復較慢，不能久坐書寫。

承示臺灣佛教內部等情，感慨尤深。一個健全的正常團體，應該有公正輿論監督；好的一面，應該予以讚揚，不好的一方，應該作公正的指責與批判，尤其是那些披着佛教外衣的旁門左道，或獅蟲型的僧侶二衆，透過批判，揭開其本來面目，摒棄於清淨僧團之外。純正的佛法歸於純正的團體，邪魔外道歸於邪魔外道，劃清界限，立場分明，不作任何妥協，這是今天從事佛教文化工作者主持佛教言論應有的基本理念和使命。「福報」的創刊，我們希望為佛教帶來一股正常的輿論管道……❷。（下略）

承惠贈「慈濟道侶」一份，今改新址（略）。

背痛，不能再寫。

專此敬頌

編祺

幻生合十

一九八九年二月一日紐約

【註釋】

❶ 妙峯法師：其略歷見本書四三四頁註❶。

❷「福報」：是臺灣政治大學經濟系畢業之洪啓嵩居士創辦於一九八九年二月十五日，爲臺灣第一份佛教日報，佛教界對它抱着極大希望，但想不到出刊三個月，於當年五月十六日宣佈停刊。後該報改以週刊的「福報」雜誌代替，但後亦不繼。

〈之七〉

慧劍居士道鑒：

昨接「慈濟文化中心」寄來「成唯識論測疏」❶二册，分贈一册與妙峯法師，此書想係居士命工作人員所寄也，特致謝意！

居士發心爲「斷句、標點」，費時至多，用力之勤，殊堪欽敬。蘇小姐❷自「大正藏」及「卍續藏」一一查注其卷册、頁碼，費時更多。生亦此中之過來人也，此書經居士及蘇小姐用力整理之後，加惠讀者，功德無量。

細讀書前傳顗法師❸序文，略有數處容待商榷：

一、彼云：圓測精通梵文與藏文，此說有所存疑。測於三歲來到中國，未去西域與印度。玄奘成立譯場，初期並無圓測，亦未見圓測有所翻譯。其時中國僧侶懂得梵文，不乏其人；而著名的「精通」者不多，此由高僧傳可以見之。若謂「通曉」梵文者，或許尚近事實。至於圓測精通藏文，恐係純爲臆測。生於所見資料，似無此一記述。實叉難陀❹譯「八十華嚴」於東都❺，武后命圓測參與，其時圓測業已老邁，未及一年而圓寂。圓測參與其譯場，至多爲之「證義、潤文」而已，談不到有關梵文之事也。

二、圓測受學於西印度「伐臘毘義學中心」。圓測未去過印度，從誰而受學？所謂「受學」者，乃有當面所受之意。今人有「受業門人」（或弟子）之稱，均指親受之意。生於拙文「關於解深密經測疏全本之出版」只說：圓測從僧辯、法常受學。法常、僧辯是道岳的弟子，道岳的師父是道尼，道尼是眞諦❻的及門弟子。由此推知，圓測早期的師承思想學統，是屬於「西印度伐臘毘系」的，但不能稱圓測受學於「伐臘毘」。若謂其「受學」，圓測從「伐臘毘」何人受學？這些地方，對於一個研究者而言，似有可議之處。未審居士高見以為如何？

〔下一節從略〕

生將於九月間返臺赴星〔加坡〕，其時或可前去拜晤。

耑此敬頌

道祺

幻生合十　一九八九年七月二十七日

【註　釋】

❶「成唯識論測疏」：新版成書因緣，見前註。

❷蘇小姐：指蘇釗琳，臺灣東吳大學中文系畢業，爲余整理「測疏」之助手。

❸傳顗法師：安徽蕪湖人，寄籍南京市，一九二三年生，戰時安徽學院政經系畢業，在軍方任職上校，於一九六九年退伍，一九八〇年從廣欽老和尚出家於臺灣土城承天寺，現仍住錫承天寺。

❹實叉難陀：〔六五二—七一〇〕于闐人，爲譯出「八十華嚴」之高僧，其個人歷史，見「宋高僧傳」卷二。

❺東都：指當時之洛陽。

❻眞諦：〔四九九—五六九〕本名「拘那羅陀」，西印度優禪尼國人，其譯出經論，有「攝大乘論、唯識論、世親傳」等，其個人歷史，見「續高僧傳」卷一。

〈之八〉

慧劍居士道鑒：

八月九日惠書奉悉。承示十一月將辭「慈濟道侶」職務❶，殊感驚異。如非人事因素不能共事，仍請繼續發心，打消辭意。「道侶」自居士主持（創辦）以來，無論在文字、編排，及印刷上，均屬一流，在教界同類版面中，不易多見。

據此間同仁閒話評述：（從略）

生返臺後，擬訪居士晤敍者，乃詢問印刷行情。昔年所作諸文，擬編輯成册，印行出版。唯去國多年，對印刷業頗爲生疏，其守時守信、印刷裝訂成品，及其價格等，想有所請益。或有較熟之印廠，代爲推介也。

生將於九月下旬返臺，可能十月上中旬至臺北訪友，其時再與居士聯繫也❷。

耑此敬頌

編祺

【註釋】

❶ 余本預訂當年十一月辭慈濟職務，後因故順延一個月。

❷ 如師所云：來臺後，於十月初約余在臺北善導寺晤敍，並共進午齋。

騰光老法師❶函五通

〈之一〉

慧公老居士道席：

九日賜函領悉，來老❷相片六幀併收無誤，謝謝！「自行錄」❸印就時，請寄一百册（下略數語）。此乃貧衲自請，贈人結緣者。

公畢生致力文教，此乃最耗心力之工作，心病❹之由，或由於此，敬勸 吾公稍事休養，務求復元，以便將來爲更多佛教文化而工作，諸維珍攝，不盡所言。

謹祝

康強、佛光注照

貧衲 騰光敬覆 一九八〇年十二月二十三日

【註 釋】

❶騰光老法師：廣東人，卓錫於香港荃灣芙蓉山南天竺寺，其個人歷史不詳。余主持天華編政期間，因搜集民國禪宗大德來果老和尚遺著，蒙騰公見刋後，以所藏來老之「自行錄」、「語錄」、「開示錄」等提供，經整理成新書列入「天華瓔珞叢刋」第二十二、三十四、三十五種。

❷來老：卽來果老和尚，湖北黃崗人，公元一八八一年生，二十四歲流落普陀山出家，其後致力於了生死，禪風大盛，最後主持名剎——揚州高旻寺，於一九五三年十月十七日入滅，世壽七十三歲，荼毗後，得彩色舍利極多。其事迹見余著「當代佛門人物」第三五一—三七〇頁「來果禪師異行錄」一文。

❸「自行錄」：卽「來果禪師自行錄」，由騰光老法師提供原藏，經余整理，於民國七十年三月一日問世。

❹心病：余曾與騰公函牘往還之間，述及有心臟病，在當時有復發現象，故云。

〈之二〉

慧公老居士道席：

接奉三日大函，敬悉一是，書物待來月初寄下卽可，希勿介懷是荷。惟「自行錄」原書❶，乞便賜還切禱。

茲將前獲見「大法輪書局」❷小叢書，名列於后，以供採擇，計：

1.保富法，2.菩薩學處，3.佛法非宗教，

4.無我與羣治，5.靜坐要法，6.大藏治病百法，

7.數息觀法，8.研教與宏法，9.禪觀之門。

——共九册，另「學佛、念佛要略」各一小册。

又，民十七、十八年〔上海〕佛學書局出版唐大圓居士❸：「唯識的科學方法」、「百法明門論文學觀」各一册。

又，民二十九年歐陽漸居士❹著「瑜珈師地論敍」一册。

上列各書，若合適流通，來函示知，光可代借，掛號航空寄上，唯須履行借期僅限一個月便卽還書條件❺。

專此敬覆，並頌

文祺

貧衲騰光作禮 一九八一年七月八日

【註釋】

❶ 騰公借余「自行錄」一書，經排版時，被印刷廠檢字工人拆開，成書後歸還原稿，當欲檢原藏寄還時，余遍尋多日無着，至爲懊喪，且騰公數度函催，無以踐約，既愧又慚；直至一九八七年後，無意間，從余雜稿中發現，惜與騰公又失去連繫。惟「自行錄」，已寄奉多册；此一公案，爲余生平僅有，爲人無信，痛哉！

❷ 大法輪書局：是戰前上海一家出版佛書的書局，其出版人歷史不詳。

❸ 唐大圓居士：民國三十年代以前之佛學家，著述頗多，其個人歷史不詳。

❹ 歐陽漸：即歐陽竟無之本名。江西宜黃人，近代唯識學者，對唯識之再興，功不可沒，爲楊仁山之後學。歐陽於一九一八年在南京創「支那內學院」，直至一九四三年在四川江津逝世，享年七十三歲。其門下有呂澂、熊十力、梁漱溟、黃懺華等高賢。

❺ 當時余以「一個月」時間過於急迫，無法重印，而未要求借書。

〈之三〉

慧劍老居士道席：

茲由郵寄上「教乘法數」❶一部，敬祈存閱。此書乃前請代爲估價印費者，內文全部由衲一手校正、圈點、錯字、錯線，費半載日夜之功，始克竣工；其中以修補爛字爲最困難，蓋身負目疾，幹此細工，其難可想；幸叨佛力，圓滿使命。然一人之力，未免罣漏，出書覆閱，仍有部份線表失察，（未予）更正，慙惶之至❷。

前借「自行錄」，便希擲回為荷。

衲已遷址，以後通函、寄件，請改寄新址是荷。

此頌

文祺

貧衲騰光敬啓　一九八二年四月十六日

〔新址從略〕

【註　釋】

❶「教乘法數」：為佛學工具書，明、沙門圓瀞編集，計四十卷。

❷按此書非委託由余估價重印，但非天華經手。

〈之四〉

慧公老居士道席：

前郵呈「教乘法數」一部，想早登　道眼可度。

頃閱　貴刊❶所載「虛雲老和尚名聯」❷一則，聯語無訛。查此聯載於虛老❸所撰之「三壇外集」附二、寺內聯語中。玆將部份全聯複印寄贈；如認為適宜轉載者，不妨刊登，以公同好。

光不忖冒昧，斗膽將一得愚見，妄批聯側，斧正取捨，在乎吾公之道眼抉擇，光之謬舉，聊供參考耳。其餘錯字、俗字，上下錯位，亦一一更正，免累清神。光之所爲，乃爲長者隱一尊者諱，不得已之舉，雅不欲白璧微瑕，受人批判，令人增加口業；亦非敢逞能，妄議尊宿文字。因此乃鈔本，誠恐傳鈔有誤，亥豕不分，貽汚撰者。蓋虛老文字般若，飲譽叢林，絕無詰屈之文，故敢妄加移易，希高明

亮詧焉。「自行錄」〔舊版〕便中請擲還是荷❹。此頌

文祺

貧衲騰光敬上　一九八二年六月十一日

【註　釋】

❶ 貴刊：指民國七十一年六月一日天華三十七期。

❷ 「虛雲老和尚名聯」，當時載於天華三七期第二版由臺北悟一法師投稿刊發。

❸ 虛老：卽虛雲老和尚，民國四大師之首席，禪宗大德，住世一百二十歲。（一八四〇—一九五九年）其聖迹請參閱「虛雲和尚年譜」或「法彙」。

❹ 騰公三次催稿，原稿不愼逸失，無言以對，蠢哉！

〈之五〉

慧公老居士道席：

十六日大函敬悉，「教乘法數」並非重煩估價，當日寄出此書時之隨函曾敍明：「此書前勞代爲估價，現印就，寄呈一部備鑒……」等語，或光一時辭不達意，遂有此誤會，致勞錦注。罪過罪過，足見

公愛護光之關切，不勝銘感，耑此肅函致謝❶。並候

文祺

貧衲騰光敬啓　一九八二年七月三十日

〔附言從略〕

【註　釋】

❶ 此信以後，余卽與師音訊疏渺。

自立法師❶函二通

〈之一〉

慧劍居士：

十月廿二日大函已敬悉。

這幾天正爲第二次月考忙❷，以致慈刊尚未能編好寄上付印❸，內心感到非常不安！不過，

我想昨天即可將七班的考卷批改完畢，再把各班分數與平時考平均後即可結束。我決定在一週內無論如何定編好付郵，請放心！

「弘公傳」請暫勿寄來，最好您再多看一遍，等我將刊編好，才有時間靜心恭閱。——請於十號再寄來吧！

我希望您的大作能改期出版才好——改為明年元旦出版，一方面可以再多徵求一些預約或助印，一方面也好精細多校兩遍，以求盡善盡美。不知尊意以為如何❹？

雲卿居士處❺，待我與她聯絡後再奉告，匆祝

文安

自立合十　一九六四年十一月一日

【註釋】

❶ 自立法師：江蘇泰縣人，生於一九二七年，早年出家，來臺後從學於慈航法師座下，一九五六年去菲，現為馬尼拉隱秀寺住持。

❷ 當時法師擔任菲僑普賢中學佛學教師。

❸ 指當時在臺發行的「慈航雜誌」。

❹ 一九六四年十一月，「弘一大師傳」正在校對階段，並徵詢各方對史料之修正建議，直至一九五五年春

自資印行初版，並受國內外支持預約一千七百餘部。

❺董雲卿：係菲僑界董光垤先生女公子，菲律賓大學碩士，現爲普賢中學校長。

〈之二〉

慧劍居士：

八月二十日大函已敬悉。

謝謝您在看完「弘一大師全集」目錄後，所提出的寶貴意見！我當將來意轉達籌印者。

您原預約兩部，將來應該由香港代理者登記，等我問清楚再奉告。

劉梅生❶從前卽爲「劉蓮星」；「蓮生」是皈依印光大師所賜法名。匆祝

編安

自立合十　一九八七年八月二十二日❷

【註釋】

❶劉梅生：福建厦門人，厦門大學畢業，曾任菲律賓普賢中學校長，早年學佛，抗戰初期，皈依弘一大師，法名「勝覺」；又皈依印光大師；數年前出家於馬尼拉大乘信願寺，法號「覺生」，年近八十。在有關弘一大師史料中，出現「蓮星」其人，故有此一問。

❷余於民國五十一年冬，受命爲自立法師在臺代理「慈航雜誌」業務，達八年之久，其中書信往還不下百通，皆因歷次遷徙而佚失，謹存此兩通。

聖印法師❶函二通

〈之一〉

慧劍居士：

大函敬悉。茲寄上「演講集」目錄❷乙份，一共是二十六篇演講稿，勞神之爲分類，頁數、次序可以再作調整。這是二校稿。仰仗您的大力斧正。謝謝設計好封面。我於六月三十日赴美，在這幾天我將抽出時間北上，將封面帶回。餘待面敍。

專請

撰安

聖印和南

（民國六十八年）六月二十五日

【註釋】

❶聖印法師：臺灣、臺中（客籍）人，俗姓陳，一九三〇年以後出生，十八歲出家於臺北關渡某寺，現住持臺中市慈明寺及霧峯萬佛寺，並歷任中國佛敎會理事及臺灣省佛敎分會，臺中市支會理事長，著述甚豐。

❷「演講集」：爲聖印法師在各地說法之結集文字，屬余編定，故云。

〈之二〉

慧劍居士：

您的費心幫忙，天華出版公司出版，相信「六祖壇經今譯」❶，將來問世時，可作其他書出版楷模，而提高出書水準。

三本書❷封面的設計都很好，但在小印刷廠技術上實在很差，如「佛法概論」，未得同意❸卽印，要求重〔新〕校正〔後〕再印，〔但〕因工廠已臨倒〔閉〕而負〔擔〕不起。又「菩薩戒本講話」，工廠忙，只以打字印出；「演講集」都不見理想，故遲遲不敢寄上指正。又由於最近繁忙，未克卽覆。盼諒。

卽祝

撰安

聖印合十 〔民國六十八年〕十二月二十四日

【註釋】

❶「六祖壇經今譯」：此書原爲聖印法師之「講話」本，並已自印，而余以主持天華編政，乃蒙師惠以重印，以「今譯」本方式，於民國六十九年八月一日列入天華瓔珞叢刊第三十三種。

❷所謂「三本書」：係當時師以「佛法概論」、「菩薩戒本講話」、「聖印法師演講集」三書屬余整理編定者。

❸「佛法概論」一書，三校未畢，印廠卽擅自未經作者簽印，卽上機印刷，致使品質甚差云云。

靈根老法師❶函一通

〈之一〉

慧劍居士慧眼：

二月三日函悉。令堂大人仙逝❷，未能親自前往弔祭，深致歉意！敬請節哀，爲法珍重。「『空的哲理』陳溯原委」在天華發表後❸，我尚未拜讀，敬請擲下一份，我想到此爲止，不必再傷和氣。

耑此恭賀

新禧

靈根合十（民國七十一年）除夕前一日

【註　釋】

❶靈根老法師：湖南人，約生於民國初年，民國道安法師之法子。現任臺北市松山寺住持。

❷家母於民國七十二年元月二日（農曆七十一年十一月十九日）逝世於江蘇大豐舍弟永健寓所，余不及奔喪，在傷痛之餘，聞訊後約一個月，假臺北市華嚴蓮社請僧超薦，故有此云。

❸〈「空的原理」陳溯原委〉：係源於余在天華編「瓔珞叢刋」時，將道安法師於民國四十八年贈余之「二力室文集」一書中之數章，加以合編（含「空的哲理」一文）爲「空的哲理」（瓔珞第四十三種）；不料經局外人在靈根老法師前進言，誣余盜印，引起風波，余爲之布白。此文見民國七十二年二月一日「天華月刊」第四十五期西林版。靈老日後不因此見棄掛懷，乃釋前隙。

果通法師❶函二通

慧公長者：

元月十五日的來信收到了。

上次寫信未及詳談，累你掛念，歉甚。

我現在仍住「東林」❷。豐祥大厦，是個很小的單位，是洗塵法師❸希望顯明老法師❹能常來香港，替他買的這間小房，房主是顯老和我兩人的名字，因爲太小不能住，並且我也沒有力量獨立設炊。我把以前在羅漢寺領導的「教觀學會」，改組爲「普明學會」，設在這裏。我每天下午來此，至晚上八時返東林；在這裏主要的工作，是接見青年佛徒，討論淺顯佛學。最近成立一個佛學班，借圖書館開課，由王聯章❺等我的弟子主講，非常好，報名人數超過八十人，平均中學以上程度。開年以後，我想組織一個弘法研究班，召集比較能弘法的青年，指導他們學習演講，從姿態、語詞、內容等方面糾正、教導。

此次被自己的□□□□❻嫉妬，本已心灰意冷，所幸一班青年尚非勢利之徒，愛護擁戴，將從這方面做下去。所憂慮的是如果稍有成績，又會惹些痲煩；沒有成績，也沒有人支持；世間事就是這樣矛盾。

本來我想用別人的名義寫一篇介紹的文字，就因爲怕惹痲煩遲遲不敢動筆。香港的出家人，起家的都是從經懺來的❼；大家爲了拉信徒，完全成了同行是寃家的情形，按說像我選擇所做的不會有人眼紅，但因他們不想做，別人也不能做。不過像我這樣一個人既然跌入了洪流裏，掙扎也死，不掙扎也死，與其等死，就不如掙扎一下，憑自己的良心給佛教留點正義種子。牢騷一陣，不好意思。

敬頌

教安

果通合十 〔一九八〇年〕元月二十日

【註　釋】

❶ 果通法師：山東〔青島〕人？約生於一九一五｜二〇年間，俗名蔡韜，山東大學畢業，在臺曾任臺北縣智光商職校長，曾皈依南亭法師；一九七〇年後，赴港出家，剃度於香港佛教聯合會長覺光法師座下，法名果通。在港掛單約十年，於一九八七年逝世於香港。通師與余爲舊交，一個知識份子在佛門竟也如此寂寞！

❷ 東林：指他掛單的「九龍荃灣芙蓉山東林念佛堂」；似爲永惺法師道場之一。

❸ 洗塵法師：香港新界妙法寺住持、前香港佛教僧伽會長，因嚴重的糖尿病中毒，自一九八二年起臥床養疾，閉門棄世。

❹ 顯明老法師：天台宗老宿，現任紐約莊嚴寺住持，東北人，約生於民初，在抗戰期中，曾棄俗從軍，直到一九七五年前後，始從臺北市中國國民黨黨工職位中退休，再度出家。

❺ 王聯章：爲香港佛教中生代，知識份子，宏法熱忱，並經營商業，爲果通法師皈依弟子之一。

❻ □□□□云云：有關個人私隱，暫隱其名。

❼ 當大陸於一九四九年之後，許多出家僧衆避難來港，生活無着，不得不以「經懺」作資生工具，而後習焉不察，成爲佛教史上抹不掉汚點，惟目前已逐漸轉移生存目標……。

〈之二〉

慧公長者：

上次接您來信，正值住院切除攝護腺，故而遲遲未寫信，非常抱歉，近日已復原，祈勿掛念。

騰光法師❶獲您信後，一直和我連絡，但正是我住院時期，所以多次來電話，都沒有接到，一直到兩星期前後連絡上，不過因我初出醫院，尚未落山❷，到現在還沒有見面。在電話中可以窺知，這位法師頗爲孤傲❸，是否能平易近人，尚不可知。香港專門罵人的那位出家人❹，是福建人，略識文字，但思路不通，所罵的人，都出自他自己的私心私欲，他以前常常找我，我對他敬而遠之。他是以「經懺」謀生者，但行爲怪癖，衣著不整，不受歡迎，牢騷滿腹。

今綴成一篇講稿❺，是爲妙法寺❻僧伽會剃度大會的受「八關齋戒」的居士講的，呈上請批改，如不能用，萬不可勉強，以免「天華」受汚。八月十四日，西方基督教的領袖們，來羅漢寺，要求我作一次簡短的演講，下餘的時間，給他們發問、討論；我準備介紹佛教的「空觀」和「般若思想」。如能連綴成文，屆時再寄上。

別不他陳。敬頌

編　安

果通敬上（一九八〇年）七月二十九日

【註　釋】

❶ 騰光法師：駐錫於香港修道，爲一知識份子。個人歷史不詳。

❷ 落山：卽回寺。此寺指函中所述的〔大嶼山東涌〕羅漢寺。

❸ 據余所知，騰光法師頗爲重視知識，也有熱情；唯知識份子之「孤傲」卽或有之，也非爲過。

❹ 那位出家人：法名似爲「□智」？當時曾到處以印刷品公開指名揭發香港佛界隱私，是眞是假，是非莫辨，不過他罵得多了，就沒有人理了。

❺ 此一講稿，卽一九八〇年九月一日發表於天華十六期的「佛教與現實的生活」一文。

❻ 妙法寺：卽洗塵法師開山的香港新界藍地妙法寺。

仁得大師❶函三通

〈之一〉

慧劍居士慈鑒：

惠函❷大尊長普公❸上座，經照領迄。玆奉　諭示有關大德發行在臺印行泰國華僧主編之「漢梵英泰佛學辭典」，以弘揚佛法事，至爲深心隨喜讚歎。

關於縮爲三十二開本❹及版稅事，如何措理，悉由尊便。惟諸序文、大尊長法照、編集委員會諸大德姓名，不可刪減；內文亦然。又，大德必須在序文中詳述在臺刊行之必要及經過，並請將該序文事先寄下閱看，以免誤失，將來如有再版，亦必須告知，餘者無問題也❺。

謹此　順頌

法喜增進

御封泰國華宗大尊長秘書處釋仁得謹啓

〔公元〕一九八二年六月二十日

【註　釋】

❶ 仁得大師：前泰國華僧大尊長——普淨上師之首席弟子之一、曼谷普門報恩寺住持，其個人歷史不詳，約生於一九三〇年後。

❷ 惠函：指余於一九八二年六月初馳函曼谷普淨大尊長，要求他的座下弟子羣所編纂的「漢、梵、英、泰佛學辭典」在臺發行，以供學佛者需求。

❸ 普公：指普淨上師，廣東揭陽人，俗姓黃，生於一九〇二年，二十五歲出家，三十歲赴泰宏法，直至受封爲「華僧尊長」爲止。師於一九八六年九月二十五日圓寂，享年八十五歲。其詳細事跡，請參閱拙著「當代佛門人物」第二三九—二五〇頁「普淨上師行願年表」一文。

❹ 案：爲二十五開之誤。

❺ 師所示，余悉皆遵從，爲撰「序文」詳述受托緣起。此一四用「辭典」初印於一九七七年元月，余受托在臺重印，由天華出版公司於七十一年十二月一日在臺初版發行。此書爲個人受命發行，兼代理人，與

天華無關，當時余任職該公司，乃方便交由天華發行也。

〈之二〉

慧劍居士慈照：

惠函

御封泰國華宗大尊長、既「漢梵英泰辭典」重刊「前記」❶文，及「當代僧寶行誼」資料表❷各一份，敬悉種切。玆塡妥暨「前記」全文，另附「上座嘉行錄」❸一册，同時寄上，至祈查收，進行刊印工作。

大德從事教育，發揚光大，昭明法寶，至深隨喜、讚歎，功德誠爲不可思議，福德無量無邊也。

謹此順頌

法喜無量

御封泰國華宗大宗長秘書釋仁得謹啓

佛曆二五二五年〔公元一九八二年〕十月二十八日❹

〔附〕普淨上座相片一幀

【註釋】

❶「前記」：指余於奉准受托在臺灣代理印行「漢梵英泰佛學辭典」之時，所撰敍述重印此典因緣之文，現收錄於民國七十六年十月一日余著「慧葉箋」一書之一二三—一二五頁。由臺北「慈濟文化中心」印行，唯此書並未在市面流通。

❷「當代僧寶行誼資料表」：爲余於民國六十六年秋，主持天華編政時所擬訂之僧寶資料表，分寄世界各地對佛教有貢獻之當代僧界大德，祈望回收之後，作爲「現代高僧」作傳之材料。

❸「上座嘉行錄」：乃記錄泰國華僧宗長普淨上師一生行誼之專集。

❹案：佛曆二五二五年，爲公元一九八二年，民國七十一年；佛曆紀年，我國佛教界，慣以泰國之佛曆紀年爲準，而不採日本佛曆紀年。這一年佛曆二五二五年，爲泰國佛曆紀年，日本紀年則爲二五〇三年，比泰曆紀年少二十二年。

〈之三〉

慧劍居士慈照：

敬啓者，關於

「漢梵英泰佛學辭典」重刊發行之「前記」全文，及普公上座「嘉行錄」一份、相片一幀，二十八日經行奉寄。茲再隨函夾上「行誼表」❶一份，至祈查收爲禱。另剪報章新聞，爲敝山❷解夏❸布施法會及泰國僑衆各界發動持素❹祝福，奉獻泰皇上陛下萬壽無疆大典盛況，經在泰各大華文報發表，茲特奉上各一份，祈於「天華月刊」實貴版面發表弘揚，費神之處，謹此致意，謝謝。

順頌

法喜

泰國華僧宗務委員會秘書釋仁得謹啓

佛曆二五二五年（一九八二）十月二十九日

【註釋】

❶「行誼表」：指普淨上師之簡譜。

❷敝山：指泰京曼谷之普門報恩寺。佛家慣以本寺稱爲「本山、敝山」；蓋古代佛寺多建在山林之間也。

❸解夏：南傳佛教，依佛制，每年有九十天「結夏安居」（修道），報恩寺亦然；所謂「解夏」，即「夏安居」期居滿，修道者解禁回其本處。

❹持素：即「嚴持素食」（不殺生）之謂。

繼程法師❶函七通

〈之一〉

慧劍居士慧鑒：

茲寄上臺幣貳仟肆佰元正，係請購「大藏會閱」❷（精裝）二套，包括郵費，請代寄至：

㈠竺摩法師：三慧講堂。

㈡邱寶光居士：太平佛教會。

又付寄一本「無盡燈」❸，內有一文「一代人天師範」，是程參考居士之大著「弘一大師傳」及其他有關弘公之著作而寫成的，請居士多多指點！謝謝！祝

安

繼程合十　一九七九年十一月十日

【註釋】

❶繼程法師：馬來西亞華裔青年比丘，約生於一九五五年生，一九七三年馬國太平高中畢業，一九七八年出家，旋即來臺就學於高雄佛光山中國佛教研究部畢業後，再返回檳城，協助他的剃度師——竺摩長老，對馬來西亞青年佛教總會，著有貢獻。

❷「大藏會閱」：爲臺灣屏東萬巒鄉普門講堂會性法師所著，由天華公司於民國六十八年九月印行初版，此書研究佛學之重要工具書，約一百餘萬字。

❸「無盡燈」：爲馬來西亞惟一的佛學季刊，督印人爲金明法師、社長竺摩長老。編輯就設在檳城竺摩長

老的三慧講堂。自一九八一秋由繼程法師接編。

〈之二〉

陳老師慧鑒：

閉關後❶，就一直未曾與老師通信，不知今況如何？並請代問候「天華」諸同仁。

我目前是以閱讀時間較多，現在是看一些近人的著作，大多是屬於思想或哲學方面的，這些可說是一些準備的工作，因爲我想先把佛法的大綱把握，然後再進入閱藏的研讀，不過就我個人的情形看來，要閱完全藏的可能性不大，能完成三年的計劃的可能性也不太大，蓋因本邦❶的佛教界實在是太需要人手，尤其佛學院。目前教佛學者只有五、六人，而其中四人是年紀在六十歲以上的（包括家師竺公），最長者已八十多歲了。年輕而能教、肯教者只有一、二人（包括我），故在這種青黃不接之狀況下，想眞的完全放下而潛心研究是不容易，因此我的閉關是迫切需要，卻又必須是「速成」的。對我來說精神負擔頗重，但爲了佛教，自然是沒有怨言的挑起，所以我便需要廣泛地了知各宗之大綱，然後找一門比較迫切需要的，下比較專的工夫，我會在「天台止觀」方面下多一些功夫，因爲目前各地的佛教都需要有一套修持的方法，我希望自己能在這方面稍盡棉力，至於思想方面，我想我是比較接近「空」觀，因此會比較喜歡印順法師❸的作品，也打算以此作爲自己教學的主要資料來源。

有兩件事需要老師幫忙：

㈠目前我掛有「無盡燈」主編之名（由另一位居士執行編輯）在此想請老師賜稿。此刊乃季刊，我想對老師來說，三個月供一篇稿應該是不成問題的，因此請老師在此刊闢一專欄，專欄名稱及文章內容由老師自己決定。至於稿費，由於本刊發行不十分理想，而我剛接手，又在閼內，想推廣亦不容易。本刊是由佛敎總會辦的，似乎每期都虧，故稿費不豐，每千字約臺幣百元至百五十元左右，因此不敢對老師說「稿費從優」，希望老師能答應。

㈡上次曾與老師提及的「名人出版社」❹，是因我曾向此出版社訂一套「名人傳記」，至今這套書已出齊（約一百廿本），但我只收到三十多本，尚有四分之三左右未寄來，而我已去函多次催問，卻完全沒有消息，不知老師可否代我問一問。

最後　順祝

法安

學生繼程合十　一九八二年五月九日

【註　釋】

❶　案：繼程法師在臺時，曾與余多次晤面，余建議他先作閱藏閉關，等佛學基礎堅實，再出而說法；因此法師回檳城後，先行作「方便閉關」。

❷　本邦：指馬來西亞。

❸ 印順法師：卽中國佛教界人所熟知的「印順導師」。

❹ 「名人出版社」：爲臺北一家出版社，印行一套「名人傳記」，計一二〇册，出到三十餘册，便形同中斷，法師乃囑余就近查詢。

〈之三〉

陳老師慧鑒：

來函及來稿皆已收到❶，謝謝老師的指示及支持。

以目前的情形來說，我個人的處境是頗爲困難，在一個欲振興佛敎、而又發現人手缺乏、青黃不接的環境裏，一個稍有佛學基礎者，卽對佛敎的弘揚工作負有一份責任，我個人對佛學之研究還是淺薄的，但在目前本地佛敎界來說，已算是基礎較好的了，加上個人責任心頗重，是故對佛敎事業，總覺得有不可旁貸之責任，因此我能在這樣的情況下閉關，是很難得的（不是指我個人，是對佛敎界而言），因此，我的外緣還是有，如目前需要爲「燈刊」看稿，又得爲佛學院學生講課（在關房前的小窗），有時又必須寫點東西，這一來，則眞正閱讀時間，必須要受影響。（當然比起沒閉關是要好得多了。）而目前又出現了一個問題，卽本地佛友有很不少已經開始注重修持，本地則敎導打坐之人太少，致使有病急亂投醫之現象，對密宗產生興趣，每每是沒有選擇性的大灌其頂，大修密法，以致出現了一些流弊，爲了彌補此方面之缺陷，則我亦感到責任重大，故開始更專心去涉獵有關「天台止觀」以及其他有關禪或打坐之書，以期能爲這些有道心的佛友尋找出一個有程序的靜坐修持法，以避免出現不良的後果。

不過我當會遵守老師之指示，盡量去閱藏，卽使閉關期間無法閱畢，也將於出關後，發願閱完全藏，畢竟這是一個汲汲於佛道者的一個基本任務。

老師之來稿已閱過，有作了少許的修改，是有關年代方面的。據南傳佛教的記載，佛降生之年代是西元前六二三年（出家二十九歲），三十五歲成正覺，卽於西元前五八八年，涅槃於西元前五四三年，今佛曆的算法是從涅槃年代算起，而非出生年代，故佛曆到今年（過了衞塞節農曆四月十五日）是二五二六年，佛降生至今（過衞塞節加一年）應該是「二六〇六年」，這些算法在南洋一帶及西方都是通用的。故我做了這樣的修改，不知老師以爲可否？還有孔子出生年代是西元前五五一年，距今應是「二五三三」年，老師寫成二四三二，故也作了修改。另又請示老師，老師在稿末註明是「一九八〇年九月十八日晨重訂」，後改爲「一九八二年九月十八日」這個日期恐怕有問題，請老師指示應寫「一九八〇年」抑「一九八二年」才適合⑪？

老師來稿頗長，故擬分三期登完，卽本年度「夏」、「秋」、「冬」三季期。至於明年，亦希望老師屆時能再來稿大力支持，俾我們這一羣年輕的佛子，能對「燈刊」作某程度的革新，以爲佛教界服務。

有關「名人出版社」之事，我想提供多一些資料，以便老師詢問時比較方便。

我是第一批預約者之一，其寄給我之「收據、保證書、銘謝卡」的號碼是00113，日期是民國六十九年三月十七日。而在此卡上，他把我的名字寫成「釋繼經」（寫錯了，但我沒有糾正，只是後來通訊都用正確的名字，大概他們知道我的正名），預約時地址是在「佛光山」。當時的價格是四千六百元（臺幣），後來我請他們替我寄來馬來西亞，又多付了兩千元的郵費（本來他們要我自己寄，但我因爲怕我回來後書尚未出齊，故才要他們幫忙寄，他們也應允了）。大概上個月我又曾經致函相約，依然是沒有著落，所以只好勞動老師去查詢，看到底是怎樣的情形了❷。

不多談了，當會再向老師作點報告，及請教一些問題，請代問候天華同仁，並頌

法　安

學生繼程合十　一九八二年五月二十一日

【註　釋】

❶　來稿指余所撰之「佛家思想對世緣之批判」一文。

❷　「名人出版社」事，余已查問。見「下函」。

〈之四〉

陳老師慧鑒：

謝謝老師的幫忙，「名人出版社」已經來函和我連絡了，這個情形發生是因爲出版社的舊職

員已離職，而出版社已搬了，故我多次去函都沒法子連絡上，現在問題應該會馬上就解決了。

知道「天華」又將出版新書，這裏將預約的書列下，希望出版後能早點寄來，尤其呂澂居士的兩本大著，對我目前的閱讀有很大的幫助。

㈠中國佛學思想概說；

㈡印度佛學思想概說；

㈢觀世音菩薩本事；

㈣禪宗源流與修持法；

㈤神秘經驗；

㈥第五度時空。以上每種各二本。

前回提及老師的著作，文末所錄的日期，是因爲老師只改年，而未改月日，故變成了一九八二年九月□□日重訂字樣，問題是出在月和日，若照這樣寫恐不妥當，請老師有空來函時再指示❶。順頌

法安

學生繼程合十 一九八二年六月十日

【註釋】

❶ 當時繼程法師囑余爲一九八二年夏季號「無盡燈」寫稿，在「佛家的思想對世緣的批判」一文文末所附完稿日期，爲適應馬國以西元紀年，乃將中華民國紀年改爲西元，……結果決定不註月日，只註「一九八二年重訂」。

〈之五〉

陳老師慧鑒：

來函所囑之事，已經處理好，現附函將葉道才所簽署的收據及銘謝函寄上❶，在這裏想把此事大略的報告一下：

葉道才住的地方離開檳城約有三百英哩。（檳城是在北馬區 poot klang—，巴生港是在中馬區）因此我是無法將錢親自轉交，本想將款項換成支票寄上，後來因一位師兄提及說剛好有幾位佛友由吉隆坡（我國首都，巴生港離之很近）來，將於翌日返隆，在隆我亦有兩三位出家師兄（尼衆），故便將錢（折成馬幣肆佰陸拾元正，加上我個人的貳拾元，一共是肆佰捌拾元正）交給佛友帶下吉隆坡請我的師兄轉交。後來我師兄托一位男佛友將錢交去，當晚打電話來問，爲何會捐款給其人，我師兄未親身去，是因爲該住址座落於當地一個「名聲不太好」的地區，後來該位佛友找到葉時，發現到他是一個年輕人，有點吊兒郞當的樣子，但沒有病！而且還是一位「外道」❷呢！過兩天，葉將他簽署的收據（隨便寫的）寄來，又另郵寄來兩本「聖德」及「聖理」之外道書籍❸及一封中華函授學校之申請表格（收據裏有蓋章，還要我寫介紹信給他參加該函授學校)，我有一種被欺騙之感，同時很爲天華及老師感到不值，白白爲這樣的一個人作爲欺騙錢財的工具。故將事情告訴老師，並與講堂的師兄討論後，認爲若天華將來還有爲本地病僑呼籲募捐的話，請將消息告訴我們，我們可以檢查本地報章，若此地報章有爲其呼籲社會人士協助的報導，便證明其是眞正需要幫助的，因已經過記者所證實的，而我對此類消息一向也有注意，但從來未見過「葉道才」其人曾被本地報章刊登過求助消息，也不知他是如何與天華扯上關係的？或許他曾去過臺灣？其所負責之「臺灣中華函授學校畢業同學、筆友、聯誼站」，也不知是怎麼樣的組織，與臺灣「中華函授學校」是否眞的有關係。

另有一事，即上次所提有關「名人」的書，前次的函件中已經和老師談過了。他們和我聯絡上了，我也告訴他們未寄送的書，不知他們寄來了沒有，因爲至今我尚未收到，我寄出信時是在六月十一日，至今已一個多月了，但未有消息，請老師再去電查詢一下，煩神之處，在此先謝了。

若天華出新書，請盡快寄過來，順頌

編安

學生繼程合十　(一九八二)七十一年八月一日

△此事當作一個教訓好了，也不必揭發它。

【註釋】

❶葉道才事件：在余記憶中，係由馬來西亞某著名佛教單位（或佛教人士）寄來馬國剪報，呼籲佛教界請緊急救助一位重病而貧苦的青年葉道才，「天華月刊」刊出這一消息後，獲得一些援助的布施錢，便將款寄給繼程法師就近轉交，當時沒想到「報紙」有這樣一個騙局，也許是受到這位年輕人「騙」了。因爲當時在臺灣無從查察這樣一個濟急案。

❷可能是「一貫道」信徒，他自己也稱爲「佛教」。

❸「聖德」及「聖理」：都是臺灣出版的「一貫道」雜誌。

〈之六〉

陳老師慧鑒：

八月六日的來信收到多日。

謝謝您的幫忙，名人的書已收妥，其中有多寄一本九十八而少了九十九，也已經和名人的負責人更換了。

那筆款項還是全部買天華的書，天華有新書則寄來，直至那筆款項用完爲止，屆時請老師來函示知。

老師的稿將於十二月份那期的無盡燈刋完，希望老師能爲明年出版的無盡燈闢「專欄」，馮馮居士已經答應了，並已寄來稿件，因已過截稿日期，故秋季這期無法趕上，他的專欄題爲「燈下集」，若老師也能來一個，則將使本刊更有份量。

上期刊出有關密敎之文，此地反應甚爲強烈，後來大家以息事寧人爲旨，而使此事暫告一個段落。從這裏看到本地在這方面是比較落後的。因此，今後要在這方面的工作多加努力才行。

竺公上人❶將於農曆八月初十（週日）慶祝七秩大壽，順此告知。頌

法安

學生繼程合十　一九八二年九月十九日

【註釋】

❶ 指竺摩長老。

〈之七〉

陳老師慧鑒：

寄來的兩包書都已收到了，謝謝！不知老師近況如何？

記得上次曾郵寄一本拙著「一代人天師範」給老師，不知老師對此書之批評若何？若老師認爲其尚夠水準，而可以編入「天華瓔珞叢刊」，那麼老師就把它編入，至於稿酬等等，皆不必提，只要印妥後，送幾本來卽可❶。我這可是毛遂自薦。因見瓔珞編得出色，也希望自己能爲天

華貢獻點什麼，所以才決定這樣做，當然若拙著未上水準，我也是不會怎樣的，請來函示知，祝

編安

學生繼程合十　一九八三年六月八日

△請再寄一套「佛學大辭典」來，謝謝！

【註釋】

❶「一代人天師範」：（此書先由三慧講堂在一九八一年印行初版）繼程法師這本書寫得很好，記憶中「天華」並沒有出版，可能因爲它的篇幅太少，印出來份量太薄，而無法印行之故。

續慧〔尼〕法師❶函三通

〈之一〉

老師慈鑒：

許久未和老師通信了，一切都還安好吧！或許當您接到信時，對這陌生的字跡，感到驚訝哩！

這學期學生由於患上嚴重的腸炎，腹瀉不止，被迫休學，經過一番調養，現已痊癒，只是不能再過度勞累及熬夜，想來慚愧已極！

生活上，雖僅助理寺務❷，也仔細回想幾年來，求學中的種種，如何在思想上成一系統，在修行上更加提昇，都是很令人深思的問題。最近，常抽時間翻讀一些書，整理一堆堆的筆記及信件，望著課中筆記，皆是老師辛勤的講授，無論思想或人生方向的帶進，對學生都有極深厚的影響，一個人的成長，老師的指引與教導是如何的重要啊！

我只深深祈願能善自努力，充實自己，將來能貢獻一己所學，圖報答師恩於萬一也。還有您主編的「天華雜誌」均如期收到，在這兒要向老師特致謝意。您對佛教工作之獻身，可謂不遺餘力，令人感動！

「法藏」的同學❸，畢業後，各奔前程，多半已失去聯絡，人生的旅程，不停地向前奔馳，唯有確立應走的方向，不斷向前邁進，才有成功的一天。

修行的途程上，有人專心一意向上提昇，志欲脫落根塵，與無始無明，做最艱苦的挑戰，有人半途而廢，有人漫無目地的蕩著，無量衆生各有因緣，而眞正的修道者，永遠是純一無雜的，永遠在追求無上的佛道。

老師，學生拉雜地說了許多，有勞清神，並請多指教，原諒我的字跡相當潦草。敬頌

法樂

學生釋續慧合十　〔一九八二年〕民國七十一年十二月三日

【註釋】

❶續慧法師：臺灣屏東人，俗姓賴，約一九五八年生，民國六十五—六六年，爲余擔任臺灣北投法藏佛學院國文教師時之學生，彼結業後，返回屏東，出家於香光精舍，俟後再就讀於陽明山華梵佛學苑。

❷指返回屏東香光精舍，協助常住處理寺務。

❸指當年在「法藏佛學院」的同學。此一學院，爲女衆道場，由北投法藏寺創辦，後來出任〔臺灣〕中國佛教會秘書長多年的了中法師擔任院長，此學院只辦一屆卽結束。

〈之二〉

老師慈鑒：

首祈原諒，學生自前次寫信給　老師後，便離寺一月之多，其間接連參加兩次佛七及聽經法會，回寺後，獲　老師信，又忽接同學欲出家舉行剃度及受戒儀式，要學生前去助理一些事務，前後約十多天，待回精舍已近年關，忙著清掃，迎接新年，從初一至八日，諷誦妙法蓮華經，今天已是第四天，心裏記掛著速要回　老師的信，〔但因〕常被雜務所牽，無法提筆，請能原諒！

下學期，是否復學回「佛研所」❶續讀，未作決定，學生覺得修行或許遠比只鑽研學術功夫來得重要，雖然修行與學術能並進無礙，但加上其它因緣，則非易事，近曾敬讀　弘公❷之著作，感觸良深，諸如「四分律合註戒本」、「四分律羯磨疏濟緣記」、「四分律合註戒本疏行宗記」、

「弘一大師演講集」，還有您倡印的「弘一大師文鈔」，對弘公之敬仰，倍加虔摯，弘公對律學之苦心孤詣，令後學五體投地，亦不能報恩於萬一，唯祈仿傚公之梵行，嚴淨毗尼，專精學律，使僧種不絕，才能讓佛法慧命眞實延續下去。此純係學生一已之志向，不足向外人道，不過於此稟知 老師。

弘公的後半生，尤其潛研律藏後，其對慧命之提昇，節節上升，戒爲萬行之基，初禁業非，次則發出定慧伏斷諸惱，而潛德幽光，自然流露。然則，逢值斯世，持律亦應有持律之環境，欲持清淨戒行，生活處處如臨深淵，如履薄冰，稍犯即懺，懺後不犯。衆生習性，於戒明鏡中，顯出其戒相，乃知無始輪廻之因。

「弘一大師文鈔」，老師是否還有存書？若有是否可請先寄十本。（下略數語）

學生承老師指導多年，前信中所示應有之書❸，學生已有，唯「大漢和辭典」尚未購之，有機會時定當購買，以充實所學。修行不忘讀書，不諱言—學術的研究，實有助於修行；理路通，修行不會走錯路。文字般若能助發觀照般若而入實相，故謂「文字乃法身之氣脈」者，所言不虛，唯兩者不可偏廢而已。

拉雜地說了許多，有勞 老師費神，寫至此，夜已深，字跡相當潦草，請 老師原諒！

謹此 敬頌

慧 安

學生續慧合十 〔一九八三年〕民國七十二年二月十七日夜

【註釋】

❶ 佛研所：指陽明山「華梵佛學研究所」。

❷ 弘公：指「弘一大師」。

❸ 余曾於致續慧法師函中，開列學佛青年必讀之基礎理論典籍，及重要工具書多種，故云。

〈之三〉

老師慈鑒：

您寄來的「弘一大師文鈔」十冊，如數收訖，甚爲感謝，功德無量！不少同學，有志於潛修律學，因此將弘公之文鈔一一分贈，已寄、未寄連算，現僅存一册，還有不少人要呢？書中不僅提示研修律藏之「入門次第」，並作校訂、跋及序等，令我等後學獲益匪淺。

南山遺風❶，是否能再度重振，有待這一代佛教青年的奮起，面臨這個科技文明的大時代，佛法修證之事，斷非說說寫寫即了之事，學生年少識淺，所修所學，距於所願不知幾千里遠，每撫卷思及，愴痛無比，唯祈能勤奮精進，期有日之小成，奉獻身心於塵刹。

人，總要走上千百條路中的一條，屬於也適合自己的。律是修行者的根本，根本不立，道務無由，幾回埋首於高僧傳記中，尋找那永垂的典範，仿傚其超倫之行，那種困頓、痛苦、徬徨，不知流盡了多少淚水，佛法的道業，是要專心、眞心，而且永恒不斷的努力，才能完成的。這份道業，必須具有大悲心、智慧心、菩提心、和金剛不退的道心，才能達成的。相信　老師在這方面，能帶給學生有更深一層的指導。

已近凌晨了，最近將「律藏」及所要參考的目錄，作一整理。寺裏衆務紛湧而至，唯靜待一一處理。

今宵夜雨連綿，窗外除雨聲，還夾雜有蟲鳴之聲，大地深沉，而人，唯我獨醒，仰歎那千古聖人，不僅想起那滔滔奔流的歷史，更想起不絕其源的流浪生命，何時回首，回歸本元……。

扯得太遠了，有勞清神，謹此

敬頌

教安

學生續慧合十

〔一九八三年〕民國七十二年三月十二日

【註　釋】

❶ 南山遺風：南山，指唐代隱居「終南山」之中國律宗初祖「道宣律師」；即「高僧傳」作者。

元果法師❶函一通

慧劍居士：

一日來信，於三日收到，款既收妥❷，甚善。

大作「細說親愁」昨天收到，甚感！「香港佛教」❸一向很少登載文藝性的作品，現在得到大居士的大力支持，同人等萬分欣佩❹！

惠下「弘公傳」兩包——二十本——業已前天及今之下午如數收妥。印刷相當美觀，總算不負大居士一番苦心！當初如果排老五號字或好得很多，因新五號字一般上年紀的人看，比較費眼力。內容如何，我還未細閱，恕不能盲目批評。

專此　順頌

文安

元果上　〔一九六六年〕民國五十五年古二月初一日灯下

【註　釋】

❶元果法師：福建人，約生於一九二五—七年，香港福慧精舍住持暨「香港佛教」月刊主編。

❷「款既收妥」：此款應爲元果法師當時函購之「弘一大師傳」初版。

❸當時師在主編「香港佛教」，數年後因人事變遷，現由秦孟瀟居士主編，覺光法師爲督印人。

❹當時師約余爲「香港佛教」寫稿，第一篇卽「細說親愁」，本文曾於一九六三年發表於臺灣中央日報副刊，再收錄於臺灣三民版「水晶夜」一書之六九—七五頁。

常照法師❶函一通

慧劍居士道鑒：

久未晤面，遙維

清吉泰綏，爲頌無量！今拙衲所著「見性直指」一書，又重校對，並將四句偈，加以平仄，當然文字必須稍變，而其義則仍如往昔，故特寄一册，以爲結緣；且附寄五册，希代爲佛寺住持結緣！要以國外爲限，如夏威夷、美國、泰國等。拙衲現已年老，六七年亦未下山，是以教界聯絡罔然❷！本寺地處偏僻，交通不便，不但報紙不得閱，卽是佛刊亦少閱，故無從聯絡國外教界之僧侶。拙衲所以欲寄數册以與國外僧侶結緣者，是爲「唯一佛衆」禪宗教外別傳之法，遠結墨緣，以弘正法眼藏耳。素以故知❸，大居士交遊廣大，特此煩勞！倘不見棄，希爲推轂，是所至幸！並頌

功德無量

拙衲常照合十

（一九七八年）民國六十七年四月十一日

【註釋】

❶常照法師：河北遷安人，俗姓關，一九〇九年生，北平郁文大學畢業，曾任遼寧輝南縣師範教務主任、熱河哈剌沁王府師範中學教師，自小學佛，來臺後以少校軍階退役出家，現居臺灣宜蘭龍潭一小寺中。他是臺灣惟一能在白天說法放光的異僧。事迹詳見余著「當代佛門人物」第七一—七九頁「光華遍大千」一文。

❷師於一九六一—一九七〇年常到臺北，爲佛界居士行「放光法會」，此後足不下山，但仍間在小寺爲訪者放光，惟八十歲後則未聞再以放光接人矣。

❸余與師相過從約十五年以上，本書成稿，彼年已近八十以上之老禪矣。

法振法師❶函一通

慧劍居士慧鑒：

久未晤敍，想新春吉祥，闔第安泰爲祝。衲除夕前日自臺北返寺，展讀來書，卽向本寺監院聖願法師詢問。據云過去曾有售❷，現在有否待查。旋因春節過後，新春每日誦仁王經，遂將此事暫置。今日想起，乃重新問起，據說現已無書矣。

查此書過去松山寺「臺灣印經處」❸曾有印行，又羅斯福路廣文書局及「佛教書局」❹可能也有出版。請就近詢問。

春日氣候溫和，最宜遊覽，假日如能闔第來山小住，當竭誠歡迎也。耑此即祝

闔第春安

拙衲法振謹啓　（一九八三年）民國七十二年二月十八日

【註釋】

❶法振法師：河南光山人，俗名熊炬明，生於一九一三年，青年時代信佛，曾皈依開封鐵塔寺淨嚴老和尚。師一九六〇年出家於臺灣新竹福嚴精舍，剃度於續明法師座下，與余爲三十餘年之舊交。

❷余曾向師查詢「八指頭陀詩集」何處可得，故云。

❸「臺灣印經處」：爲前佛教耆宿（章太炎之女婿）朱鏡宙老居士建立，初在臺北市善導寺經營，至一九六五年後，由當時善導寺住持道安法師，於卸任後帶到松山寺繼續經理，惟印書已少。

❹「佛教書局」：係臺籍廣定法師所經營，位於臺北市桂林路八十五號二樓。廣定法師，是一由顯入密之佛教僧侶。

悟一法師❶函一通

慧劍居士道席：

此次來美，本擬以二三星期返臺❷，無如此間有事，約於國曆八月初旬先回國。幸好「漢城佛教會議」緩辦，得以心無罣礙。前在臺曾約訂返臺時清理照片事，已無法踐約，請與丁小姐❸商量決定後付印，以免遲誤時日。關於印刷費用方面，如總數未超出預算（估價單），當然如數照付，萬一必須追加，如因字體放大，資料增多部份，係屬合理追加，亦應照付。倘有嚕嗦，其追加部份暫欠，其他預算業已定案者，印刷交貨時，全部照付，追加部門，待我返臺時清結。此次「實錄」付印，悟情商居士協辦，付款時不願增加居士夾攻困擾，故特函告。此事亦已函告丁小姐辦理，另有意外困難，請持此函與丁小姐婉商辦理。或囑丁小姐電話告我，諒無大礙。最後叮囑一句：實錄清校後，希望做到「零錯誤」地步❹！專奉敬頌

道祺

悟一合十　〔一九八三年〕民國七十二年五月二十八日

【註　釋】

❶悟一法師：江蘇泰縣人，約生於一九二二年，青年時期出家，出身棲霞，曾受益守培法師門下，一九五一年來臺後，出任臺北名剎善導寺監院、住持，中國佛教會理事，世界佛教僧伽會秘書長，一九八一年後息影於天母金山分院，並於一九八八年六月五日受任美國舊金山奧克蘭市佛光寺導師。

❷師在舊金山有精舍一間，並於棲霞明常長老寂後，出任香港鹿野苑常務董事，又續任住持，約一年後卸

任，交與達道法師。此後經常行脚於美國、香港、臺灣三地。

❸ 丁小姐：指當時「世界佛教僧伽會」秘書丁如雲女士。

❹ 當時余受任編印「世界佛教僧伽會第三屆大會會議實錄」，至一九八三年十月出書，計費時半年。爲十六開中英合輯加彩色圖片、約四百頁之精裝本。

慧恒法師❶函一通

陳居士慧劍大德慧鑒：

頃翻閱　大德近作「英雄寂寞」❷一書，近閱數節之後，發現　大德智慧超然，筆力雋永，於每一看法鞭闢入裏，具有特殊之慧眼，觀察萬事萬物，非一般「居士」所可及。拙衲於俗家時嘗讀「莎翁金言集」(Golden Sayings from Shakspeare) 一書，該書開宗明義由比莎翁稍晚之英倫大詩人（忘其名）以其名詩一段作其序文，其詩中嘗有一句，今以中文翻之似可翻成『莎翁慧劍斷羣痴』云。今　大德以「慧劍」之尊，述最深智慧之佛理，則　大德之慧川智海，頗可與莎翁相彷佛者，或有過之矣！（朱炎博士嘗以「莎翁與孔子之比較」一文獲西班牙文學博士學位。）

拙衲前世係前魯督張宗昌❸轉世，今在臺灣新營之鍾石磐大居士係拙衲前世之部下，嘗見面過，並證實衲前世係其長官不誤，並於新營聖賢館所出版之月刊「無量壽」中，登載其所見所聞、圖片（民國七十年八月許），大德或亦翻閱過而留下相當印象❹？

衲於出家前對 大德之大著「弘一法師傳」已讀過多遍，出家後行持頗受其影響，惟以業障重，故未克能如弘師之深入律藏、持清淨戒，作人天之師範，惟能隨力持戒而已。雖力不能及，而心則嚮往之甚深。諒弘師之流風餘韻，對衲今後之修學暨行持，仍有相當巨大之影響，此亦大德之菩薩行，使衲受益無窮者，誠感 師恩之難報也。居士之可貴即在此也。

因前張宗昌創辦「山東大學」❺故，今世於二十四歲時雖身罹殺報，仍通過臺大考試，且考上留學考試，誠爲難得；畢業後因神經衰弱轉劇，仍能入基隆郵局任外事職務，垂十五年之久，乃料想所不及者。原來前世與衲結良緣之人，此世皆服務於局中，（乃能）於危機中時伸援手，……因果歷歷，一一不爽，如寫（之成篇），將可成一（驚世駭俗）之巨構，殆可震撼文化界也。惟衲因前世爲人犯殺業，此世受苦二十五年許，倘非前世事父母至孝，今已不得人身矣。——衲以腦力衰弱，文筆欠佳（必須三次自行修改），故乃罷之，而以念佛了生死爲第一要事。

恕不勞瀆（清神）。順頌

法安

拙衲釋慧恒合十 （一九八三）民國七十二年九月十五日

【註釋】

❶慧恒法師：臺灣省人，其個人年籍不詳，臺灣大學〔外文系〕畢業，因有記憶前生之因緣，在臺灣基隆服務郵局十五年後，棄俗出家於南投觀音山圓通寺。師曾在俗時與余有音訊往來，道其前緣，惜已佚失。

❷「英雄寂寞」：爲余自印之論文集，一九八三年九月初版，至一九八八年五月，剔其冗弱，併入「東大圖書公司」之滄海叢刊「薝蔔林外集」一書，另行問世。

❸張宗昌：（一八八一——一九三二）山東掖縣人，土匪出身，但事親至孝，民初發跡，成爲一方之軍閥，喧赫一時，曾主持山東省政，民國二十一年在濟南被刺身死。

❹慧恒法師轉世故事，余曾見諸佛刊，惟未留下資料，此事佛界盛傳已久。

❺山東大學：爲張宗昌創辦，抗日前改爲「國立」，大陸易手後，至今仍爲山東著名之學府。

默如長老❶函一通

陳老居士：

函示將本人自敍傳編入「當代佛門人物」❷中，請以尊意辦理，並申謝忱，卽頌

慧祺

默如和南　〔一九八三〕七十二年古十一月廿三日（七十二年十二月二十八日）

【註　釋】

❶ 默如長老：江蘇東臺人，一九〇五年生，俗姓吳，八歲出家，二十三歲受教於太虛門下之「閩南佛學院」，與當代佛學名家印順法師同門，學養深厚，來臺後，在臺北與戒德法師等建法雲寺，長期息隱著述。

❷ 默老之「自敍傳」，收於「當代佛門人物」第一九五——二一四頁。

眞華法師❶函一通

慧劍居士：

十二月二十二日惠函敬悉。擬將拙作「歲月悠悠六十年」一文收編於「當代佛門人物」一書出版流通，當然我十分樂意！不過，眞只是佛門中一個小人物，德學皆遜時德甚遠，尚乞斟酌爲善。梁慧皎法師「高僧傳序錄」中曾說：「若實行潛光則高而不名，寡德適時則名而不高」，今僧伽中「實行潛光」者少，「寡德適時」者多，如非仔細斟酌，善予取捨，將恐有負閣下一番護法讚僧之盛意也。匆此草復，並頌

道祺

不慧眞華合十（一九八三）民國七十二年十二月廿五日

【註　釋】

❶ 眞華法師：河南商邱人，生於一九二二年，十四歲因貧困家難而棄俗，來臺後從慈航、印順導師學佛多年，現爲新竹福嚴精舍住持，著有「參學瑣談」、「行化雜記」二書，其個人歷史，詳見「當代佛門人物」第一七五——一九三頁。

妙峯法師❶函一通

慧劍居士：

久仰了！時常拜讀大作「弘一大師傳」，尤其感人至深，曾先讀爲快！並曾購置五十部分贈民間青年教友。「慈濟道侶」編輯風格雅緻，具見才華，訝異中，不知是誰家傑作？幻老❷來，才知是你——大家手筆，畢竟不同凡響，敬佩得緊！

證嚴法師領導慈濟德業，可說是菩薩精神的具體表現，隨喜隨量，曾略爲資助；惜力量薄弱爲愧！近染惡性流行感冒，臥病多日，無所事事，今晨起身盥洗，忽想起慈濟偉業，令人稱讚，因成「慈濟歌」❸一首，可說是個人對慈濟的觀感和讚仰，只是陋俗得很，如可補白，尚希斧而正之爲感！

出版之後，希卽航寄一份是幸！敬祝

文安

妙峯合十　一九八九年三月二十七日

【註釋】

❶妙峯法師：廣東人，約生於一九二五年，慈航法師弟子，於一九五五年前後赴美，在紐約設立法王寺，並爲紐約華僑界建立初期佛教之基礎。師長於詩歌，其創作時見佛教報刊。

❷幻老：指赴美研究多年之幻生法師。

❸「慈濟歌」，發表於民國七十八年五月十六日「慈濟道侶」第六十六期第二版。

傳顗法師❶函一通

陳老師道席：

茲値春節，先向老師拜年，並祝福　老師身體健康，萬事如意，奈因山上農曆初一至初九法會，未克踵府，深致歉忱。

據淸德師❷稱：「老師府上電話，因無線路，故仍未移裝。」日昨（十一）週六曾電話「天華」❸，顏宗養居士❹接稱：「陳老師今天因親友喜事，不來上班，改請下週二再打來。」

懇者：一、七海稿❺已三校，不過　導師❻開示中，可能有兩處疑點，或許是紀錄整理人錯失，想先請教　老師，或者再寄請　導師過目。二、導師七十彩色法相有友人發心印出放在書前，可否請　老師暫借翻照一用❼，未卜　老師同意否？

下週二（十四）中午在妙香林（廣場大廈二樓喬小姐那邊），恭請　老師便餐，屆時尚請撥冗賞光。俾便請教聆聽法益。

不恭之處，尚請鑒宥，專此　並復

法喜充滿

傳顗合十（一九八四）民國七十三年二月十二日

【註釋】

❶傳顗法師：一九二三年生，戰時安徽學院政經系畢業，旋卽參與戎伍，直至一九六九年國防部以上校軍職退役，至一九八一年在廣欽老和尚門下受染。

❷清德師：指臺北靈山講堂住持門下，負責「現代佛教」月刊行政之尼法師，時余受約任該講堂顧問，每週去講堂一天。

❸天華，卽當時余任職總編輯之天華出版公司。此函到後不久卽離職。

❹顏宗養居士：當時爲副總編輯，不久接余出任總編輯。

❺「七海稿」：指當時師所編定之印順法師「佛教讀經示要」一書之稿，由七海印刷公司承印。此稿，由余作技術上之編輯及封面處理，於民國七十三年三月一日初版，七十六年元月再版，七十五年冬慈濟三版。

❻ 指「印順導師」：導師一詞，係印順法師在戰時於四川江津法王寺教授生徒時之尊稱，來臺後被後學沿用。

❼ 書前頁印老七十彩照，由余提供。

慈怡（尼）法師❶函一通

慧劍居士淨鑒：

佛光大辭典編輯部將於本月十九、二十、二十一——三日舉辦一項工作人員的參遊及講習活動。屆時，將恭請教界碩學蒞臨講演開示。

居士以護持大法之願力，與卓絕之識見，三十年來，弘法著述不輟，功績至鉅，向爲緇素所重。今吾等不憚唐突，欲禮請居士於十九日下午七時（時間一個半小時）至臺北石門「佛光山北海道場」爲我們講授有關佛教文化工作之旨趣、要領等話題❷。如蒙惠諾，則同仁等定可受益無窮，因此，更激增爲佛教文化效力之熱忱！

謹此　順頌

道安。

後學慈怡合十（一九八七）民國七十六年十二月七日

【註　釋】

❶ 慈怡法師：臺灣宜蘭人，俗名楊鐵菊，佛光山星雲法師門下，約一九六〇年前後出家，至一九七五年後，出任彰化福山寺住持，並兼「佛光藏」及「佛光大辭典」之總編職務；師曾留學日本，護得碩士學位。今續在日本攻博士學位。

❷ 當時慈怡法師約余至臺北縣石門地區之「北海道場」演講，因余不便而改於臺北民權東路普門寺，題目是「三十年來中國佛教文化之回顧與前瞻」。

昭慧〔尼〕法師❶函一通

慧公長者賜鑒：

華翰敬悉！誠如

長者所言：此類文章不勝其多❷，亦駁不勝駁，故護教組於十月廿三日之會議上擬定「重點批判」之策略，即凡大型傳播媒體（如三家電視臺、大報刊、大電臺）之謗教事件，本組始出面處理，其他影響力不大之小刊物或謗教內容不嚴重者，則置之不理。拙文「慎勿強作解人」，原寄中副❸，主編意圖維護作者，而以「太長」爲拒刊之藉口，慧乃重行改寫而成五百字之投書，迫其不得不辭窮而照登（附上影印本）。對大報作一二次此類教訓，有時非必針對某人某文而發，多少有警惕編者愼重處理謗佛稿件之作用，以免本組疲於亡羊補牢。有感於長者對本組及慧之深切關懷，謹作如上之說明，並請日後多方指點，以輔靑年人經驗之不足也。

敬頌

道祺

昭慧作禮

〔一九八八〕民國七十七年十一月六日

【註　釋】

❶ 昭慧法師：臺灣國立師範大學國文系畢業，受印順導師薰敎硏究佛學有年，於一九八八年出任中國佛敎會「護敎組」長，其中有一年多，負責對外展開劇烈之護敎筆戰，其中以「思凡」一役最爲震動社會。

❷ 此類文章，卽指社會上一些媒體發表一些「黑白講」的汚蔑佛敎的文章，其中「國立藝術學院戲劇系」要在基隆市文化中心公演「思凡」，從此展開一場「護敎」之血戰，且佛敎徒亦有站在反對立場者。余曾撰「論思凡與紅姑的歷史敗筆」發表於「慈濟道侶」第五十九期，不料刋物剛出，被「慈濟基金會」負責人證嚴法師得悉，而以會「開罪於敎育部．影響慈濟與學」爲藉口，將十萬份刋物全部銷燬。這份刋物余尙保留十餘份，而流至社會者不多。余與慈濟之理念不能統一自此始，並埋下必然分手的初因。

❸ 中副：指臺灣中國國民黨黨報——中央日報副刋。

杜魚庵師友書信集註〔下〕在家師友

趙忍庵居士❶函一通

劍公居士賜鑒：兩邀

惠書，敬悉一一。　關於「弘公大師傳」印價，承予解釋，實屬不需要者❷。

值今之世，住佛之屋，著佛教之衣，不修佛行，不做佛世，亦大有人在。　公著作等身，竭思盡慮，肯爲世外人作傳，不僅與　弘公有大因緣，當亦是乘有願力再來之人；菴一商人，卽少有供養，亦是難遇之勝事。

菴前存曼谷中國物產保險公司陳總經理處美金旅行支票壹仟零壹拾元，近已煩其轉滙臺灣，並已函貴地周宣德❸、余平書❹二位老居士，煩其於此款到達，除以〔臺幣〕五千元作小女琪瑛之奬學金❺外，餘數大約七百元港幣，代爲付公，相差之數，俟公計算，示下再當奉上。

所有之書❻，除奉送友人外，餘請全數送交貴地「中國佛教會、國際文化奬學基金會」周宣德老居士收卽可。菴處之一百册，亦無須再留，全數送至該會可矣。煩勞之處，敬此謝謝。耑此

敬請

道安

後學趙忍庵頂禮（一九六五年）三月八日

【註釋】

❶趙忍庵居士：河北人，於抗戰前由中國內地赴南洋——馬來亞一帶經營貿易事業，並於當地成家立業，在「巴生」（Klang）建立出入口貿易之誠興公司，在僑界頗負盛名；同時又篤信佛法，樂善好施。惟近年未通音問。

❷當時余著「弘一大師傳」以自資籌印，承趙公助印豐資，余乃函公說明印價云。

❸周宣德老居士：江西南昌人，臺灣大專學生佛學社創辦人、慧炬月刊及慧炬基金會主持人，對臺灣青年學佛運動，厥功至偉。居士於一九八九年八月二日凌晨二時，逝世於美國洛杉磯寓所，享年九十一歲。

❹余平書老居士：生平不詳。

❺趙忍庵公之女公子趙琪瑛，爲當時公之獨生女，趙公在臺灣卽以五千元委託周宣德老居士之慧炬基金會代辦獎學金，頒授大專學生云。

❻當時公助印之初版「弘一大師傳」計四百部，達新臺幣一萬二千元之鉅。「所有之書」，卽指這批初版「弘一大師傳」。

楊秀鶴居士❶函一通

慧劍大德：

拜讀大著「弘一大師傳」後，深佩智慧高超，義理貫通，尤以生花之筆，描畫弘公生平，使人讀之，卽鐵石心腸，亦爲感動。當此魔強法弱，此書若能風行，定獲殊勝之果；敬佩之餘，尤爲衆生慶幸！茲懇者，「大佛寺」❷準備三．二九青年節，招待大專佛社青年三百餘人，擬請大德參加，並請將大著割愛部份，作爲贈奬❸，如何之處？敬請示復爲禱。

耑此不一，敬請

淨安

後學楊秀鶴拜上（民國五十四年）三月十二日

【註釋】

❶楊秀鶴居士：福建人，南京中央大學地理系畢業，爲前臺灣臺北市中國文化學院創辦人張其昀先生之高足。居士爲一女奇人，獨自在臺，曾任「空軍育幼院」院長有年，編有「佛教聖經」一書。現旅居美國休士頓市近郊，年約八十歲。當年「弘一大師傳」出版時，承居士廣爲推介，並承張其昀先生相約於「國防研究院」主任室敍晤，並予嘉勉者再；惜張氏之來書，經多次移居中佚失。余與楊秀鶴長者相識

約在二十五年之前，彼時余僅三十九歲，一壯年人耳。

❷ 時居士約余赴大專青年在「新店之碧潭大佛寺」之聚會，該寺住持爲能度大德尼。

❸ 余承命赴約，並持贈新版「弘一大師傳」一批。其確實册數已忘記。

張曼濤居士❶函一通

慧劍兄：

——你放心，我絕對贊成你對「寒山」❷繼續的考證，我絕不執着；但望兄要加強充實，因爲這一問題已經不是我們個人的問題，我們「國內」（指臺灣）的問題；而是扯到國際學術許多人對這事的關心，如果我們的考證不充實，就沒辦法使人信服。我會幫助你找證據，也要替你找漏洞；等到我們自己找不出漏洞了，也就可以多少有點自信了。如果自己人都信不過，都能找到漏洞，那還能使國際學術界人士相信嗎？

張繼的「楓橋夜泊」，我在七月中旬就作過考據了，曾經想寫一篇「寒山與寒山寺」，或「楓橋與寒山」，後來找到「寒山寺志」詳讀一遍，卻失望了。因爲它沒有適當的資料給我做證據，證明那座「姑蘇城外寒山寺」與天台國清寺出現的寒山有什麼關係；結果只好擱筆，容待有新發現時再說。最近幾個月因忙別的論文，也就把這件事擱下了，也沒有找到新資料。

我訂在本月十八日返國（返臺灣），乘中華八〇一班機。兄問的話很有趣味❸，這兩天內子

❹連來兩信，都談起這件事，說有人傳聞我在日本有女友，在香港也有親密的女孩子同進同出過。和我同住在一起的淡江學院❺王教授❻看到內子那封信，同我笑了大半天，說那個女朋友大概指「他」吧？否則就是張某人有魔術，把女朋友藏在書架裏面；因爲他（淡江王教授）每天和我一同去研究所，也有時一同上街，去朋友家玩，從來沒有看到女孩子在我身邊出現過。而臺灣卻有這麼一個傳聞，我不知該高興，還是該搖頭？自古文人多韻事，在「櫻花之都」❼多這麼一件韻事，未嘗不是生命的點綴；無奈只是臺灣不知那位萬事通先生爲我造的海市蜃樓，空有韻事之名而無韻事之實，不免惆悵！

弟曼濤（一九七二・民國六十一年）十二月十二日夜❽

【註釋】

❶張曼濤居士：湖南祁陽人，一九三四年生，少年出家，曾侍當代禪宿虛雲老和尚於廣東曲江南華寺，至一九四九年大陸撤守後到香港，一九五三年來臺，落單於道安法師住持之茅蓬——臺北松山寺。至一九五九年後赴日本京都大谷大學留學，約三年後獲得文學碩士；至第六年結束，獲通過「博士候選郎」，受臺灣中國文化學院董事長張其昀之聘，返臺任中國文化學院哲學系副教授，但經常往來臺灣、日本兩地做文化交流工作，與日本學界來往頗密。

曼濤入緇門後，法名青松，赴日後還俗，並與施素鶯女士結婚，施女士爲臺灣師範大學中文系畢業，赴日後留學於日本大阪大學，獲碩士學位，返臺後，先後任教於文化及東吳大學日語等系。曼濤於一九七五年間由道安法師支持，在臺北創辦「大乘文化出版社」，從事「現代佛學叢刊」編纂工作，歷時約六年，成叢書一百册，對近代佛家學術作整理工作，厥功至偉。但不幸，因於一九八一年元月十六日因事赴日本東京，次日即以心臟痲痺而猝逝客中，年四十八歲。余於一九五七年間與曼濤締文字交，一九五九年（民國四十八年）相晤於玉里，至余於一九六一年夏到臺北接編星雲法師之「覺世旬刊」時，此後多年，文字來往不輟。

❷ 寒山：余於一九七一年底開始研究「寒山」，前後三年，至一九七四年（民國六十三年）十月成「寒山子研究」一書，約十五萬字，現今由臺北東大圖書公司發行，已印行六版。當時曾多次與曼濤討論「寒山問題」，並從彼處獲得日本學界研究寒山的資訊，頗有助於余對寒山研究之眼界之擴大與搜集史料之嚴謹與細密。此一公案，另見於鍾玲教授信文。

❸ 兒問的話很有趣味云云：當時余以臺灣友朋間傳言，曼濤在東京有艷聞，基於友朋之情誼而直言相問，彼乃有此一白。

❹ 指施素鶯女士（亦名照寰），施著「禪學」一種行世。

❺ 淡江學院：即日後之「淡江大學」，當時尚未改制。

❻ 王教授：其人名籍不詳。

❼ 櫻花之都：指日本東京。

❽ 曼濤信中未落具年份，惟具信文研判，係寫於民國六十一年（最早不會超過六十二年），余之「寒山子

研究」完成前一年多。

鍾玲博士❶函一通

慧劍先生：

上週我去耶魯大學圖書館作研究，看到您的大作「寒山子研究」❷，因爲七八年沒回臺灣，近年來我沒有密切的注意臺灣有關「寒山」的出版資料，希望你能賜大作一本，海郵寄給我。

（下略）

您這本書作的研究相當紮實，只可惜沒有看余嘉錫的考證❸。另日本人——島田翰、入矢義高、入谷仙介❹有有關〔寒山〕版本的資料。

自一九七二年我在威斯康辛大學修畢比較文學以後，一直在紐約州立大學任敎。又，陳國寧❺是我童年的朋友。敬候回音。

敬請

暑安

鍾玲敬上　一九七五年六月十四日

【註釋】

❶ 鍾玲博士：廣東人，約生於一九四九年，一九七二年獲得美國威斯康辛大學比較文學博士，也最早在臺灣中央日報發表有關「寒山」的論文，而帶動臺灣文學界研究「寒山」的一陣熱潮。鍾玲博士目前在香港中文大學及臺灣高雄中山大學都曾開課。

❷ 我之寫「寒山子研究」自一九七一年開始，到一九七四年十月成書，由臺灣華新出版公司印行初版；到第三版以後，移轉天華出版公司再印一版，一九八四年，再委由臺灣東大圖書公司印行五、六兩版，並改爲二十五開版面，在這一過程中，都陸續加以修訂。

❸ 余嘉錫氏之「四庫提要」關於寒山部份，我後來看過，比近人研究者精確，但份量稍薄，角度面不廣。

❹ 島田翰、入矢義高、入谷仙介：均爲日本著名唐代文學專家；透過張曼濤先生，曾對余所著有所了解。

❺ 陳國寧：廣東人，與鍾玲在高雄女中時代爲同班同學，後畢業於中國文化學院歷史系，民國五十七、八年間，與余在臺北縣立淡水國中同事，甚爲友好。國寧後在文化學院藝術研究所獲得碩士，並赴夏威夷大學研究，現任陽明山中國文化大學博物館長。

曹永洋先生❶函一通

慧劍兄：

接信，文壇社（文略數語），主持人穆中南，譯者署名斯元哲，此譯❷不知是否仍爲耿濟之❸手筆，未敢確定。遠景❹最近重印杜思妥也夫斯基那五本有名的鉅著❺，皆爲耿氏譯筆（內有兩本不是）；「被侮辱與被損害者」，我是在武昌街五號（明星咖啡廳樓下）周夢蝶先生的廊下書攤買的❻，他那兒好像還有一、二册存書。「流亡曲」我手中亦有一册，係大陸舊譯，民國四十幾年臺灣大衆書局影印時我買下的，現恐已絕版。雷馬克的「戰爭小說」：「凱旋門」、「春閨夢裏人」（拾穗雜誌出版，我看過電影，書我沒有）、「西線無戰事」（最近黃文範先生有此書新譯，交遠景出版，黃兄我三年前通信認識，他近年全心從事譯述，收穫甚豐。）皆有譯本。彭歌譯有雷馬克「奈何天」（仙人掌出），雷氏因希特勒迫害，亡命美國，後死於美國。

陳郁夫❼住址（略）——他的妹婿陳恒嘉❽（喬幸嘉）也是寫小說的，今年春去日本京都大學深造時，我們在郁夫兄家吃飯。郁夫師大國文系畢業、師大中文所碩士畢業後，即在母校服務，並未出國。他的散文、小說，常選入「中副」、「聯副」選集，最近有時用石渠筆名發表。

黃春明❾從〔美國〕愛荷華〔大學〕回來，現爲遠景編兒童方面的書籍……。

「臺灣文藝」吳濁流❿去世後，交鍾肇政兄主持，革新號已出二期（第一期有「鍾理和研究」，第二期爲七等生專輯），目前爲季刋。

「被侮辱與被損害者」、「流亡曲」二書，如你要看，我可騎單車送去（下略）。

「歷史人物的回聲」及「傻子」二書，寄上，請指教，「人物集」我利用課餘寫，斷續弄了六年時間。我很想再寫一本人物集，最近亦有意寫一本雜文、散文之間的「蛙鳴集」，但因散文我丟得很久，一方面又眼高手低，遲遲未能動筆。

內子⓫可能譯另一本「契可夫選集」，明春動手譯「海明威傳」。因爲課忙，加上家務，我們的工作成績仍極有限，「卓別林自傳」目前在預約中，因「大書」他們不易賣，不敢多拿贈書——這書花去我們一整年的時間。

「芥川龍之介的世界」⓬翻譯者賴祥雲，是我多年知交，亦在中正高中教書。

我目前根據原文在修改一本全譯的「白鯨記」；徐鐘佩譯毛姆「世界十大小說家及其代表作」，最近「純文學」⓭有重刊。早年（民國四九年）劉述先⓮所寫「文學欣賞的靈魂」一書，亦很有水準，惜已絕版。課上到八月廿五日。

祝

闔家平安

弟曹永洋　民國六十六年八月十二日

△並候大嫂、家人

【註　釋】

❶曹永洋先生：臺灣士林人，爲士林世家，其尊翁爲士林名醫，並開設私人醫院於士林鬧區。永洋兄東海大學中文系第二屆畢業，年約小余十歲，爲徐復觀先生入室弟子；永洋畢業後，即回故鄉士林初中、高中任國文教師，並從事創作及譯作，並與其夫人鍾玉澄女士合譯過「居禮夫人傳」，其敦厚、勤奮，均常人所不及。因此其文學成果非常豐碩。余與永洋相識於一九七〇年間，時有往還，並互訪者再。

❷永洋兄所謂「此譯」，應爲「被侮辱與被損害者」一書，譯者斯元哲，應是出版社所命；當時翻印大陸作者譯之書，似爲「非法」；出版界經常爲三十年代前翻譯家或作家之書，另改作者印行問世，以防吃官司，但至民國六十五年後，似乎好些。

❸耿濟之：爲三十年代以後，俄國作家杂斯妥也夫斯基之「被侮辱與被損害者」一書譯者，耿氏譯作甚多，譯筆雅達兼之。

❹遠景：爲當時鄧維楨等主持之新秀「出版社」，印行不少好書，惜於一九八三年以後，風光不再。

❺杂氏這五種名著，應是：「罪與罰」、「白痴」、「被侮辱與被損害者」、「克拉門索夫兄弟」、「地下室手記」等。

❻周夢蝶先生，當時仍在臺北開封街五號明星咖啡店前走廊下，經營書攤，約至民國七十年收山不再經營。

❼陳郁夫：臺灣淡水人，作家，現任臺灣國立師範大學國文系教授。當時爲副教授。後與余亦善。

❽陳恒嘉：作家、翻譯家，曾任「書評書目」主編多年。一九八〇年後，任教臺北市士高級商校夜間部，與余同流。

❾黃春明：著名鄉土作家，有「莎約．那啦再見」、「看海的日子」、「兒子的大玩偶」等多種，享譽國際。

❿吳濁流：爲臺灣著名老輩作家，受日據時代教育，名著有「亞細亞孤兒」等多種。

⓫指永洋夫人鍾玉澄女士。鍾女士畢業於臺灣國立師範大學英語系，畢業後卽在士林初中、士林中正高中

任英語教師，稍閒卽勤奮筆耕，譯有「居禮夫人傳」等多種。

⑫ 芥川龍之介：爲日本近代著名作家，盛名歷久不衰。

⑬ 純文學：爲作家林海音女士主持之出版社，除出版文學作品之外，並曾意外地出版過豐子愷繪製之「護生畫集」六册。

⑭ 劉述先：臺灣大學哲學系畢業，美國伊利諾州大學哲學博士，現（一九八九）爲香港中文大學哲學系主任。

顧法嚴（世淦）居士❶函一通

慧劍：

林世敏❷的「佛教的精神與特色」，的確寫得極好，我昨天一口氣把它看完了，覺得很高興，這不能不說是周宣德老居士❸將佛教引進大專學府之門的結果，他的功德眞是無量啊。

你現在做的工作也極有意義❹；承你邀請我參加，我必盡力一試❺，只是近年腦力衰退甚多，只怕做不好而已。

你們出版的書錯字極少，林著中有幾個字是用錯了（不是排錯），因爲這書主要是供在學青年看的，這些錯誤應當糾正，爰爲列後，請於四版時改正，並請通知林（世敏）老師❻注意。

〔糾謬之處，從略。〕❼

以上只是看時隨看隨拈的幾個錯誤，如細校，也許還會有幾個（但不會多）。

關於〔佛經〕「今譯」叢書❽，我有個建議，希望在格局方面，以白話文為主，而以原文殿後，這樣才符合今譯的意義。如果先排原文（以原文為主），再用白話解釋，往往在讀者的心理上，無形之中，便將白話文的身價降低了，所以我想這樣排法：

1.白話主文；（其中無法白譯的名詞，仍予保留。）
2.名詞解釋；（含冷字注音、外來語音及詞義。）
3.衍義；
4.全經綜論；
5.原文。

你意如何？乞斟酌。此頌

撰安

弟法嚴合十（一九七七）民國六十六年十二月十八日

【註釋】

❶顧法嚴居士：浙江紹興人，本名世淦，「法嚴」是皈依印順長老後法名，他南京中央大學機械系畢業，中學時，是讀的上海聖約翰（教會學校），英文造詣極佳。他約生於民國六年左右，當來臺後，服務於

臺灣工礦公司任處長，後陸續任農復會（當時蔣夢麟氏任主任委員）總務處及企劃處長；於民國六十一、二年退休後，即轉任沈家楨氏所支持的「臺灣新竹譯經院」副院長（沈自任院長，在美）；又於民國六十五年卸職，不久，移民美國落杉磯，據悉法嚴兄於數年後出家為僧，仍名法嚴。彼因英文造詣佳、國文基礎亦好，譯有「佛陀的啓示」、「禪門三柱」等書，享譽佛林。

法嚴又曾於民國四十九年六月十日起七日，與余同受戒於臺中慈光圖書館，並同單於該館寮房。

❷ 林世敏：臺灣高雄人，臺灣政治大學新聞系畢業，除著有「佛教的精神與特色」，尚有「林老師講佛經」等，均極受歡迎。此書於民國六十年六月初版由彼自印，至六十六年秋，余出任「天華出版公司」總編輯時，邀世敏之允，在天華重印，此書至今流通量已達數萬冊。

❸ 周宣德老居士：見本書四四〇頁註❸。

❹ 指余受聘於天華公司總編輯事。

❺ 當時余之出版腹案，想編印一套「佛典今譯叢刊」，擬請法嚴兄支持此一譯業，惟後來法嚴兄去美，音訊疏杳，未能執筆；而在天華「瓔珞叢刊」中，余所邀請佛道內師友作此一譯事，所獲成果，計有聖印法師的「六祖法寶壇經今譯」，陳柏達之「圓覺經今譯」、「大智度論曇無竭品今譯」，陳高昂居士之「金剛經今譯」；日後復由於余之因緣，陸續約請陳柏達譯有「占察善惡業報經今譯」（靈山版），及余自譯之「法句譬喻經今譯」（靈山版）、「無量義經今譯」（慈濟版）；及余於（一九九〇年五月）譯完中之「維摩詰經今譯」；此一「佛典今譯」工作，余仍將努力以赴。

❻ 林世敏當時在高雄市任私立復華中學老師。

❼所謂「糾謬」，由法嚴指出的錯誤，如：

1.涅槃 Neditation（錯）、涅槃 Meditation（正），

2.萎靡不振（錯）、委靡不振（正），

3.例擧（錯）、列擧（正）。

❽法嚴建議之「佛典今譯」體例五段式，後來在余所主持之譯著中，均採：

1.原文

2.注釋

3.譯白文

4.總論（或有分品綜論）

共四段。

其所以沒有遵照法嚴兄之指示，是因爲每位譯者均不敢以其所譯絕對無誤，乃以原典爲第一段，使讀者心中仍以「原典」爲準則，白文爲方便；其次是由於坊間所出版之「諸子書及十三經」譯註，均以原典爲第一段，以古文爲重心脈絡。這樣做，可統一整個中國古籍今譯的做法，讀者在心理上也更能適應。

李炳南老師❶函二通

〈之一〉

慧劍老弟鑒：

所詢四條❷，既查多書而不得。兄之學之知，亦不出此範圍，除「金臺」確屬求仙服丹之「承露盤」無疑外，餘亦思索，皆不類。如鄒忌，有兼贊其美；邵父、杜母之循吏，與此不能切合。戰國時，有「四水」其人，後未見「四」姓者，恐係別號，或方外人。史書、高僧、居士等傳如無，則不易查矣。「龜乘牛車」，雖屬寓言，諒有古典，在佛經或語錄中；但兄寡聞，未見之耳。況客中書少，欲檢無由，非偷懶也。希

鑒。原底稿附璧，專復並頌❸

道祺

兄李炳南拜啓　（民國六十年）四月六日

【註釋】

❶ 李炳南老師：山東歷城人，師本名李艷，字炳南，又號雪廬，來臺後，常住臺中，宏揚淨土，並兼任中興大學、東海大學等校中文系所教授，亦爲孔子官府主任秘書；師於一九八六年四月十三日逝世於臺灣臺中市，享年九十七歲。其一生德誼，詳見拙著「當代佛門人物」三一三——三一五頁。

❷ 此函緣起於當時余以四項典故請示於師，師乃隨緣答復。

❸ 此函係師以毛筆濡墨爲書，爲珍藏計，乃另以稿紙抄錄原文交排，庶免毀佚。又，原信文本未落標點，成書時由余爲之添注。下一函同此。

〈之二〉

慧劍老棣道席：

久違常念。昨讀「天華」「李某山水圖」❶一文，非外人能道，諒出台端手筆；惟愛之深，未免譽之過也。感激萬分，慚怍萬多。臺中一切建設❷，乃羣策羣力，非炳獨成；至於講經，皆依古疏，自作「錄音帶」而已，尚不及鸚鵡學言。若談修行境界，正如山耶雲耶，遠莫知是；初步尚未開眼，自省諸不如人，惟宜守佛戒、祖訓，老實念佛，但求伏感下品往生，乘願再來，他皆無所知也。

台端法眼高明，今日法運如何，不言可喻。呼牛呼馬，一切由他，守默爲是。至於爲炳作傳，萬萬不可。炳無一可傳，且免引起諍論，淆亂人心。佛爲世間解，萬事佛皆知，各行各是卽好，萬謝萬謝。順頌

撰祺

小兄李炳南頂禮〔民國七十二年〕九月十二日

【註釋】

❶「李某山水圖」：原題「李雪廬老師山水圖」，爲余以筆名韓相發表於〔一九八三年九月一日〕天華月刊第五十二期，其後收入「當代佛門人物」。

❷ 一切建設云云：指一九四九年，李師來臺後，在臺中寄單三十八年，興辦之佛教道場，如「臺中佛教蓮社」、「慈光圖書館」、「臺中菩提醫院」、「慈光托兒所」等。

附白：余於一九六一年（民國五十年）多在臺中禮李師爲受業學生，故李每有函，皆自謙稱爲兄。

周夢蝶居士❶函二通

〈之一〉

劍兄如握：

捧示！感媿！

小牘❷不日將刋印單行本，屆時當耑卽馳奉，敬求指誨。乞諒

一髮❸周夢蝶合十❹（一九七九）（民國）六十八年十月二十八日

【註釋】

❶ 周夢蝶居士：河南人，生於民國九年農曆除夕，著名新詩作家，並曾從南懷瑾居士學佛有年。

❷ 小牘：指夢蝶居士在當時臺灣聯合報副刋所發表之致友人信稿多篇，總其題曰：「風耳樓小牘」。「小牘」者，略稱也。

❸ 一髮：卽「一髮」也。自謙之私號。

❹ 合十：佛家之禮儀，卽雙手合掌問訊，亦多用於書牘之下款。

〈之二〉

瘂弦❶說：社方無問題，只須徵得作者同意就成❷。

慧劍道兄仁者❹睿照

〔民國〕六十八年十一月十三日梦❸

【註釋】

❶瘂弦：當年臺灣聯合報副刊主編。

❷所謂「徵得作者同意」云云：係指當時余所主編之「天華月刊」，擬請聯合報副刊惠予轉載周著「風耳樓小牘」一事，故因有此一答。

❸梦：同「夢」，係夢蝶兄之單款。

❹仁者：係佛家對友人之敬稱。

附白：案：周亦為一書家，其小牘均以〔宣紙〕恭書小楷刻成，其書法形同古拓，清奇樸拙，迥無烟火，故其來書原稿，均妥予珍藏，信文另繕於稿紙送交印刷廠，為免毀佚。又，繕於稿紙及排字成書之信稿，均一案其原件規格，以昭信讀者。

周邦道長者❶函一通

慧劍大悳仁兄左右：

辱承惠貽尊著「入聲字箋論」❷，酌今稽古，綱舉目張，嘉惠後生，發皇國粹，至佩功悳。小兒春堤❸所作歌詞：我愛中華❹，已由華視演歌。十月二日下午三時一刻臺視，八日下午三時中視，分別演唱，請費神觀聽。如荷評教，尤為感激。耑此申謝。順頌

撰安

弟周邦道頓首（民國）六十六年九月二十九日

【註釋】

❶周邦道長者：道公長者，字慶光，江西瑞金人，國大代表，前中興大學中文系教授、考選部政務次長，與余相識多年，長者信仰虔誠，素食數十年，專修淨土，為佛教界碩彥。

❷入聲字箋論：為余研究「入聲字」之著述，於民國六十六年五月初版印行。

❸春堤：為周邦道長者之三公子，美國芝加哥大學地理學教授，於一九八〇年前後返臺，曾任於臺灣省政府交通委員會主任及成功大學運輸學院院長。春堤先生長於散文及詩詞。

❹「我愛中華」：為春堤先生所作著名之歌詞，為自一九七七年以後最受社會及各階層人士愛好的「愛國歌曲」。詞全文不錄。

附白：道公函亦以宣紙為書，其書法素為道友推重，其原信余珍藏之，信文則另錄於稿紙以供排版之用。

呂佛庭居士❶函三通

〈之一〉

慧劍居士淨鑒：

久未把晤，彌切馳繫，昨接惠書，敬悉一是。李雲鵬❷居士，發心重印「弘一大師護生畫集」❸，擬委學人❹書寫說明文字一節，事關功德，樂助其成。惟不識每篇至多字數若干？因學人近年目力更差，如字數太多，恐弗敢應命。耑復順頌

撰祺

學人呂佛庭拜復（民國六十六年）六月二十九日

【註釋】

❶呂佛庭居士：居士字半僧，河南人，時年七十歲矣，為當代著名之國畫家、書家，臺灣臺中師範專科學

校〔退休〕教授，青年時期學佛，在臺獨居；並有畫論著述行世。其名作「長江萬里圖」、「黃河萬里圖」、「臺灣橫斷公路風景圖」等巨幅長畫，膾炙人口。

❷ 李雲鵬：河北任邱人，時爲「天華出版公司」及「天華月刊」發行人，於一九七七年〔民國六十六年〕九月，聘余出任該一出版事業之總編輯。

❸「弘一大師護生畫集」云云：指李之成立「天華文化事業」，其先期動機，是倡印「弘一大師護生畫集」之重印事，經請李費蒙（牛哥）重畫、佛庭居士恭書，準備以新面目，在臺問世。孰料，此事籌備多年，雖經李費蒙先生完成畫作一百九十餘幅，佛庭教授恭書護生文，惟李雲鵬竟認爲呂氏之法書大小不一而棄之不用，導致此集拖延至此書成稿，達十三年之久，石沈大海，對預約、助印畫集之出資人，背信欺罔，成爲社會之笑談，後余亦因此一印事功敗垂成而於一九八三年三月一日辭卸天華總編輯一職。

❹ 學人：乃中國古今知識份子書信間自謙之辭。

附白：呂佛庭教授之信件原稿，亦以宣紙恭書，其書法自建一格，彌足珍貴，因此，信稿予以珍藏，信文則書於稿紙交付排版。

呂氏信文之中本未落標點，成書後標點爲余所加。其下二函，亦同式處理。

〈之二〉

慧劍吾兄道鑒：

囑書護生詩文，業已寫竣。弟定於十八日下午三時左右，親送府上❶。因尚有問題待商，請

候晤為禱。耑此順頌

淨　安

弟呂佛庭拜啓　〈民國六十六年八月〉十七日

【註　釋】

❶此函呂氏未落月、日，疑為蒞寒舍之前一日寫成，約為「民國六十六年八月」十七日。

附白：自呂氏書護生詩文後，李雲鵬未用，其原件亦不知落於何處！

〈之三〉

慧劍吾兄道鑒：日前

登府拜訪，欣逢雲鵬、一帆❶二位居士，共飫素饌，暢談淨理，快何如之❷！光明寺❸環境幽靜，不失為清修佛場，弟擬稍緩，先去少住幾日，然後再作長久棲遲之計；護生文，業已題款鈐印，隨函寄上。並頌

淨　安

弟呂佛庭拜啓　〈民國六十六年〉八月二十日

【註　釋】

❶ 一帆：為著名雕塑家，陳氏，福州人，臺北市「國父紀念館」及「中正紀念堂」之孫中山、蔣介石二氏之銅像，均先後出自陳一帆之手。

❷ 余曾於一九七七年八月初某日，於呂氏北上之時，約請李雲鵬、陳一帆等在寒舍便齋。

❸ 光明寺：寺在臺灣臺北縣境樹林鎮北郊山間，座落於海明寺之右側，時呂氏有意隱居修道，惟其後此事並未實現

沙千夢居士❶函二十八通

〈之一〉

慧劍弟：

日子過得眞快，新年與春節都已過去，這裏的樹枝，都在發芽，許多花也已從地下鑽出來了❶。

好像有三個月沒收到你的來信了，事情很忙吧！身體很好？

「現代佛敎」❷也多月沒有收到，不知是什麼道理？天華倒期期來，看到它，更掛念現佛。

「靜坐稿」❸你沒給消息，也開始有些焦急了。

溫哥華對宗敎團體很歡迎，我有一個朋友，原是香港佛敎團體的一份子，現在申請移民來這裏佛敎團體工作，只半年時間，便批准了。臺灣的佛敎團體辦得更好，卻沒見移一個來，這裏都

是廣東人在搞。

我腦子裏現在正醞釀有幾個佛教的獨幕劇可寫，希望能把它們寫出來。心嶽❹也在催問翻譯什麼。

我想你大概已寄出了一批書給我，但是我還沒有收到。

請寫封三言兩語的信來！

專此，即請

春　安

愚二姐千夢❺

一九八五年二月廿四日

【註　釋】

❶沙千夢居士：江蘇宜興人，約一九二〇年生（大余約五歲），當初及笄時，遭逢戰亂，以一弱女，在十里洋場奮鬥，爲國效命，勝利後，開始寫作，一九四九年遠走香港，不久與軍事評論家黃震遐先生締爲連理，寫作生涯於焉開始，著有「長巷」、「有情世界」、「人間、靈界、天堂」及譯作「千里學靜坐」等十餘種。黃震遐先生於一九七〇年後逝世，居士乃攜子女移民溫哥華。余與居士爲文字交者，自一九七七年始，往返書函達百五十餘通，一九八五年前有百通因歷次搬家而遍尋不獲，今僅以手中所藏五十餘通，錄摘二十六通，編入此篇。

❷「現代佛敎」：指當時余任顧問之臺北靈山講堂淨行法師所創辦的四開報型月刊。

❸靜坐稿：指當時千夢與其獨子心嶽所譯「千里學靜坐」，先由「現代佛敎」逐期發表，譯完後，於一九八五年五月一日初版發行。

❹心嶽：即千夢之獨子黃心嶽，加拿大某藝術學院畢業，約生於一九六一年前後。心嶽長於繪畫及譯作，後陸續協助其母譯有「怎樣學靜坐」、「我從西藏來」、「生命的重建」等書。

❺千夢因長余五歲，通信日久，乃以姐相稱。

〈之二〉

慧劍吾弟：

日前曾上一函，想已收到？

「世佛」❶續有寄來，但缺了十一月份的與一月份的兩期，便中請他們補寄兩份爲盼。「虛雲和尚年譜」❷是你在「天華」時出版和寄我的，我在近幾天才認認眞眞的讀，老和尚一生功蹟和遭遇，眞人間少有，這一本書，如果譯爲英文，我和心嶽都覺得很有意義。現在虔誠的向你請敎；尊見如何？又直譯有無版權問題？

馮馮❸的「空虛的雲」❹我讀過一次，是在天華月刊上，想必就是根據上書的資料，改寫以小說體裁的。

此書如譯給外國人看，加照相地圖，可以叫他們看得更明白。

老和尚活到一百二十歲，他一生所受的苦，所行的善，若不教全世界人都知道他，實對不起他。

吾弟，我母子已經發心要做這樣的一個工作了，請你鼓勵和幫助！

盼復！祝

新春快樂

二姐千夢　一九八五年三月五日

【註　釋】

❶「世佛」：爲「現代佛教」之誤，下同。

❷「虛雲和尚年譜」：本由岑學呂編定，惟余於一九七七年九月出任「天華」總編輯後，在次年因見原書，斷句太古，難以適應現代社會，乃以數月時間，重新斷句，並標定「地名、書名、私名」號，重要處，加以圈註，乃於一九七八年（民國六十七年）八月一日問世。

❸馮馮：見馮馮函＜之一＞❶。

❹「空虛的雲」：此書由馮馮以「虛雲和尚年譜」及近代史料，組織成「小說型」的「虛雲和尚傳」，先由香港「內明雜誌」逐期發表，再由馮馮補寫成書，於一九八四年印行。約六十萬字。

〈之三〉

慧劍弟：

你正月初一寫的信我才收到。你說法師❶有信給我，我並沒有收到，而稿費已於前天收到了。請代謝謝法師。(第二節從略)

書和稿紙和工具書，都歡迎之至，但又要你破費，心中難免不安。

「千里學靜坐」何時可出書?已在付印中嗎?你在「天華」出了很多書，希望在「靈山」❷亦如此。

心嶽已選定了一本譯書「假自由與眞靜坐」，作者是美國佛教學院院長曹任聰柏。“Myth of freedom and the way to meditation”— Chogyam Trungpa.

此書至少有十萬字，講新佛學兼靜坐，內容很好，待譯出一章，便當連所有每章的題目都一起寄上，請你過目，看看合不合適在「現佛」刊登或出書，再全部把它譯出來。我們最怕的是此書或者在臺已有譯本了，是與否，你一定知道，請指示!

「虛雲和尚年譜」版權問題，已問過否?

「現代佛教」十一月號與一月號，請補寄給我。

府上都好?在海外求學的孩子，都回家過暑假嗎?我這裏一切都好，請勿念!郵政局勞資正在談判中，希望月中不會開始罷工。敬祝

春　安

愚二姐千夢 一九八五年三月九日

【註 釋】

❶ 法師：指臺北靈山講堂住持淨行法師女弟子——清德師，私立逢甲大學畢業，當時負責該堂行政管理。

❷ 「靈山」：即「靈山講堂」之略稱。

〈之四〉

慧劍弟：

承贈稿紙，早已收到，謝謝。你要的「千里學靜坐」原著今寄上。你用過後，便中寄回，但不急，幾時都可以。稿紙也暫時夠用了，請勿念！我們近況不錯，想你們也很好。「千」稿要否請法師過目？出版有無問題？我們對此心還未定，所以還沒有作第二本書的計劃，當然，我們極想繼續努力，不斷地有成績出來。我尤其希望心嶽的中文，可以通順到完全不需要修改的程度，這只有不斷多譯才有可能，把他的底子打好，我就不急了。他因自小體弱多病，因而積了疏懶的習慣，故而很望你能多作推動，造就他成爲一個譯作人才。

加拿大的社會福利制度太好，以致人人都可以懶洋洋地過日子，那樣的日子太沒有意義，難怪人人都飲酒，幸而表面上還都能維持體面，比別的國家略勝一籌。而奢侈享樂之風，這裏幸而沒有。

我們天天都看中文報紙，女兒家訂的是「世界日報」❶，我則看香港的「明報」❷。餘容後談，專此敬祝

冬　安

愚姐千夢上❸

【註　釋】

❶「世界日報」：可能是臺灣聯合報系在美國舊金山發行的「世界日報」。

❷「明報」：為香港著名武俠小說宗師金庸（查良鏞）創辦的報紙。

❸本函落款下面，千夢忘了註寫信的時間，我根據前後函件之內容，列入此間。

〈之五〉

慧劍弟：

先向你致歉意：你的書到了已不少天，我到現在才拜讀你的「萬法唯心」，然後，再向你致敬意，你的小說寫得真是好極了！你是天才小說家，不多寫，實在可惜，我敢誇你一句：「萬法唯心」❶是我多年來看到的最好的一本小說，如果它再版，我希望頭尾那對夫婦不要，便更為完整，可以一開始便緊緊吸引住人，不知你肯不肯割愛？

我是昨天下午、今天上午看完「萬法唯心」的，昨晚，幾乎想冒失眠危險，一口氣把它看

掉，但後來還是老成持重地留待今天再繼續了。中午，心嶽來家吃中飯，我立刻展開宣傳，他果然邊看邊作會心的微笑，還要我問你，這是不是你親身經歷的事，他十分想要知道。

我想這樣的小說不一定要在佛教月刊上發表，別的一般性的文藝刊物都可以，影響還會更大更多些，你肯再來一個嗎？

「千里學靜坐」五月上旬就出書了，我曾寫信請求主持出版的那位法師贈我母子四本書，但到現在還沒有收到，不知他們已經寄出了沒有，請便中給問一問催一催，謝謝你。

心嶽的暑假在五月初便開始，但他因爲跟着讀暑期，一星期要上四天課，有兩天還是早晚都要上課的，所以來來去去的很忙，沒有找書來翻譯，我每天閒得要命，在學畫油畫，也常常在電視上找些一九三幾四幾的舊電影看，目前最喜歡看那時的男明星占姆史都華和亨利方達二人，女明星則喜歡五〇年代的莎莉麥蘭。

你的學校假期❷是六月底才開始的吧，放下粉筆，就要趕着替「三民」❸寫書，是不是呢？

原來溫哥華夏天到二七．五度，已算是創高熱的紀錄了，小意思吧，不知臺北最熱可以熱到多少度？賢伉儷會不會忽然高興來這裏過一個不流汗的夏天？

看你的書，引我想到李後主的：「江南江北舊家鄉，三十年來夢一場……」你寫的小城我很熟悉，蘇川護龍街什麼，更加熟悉，特別有趣的是我在重慶糊裏糊塗就參加了一個接應淪陷區青年到內地的團體，但因爲到上海就因病進醫院一個多月，所以只走了半趟，沒有能跟團回重慶，而姓趙的親如兄長般的團長，又在回重慶後就辭世了，因此就沒有再聯絡上，否則，後來接引到你，也未可知。生長在那個年代，生活經驗要不豐富都不可能，這很有益老年時期，不是「不堪閒坐細思量」，而是「大可閒坐細思量」，一切都可細細回味又回味的。

而這裏的加拿大人，生活太正常、太簡單了，我怕他們的腦子裏，會一片空白，毫無甜酸苦辣、出生入死的回憶，那也夠慘的。大概這就是所謂幸福的代價了，我倒寧願一生多些波折。

下次再談，即祝

儷安

二姐千夢　一九八五年七月五日

【註　釋】

❶「萬法唯心」：是余著「心靈的畫師」靈山版，是以「戰亂」爲背景寫的約十萬字的小說。

❷當時余服務於「臺北市立高商」夜間部，任國文敎師。

❸「三民」：卽臺北的三民書局，在出版界頗負盛名。

〈之六〉

慧劍弟：

先寄上譯稿一萬二千字，以後會陸續寄上，或等全部譯好，一起寄你。這要看你是否在半月刊上發表。如果先發表，一定不會使你缺稿。請指示❶！

我們想盡快的把這本書譯出來，再盡快的譯另一本，我們有的是譯書的時間，更想把握機會，多做工作。

這本書名如直譯是「怎樣學靜坐」，假使你覺得太普通，請你另想一個，或在「善哉靜坐」「佛教靜坐法」「最新佛教靜坐法」幾個中選擇一個，也可由我們另外再想。

插圖當待全書譯好後再搞，全書約有八九萬字，你看要多少張插圖？由別的靜坐書中拷貝一些合用的過來好不好？還是另繪全新的？

暑假快要完了，你將又要繼續教書？一個人身兼那麼多職，忙得過來嗎？

〔下文從略數語〕

我身體很好，可以走一天路，更可以抱很重的一大包食物回家，這裏過馬路不像臺北、香港那麼恐怖，你一腳踏上馬路，車子便要停下等你走過，交通原則是人使用路，比車有優先權。因此，我天天都出街，風雨無阻。

趕着寫稿，不多寫了。祝你

健康快樂！

愚二姐千夢　一九八六年八月十八日

【註 釋】

❶ 當時〔一九八六年八月一日〕余已受邀出任「花蓮慈濟基金會」所屬將創辦的「慈濟文化中心」及「慈濟道侶」總編輯，爲籌劃出刊，余已預先向千夢約稿。

〈之七〉

慧劍弟：

你十月三十日、十一月四日來信都收到。滙款早於幾天前便如數收妥。電滙來得好快，一切費心費力，向你道謝。

退還的圖❶使我們明白了錯在什麼地方？心嶽說，或請寄還一張給他重畫，或請你就畫錯處用白粉塗掉一節兩邊黑線，在另一腿上加一節兩條黑線就可以。此事問題不大，請你選擇。

照相事，三女三款不可能了，因小女早搬多倫多居住，兩地一東一西，路途遙遠。大女三款可否？她已試過，全蓮花式（即雙盤）她辦不到；二女這幾天正忙搬家，等一兩個星期後可以有時間試試，她在電話裏說大概做得到。我們會多拍些給你選用。

附上「出生在西藏」（我從西藏來）的簡介、目錄，開始十張紙譯稿，請你看看是否可用作我們下一本合譯的書。此書大約有十四萬字，……。（下略數語）

此信回遲了幾天，是因心嶽初譯另外一本書，我認爲不太合適，才改譯這本，以致拖慢了。

即候

冬安

二姐千夢 一九八六年十一月十二日

△心嶽附筆問候，這裏已下過雪了。

【註釋】

❶ 退還的圖：是指「怎樣學靜坐」一書前面三種坐姿；起先由心嶽畫，不能用，最後用千夢次女的三種坐姿照片。很好。見「慈濟文化中心」於民國七十六年二月一日出版的初版書。

〈之八〉

慧劍弟：

你這甥女腿軟脾氣硬，我說她照得不好，要重拍，她說要先寄給你看過，等你說不好，才可以。我拿她沒法，請你給意見❶。

好在時間還寬裕，我們可以慢慢來。

前寄上毛衣一件，聊表微意。我當然知道你毛衣有很多，衣櫥內又逼入一位不速客，有時會很討厭。

夾註事是否可取消？還是怎樣？已寄上的十張紙，便中請寄還！

原來人體膽固醇，百分之八十是由自己製造，如寒冷、緊張、飢飽不勻等，心絞痛由此造成，除服藥外，請多注意飲食寒暖與鬆弛❷！

敬祝

愉快

二姐 一九八六年十二月七日

【註釋】

❶ 仍指「靜坐三式」照片能否適用而言。

❷ 余因一九八六年十月某日下午，在慈濟〔臺北長安東路〕辦公室，忽發「心絞痛」，故有此叮嚀。

〈之九〉

慧劍弟：

你十一月十九日來信收到，是緊跟着你兩期刊物那封信一起到的。現在又接近耶誕節，郵局會緩慢很多。照片洗出後有理想的就寄給你，如不理想，便會再拍。只是不知道你為何指定要不用閃光燈？室內光線，逼着要用慢鏡，怕照不好，假使慢鏡成績不佳，是否可用閃光燈？郵遞如遲了，請勿着急，總之一定趕得上印刷。

「出生在西藏」一書難買，等我們譯完寄書好不好？書中地圖、照片很有幾幅，但都是黑白的，一點都不起眼。

你要我們集一百張稿紙掛號寄出，遵命。

譯稿的字是心嶽的，他譯一遍，我改一遍，他再抄一遍，我也再看一遍。我沒幫他抄，因爲抄稿對他有益。初時他還先譯一個大花臉，抄一遍才給我改，現在大花臉階段已經過去，一譯就很乾淨了。

你信中說人名地名要加「英文夾註」我們不大懂，請問是怎麼個夾註法？是否每有一個新的人名或地名就在它下角寫個（註1）（註2）……然後把註寫在一起，放在書的最後面？還是每有一個新人名地名時在中文下面加個原英文字，加上括弧呢❶？

那天這裏電臺請兩位心臟病醫生做節目，我從頭聽到尾，得到的結論是：由於醫學進步，心臟病已不成問題，可以醫得好。藥有用，手術也不難，通血管、換心瓣等癒後都良好，要緊的是飲食及精神方面，茶、可口可樂、咖啡等刺激品不可喝，令精神緊張的事要盡量減少，這些想你那邊的醫生早告訴過你了。另外，寒冷也能使身體產生大量膽固醇，請今冬特別注意天時暴冷暴熱，常備衣服加減。

你發病時間漸疏漸短是好現象，它給你一個警告，你（注意）理會它就無事了，但總要小心着才好❷。

我的三個女兒是：華清，百合，華典。眞想不到，百合夫婦日昨來我處拍靜坐照，兩人都能雙盤。我問過這裏世界佛教會靜坐班，據說現已沒一人能雙盤，以前有一個，因自小就練，所以她能，但近來已與她失去聯絡，找不到她。

好在「得來全不費功夫」，誠是有緣。女婿的坐姿如拍得好，也會一併寄你。

韓林❸果然是你，寫佛學文章的高手原很少，難得你寫得那麼好。(下略數語)

這裏的冬天已到，但街上人亂穿衣，春夏秋冬裝都有，很是有趣。敬祝

快樂

二姐　一九八六年十一月二十八日

【註　釋】

❶案，我所謂夾註，是指中文下面加（　）號，在夾註號內，以英文字註明中文譯文的本字或本義。例如中文「佛」字，在「佛」下面加註 Buddha 字。即「佛陀（Buddha）」。

❷我在一九八六年十月心絞痛病發後，持續發病約十個月，求醫無效，又恢復一年未練的「外丹功」，以後一直未發，直至如今。(只恢復不久，又因事忙而中輟未練。)

❸韓林：是我的筆名之一。這個名字初用於一九八五年在臺北「現代佛教」中寫「短論」，如「絕情論」等，後又在「慈濟道侶」半月刊，發表多篇短文，如「論法義、論死亡」等。

〈之十〉

慧劍弟：

幾天連收你幾封信，其中有一封是刋物。韓林的大作，我細細拜讀。弟的才華，局限在佛學方面發揮，我覺得可惜，但這是弟的興趣和志向，究竟佛學界有了你如此一位高手，你的功德無量！

關於弟的病，我非常掛念。你在臺灣有好多好醫生和有經驗的朋友可使你瞭解病情和安心，但我還不免要喋喋一下。心臟動脈因膽固醇的阻礙而引起疼痛，只要把那些膽固醇請走，便是十足無病之人。我那晚聽心臟專家講，做這種手術十分容易，而且保證妥當，新法是把膽固醇泵出來。你既然吃藥有反應，有無想過施手術？臺灣醫生如果你不放心，有無想過到國外醫？要不要我在溫哥華作這方面的打聽？

我想你的太太和孩子們如果知道你立遺囑、穿舊衣，一定很不是滋味。你當然一切都放得下。既然放得下，爲什麼不放下所有工作，去休息療養？

我的朋友李素，她以前害過心臟病，心劇跳起來，能使整張床震動，她當機立斷，即刻辭去「新亞書院圖書館主任」之職，工作壓力一消除，病情立刻由改善（全未吃過藥）而完全恢復健康，現在時隔二三十年，她年近八十了，還非常健康地生存，常還替香港報紙撰文。

弟你不肯辭工，是否要做佛教界的諸葛亮，盡瘁後已？留得青山在，以後儘可以捲土重來，怎不試試？

你看我講這麼多，會不會嫌煩？

你的膽固醇，本來就是「煩」出來的，我不敢再寫了，以後也不提你的病了，只此一次，請不必回此信，擲進紙簍就可。

有沒有聽說過一種日本成藥，名叫「救心」？我有個親戚說它是心臟聖藥，那時我和她辯論：「如果這種成藥眞這麼有用，那早該全世界都聞名，心臟醫生都採用它了？」這種成藥售價很高，我見過它的說明，所用的藥，全是中藥，主要是蟾蜍等等。你要不要買來試試？我現在但願它眞是如親戚所說的聖藥了。

靜坐照片想已收到，如不合用，可以再拍，而且可以很快洗出掛號寄上。

話說回來，我對你的早占勿藥是有信心的，菩薩會保佑你！

「出生在西藏」已譯出近五萬字，但還沒有全改過與抄過，因爲我的眼睛前一陣不大好，養眼養了很多時——現在已逐漸可用了。勿念！

敬祝

新年快樂

二姐千夢　一九八六年十二月十八日

〈之十一〉

慧劍弟：

今天同日收到你附有照片的信和辭典郵包，可說收穫豐富！

你的照片看來很年輕，要我猜是誰嗎，一看就知是你。

你的膽固醇與血壓經證實都不高，足見你心臟無事，我放心了。所不放心的只是你從此穿舊衣，我怕你的舊衣將來會穿起來太破或嫌太小，那時怎麼辦？加補？放大？

「出生在西藏」經兩母子一個寒假的日夜開工，已經譯完改過，抄也抄好了一半以上，字數估計近二十萬，內容非常精彩。你要改名只管改，我們沒有意見。

就是內容，你若認爲要改要刪，也由你作主。因爲這位再世活佛的所作所爲，或者太保守的人會作批評。可能你是和我們一樣「喜歡突破、改變傳統」的人，但你所站的地位，或要顧全傳統。不過，全書絕無問題，只有很小篇幅，那是在英國撞車、結婚、開戒、受攻擊，你酌情處理吧，實在，那是十分精彩的，事實證明，連達賴喇嘛也爲他的兒子取名，他也接受到最高榮譽，弘揚佛法工作，做得更多更好。

〔中略一節〕

現在說工作事：

這本書譯完了，我們是否可以又譯下一本書？

即請

冬安

千夢　一九八七年一月十四日

〈之十二〉

慧劍弟：

廿一日的來信，今天收到。不知你已作過心導管檢查未？如尚在猶疑中，愚姐認爲只要檢查不損傷身體，作檢查好過不作檢查。此事最好多找幾個心臟專科醫生商量，聽一個和聽自己，不及聽取多方面的意見好。

血壓不高，顯然心臟本身沒問題，但如果導管有痲煩，日後很可能影響到心臟本身，未雨綢繆爲佳。無論如何，痛總是警告，不可不理會。找到原因，對症治療，藥吃下去就只有舒服，不會不舒服，根治了，才可完全放心，更加強自信。

我不明白的是：你究竟已看過多少個心臟專家，爲什麼以前的沒有建議你作導管檢查？不妨向他們追問原因，看他們怎麼說。

據我所知，吃素人最容易缺乏鐵質，而缺少鐵質，最影響氧的攝取，鈣質也是很重要的，你有無一天至少飲一杯牛奶？肉類中有很多礦物質，你不吃肉，人體需要的礦物質從何補充？

你是腦力勞動的人，不可和平常無腦力勞動的人一樣對待你的身體，身體會抗議的。

〔下略一節〕

「出生在西藏」絕對無違佛法，而且可讀性高極了，一個從小就被傳統箍住的活佛，居然作出很多創新之舉，我覺得給人的啓發性很大，希望法師們也能喜歡。我敢肯定你一定會接受他的。

敬祝

康樂

二姐千夢 一九八七年二月三日

△你寄的兩期「道侶」也早已收到了。

〈之十三〉

慧劍弟：

好久沒寫信給你了。期刊每期都收到，上面有大作，都加拜讀。

「怎樣學靜坐」未見來書，也沒看到有出版的消息，想是延期了。心嶽住在我處近年，上月底搬出，好像很忙的樣子，他說譯書也要暫停一個時期。反正你也不等它。如開工，我們便會做得很快，你可在需要時來信催我們開始，便會準期交稿的。貴恙已痊癒否？念念❹。

近日翻查舊紙片，見家翁（黃先生父親）生前所寫家書，是一九〇五年前後他在北京譯學館讀書時所寫的，已經蛀得很多都看不見了，我趁空把它抄於稿紙，大約有兩三萬字，有講家常的，有講國事的，內容豐富，而且可作那時代的見證，昨日剛抄過講及徐錫麟和秋瑾事，可惜當時大概家人怕引禍，剪去了很多。黃家子孫，現今沒人會有興趣讀它，十分可惜。譯學館一二五名學生，他兩年都名列第二，主課是法文，他是中了舉人以後才負笈北京的。家姑在天津女學堂任教，我現在正在抄他倆結婚的喜訊。以後就會講到黃先生出世了❷。

暇請惠我數行，以慰遠念。

敬祝

康樂

二姐千夢　一九八七年三月二十四日

【註　釋】

❶ 此時余之「心絞痛」發病率稍低，發病時間多在凌晨至清早五時之間，在床上痛醒，急救藥片隨身放置。

❷ 黃先生：指千夢之夫婿，前香港亞洲出版社總編輯，著名軍事評論家黃震遐先生。

〈之十四〉

慧劍弟：

久等你的信不見，今天寫了信去寄，心想會否我寄信時你信又來，果然，於是重上樓拆信加信。

你現時不吃藥，人舒服，就別吃藥。藥是治病的，你無病，自然不受藥。你的血壓正常，證明心臟健全。我想你的所以感痛，只是身體給你個警告，要你注意改變以往生活形態。吃齋的人只能唸佛打坐，你又教書又寫作，用如許精神，怎麼可以？你至少也要暫時減少一半工作，增加一倍營養才對啊！

暑假就快來到，你要認眞考慮，下學期停教半年吧！以我的經驗，教書比寫文章更辛苦，別這麼放不下啊！

你住北投，我知那裏的環境很好，你可以多步行，走路時要盡量把步子跨大，還要像很輕鬆的那樣，不是慢慢踱步，那樣很有效，什麼阻塞都會通了。

弟，請聽我的話啦！

二姐又及❶（同日）

【註　釋】

❶ 案：第十三函寫於一九八七年三月二十四日，當發信時，在樓下見余來信，便上樓拆開，再附加此信。故云「同日」。

〈之十五〉

慧劍弟：

那本「達賴傳」因不是自傳，作者賣弄太多，所以我看過五六千字初譯稿後，就沒有再繼續。

現在寄上另一本佛學新著的譯稿二四頁（四〇〇字一頁），請你過目。書名可以再商榷。書是一九八六年新出的，可惜其中珍貴的照片，又是黑白的，不符合你希望彩色的要求。請你看看我們下一本書決定就譯它如何？全書約有十六七萬字左右。

原著上有一個英文字"Koan"，字典上查不到，經翻看別的「禪」書，已把它譯為「公案」。但我對公案一詞仍不放心，所以都用紅筆寫上。我想你精通佛學，一看就會知這字是否用得對，如果用錯了，請改正，並請賜知。

你的身體最近好嗎？十分思念！有沒有與醫生談及營養的問題？

〈下一節從略〉

弟啊，請參考。

祝福你！

二姐千夢　一九八七年四月二十四日

〈之十六〉

吾弟：

二十日的來信收到了。書也早已收到，勿念！

我想你已經戰勝了心臟病，不小不大的病大概是春季感冒菌多，人在抵抗力弱時，就會給菌欺一下。還望你多營養，多休息。

我們這本鈴木大拙[1]是從去年才出的新書譯過來的，相信臺灣還沒有人譯過。不過，求證一下很需要，我們等你慢慢找，不忙。你找過就請來信，可出書我們就再譯下去。手邊已經又譯了數萬字，現在暫停一下。等候你的指示。原來全書只十萬字左右。

你說我和家人一起生活會方便些，不放心我獨居。其實，我是爲方便才獨居的，我現在過的是神仙生活，和家人一起，會不勝紅塵之苦。加拿大對百姓照顧得很妥當，幾年前我大女兒丈夫在香港教書，我在維多利亞，她一人帶了兩個小小孩住這裏，政府就派了人來，每週兩天，替她料理一切，硬性規定她一定要出外，娛樂、購物、訪友、辦事，隨她喜歡，就是不能留在家裏，用心良苦，要她調劑身心，放開一下家務的羈絆。來人當然是政府出錢，要中要西，卻由你選。對年輕人都如此週到，何況老年人？

這裏治安好，路不拾遺，夜不閉戶（窗戶），我住的地方環境幽靜，銀行、郵局、超級市場、藥房、醫生……都在附近，每天買菜，走的盡是林蔭路，我當它散步運動，風雨無阻，下雪更好。

等你可以放下一切的時候，只希望你和太太能來這裏退休，過現代化的山林生活，同享世外桃源之樂。照因法師❷的精神，值得我們學習。雖然不是一世就能學得會。

吾弟性情中有佛學的一面，也有文學的一面，不可以太壓抑，請把精神放鬆弛些。你和腸病苦鬬勝利，目前胃口不開，體重減輕，好好注意飲食就可以了。

〔下略數語〕

吾弟，不要做苦行僧，你太像苦行僧了。釋迦牟尼先學苦行，後來不是改變了嗎？喝牛奶，可能還吃過化來的（肉）吧！不多寫了，還未吃早餐。

二姐千夢　一九八七年五月二十八日

【註　釋】

❶鈴木大拙：日本石川縣金澤市人，一八七〇年十月十八日生，日本禪學泰斗，前東西哲學會長、大谷大學教授，著述等身，有關英、日、中文禪學著作極多，一九六六年七月二十日在東京聖路可醫院逝世，享年九十五歲。

❷照因法師：指臺灣南投縣鹿谷鄉淨律寺開山住持。原彰化人，經商數十年，於一九八四年，剃度於懺雲法師門下。

〈之十七〉

慧劍弟：

接來信，知道你的心絞痛已近一個月都沒發，想必已在痊癒之中了。這完全是你練外丹功發生了功效，還請不要中斷。

承示慈濟讀者所需，不是像鈴木大拙那類的書，我們以後選書，會知所取捨了。此書既不合慈濟，會不會也不合會友呢？不過，它實在是很有價值的，我們會慢慢地譯下去。等譯好再寄給你定奪吧！

由於佛學書可選譯的範圍很窄，而我們又很有興趣從事翻譯事業，所以想請弟便中代問一問「三民」等處，看他們願意要那一類的翻譯著作，多開一條道路。

有位基督教的西方青少年問題專家，著有多本作品，備受社會歡迎，我想我們可以在譯它時把書中所講的□□道理，改爲佛教道理，不知這種書慈濟會不會出？其中一本全是問答式的，如問小孩子應不應該責打，在何時責打，對於好動的小孩又應該怎樣等等，問題不下千百條，專家所言，十分有用，是做人父母絕對該讀的，我很想聽聽你的意見。眞的很希望把它貢獻給中國同胞，這是對下一代的成長，有很大的幫助的。餘容後談，即請康安！

二姐千夢　一九八七年六月二十一日

△書已收到，謝謝。

〈之十八〉

慧劍弟：

來信敬悉。你以後還是只練外丹功，再勿亂吃藥了。不知這次發作，痛得利不利害？請試試痛發時念「唵・嘛呢八彌吽・歇」❶七字眞言七遍以上，看有無幫助。六字眞言加上後面一個「歇」字音，是我得友人的傳授，對我非常有用。友人得自「密傳」，說六字而無第七字，等於有鎖沒有鑰匙。你平時也可念念它。

前信請問三民書店，原意只是譯佛學以外的書，如譯出佛教書，當然給「慈濟」，不作他想。

心嶽最近看到另一位女作家的書，很有興趣譯，書名是「怎樣醫治自己」，可是其中只一章叫人靜坐是佛學的，其他都無談佛，不知這樣的書慈濟有無可能出版？（刋登就決不合適了）請示知❷！

鈴木大拙譯稿一百張今寄上，因爲它滯在我這裏不知該怎麼辦？依我看，鈴木本人寫的幾篇可讀，而其他諸人的短文似乎只談鈴木不談佛，有些不「實用」，你看看，請給個指示，我們才決定續不續譯下去。

你要我寫些短文，我寫了一篇，請看看能不能用在刋物上，還是等寫成十萬字以上出一書，我可立志寫成它。即請

康安！

二姐千夢　一九八七年七月二十日

【註　釋】

❶「唵·嘛呢吧彌吽」：是「六字大明咒」，後面加一「歇」字，倒是未聞。

❷這本書，即一九八九年四月一日，慈濟版的「生命的重建」，極受歡迎，當年九月再版一次，印數達一萬册。此書原作者 Louise L. Hay，書名 You can heal your life.

〈之十九〉

慧劍弟：

七月二十七日大扎收到了。

鈴木稿請暫存你處，不方便時，棄掉也可以，我們不想再多做一番功夫，只怪自己沒選到合我們譯的書。

其他兩本，不知何時才動手，因爲心嶽最近很少與我接觸，他忙着在尋找他的什麼。

我又寫了幾篇散文，而且預備寫到十萬字以上。寫完就會寄給你，請你看看合不合慈侶廣大讀者用。

最近來了一本三毛的「雨季不再來」❶，她在自序中提到她受「弘一法師傳」很深的啓示與嚮往，想你早已知道了？

這本書，你寫得眞好，很多年前我從香港公立圖書館千萬本書中把它挑出，是因爲粗看看其中文字，很動人，才把它借回家的。那時我對佛教還未入門，因它，才對佛教開始研習。

〔下節略〕

敬祝

夏安

二姐千夢　一九八七年八月六日

【註　釋】

❶ 三毛：浙江定海人，約生於一九四六年前後，本名陳平，爲臺灣文壇著名散文作家，足跡遍世界，有「哭泣的駱駝」、「撒哈拉的故事」、「雨季不再來」等多種。

〈之二十〉

慧劍弟：

在兩個女兒的協助下，我買了一層 Apartment，搬了過來。地方小，只得五百多呎，比原來租住的地方，小了很多，所以一時還未習慣。但除小之外，其他一切，均比舊居爲佳，我應該滿足了。

稿子今天寄上，請你審閱，如何處置，也請你定奪。如果覺得毫無價値，棄之也可以。

我想把書名定爲「無邊集」❶，取苦海無邊，佛法無邊的意思，不知你意云何？

你事忙，稿子慢慢看，我不急。

「慈濟」看到你的照片，精神很好，非常高興，已經剪下來保存了。

我的身體不錯，原來眼壓略高，現在也已正常。你那邊想必一切都好？

春假在望，希望你有一個愉快的假期。

敬祝

新年如意

愚姐千夢　一九八八年三月八日

【註釋】

❶「無邊集」：爲千夢近年結集數十篇散文的文集，於一九八九年八月由臺北慈濟文心印行。

〈之二十一〉

慧劍弟：

大家都爲布施而工作，請勿提稿費二字，我不方便。你半年接濟親友一次，我接受，因爲有需要。

但，這些短篇，合宜在半月刊上發表嗎？不能直接出書嗎？這我就不知道了。當然，你會酌辦的。

菩薩的保佑？外丹功的效力？恭喜你又戰勝了病魔！

香港效率好，英國人對殖民地的統治，眞有一手。廉政公署一設立，大小貪汚差不多都肅清。原來，郵差送掛號信上門要給小費，電話公司來修電話要給小費……以後，收的人不敢再收，給的人也不敢再給，因爲，給也同樣是犯法，對方立卽可以檢舉你。

香港人口多，辦事員工也多，而且有能力者才能居其位，沒有以勢力覇位的無能者，政府權力又大，凡事都辦得井井有條。

加拿大老百姓教育程度高，循規蹈矩，不採花、不摘果，人家的是人家的，禮貌又好，政府倒並不太有用，據說加拿大缺少領袖人才。杜魯多❶算是最好的，原是法國人。

敬祝

安　康

二姐　一九八八年四月六日

【註　釋】

❶ 當時加拿大總理仍爲杜魯多，臺灣譯爲「杜魯道」。

〈之二十二〉

弟：

接來信，欣悉弱水賢侄伉儷八月移加，就任 U.B.C. 大學❶教授「中國思想史」，不勝雀躍。希望他們就此愛上加拿大，轉爲移民，則將來弟一家，也可退休及移居此處，那就更好了。

朋友女兒女婿，來加探親，他們在美任職，很愛加拿大環境，說對小孩就學問題，好過在美好多，所以很想移民。但由於工作問題，力不從心。現在弱水既然來此工作，他太太不久一定也會在此就業，生根不成問題了，只看他們是不是喜歡長居此地？

你在後年退休，若今年就由弱水夫婦申請你們全家移民，也不成問題。因爲手續至少六個月，批了又可以延期成行六個月，還可以來此報到後，以你還有一年期可獲退休爲理由，回去再住一年，一切都無問題，不必等候到退休以後才辦移民手續。

不是我自說自話，希望你們離開臺灣；而是我們中國人的倫理觀念深，總希望與小輩團聚一起，所以才作此設想。

新居還沒有能完全適應，慢慢當會習慣的。

溫哥華不是好的旅遊地方，是好的居住地方。聽說香港有大濶佬到全世界出名的地方都去住下考察，結果選定溫哥華，全家移民。

這裏天氣好，冬暖夏涼，人情好，福利好，而且華人多，不像住在他國，什麼菜都吃得到，買得到，不會講英文，也全無關係，政治環境更十分安定。

我身體還好，只是不免感到衰老，究竟是人，不是神仙。

敬祝

全家快樂

二姐千夢 一九八八年四月十四日

【註釋】

❶ 小兒弱水於一九八八年七月受聘溫哥華 U.B.C (Uni. Brash Columbia) 亞洲系助理教授，此時尚未成行。

〈之二十三〉

慧劍弟：

寄新址信收到，舊址信可能遲些也會由那邊的 Manager 轉來。

弱水夫婦輪流開車，公路平直，兩邊都有風景可看，既是旅遊，又能將車運來，一舉數得❶。

我的電話號碼請你寫給他們，等他們隨時和我聯絡。希望常相來往。只是他們也許很忙，慢慢都不打緊。

我的文，已寄上的約有十二萬字，如果你覺得再多些的好，那我可以試試再寫些出來，反正你那裏慢慢發表，我這裏慢慢寫都可以。

昨前兩天，溫哥華空前炎熱，外面日間25°，晚上12°，大家都在叫吃不消，幸而今天又涼了，最高只得18°左右。這裏的天氣最奇妙的是冬天常會到0度或以下，但走出去一點都不感覺到冷。草坪更四季常綠。

我一切都還好，搬新居認識了個新朋友，在敎我下圍棋，但我並不是太有興趣，希望以後能夠領略其中趣味。

你就快放暑假了，如果你不想閒着，這證明你的身心都健康，是好事情。

二姐千夢　一九八八年六月十六日

【註釋】

❶弱水夫婦當年七月初從美國康乃狄克州耶魯大學來加，後因故改坐飛機抵溫哥華UBC報到。

〈之二十四〉

慧劍弟：

心嶽有興趣和我一起重整翻譯旗鼓，我們已經選定了一本書，工作開始也有幾天了。現在先寫上目錄和譯好的十數頁，請你過目。如果你覺得慈濟合用，那就最好沒有，不合用，即請示知，並請教有無其他地方，可代介紹出版。

此書暢銷已超過四十萬册，書名直譯是「你能醫治你的生命」❶，大約至少有十萬字。作者是位女醫生，她提倡精神治療自己身體，曾以此法治好她自己的癌症。信徒學生無數。書中原來只提「宇宙中自有一種力量」，我把它改為「佛的力量」，以配合慈濟的精神。立等回音。

我們一切都好，勿念！

又：你上次去香港❷，有無聽見或看見我的佛學老師羅時憲與葉文意❸？葉老師曾來溫哥華講演，住在我的地方近月，她是我很敬佩的人。祝你好，府上好！

愚姐千夢　一九八八年七月二十七日

【註　釋】

❶　即「生命的重建」。見前註。

❷　余於本年七月初赴香港，係為「慈濟」訪問在香港的榮譽董事及香港佛教領袖，訪問的人中有「香港佛教聯合會」長覺光法師、菩提學會會長永惺法師、聖一法師、達道法師、融勤法師……等七、八人；並計劃在次年陸續訪問，作為「慈濟」建立國際友誼之基礎；但以一九八九年發生「改組」事件，且慈濟負責人也缺乏前瞻性的理念，此一計劃終於中斷。

❸　羅時憲與葉文意：羅為前香港能仁書院院長、佛學者；葉為作家。當時余在港未見這二位先進。

〈之二十五〉

慧劍弟：

八月四日來信收到，想你也已收到了我一連寄出的兩三封信。「你能改造自己的生命」或「生命的重建」❶兩書名都很好，將來請隨意選用。我們已決定把全書譯好抄好後再掛號寄給你，請你過目。希望不致有問題。

稿紙上都是心嶽的字，不是我的。

「無邊集」要補很多篇，沒有關係，我一定好好的補。已有的十六篇，至少可以用八九個月，時間很寬裕❷。以前，我的確寫得太潦草了，眞像切草那麼切，心裏就在準備：切出來再處理。可是，由於買屋、搬屋用來找房子理房子佔去了以後的時間，所以草草的就把一個草堆寄了給你，要你們爲我整理抄寫，眞的很感不安。

〔此間略數語〕

曾向你提起過的我家藏一本「菩提沙羅漢圖經」❸，最近託友人拿到多倫多的皇家博物館去看過，經專家鑑定是明末淸初的東西，十分珍貴，但加拿大方面，因爲經濟不足，無法出價收購，建議我們到美國找尋買家，日本或各大佛敎寺院以及大出版商，都是對象。

我年紀不小，應該預先準備一切身後之事，把貴重東西賣出，以免壞掉散掉，是我現在所想做到的。因此，我希望你或者能幫到我。

能使它在臺灣脫手，自然比賣給美國日本更好，能賣給佛敎寺院，自然又比賣給私人爲好。

此經人人看了，無不嘖嘖稱賞，菩提葉及畫上的墨蹟，晶瑩有光，頁頁都蓋着收藏家專爲它刻的圖章，顯示着它的可貴，如：「稀世之珍」、「朱家藏寶」、「傳家之寶」等等。有人懷疑是八大山人遺墨，八大山人俗姓朱，明末出家爲僧，爲僧後當然不再具名。只苦於無法證實。如果寺院收買，可以拆開它分頁配框，把一個個羅漢像連文分別掛在牆上，供人拜賞，那是很有意義的。

弟接觸的寺院多，主持人多，是否可以爲我探問一下？有需要時，我就可以把圖經帶上給你。

〔下略〕

不過，請慢慢的來吧，萬事都不是強求能成的啊❹！

敬祝

夏安

愚姐千夢　一九八八年八月二十九日

△我們一切還好，請勿念。

【註　釋】

❶「生命的重建」，是我訂的書名，同時向千夢建議採用。

❷「無邊集」的單篇，係先由「慈濟道侶」逐期發表，最後才結集成書。

❸「菩提沙羅漢圖經」：是千夢的夫婿黃震遐先生的家藏；黃先生在港逝後，由千夢帶至加拿大，此物係「繪有很多羅漢畫像的手寫『金剛經』」，明末作品，因恐日後流失，千夢有意讓與收藏家或一些國家的博物館。當時我曾詢問一些寺院，但因原物不在手邊，且聽者無強烈意願乃作罷。

❹這件事稍費周折，最後仍留加拿大多倫多千夢的友人處。

〈之二十六〉

慧劍弟：

承轉的讀者來函，我也已經寄出復信。人生眞苦。如你所說，沒有自己的宗旨，就更如浮萍無根。

我的生活不像往日那麼平靜，但我似乎還經得起風浪，有佛照顧，請勿念！翻譯工作在進行中，我想不用兩個月，就可以寄上請你過目了。

等這工作告一段落後，我將補寫你那邊的散文，把不合用的抽出，以較好的塡上。

弱水夫婦我想過些日子等我心情輕鬆後再作聯絡。我想他們一定也還沒有這麼快就安定下來。

你很好吧！

沒事，此信不必回了。

祝你

快樂、闔府均安

二姐千夢 一九八八年十月二十四日

△在驚濤駭浪中，你的友情，顯得格外可貴。

〈之二十七〉

弟：

第五十三期「慈濟道侶」今天收到。拙文「怕死」篇中，有提到一位好萊塢明星的名字，弄錯了。不是娜妲麗華，是麗泰海華絲。前者四十多歲已經墮船溺斃，沒能活到五十多歲。後者九霄驚魂，我根據報上記載，還有她當時狼狽萬分的照片。不知是我寫錯，還是改錯，都請你通知一聲，在出書時一定請正名，以免失實。

〔中略數語〕

最近我沒有動筆，改稿也為生活及心緒關係停了好多天，定稿已有七萬多字，至少會有十萬字，完成後請你過目。

〔此間再略一節〕

一週前的某一天，我出外回家，心嶽告訴我有人送來信與東西，及留下了姓名地址。看信，知是我的年輕時的女同學由大陸寫來的，原來她的女婿公出，來到溫哥華，她要他代她來看我，詳談雙方別後。

我很興奮的打電話找到了同學的女婿，在晚上十點時。原來他剛從 U.B.C.❶開完座談會，然後吃過晚飯才回酒店。晚宴時，弱水也在座。我告他因兒病暫未和弱水見過。他說他第二天全日都在酒店，第三天就回北京了。我說明天找他。

第二天我從早上十點打電話一直打到十二點，眼看中飯是約不到了，便留話酒店，要他打來。直到晚上，一直沒有。

第三天我下午一時出街，回來心嶽告訴我，此人在一時半左右由機場打來向我話別。與他沒有一面之緣，是否是人爲的呢?原來他找上門送信給我是有人車候在大門口，還有另外一人陪同按門鈴的，而且根本沒準備上樓。

他是文學研究者，著有李商隱傳記之類的書，同行共三人。相信他沒自由單獨行動。原預備請他帶給我同學的東西，也沒能交他，眞令人遺憾與納悶。

敬祝

快樂

二姐千夢　一九八八年十一月十四日

【註釋】

❶ 案：U.B.C 卽加拿大、英屬哥倫比亞大學的簡稱。

〈之二十八〉

慧劍弟：

「生命的重建」或「你能改造自己的生命」已經全部改好抄好，連同以前寄上的，總共有十萬字。今連同原著，一起寄上。

原來寄上的目錄中，是有十六節的，現在我們把第十五節刪去，（已經譯好，約有兩萬字）因爲覺得不合適讀者胃口，可能影響到對全書的觀感。所以，請你在目錄中將十五節也劃掉了，以十六節改爲十五節。

第十五節原名「回首當年」，請改爲「我的故事」。或由你決定怎樣改。

如果你想看看所刪去的兩萬字，請來信示知，當卽寄上。

譯稿合不合用，請決定！

我們還好，請勿念！

一九八八已到尾月，新年卽將來臨❶，祝你

新年快樂

闔府吉祥！

二姐千夢　一九八八年十二月八日

△心嶽附筆問候

【註　釋】

❶此信以後一年間，仍繼續互通音訊，直到余自慈濟離職前後，中斷數月，自一九九〇年，再續魚雁。

馮馮居士❶函十三通

〈之一〉

慧劍先生：

三月二十六日手示敬悉，關於郵包，據溫哥華郵局答覆稱，凡一公斤以上者，一律交船運，不論是否已付船資，一公斤以內則船寄，不論付平資或船資，故此郵包被其用海運寄出，又在日本躭誤了許久，今後我將把它包爲數包，以一公斤之內寄出❷。

書名仍乞用「夜半鐘聲」❸，可否？此名似較適合。

在「天華」拜讀大作，有關曼殊❹之事，資料甚爲珍貴，已存留作參考，臺北坊間何處有「曼殊全集」可購？若知可否賜示？我或想郵購一册，但並非必要，不敢勞您特別去查，若順便時，順問一下，賜告至感。

拙作「虛雲」❺仍在進行中，已寫了十萬字初稿，寫得很吃力，若非曾蒙您和沈先生❻都鼓勵我放膽寫，我眞不敢動筆，我現在盡可能把它戲劇化，以求感人，但是加入歷史背景，作爲襯托，反映時代，又盡可能不自量力，加入我一些膚淺的佛教觀念與詞彙，看看將來寫成什麼樣子，再予修改。

此地❼現已值初春花季，滿街櫻花，使我又患了花粉症打噴嚏、咳嗽、流鼻血，年年如此，無藥可醫；我最怕櫻花與玫瑰，而我家園子偏多玫瑰，我砍除之唯恐不及。——在臺北時並無此症，只有去陽明山看櫻花才有，陽明山花季早已過了。耑此敬覆　並候

撰安

後學培德❽敬上〔一九八〇〕四月七日

【註　釋】

❶ 馮馮：本名馮志雄，廣州市人，筆名「馮馮」，十四歲（民國四十五、六年間）偕母來臺，二十歲獲得「中華民國十大傑出青年獎」，一九六八年後移居加拿大；著有「微曦」、「虛空的雲」等作品二十餘種。

❷ 本節所談，指加拿大寄出「稿件」在郵局處理的情形。

❸ 「夜半鐘聲」：爲馮馮著「佛理散文」集，民國七十年三月一日天華初版。甚受歡迎。

❹ 曼殊：指民初文學大師蘇曼殊，余所撰「杜魚庵隨錄——曼殊本事詩」一文發表於民國六十九年二月一日天華月刊第九期。

❺ 虛雲：指「空虛的雲」一書，係以小說體裁，寫當代禪門大德「虛雲老和尚」之一生。

❻沈先生：指香港「內明雜誌」主編沈九成先生，業於一九八八年逝世。
❼指馮馮之僑居地—溫哥華（Vancouver）。
❽培德：爲馮馮之英文名 Peter 之中譯。

〈之二〉

慧劍先生：

謝謝您七月七日來示，關懷備至！

關於拙稿「虛雲」，已寄上數萬字，請九成先生❶審閱中，餘因越寫越難，須多讀一些佛教書籍，才敢續寫。

寫到了虛雲老和尚上天台❷求法，因我不識天台戒律規制，又不識「法華經」要義，故此暫時停筆，待稍增見識才續寫，我怕寫得太外行，太幼稚，淪爲通俗演義小說。如蒙您賜教賜助，甚幸！此稿若無您鼓勵，及沈先生鞭策，我是不敢動筆的。

洗塵法師❸去年來此，適逢我病倒，又值大風雪，未去拜候他，甚慚愧！將來定有機緣得請他教誨的。

關於我近況，數月來均在應付修房子，建工、市府檢查官、水、電……忙到頭昏，至今仍未修完，沒有心情寫作，只寫了一兩篇寄回臺北各報，略表心聲，但是很少能刋出；關於有人干擾之事，已變本加厲，我數月來亦一方面要費神應付他們，他們已直接有人從北京來找過我，邀我回去參加「全國文藝作家大會」，許我以盛大歡迎，又說什麼中國認為我是「巴金茅盾的接棒人選」……！（我自問並不比他們差，為什麼要學他？）旅美作家於梨華已返北京出席（大公報大事張揚）大會，眞可惜！我固然是窮，不得志，但斷不會跑去北京做他們的工具的。我是信佛的人，對於虛榮看得很淡，您若見到白主任❹或有關的朋友，乞轉告一下這種情形，至少讓他知道中共在海外的統戰情形一斑。連我這種小人物也不放過〔下略數語〕。

罷了，我還是一心向佛，閒事不管，絕不露面，多看佛書，不涉是非圈。再談　此叩

撰安（家母命附筆問候您！）

晚培德敬上　一九八〇年七月十五日

【註　釋】

❶九成先生：見前註。

❷虛雲老和尚上天臺之事，係老和尚在三十一歲（一八七〇年）時上天台山華頂龍泉庵，問道於融鏡老法師。

❸洗塵法師：係當時香港新界妙法寺住持，有加拿大之行。

❹白主任：指當時〔中國國民黨〕大陸工作會主任白萬祥先生。

〈之三〉

慧劍先生：

您好？甚爲馳念，只因修屋事忙，寫稿、讀經、查資料，又加上家務、種種瑣事，以致疏於問候，很對不起您，今天收到元月六日來示。

多謝您仍要印行拙稿，也多謝您轉載「光明」[1]一篇，這是對我的鼓勵，只要「內明」〈主編〉沈先生同意，我當然感到榮幸！

時常拜誦您的大作，篇篇內容充實，格調高超，意義深遠，考據翔實，文字極美，我要多多學習您。無如我國學基礎太差，佛書看得太少，將會永遠也追不上您。我將遵教多讀佛書。

您若見到拙文不適，請隨時斧正指教。

您前函談及虛雲長老父親官職問題，我當謹如教，將來出單行本時改正。

寫「虛雲」，其實極難寫，因爲缺乏資料，唯一只是年譜，其他全由想像，是以我不敢稱之爲「傳」，只稱之爲「小說」，我企圖將百年來的變動和虛老的故事交織起來，反映一點點歷史，反映一點點佛教的掙扎。我雖去此間大學查資料，難免很多失實，又有個人偏見，難免此書將來受抨，若非您和沈先生的鼓勵，我斷不敢寫下去。

現在正在研讀法華經，以便寫虛老上天台求法。虛老在著作方面很少，難以窺見其思想及佛學，太虛[2]則有很多著作，我也只好胡猜而已。

承問賤況，至感！

我現在正在寫一個新長篇小說：「希望的瑪拉松」❸，這是眞實的故事——一個癌症青年，以其殘生爲其他癌症病人而奮鬪的故事，感動全加拿大兩千萬人，無人不爲之感動泣下，我研究他很久，想趁著他仍在世，出版此書，來送給他。（還沒有人爲他寫傳。）

該青年現已癌入兩邊肺中，不久人世。

我寫他，一面寫，一面流淚，這個人太偉大了，他雖非佛徒，卻有佛菩薩心腸。大約仍要兩個月才可寫完，之後，我將續寫「虛雲」。

（此間從略一節）

十一月，曉雲法師❹來加，曾來舍下，承他老人家特別爲我開講，又寄了「佛學大辭典」及她的著作來，我慚愧連供齋都不像樣。

十二月，洗塵、金山兩法師❺來加，我曾去迎接，陪侍參觀地勢，作爲可能將來在此開設分寺之參考，洗公後來赴臺北，他在北郊買了山地開設分寺，我想您已知道了。

關於前提有人滋擾之事，最近已靜了下來，北京已無來信了，大概已知不可能誘我返大陸，只好放棄。

其他，沒有什麼事可以奉告，日子過得十分平凡，好像是在「養老」。

「夜半」若出版，乞賜贈若干本，俾可送給佛友，不用寄很多，也不用寄航空，一切有勞，非常感謝！

耑此奉覆，並叩

新春吉安

後學弟培德頂禮 一九八一年一月十五日

△謹遵台命，不再自稱晚。

【註釋】

❶「光明」：係馮馮發表於當時香港「內明月刊」一九八〇年一〇五期「佛頂放光明的科學證據」一文之略稱。已承「內明」主編沈九成允予轉載於「天華」第二一、二二、二三——三期第二版。

❷太虛：指民國佛教四大師之一——太虛大師。

❸「希望的馬拉松」：後由臺北「皇冠出版社」出版，爲馮馮系列小說之一。

❹曉雲法師：廣東人，約生於一九一四年，俗名游雲山，畫家，高劍父之弟子，於民國四十五年前後在香港出家，不久來臺，任中國文化學院藝術研究所教授。現任「華梵佛學研究所」所長。

❺洗塵、金山法師：洗塵法師，見前函❸。金山法師爲同寺「副住持」。

〈之四〉

慧劍先生：

您好嗎？□□好嗎？均在馳念之中。

十一月中收到您寄來「護生畫集」稿子，因事忙，停了兩週才能動手翻譯，起先不知其難譯，動了手才知不容易，費了前後一個月時間，每天工作六小時，才總算譯好、打字了，今天航空掛號寄上了，此次譯稿，先後，抽換了五次譯文，仍不滿意，只以時間關係，不得不獻醜交卷❶。此次第六次是「定稿」了，不再改了，打字也是自己打的，校對過了，希望天華公司照稿校對，不必寄來我校了，您看可不可以？只要照足我原稿，諒無差錯。

我因手頭無全套繪圖（天華月刊時有時無，想是郵誤），故此譯時間特別困難。加以我國學底子差，有時原文費解，眞是傷透腦筋！又須顧慮到英文必須像英文，而不是中式英文，眞是要命！

我不知您是否另寫「序文」，故此我姑且將您那篇「緣起」❷（天華上登的）的大意撮寫成英文「序文」，只加了一句是您命我「這塊料」來翻譯成英文，以方便不諳中文的讀者閱讀共同護生。尾後我又有一篇短短的「跋」，用譯者眼光來講幾句，說明是意譯而非逐字直譯，及講明中文詩詞的韻律、典故、引語、隱射……等的難以用英文傳神，我只譯得其大意。

事實上，中文譯成英文，都太長，故此我是簡譯以省篇幅，只有其中一段蘇東坡的「自出獄後……」無法不多寫幾句，其他均很簡潔。

譯得最好的是「慈母手中線」，自問勝於坊間的譯本，「母猴歸寧」一段，也譯得很有些法國梵樂希❸的味道，很有音韻，總之，要原文佳，才譯得好。

「鷸與蚌」一段，原文的含義不合生物本能，我只好略爲改變，使之成爲「漁人希望看見牠們相爭」，以免人訕笑。

又「蜂救蛾」一段，不合事實，蜂乃啣蛾去做幼蛹的食物，非救它也。

「拾貝」一段亦不合理，「蚌」並不會上岸，故我只譯爲「潮水沖它上岸」。

「小狗啣母骨埋葬」一段，太附會了，狗喜埋藏骨頭，是爲了藏好，改天再啃；此一點，人所周知，原文說小狗哭葬母骨，我亦只好照譯，但恐貽人笑柄。

我的英文標題，不能照着中文標出，否則就難以令外人了解。

我另行抄一張編號，以備與英文本對照（我匆忙付郵，忘了列入）。

六十三❹，「鯉魚救母」一段，亦屬附會。

我另撰一篇譯後記，乞惠予在天華發表，也算一點點爲流通的宣傳。

我上週忙譯之中，突然感覺到盧勝彥來加，想順道找我，我忙打電話給佛教友人羅居士，他說盧果然來過，在他家吃飯後走了，回西雅圖去了。我想他此時已返臺北，您若碰到，祈代致意，我從未會過他，但彼此心神有時相通的。我此次「靈應」遲了幾小時，今日感應洗塵法師要來，打電話一問，他是到紐約去了，本擬來加，因徒弟護照問題而來不成（大概是徒弟持的印度護照，未得加拿大簽證）。

我和盧勝彥不久會見到面的，此人「通靈」比我強，他能逐漸進入佛教，我很高興，我希望他也參加多爲佛教做事出力，當比我強，他很有些「道術」，我則毫無奇能（我當年幼時，有人傳我一部符咒之術，被我父親燒了，我也沒機會學）❺。

天華是否願出版我別的作品？我若一狠心寫，倒也有些古裏古怪書稿的，「皇冠」太注重愛情那一套，現在又著重譯美國暢銷書（其實都是美國出版人宣傳噱頭，沒有幾本是眞的暢銷書，美國電視上已有專家無情揭發其眞相了）。

一本書賣上五千本，就宣傳爲一百萬本，以此類推，我不肯參加譯它，事實是，我非看不起那些「暢銷書」，而是我是加籍，在「英、加」也略爲人知，我大名沒有，被人家作者找上門控告擅自翻譯之罪，則很容易。（已經有過美國作家協會的人來訪，問過我是否皇冠的編輯之一，我說不是。）

〔此間從略一節〕

我在此是很困苦的，洗塵師已親眼看見了，我家連像樣的沙發都沒有，我天天去小店向人要紙皮舊報紙回家燒壁爐，當柴火取暖，我的房子「永懺樓」外表漂亮，又俯視海灘，價値號稱二十五萬美金，內容卻空空，僅得書桌破椅而已，我每月的生活，半數來自「皇冠」，半數是「內明」，及萬佛城賜給的稿費支持，偶然賣出一篇給別的報刊，就是額外收入了。（紐約、香港的報刊。）

大陸有人要出我的書，又有人要我去做事，我寧願在加捱苦，也不致於投入暗處的。反正我只要在此有些少許稿費勉強維生就好。

久未問候，今日不覺多講了，祈恕！

您若要另寫一「序」❻，請寄來我另譯，也不妨的！改天再談，敬祝

冬安

後學弟培德合十 一九八一年十二月十五日

【註釋】

❶「護生畫集」云云：請參閱本書「杜魚庵荒史紀年」及「杜魚庵六十歲日記」二章有關「護生畫集」一案。

❷「緣起」：指余所撰「新編護生畫集緣起」一文，原載民國六十九年十月一日「天華」十七期第三版。

❸梵樂希：應是法國詩人、文學家。

❹「六十三」：指漫畫家——牛哥所繪「護生畫」第六十三幅；此一系列畫之英文說明，請馮馮以中譯英，惜終未見出版。

❺案：本節所述，事已至今，證明「有術」並不一定「有道」；有救世之形，並不一定有「救世之心」。

❻案：因「護生畫集」叫嚷十年，始終沒有出版，所以我要寫的「新序」也因「畫集」成爲一種烟幕，也就無從執筆了。

〈之五〉

慧劍夫子：

八月十二日手示敬悉，拙作「空虛的雲」已蒙交排字編印，聞之極爲感奮！多蒙您與□□惠助，使拙作心願得以問世！拙作不敢望及您大作「弘一大師傳」之項背，但亦歷時五年費盡心血辛酸！今我已宣佈閉關，不見訪客，不寫文章，只看經書，每日操作家務，修繕房子，砌水泥石級，洗地氈，及修出地下室一間房間作爲琴室，下月開始創作「佛教抒情歌謠」三十一首，以續貂於弘一大師之歌集。

預期年底完成後，撰寫「菩提本無樹」——有關六祖之小說❶。（約二十萬字）之後，創作以佛教唱誦爲藍本及印度歌謠爲根本的「交響詩」。今後大概以寫曲爲多、寫文爲少了。

喜聞夫子「榮陞及休養」❷，您一向多年太辛勞了，耗費了很多精神，時常廢寢忘食以從事佛教文化發展工作，這種精神是太偉大了！只苦了您的眼睛和心臟！愚見認爲您現在急需補充大量適當之營養及補充休息睡眠，減輕心情之緊張，減少勞神，請多服下列藥物（供參考與行家研究後可否用?）：

首烏汁：每晚一杯。

又：

蓯蓉、北芪、黨參、枸子各一錢，煮一碗水常服。

另外：維他命B汁（B-Complex）每日三百mg

「臺糖」副產品酵片（yòAST）每日三百 mg

〔Caoteme〕胡蘿蔔素精，每日一百 mg❸

以上均爲補心、補肝、強肺、增進體力精神，另外，宜多吃不酸之生菜、黃豆、花生及深綠色青菜，減少動物性質食物❹。多散步，呼吸海邊新鮮空氣及每日睡眠午覺。三個月後，必可恢復健康，更勝往昔！

此地佛敎兩寺❺本來歷經多次風波暗潮，中共派多方滲入企圖奪取（挾洋人以多數席入侵董事會及引進中共總領事等人，又向北京邀人來講經），我一直與之對話，運用我一切影響力來將中共份子及親共份子一一排出佛寺之外（因爲他們根本不信佛敎），其中過程之曲折，亦足可寫一本小說了。時機尙未成熟，我暫不發表此寺故事，請亦心照不宣可也。（我仍不居任何職位或名義。）

〔下二節從略〕

再談　敬叩

秋安

晚培德頂禮　一九八三年八月十七日

【註釋】

❶「菩提本無樹」：案馮馮此一小說尚未見發表。

❷「榮陞及休養」：實卽辭職退出「天華」，余之病亦屬事實，但不致影響工作；退出天華後，不久卽受邀參與三民書局「大辭典」之編纂工作，前後達兩年之久。馮馮之關懷，實甚感激！

❸馮馮所開列的藥方有兩三次，惟有些藥難以庖製，乃至無法常服，惟「胡蘿蔔汁」則常飲。

❹余素食已多年，從不食動物性食物。

❺案：溫哥華在一九八二年前後有華人三間佛寺：一爲觀音寺、一爲佛恩寺、一爲金佛寺。

〈之六〉

慧劍先生：

您好！一九八三年十二月二十二日及二十四日兩封手示，先後於八四年一月六、七日收到。多謝您費心費神校對了拙作「空虛的雲」，您指示的數點，極爲珍貴，我必照尊意修改。（我寫作時因無太虛等資料，難免有杜撰）今借來「太虛年譜」等參考，一俟收到校對稿，卽予修正。

更多謝您蒐採拙文「宣化長老西來記」❶，我當然同意，感到十分榮寵！請盡量斧正！因爲我的文字很差。

另外，我趕寫一篇「宣化開拓加拿大宏法道場」，寄給天華（正本寄給顏總編輯了）❷。並同意請您收於「西來記」之後❸，因為這篇敍述他拓展道場於洛杉磯、西雅圖及溫哥華，資料很新，若要照片，祈示知！即往印好寄上補插入書中。

現在一面忙於助宣老在此建寺，一面代理此地佛恩寺的主持業務，領衆拜懺及誦經（因未有法師來），我也忙得不能寫作了。上述稿子，趕出來的，文字很差，請斧正！

您貴體仍是未十分復原，乞勿太辛勞！乞請善加珍攝，多注重攝取黃豆及□豆、紅豆等營養與新鮮水果，應減食「鹽類」！

敬叩

康　安

晚培德頂禮　一九八四年一月九日

【註　釋】

❶「宣化長老西來記」：先由天華第八、九兩期發表，復收於「當代佛門人物」一書第二九—四六頁。

❷此信到時，余已離開天華，由顏宗養接掌編政。

❸案：「宣化開拓加拿大宏法道場」一文，因「當代佛門人物」已交三民排版定稿，致無法附於「西來記」之末。

〈之七〉

慧劍先生：

五月三十一日手示敬悉，晚也適於該一兩日寄呈拙稿一篇「肉食者的因果」❶，是給轉交淨行法師的「現代佛教」的，希望能蒙採用。

多謝您常常為我找一出路，一切都心感！前文❷既趕不上三民排版，就由它罷，若蒙又交雜誌發表，若有稿費，請代收下，作為補償您預付兩百元的差額，算是聊以補缺，未敢云以此充作果資也。

三民書局❸名譽極好，信用也極好，謝冰瑩先生❹的書很多由三民出版。她常提及三民書局主持人的好信用。今承您介紹推薦我於三民書局，三民書局老板又肯垂青掖助，我再歡喜不過了。請他隨時直接來信給我，講講他要我什麼稿子，多少字數。合同怎樣？著作權怎樣？等等細節。如我有時間及題材，我很樂於為他服務。無論是佛教方面或一般文學稿子（長篇小說），或科學論文，我都可以寫的。至於集零篇成册，「夜半鐘聲」的續集，原先已承您為天華約好了，我已答應了天華，不便將此集交給別人。雖然您已脫離天華，我也一諾守信的。待我看有無其他稿子可另成册可交「三民」。總得份量素質高一點的，我才敢給「三民」，不敢濫竽充數，請他先來信彼此多了解連絡吧謝謝他！

佛恩寺是居士負責的佛教會屬下寺院，不是宣老的（我們請竺摩法師的弟子在寺中擔任法事，但行政由居士團處理）。寺務很好，每週有千人拜佛。

來函所詢有關萬佛城事，據我所知，恒隱❺是於一年前離開還俗，可能因她爲顧及她兒子（十多歲）的求學問題（一向隨她居於萬佛城）。其他的尼衆，來來去去，掛單的住些時就走，也有些是還俗的。男衆亦然，走了一批，又來新的。宣老是不會傷心。他常說「這是各人的自由，各人的緣份，不可勉強的。來，我們歡迎；去，我們也不強留，各人隨緣安止好了。」他不很在意誰來誰走，就是我走，他也不留不在乎的，有的是新來的弟子與護法，不妨大業的。

至於比丘還俗的，是早年頭一個三步一拜的恒具❻，回去做了海員（他原是海員）。此人我七年前已預言他必會還俗。因見他長得太英俊瀟灑了，到處受注目。而他也眼波流盼，不能攝心。至於恒朝與恒實❼，兩人現在駐錫溫哥華金佛寺，每日講經，此兩比丘已修禁語，十分虔誠苦行，並無還俗，他們不接見訪客是眞的。

宣老自己不寫文章不寫書，萬佛城出的書是他的弟子們寫的，與他無關。他現時疲於奔命穿梭講經於美加兩岸各地，哪有時間寫文章？

他的出生年月日，不肯告訴人，多次問過都不肯答的。今日得您大函後，我再打電話去問，他現在不接電話，他的弟子們也不接電話，好不容易打電話給金佛寺，他們也都不肯講，都一再推說不知，您所託問，恕我交了白卷❽。

再談　敬祝

撰安

晚培德頂禮 （一九八四）七十三年四月六日

【註釋】

❶「肉食者的因果」一文，已發表於民國七十三年（一九八四）八月一日「現代佛教」三十九期三版。

❷「前文」：指「宣化法師開拓加拿大宏法道場」一文。

❸「三民書局」：爲臺灣著名之私人經營之高水平出版商，其發行人爲南通劉振強先生。

❹謝冰瑩先生：即前臺灣「國立」師範大學敎授、作家，著有「在日本獄中」、「女兵日記」等數十種，退休後，移居美國舊金山，現時年約八十六歲。

❺恒隱：爲美國加州萬佛城宣化長老座下剃度之女衆弟子，爲美國人，加州大學文學博士，曾出席一九八一年十二月在臺北召開的第三屆世界佛敎僧伽會；但於一九八三年還俗。

❻恒具：爲宣化長老座下剃度之美國籍比丘弟子，曾獨自一人作「三步一拜」數百哩之「祈禱世界和平」之行脚，驚動美國新聞界，亦於一九八三年前還俗。

❼恒朝與恒實：二人均爲宣化長老座下美籍比丘弟子，於一九七七年五月十一日——一九七九年十月十五日，計二年五個月零五天，由美國洛杉磯到萬佛城，行程八百英哩之三步一拜，朝山報恩之行，震動世界，萬佛城爲之出版「修行者的消息」一書詳述其事，這本書是二位比丘的英文日記，由香港籍的恒道比丘尼譯爲中文，流通世界各地。

❽ 宣化長老之身世：於日後已經查出，詳見「宣化長老西來記」一文。

〈之八〉

慧劍先生：

眞對不起，那末久還未回信給您，您寄來的兩百元美金旅行支票，已收到，非常感謝。因爲在月初突然得了內耳炎，相當不輕，影響腦痛及視力，無法寫字看書，一切信件都沒寫，拖到今天才痊癒，眞對不起！這怪病是由一種過濾細菌所引起的，可能是從游泳池傳染得來（我喜歡游泳），海水太冷（攝氏三、四度）故此到海水泳池去，人多難免就有傳染病，無妄之災，一個月不能寫稿寫信，天天吃抗生素，可厭極了！

羅午堂居士❶已抵港，定月底往臺北，可能也會見到您。

三民書局的事，多蒙您介紹及照拂，非常感激，我若將來有餘力，一定爲三民效勞，目前還沒有什麼稿子，佛教文章，我其實還不夠資格寫，自問對佛學所知太少了，您的好意，我當永遠銘記在心，也謝謝三民書局。

宣化長老的溫哥華「金佛寺」（是他自己改定的寺名），本來名法界寺，至今展不開，他不採用我的發展計劃，不允我運用電視電臺及新聞界關係爲之宣傳（他說：「有花自然香」），兼以洋和尚及洋尼姑個個太嚴峻、修禁語、不接衆，弄得現在門堪羅雀，每天不到十個聽衆，爲之可嘆！宣老每兩個月來一次，也只有二、三百人去聽，反觀我們世界佛教會的佛恩寺，是羅居士、馮公夏居士❷所辦的，倒在一千多人去拜佛聽講，這是主持人的接衆態度問題，宣老學問是極好的，人也極好，太嚴了一點。

由於香港緊張❸，很多出家人都來此找立足地，我每週都接近香港僧尼數人（可是我又無力爲之辦居留）。

您貴體是否稍爲康安？甚念，似甚缺乏維他命A及B，更缺乏含鈣之牛奶營養，乞多珍攝。多吃紅蘿蔔、鮮奶（煮熟後喝及與「表飛鳴」一粒同吃，不會瀉肚子），及海產食物，南瓜子的油，多吃對攝護腺有助。聊供參考，豈敢班門弄斧？只不過聊表敬仰懷念之忱而已。並乞勿太過辛勞（注意保護心臟勿工作過度）。

「現代佛教」未見他寄來，不知淨行法師尚要不要我續寄拙稿？

再談　此叩

夏　安

末學培德頂禮　一九八四年五月二十二日

△臺灣已入夏，此地昨日仍雨雪，氣溫攝氏四度，今晨放晴，仍是五度左右。

【註　釋】

❶羅午堂：爲香港早期移居溫哥華的佛教長者，對溫哥華之華僑佛界，貢獻至大；但其個人歷史不詳。

❷馮公夏：亦爲旅加拿大溫哥華之華裔佛教長者，他與羅午堂三位合力號召道友，創建了「佛恩寺」。

❸「香港緊張」：指的是「一九九七」香港交還「中共」的事。

〈之九〉

慧劍老師：

因太忙，久未函候，但無時不在念中。我曾請天華公司，凡是我的書，都記得敬贈一套給您指教，我料他們必有執行？如收不到，祈示知，我今贈書，只限數人，包括您爲第一優先，聊表感謝您協助之德，昔日是您引薦我稿子給天華的❶。

莫□□女士，我今日已趕寄一函給她，她丈夫患的是 Azheimer 症，還有高血壓、心臟病、腎炎、胆石等症，相當棘手，我盡我力想出可用的食物及藥，希望可助他一點，但看來仍是甚悲觀。他有□□傾向以求免累太太，用心良苦！也堪憐，我當盡一切知識助他的❷，祈勿念！

莫老伯❸是我欽敬的大德。

「天眼服務」❹我已結束，一共做了一百〇八件（人數則爲二百人），得四十餘萬元臺幣捐給慈濟，此乃權宜方便之作爲，不應常做的，此次忙足一個多月，今日才做完，我已太累，不能再收件了，莫小姐案是例外的，我需休息一陣了，暫不接件了！

多蒙引薦給三民書局，但我目前無存稿，在此因常有人來訪看病，已忙到不能寫稿了（每天信件二十—三十封），將來有稿，定請栽培的，請代爲多謝三民書局店主，我不會忘記啊！不過他說不要我的文藝作品，這就很難。好在皇冠等公司仍願印我的文藝作品，我也不強求三民書局爲難，佛教稿則不夠，因「內明」登的論文，早被天華約了，已獲「內明」同意啊！我飲水思源，不好抽出來的，等我另外有新稿，一定優先請三民栽培出版，不過我仍是希望不是賣斷，將來慢慢再研究吧！我想彼此一定可以有折衷的辦法來合作。

香港電臺已籌劃播唱我的「晚禱曲」一歌（可惜內明登錯了我的初稿，不是校正稿。而且剪去了譜頭，叫人看得莫明其妙），希望臺灣也有人唱，這歌是很好聽的，請指教！

這兒都熱到攝氏二十二度，要命，臺灣必已熱到三十度以上，請多珍攝，勿曬太陽！

敬祝

撰安

晚培德和南　一九八五年六月二十日

【註　釋】

❶ 按：我於一九八四年三月辭職離開天華，馮之「禪定天眼通的實驗」（在顏宗養居士出任總編輯時）確曾寄贈，顏居士於一年後，再度辭職，即不見寄來馮馮之贈書。

❷ 道友莫女士之夫婿因病懇屬余轉介馮馮，馮接信後，曾爲之「觀察」未來發展，故云。

❸ 莫老伯：廣東中山人，爲佛教界老宿，著有「楞嚴經淺譯」等書，於一九八七年逝世於臺南。

❹「天眼服務」：這是當時馮馮爲掙扎於建「慈濟醫院」需款孔急的臺灣「花蓮慈濟功德會」之專案服務，卽馮馮以「天眼」協助需要者，每人供美金一百元，最後得臺幣四十餘萬（一萬多元美金），悉數捐給「慈濟功德會」，眞正是「無相的服務」，受益者眞應該「飲水思源」才是！

〈之十〉

慧劍老師：

曾蒙您協助，大德難忘，無時不感念，您好嗎❶？很久沒有問候您了，因爲太忙於寫作佛曲，此地夏天短暫，趕工修房子，遊客每有來訪，所以忙到極點，每天都應付不了，心中可是時常都懷念着您，每天也總抽空拜讀一篇你的開示文章。（承賜「慈濟道侶」月刊，每期均收到，先讀爲快，拜讀了很多您的開示。）

姚白芳女士偕夫婿謝先生❷於上週八月十六日來訪，在舍下住了五天，從她提及，得知您的種種勞績貢獻，聞之更增崇敬。

姚女士說要寫一篇訪問記，將在「慈侶」月刊發表，讓人認識我的眞相，我力阻無效，只好請她筆下勿太過份頌揚，我以一介凡夫，不學無術，於佛學仍無寸進，實不欲世人過於寵獎，亦不欲被誤解爲超人，我仍然只是一個學佛無成的凡人而已，七情六慾與三毒俱不能免，尤以嗔忿難戒，實不配見於貴刊！今天寫信問候您，亦同時祈請免登，對於姚女士該一文章，若不能免登，則盡可能斧正，刪除溢美之詞，我不願誤導衆生也！若有鞭策之言，亦請酌情處理，我固是兢兢業業，願受他人指教，但亦不能接受無理誤解之揄揶也。

〔下略一節〕

我現在仍在趕寫佛曲，希望年底可交卷十曲錄製新帶，今後將以作曲爲主，文章是不太有時間寫了（也沒有材料可寫）。

證嚴法師健康每況愈下，令人擔憂，祈代問候及奉勸她多多休養及採用醫院營養組的營養，爲佛法及慈濟多多保重。

此叩

法安

晚培德頂禮　一九八八年八月二十四日

【註釋】

❶ 案：馮馮實在很謙虛，每次來信，均一再謙抑爲懷，至難承擔！謹誌我心。

❷ 姚白芳：爲臺灣「慈濟委員」，一位好學、熱心文化工作的佛弟子，其夫婿謝慶生先生，經營建築事業。姚於一九九〇年七月起出任臺灣「龍樹雜誌」社長。

〈之十一〉

慧劍老師：

今晨（八八年九月十四日）收到您九月七日來函：

欣聞公子受聘來此間俾詩大學❶任教，該校距舍下僅四英里，我址卽是在通往大學的馬路，外號是「大學路」，歡迎他來指教！更欣聞您將來到加來探望公子，屆時就請屈駕住在舍下，接受我供養，舍下樓下已建有一琴房，如不嫌簡慢及簡陋，務請蒞臨。因爲公子只是租一房，諒無足夠地方可住的，我家有書房，也有琴房，您來住任擇其一吧！

〔下略一節〕

至於刊登我照片，這是我向來最憎恨的事❷！八八年三月份，「皇冠」未經我同意，擅登出我五、六年前送給平先生夫婦❸的私人照片，此事已經使我很不開心！因爲是二十多年老朋友，也不便計較。反正那一張已登過了，倘若您不嫌？就登「皇冠」那張吧！至於與羅伯伯❹拍那張，我不願登出的！

〔下再略一節〕

故此，仍祈盡可能勿登我的近照，若有必要，還是登舊照吧！尚祈原諒。

虛名之爲害，一言難盡！現在天天回信數十封，不吃飯也得買郵票回信，又哪有時間寫文章？不是不肯寫，是忙到沒法寫。

拙作「慈濟進行曲」的交響樂伴奏合唱原版，我已由天華專送慈濟基金會作義賣，聊表寸心而已，「慈濟歌選」內歌詞有誤：原文「人飢我飢」，誤刊爲「人餓我餓」。

您要來，也不必等到兩年後，暑寒假都可以來的，住我家多久都可以，不必擔心我供養不起❺，罷工在卽，趕付郵！此叩

法安

晚培德叩 一九八八年九月十四日

【註釋】

❶「俾詩大學」：卽溫哥華西區之 U.B.C，中譯「英屬哥倫比亞大學」。

❷案：因當時「慈濟道侶」需用馮馮傳記，余擬請提供照片一幀（其實我手中有一幅），因馮恐盛名爲累而婉辭不能提供之原因，此後余乃決定「恭敬不如從命」，不再刊登。

❸平先生夫婦：指臺灣皇冠出版社負責人平鑫濤及女作家瓊瑤夫婦。

❹羅伯伯：卽上函所述羅午堂老居士。

❺當寫信時，余本決定次年到溫哥華去訪親問友，但有家事及創辦另一文化事業而羈延未果！

〈之十二〉

慧劍老師：

奉讀八九年四月二十四日手諭（五月一日收到），恭悉您盛意栽培，曷勝感銘！晚生性不羈，如同猿猴，不慣拘束，更別說才疏學淺，怎能當大任？而且最怕行政工作，更懼編務，亦不善寫

理論。雖有蕭規，亦難效曹隨，多蒙您的錯愛提掖，但是實在自感慚愧無能無才，實不敢奉命，還是留在僑居地隱居寫曲較爲適合❶！有負雅意，至表歉疚！尚祈原諒！

明年您若來加，請住在舍下，俾得侍候您，亦較住在令郎寓所爲方便。

關於您的前列腺問題，數年前我已提及，現在的尿失禁，可常吃「蓮子、百合、淮山（或茨實）、白菓（又名銀杏）」各四分之一比例煮稠湯，酌加蜜糖，此方有些作用，不妨參考（尿失禁忌飲濃茶、咖啡、與辛辣食物❷）。

耑此 敬覆並叩

法安

晚培德頂禮 一九八九年五月二日

【註釋】

❶ 余以年事日高，爲「慈濟」想，日後接任「慈濟文化」工作者，以馮馮之聲望及成就最爲合適，且馮對「慈濟」有莫大勳勞，應爲「慈濟」所接受，因此，我們私下討論這一問題，但爲馮所謙辭。

❷ 余以一九八九年二月前列腺手術，引起「尿失禁」，曾與培德言及，曾多次關注，此次言及不可食用之飲料及辛辣食物，確是事實，余每大意誤食帶辛辣之物，必發病。

〈之十三〉

慧劍老師：

未接大函之前，已看到月刊形勢。您辭去職務，是意料中事，一則以喜：是您能卸重擔，得以休養復健及專心著作。一則以憂：就是「慈濟道侶」少了您的大才主編及指導，是「慈濟」的大損失❶。

擔任編務眞是一種很犧牲自己創作的工作，我恭賀您得以解除重擔，雖然我也爲慈濟讀者感到有憾！

我自己仍在天天的一百多封來信中掙扎，已無自己的時間創作音樂與文學，我看我的創作前途眞是完了，所以我特別爲您的辭職歡喜！

耑此

祝福、請多珍攝

晚培德頂禮　一九八九年十二月二十日

【註　釋】

❶ 案：余於一九八九年十二月二十六日正式辭去「慈濟」一切職務，在辭職前十天，飛函與培德，說明以後動向，承來函安慰。

趙能瑞居士❶函九通

〈之一〉

慧劍道兄：奉讀元月二十九日手書，諸承關念，至深感謝。

近年少與外間聯繫，乃因瑣事煩心、如波濤一般層層衝來，正如常言所謂「一波未平，一波又起」，擾人心神，無有靜止。我又惰性極重，所以多時未有提筆。

家婆母纏綿病榻，足有兩年，進出醫院無數次，年老腦細胞衰退，致意志力漸失，不能控制自己，終日吵鬧嘶叫不休，我們一家人的精神極度緊張，痛苦不堪。上月初五病情突然變化，不久逝世，眞是存歿均得解脫。道兄云：「人生似乎時時刻刻都有痛苦侵擾」，深有同感。霍先生❷也說：「人生之大苦，就是面對生存。」的確，「生存」爲我們帶來無法預料、無法控制的種種事物，豈僅是已發生者才是苦？近幾年我形神俱倦，與緻落索。

霍韜晦老師在上年組織「佛教法住學會」❸，邀我爲董事，鑑於霍師眞誠爲推廣佛法事業努力，使佛教與時代的步伐共進，我雖不善於做事，也勉爲其難接受邀請。本會成立初期，因尚未有會址，故先以舍間❹做爲郵件連絡之所；現在已有會址，不久便可換新地址。

〔第三節略〕

「死」本不必哀傷怖畏，所怖畏者，是生死之間的一段歷程。令堂——伯母逝世❺，依我看正是解脫之時。家婆母近幾年從衰老到退化到不能控制自己，變化迅速，幾疑在地獄受苦。所以老人逝世，我們頓感她已解脫，已脫離苦海，爲她慶幸。

兄之身體欠佳❻，除了醫療休養之外，如果做做運動，出出汗，血液循環得好，新陳代謝得好，精神會好得多。請試行一月，效驗極佳。

耑此並候

安好

能瑞 〔一九八三年〕三月五日香港

【註釋】

❶ 趙能瑞居士：本名蘭雲，內蒙古呼和浩特市人，約生一九三一年後，北京滙文高中畢業，與夫婿移居香港，再於一九八六年後移居加拿大。居士在港皈依妙因法師，信仰虔誠。

❷ 霍師：指香港中文大學哲學系霍韜晦老師，廣東人，日本大谷大學博士候選人，譯著有「安慧唯識三十釋」、「絕對與圓融」等。

❸ 「佛教法住學會」：爲霍韜晦先生創辦於一九八二年，現已具相當規模，會址在九龍窩打老道冠華園，近年曾連續主辦「唐君毅」及「太虛大師」國際學術會議，頗受國際學界好評。

❹ 當時能瑞寓所在香港薄扶林道。

❺ 家母逝世於一九八三年元月二日，距能瑞來信僅兩個月時間。

❻ 當時余以心律不整及胃寒所苦，故云。

〈之二〉

慧劍兄：

三月二十八日往加拿大一行，原想在加住上三兩個月，使多年的積勞得以休息，眞是人算不如天算，香港有事，必須親自處理，無可奈何！只有懷着失望心情回來。

回來即見尊函和書籍均已抵港，屢次煩兄購書，皆不肯收書款，甚感不安，亦復不妥。蓋此書是朋友所托，代勞已屬情至義盡，焉有不收書款之理？往後煩神之處正多，若如是，我便有所顧忌，不敢煩神。所以，此款務請道兄收回。

你我相交有年，雖然因我拙於寫信，有時經年不通音問，形跡略疏，然心底無時不在繫念。「天華」❶有今日，全是吾兄的心血結晶，一旦離開，不無遺憾。若是身體和人事皆有阻障，離開亦不必惋惜。近幾年，我更深感人老心累，對世情也覺索然，不知兄是否亦有同感？

專此即頌

編安

能瑞謹上〔一九八三年〕四月廿七日

【註　釋】

❶天華：即指余當時主持編政的天華月刊及天華出版公司。

〈之三〉

慧劍道兄：五月三日函敬悉。

尊大人和令弟先後棄世❶，吾兄悲痛本是常情，若是過份悲痛，則恐傷身，還請稍抑悲傷，念佛迴向。

生命無常，誰也不能越此規律；生時健康還好，倘若纏綿病榻，死，倒還是解脫，也是福氣。家婆母的病，使我對生老病死——個人全不能做主的痛苦，感受甚深。生固不必喜，死亦何悲？人生的無奈，人生的大苦，即是面對生存。有了生存，跟着而來的若喜若悲，若病若苦，又豈是我輩凡夫所能做主？無明潛伏，身心受縛，此業力之不可思議也。吾兄深通佛理，業緣現前，還望以理去會，以業消解；至於出家與否尚在其次。

我的情況，表面看，似是順境。然而，四輩數姓能夠同居一處，和偕的背後，所付的代價又豈是表面風光所能概括？因此精神壓力之大，使得身心俱感疲累；疲累過分時，往往也是生趣索然。兄云：「到今天依然一身俗債，修不能修，卸不能卸，倍感沈重！」我有同感。

香港對一九九七的敏感，隨着中共官方的言論，日甚一日。今天的問題與文化大革命時的動亂，對香港的影響，有本質的不同。照現在的情況發展下去，未到一九九七，香港的經濟命脈就會逐漸萎縮，屆時中共不收回香港，香港也會僵化。此間人心之不安，可從港幣弱勢中看到。

慈濟會證嚴法師曾於三月底爲　先婆母禮拜梁皇懺一堂，歷時九天。慈濟諸師都是身兼數職，證嚴師更以單薄的身體日理紛繁之務，竟然抽出那麼多寶貴的時間爲一位雖然相知、並不相熟者禮拜廻向，更證諸師的平等慈悲之胸懷，我空蘊滿腔感激，至今不知如何寫信致謝。

耑此　並頌

文　祺

能瑞謹上〔一九八三年〕五月十日

【註　釋】

❶先父海涵公，一九八二年十月十七日逝世於貴陽，享年七十七歲，因帷幕阻隔，無法奔喪；舍弟永健，以腸癌逝世於一九八三年三月二十日，江蘇大豐寓所，年五十一。

〈之四〉

慧劍道兄：能國夫婦❶返國，攜來贈書，謝謝。

香港近況，想已從報章雜誌看到。政局的僵持，經濟和金融界的風雲變化，使香港的前途更形黯淡。美元和各種貨幣條上條落，人心亦復條上條落，港人原對前景的幻想，亦隨近日雙方劍拔弩張的氣氛而破滅，社會秩序頓亂，搶購糧食的局面也出現了。所謂「信心」危機已經形成，中共若不作出讓步，支持香港穩定的「繁榮」便會逐漸萎縮。今後香港仍是投機者的樂園，然而我輩小民則要承擔中英雙方、加上投機者所搞的政治、經濟牌的苦果。

處於如此不定的環境裏，煩惱在所難免，移民不失為逃避困擾的方計；然而，一個與我們生活習慣截然不同的社會，陌生的人，陌生的環境，究竟能否適應，或者適應若干程度，都是未知之數。十一月底，是我們赴加報到的最後期限，大約十月底或者十一月初去報到。此去多則一年，少則半年便返（小住一段時間再去）。移民彼邦，在四年裏駐足三年，便可取得公民權。我們〔有始〕以來，未對該國作出貢獻（諸如納稅等），所以無權享受一般公民的福利。此去只是尋求一個較為靜謐、較為自由的地方養老。希望我們能夠得償所願❷。

兒輩外移的困難比我們大；礙於各國的移民法例，實有「行不得也」之歎！

道兄離開天華，未知有何計畫？那日電話裏未及細談，望便中來信詳告。他日赴加，我也許能多抽一點時間寫信，希望多交換消息。

袁居士❸常有晤談，對兄極為關切，只以鮮通音問，一時不知如何下筆？〔彼〕數數催我寫信問候，豈料我比他更為疏懶，正應了君子動口不動手之喻，寧可滔滔不絕連講三日，動手則思緒漸斷，難成一字。

耑此敬頌

秋　安

能瑞上　〔一九八二年〕十月一日

△又：能國帶去的藥，不知對不對。〔案：心臟病藥。〕

【註釋】

❶能國：為能瑞道長之次子，留學英國，香港理工學院教授，當時來臺，曾與余會晤。

❷從能瑞道長信中，可徵香港當時對一九九七陰影的普遍心理。

❸袁居士：即袁錦常兄，廣東人，前香港商工日報資深編輯，當時已退休。年約長余二、三歲。

〈之五〉

慧劍兄：終於決定了動身的日子。此去加拿大，約住一年，然後返港省視一下。居港三十多年來，一切皆已習慣，突然離去，頗感黯然。尤其高堂仍在❶，雖有兒輩照應，相信不能如親自侍奉之殷切，日期愈近，不忍愈甚。

能正❷的工作地點是在〔臺灣〕桃園和臺北之間的一個小鎮，工廠（宿舍）的電話只能打進不能打出，假日赴臺北無法與兄接觸，所以遲遲未來拜候。

我十一月二十六日離港飛加，亦於當日抵達，先到溫哥華，然後轉飛 Calgary。〔地址從略〕❸

加拿大的生活，應比香港清閒，希望彼此多多連繫。

沙千夢❹的地址請見示，希望在異地會見這位「高」人。

匆此祝

好

能瑞上 〔一九八三年〕十一月九日

【註釋】

❶ 能瑞之母，由內蒙來港依女，當時在港不能同去，故云。

❷ 能正：為能瑞之三子，當時初從成功大學工學院畢業，服務臺灣電力公司桃園某單位。

❸ Calgary 的緯度較溫哥華約高五度以上，因此更冷。

❹ 沙千夢：作家，見沙函〈之一〉❶。

〈之六〉

慧劍道兄：

抵加三週，一切尚能適應，此地氣候寒冷，終日下雪，溫度常在零下十度左右徘徊。昨晚零下二十三度。據天文臺氣象報告說，今天將會降至零下三十五度。由於室內和商場的暖氣設備夠，若不在街上行走，終年都在七十五度❶之間，很是舒服。此地亦常有暖流廻旋，冷幾天後便會回暖，暖時多在零度左右。因爲經歷過極冷，當溫度上升至零下四—五度時，便有溫暖如春的感覺。零下二十一度時，我曾在街上行走過，衣服穿得夠，身上並不冷。只是臉上露在外面的部位才眞是刺痛難當，這裏的人大多有車，尙無不便。來到此地，新家草創，一切又要從頭辦起，幸而這裏有幾位朋友每日開車接送，並陪往各處購買傢俱及日用品，尙稱便利。明春天氣回暖，我也應去學車，否則眞是寸步難行。

年來香港的物價極不穩定，一二個月間便是一個新面目，一時頗難接受。但，若與此間物價相比，則又覺便宜之極。一切事就怕比較，只有在比較之下，才有優劣高下之分。物價雖貴，環境卻遠較香港爲清幽，只看路上行車，便知此間人生活安閒，此又爲比香港略勝之處。

多年未見大雪，此來甫出機場，即見雪白一片，很是壯觀。由於雪封大地，纖塵不染，空氣愈覺新鮮。

大半生時間在港，該處一切已與自己相融，所以雖然缺點甚多，仍是十分依戀懷念。走筆至此，想起走避紅禍，數易居處，究不知是禍是福。

半個月後應該可以安定下來，屆時當更思念故舊，望多來信。

耑此祝

新年吉祥

能瑞上　一九八三年十二月十六日

【註釋】

❶ 能瑞所指七十五度氣溫，應是華氏。起先所說零下四、五度，二十度，應是攝氏。

〈之七〉

慧劍道兄：此地郵政效率極差，又值聖誕節前，信件特多，疏導更成問題。尊函寫於十二月一日，居然十二月二十日才收到，海郵亦不過如此，可見加拿大有些地方落後於亞洲各地，良有以也。

沙千夢女士住在溫哥華，和 Calgary 相距一小時飛機行程，若是乘車，則十多小時，約與香港與臺灣之距離相等，兩地間有一座大山相隔，氣溫相差極大。據說溫市最近氣溫多在零度，平時四、五度左右，此間現在經常是零下二〇－三五度。此地人說今年溫度特別低，亦較往年冷得早，積雪甚厚，馬路（公路）剷得很乾淨，普通馬路灑鹽、灑小石子，交通失事情況不算多。行人路或小路未經以上方法處理，經過腳踏車行走，路面結冰，行路極不安全，眞是一步一驚。

明年秋天將會返港一行，屆時路經溫市，如果有機會，當拜訪沙女士。羅居士❶在港時，曾有數面之緣，說來差不多是十八、九年前之事。相信羅居士早已不復記憶。彼此相距太遠，亦無緣造訪，他日也許能有機會相遇，道兄關注，謹致謝意。

此地市區不大，但建築物甚新，堪與香港比美。唐人街則遠不如多倫多、溫哥華，或可與倫敦之唐人街相比；論規模則亦有不如；物價比多市昂貴，但此地購物免稅，其他各省都要另給百分之七。本省因有石油出產，省府富裕，豁免了購物稅。近兩年加拿大〔經濟〕衰退，本省衰退則爲加拿大之冠，亦與世界石油銷量銳減有關。據說此地失業率甚高，尤以越南難民爲甚。此地有「失業金」可領，到一段時間（約是一年）仍未就業便取銷。亦有救濟金可領，但不知在甚麼情況下才有救濟金。過去移民此間〔之人〕，都有住屋學費可領，現在都已取銷。

知注奉聞。並候

新年百福

能瑞上 一九八三年十二月二十一日

【注釋】

❶ 指羅午堂居士。見本書五二三頁馮馮函〈之八〉❶。

〈之八〉

慧劍道兄：

此信寫於抵加不久，不想因漏寫「北投」二字，竟輾轉三個月，終又回到加拿大。

生活在異域，未因語言不通而有不便。這裏中國人甚多，近年從港、臺、中國大陸移民來此者衆，中國街也比以前熱鬧，飲食店、雜貨店越開越多，競爭頗爲激烈。

我從一月十日開始上課，每週二次，每次一個半小時，很能引起興趣。只是記憶力弱，要用數倍於人家的時間方能應付，有時難免氣餒。

能正❶在此居留三個月，昨天返港，大概會在香港工作，我將於九月份返港一行。

順此祝

新春百福

能瑞 一九八四年二月二十二日

【註釋】

❶ 能正：見前註。可能已離臺，辭去臺電職務。

〈之九〉

慧劍道兄：

居此三年，三返香港，兩回家鄉❶，故雖處寧靜之地，也無法令身心安定下來；入夏又遷居一次，新舊相距不遠，只是新居略爲清靜，樹木也較多而已。

近年患風濕病，腰部及關節疼痛不已，雖經診治理療，也僅治標而已，因爲不能久坐，益增疏懶。

家母於十月二十六日到此，大約可住一年，兒輩則因各有工作，不易取得長假，也難得來此小住。僅能邦❷和能正在去年來此渡歲，小留二週。

道兄及府上各人近況如何？弱水是否仍在美國？小筆想已完成大學？日子眞快，在我的印象裏，他們的高度也僅及腰而已。嫂夫人仍然工作、抑或已經退休？

新年吉祥

能瑞 一九八七年農曆八月十六日❸

【註釋】

❶ 兩回家鄉：指前中國綏遠省歸綏市，今內蒙古呼和浩特市。

❷ 能邦：能瑞道兄之長子，於一九七〇年前臺大化學系畢業，後赴英留學，現在香港服務於日本商業機構。

❸ 能瑞自通此函後，再未見音訊，余於一九八九年十二月赴港開會，據霍韜晦先生云，仍居客地云。

謝冰瑩教授❶函七通

〈之一〉

慧劍先生：

您好！很久不通音信，至以爲念。

前承惠贈「天華月刊」十一期，見大作「靜坐三昧集」業已出版❷，不知能賜贈一本拜讀否？

接馮馮信，將有作品集（發表於香港內明）❸在貴社出版，我爲他高興！

兩年來，我因眼疾所苦，意志消沉，心緒煩悶，只有讀佛書，念佛號能稍得安慰。

嫂夫人及令郎想均健康如昔，至爲欣慰。回憶厚擾尊府時的情景，歷歷如在目前，餘未瑣瑣❹，即祝

闔府康泰

慈瑩❺合十 民國七十年三月七日

【註釋】

❶謝冰瑩教授：本名謝彬，湖南新化人，一九〇六年生，民國十六年參加「北伐」，四年後北京女子師範大學畢業，兩度赴日本留學，因抗日反滿入獄，著有「在日本獄中」一書。抗戰期間，在西北從事文化工作，曾任西安黃河日報副刊主編，勝利後歷任北師大、華北文法學院、臺灣師大教授，民國六十年，因乘遠洋輪船不愼摔斷腿骨而退休。不久移民美國舊金山至今。其著述極豐，較著者有「女兵日記」、

「紅豆」、「觀音蓮」等數十種。

❷「靜坐三昧集」，係余於民國六十八年所編定的「靜坐」修道書，天華於當年六月一日印行初版。

❸可能指馮馮之「夜半鐘聲」一書，該書所收各編，多發表於「內明月刊」。

❹謝冰瑩教授移居美國後，於民國六十四、五年間返國一次曾來余寒居相聚一日故云。

❺慈瑩：是謝教授的法名。

〈之二〉

慧劍居士：

四月八日大函拜收，萬分感謝！

為了這本小書❶，累你忙了一陣，謝謝！我還沒有收到，但我相信印刷、封面、紙張一定都是很好的，這是性如法師和您的功勞。

令郎在耶魯幾年級？研究何科❷？希望不久的將來，賢伉儷有機會來美遊歷，讓我有機會招待你們。舊金山我們住了十二年，足夠做你們的嚮導了！只是腿子走不動，慢慢行，沒有問題。下個月我的右腿還要開一次刀，也許以後，可以走快一點❸。

匆覆，即請

雙安

慈瑩合十　民國七十二年四月二十四日

【註釋】

❶ 這本小書：指民國七十二年三月一日出版，倩余編定之「新生集」，由北投普濟寺性如法師發行，其中包括佛學散文四十五篇。在這之前約四個月交稿到余手中，此時已成書。

❷ 指小兒弱水，當時在耶魯大學攻讀中國思想史博士之第二年。

❸ 在余記憶中，謝先生之腿傷，除在太平洋輪船上摔傷一次，後來在臺北和平東路三段師大宿舍前水溝邊又摔傷一次——骨折，迄未復原。

〈之三〉

慧劍居士：

接瑞妙法師❶來信，知道她的力量有限，不能印「觀音蓮」❷，我正想給您去信，謝謝您的勞神。暫時不能印，沒有關係，過去我曾與性如法師❸談過，他有意印，不是目前，而是將來，包括「仁慈的鹿王」、「善光公主」、「觀音蓮」在內，因此想請居士為我那本修改過了的「觀音蓮」，寄與性如法師保存，謝謝！

賤恙近來已好了十之八九，老年多病，不可避免，您與夫人務請珍重貴體，不可過勞，我的眼睛不好，就是因為過去用得太多之故。

餘言再告，即請

儷安

慈瑩合十　民國七十二年九月十三日

【註釋】

❶瑞妙法師：係一由非律賓去夏威夷之女衆法師，這位法師起先來信想獨力印行謝著「觀音蓮」，後因財力不足而中止。

❷觀音蓮：此書由二十六篇散文組成，於民國六十五年六月一日印行初版，出版者爲日月潭玄奘寺。當時謝冰瑩教授已移居舊金山。此書重要文字，包括「慈航法師——我的師父」、「偉大的鑑眞和尚」、「金山活佛」、「神奇的舍利子」等。

❸性如法師：江蘇如皋人，約生於一九二六年，於民國四十二、三年間，接掌甘珠活佛的北投普濟寺，但於民國七十五年不幸病逝於日本東京。

〈之四〉

慧劍先生：

久未通信，想近況甚佳，爲祝。

茲有懇者，近接光中法師❶來函，開證法師❷等擬在最近再版「觀音蓮」一萬册❸，「善光公主」❹五千册。聖印法師❺來信，也要再版「仁慈的鹿王」❻，想居士聽了，一定也很高興。

請卽將「觀音蓮」(底稿)寄至下列地址(從略),不勝感激之至。

匆匆不一,卽祝

闔府安康

謝冰瑩敬上 民國七十三年元月六日

【註釋】

❶光中法師:湖南人,現居南投埔里觀音山某精舍,其人歷史不詳。

❷開證法師:臺灣高雄人,一九二四年生,高雄市宏法寺住持。

❸「觀音蓮」一書,臺灣寺廟似曾翻印數次。開證法師是否再版,事後未詳。

❹善光公主:係謝冰瑩先生根據佛經,寫成的一部歷史小說,供兒童閱讀,初由「慈航季刊」於民國五十四年間印行初版,「慈航」停辦後,版權由謝先生自行處理。

❺聖印法師:見前註。臺中霧峯萬佛寺、及臺中市南區慈明寺住持,著作有「六祖壇經今譯」、「佛教概論」等多種。

❻「仁慈的鹿王」:係由聖印法師之慈明雜誌,於民國五十五——六十年間印行初版。

〈之五〉

慧劍居士:

謝謝您二月一日惠函，承約慈瑩爲「現代佛教」寫稿，一定遵命；但目前正在養傷，臥床爲一月，還不能行動。

本年一月十三日下午在公車上跌傷左腿，骨裂、血管破，痛苦不堪！現每日吃藥。醫生說，老人傷骨，不易復原，惟有靜臥，我除了念佛號，讀佛經外，不能做任何事，一俟傷愈，即寄拙文至淨行法師處，爲貴刊補白❶。祈代問候，謝謝！

即祝

闔府安康

慈瑩合十 民國七十三年二月六日

【註釋】

❶ 當時余任臺北靈山講堂顧問，兼管「現代佛教」，曾向謝先生約稿。

〈之六〉

執事先生：

從佛刊上看到消息，知道沙千夢女士等翻譯的「我從西藏來」快出版了，非常高興！我一定要買一本的，現在我急於要知道沙千夢女士的地址，請　先生示知，以便連絡，她是我的好友，分別四十多年了，常在各處打聽，都沒人知道，如蒙　先生示知，感激不盡❶。專此奉懇，即請

撰安並祝

新年萬福

謝冰瑩（慈瑩）敬上 民國七十六年十二月十六日

【註釋】

❶此時余已在「慈濟文化中心」任職。沙千夢居士爲余友人，爲「慈濟」譯書、寫稿，謝先生與沙是故知，得知其情，乃來信索沙地址，余卽時奉聞。

〈之七〉

慧劍居士：

今天收到您十二月三十號來信，太感激了！爲了千夢的地址，眞是「踏破鐵鞋無覓處，得來全不費功夫」。

自從黃震遐（黃先生爲我在西安主編黃河時的同事，爲家三兄好友）先生逝世後，我就天天想去信安慰她，但不知信寄何處，最近才從佛刊上看到她的名字，所以才向「慈濟」打聽（當日卽去信）。

我永遠記得十多年前，我在北投府上叨擾，尊夫人親自下厨，爲我做可口的菜，飽我口福；飯後，您又陪我去北投看風景，且行且談，使我過了最快樂的一天❶。

如今我們身在金山，心在臺北；去年本想回去探視親友；但不幸外子中風，至今未癒，兒女都不在金山，只能每年來探視一二次，我是伊箴的長期護士，日夜不能離開，奈何！奈何❷！提到為「貴刊」❸寫點小文，義不容辭；但三四年來，左眼常痛、流淚，右手患風濕關節炎，不能寫字。無眼、無手，如何寫字？我常想這是前生的業障，惟有今世苦修，好在「大覺蓮社」❹，常有法師講經，我每週必去聽，曉雲法師❺曾來此弘法一次，還送我一幅畫。要說的話太多，下次再談。問候尊夫人。

祝

萬事如意

慈瑩合十

民國七十七年一月八日

【註釋】

❶見第一函❹。

❷謝冰瑩教授的夫婿賈伊箴先生，前臺灣東吳大學教授，與謝同時移居美國，於一九八八年底因病逝世於舊金山。

❸「貴刊」：指「慈濟道侶」。

❹「大覺蓮社」：為舊金山一佛教道場，其主持人不詳。

❺ 曉雲法師：即臺北陽明山文化大學藝術研究所教授，華梵佛學研究所所長。

于凌波居士❶函六通

〈之一〉

慧劍吾兄：

多年未晤，時在念中，昨日接奉王烱如居士❷轉來吾兄手示，敬悉吾兄接長「慈濟文化服務中心」及「慈濟道侶」編務❸。吾兄多年來著作等身，接長「慈濟」，更可駕輕就熟，發揮長才，弟前幾年因子女均在臺北就學就業，故結束臺中雜務，遷居臺北，在機關中擔任了一份醫務單位主管，閒曹冷職，暇時讀書寫稿，所謂「隨緣消歲月，生計爬格子」也！

「向智識份子介紹佛教」❹一書，早年係將版權無條件贈予「菩提樹」❺，後來各處翻印者頗多（弟手中即有數册不同版本），最近「德州佛教會」❻委託朱居士❼印了一批在美國贈人結緣，朱居士在該書後寫了一篇「七版書後」，提到「版權」，謂翻印須徵該刊同意（附書一册），吾兄是否寫信詢問朱居士，看他是否同意慈濟翻印。（如樹刊不同意，弟考慮另寫一册「放眼看佛教」供慈濟用？）

〔下略一節〕

專此敬祝

淨安

弟于凌波和南

民國七十五年八月十四日

【註釋】

❶ 于凌波居士：河南洛陽人，一九二六年生，十六歲從戎，十八歲從醫，二十歲任軍醫少校，民國三十六年考入國防醫學院，民國四十一年分發至臺中軍方醫院擔任內科醫師，退役後，歷任臺灣南投糖廠醫務室主任，臺中菩提醫院院長、臺中普濟醫院院長、臺中市議員，及臺北保安警察第一總隊醫務室主任等職，在公餘並著有「十五從軍征」、「向智識份子介紹佛教」、「于右任傳」、「中國歷史上的白蓮教」、「般若心經蠡解」等書多種。于居士於民國五十年學佛，皈依懺雲法師，受業於李炳南老師。

❷ 王烔如居士：臺灣臺中人，李炳南老師之受業弟子，現任臺中佛教蓮社社長。

❸ 請參閱吉廣輿居士函。

❹ 「向智識份子介紹佛教」一書，爲于凌波居士第一部佛學著作，於民國五十一年十月，由臺中菩提樹月刊印行，風行海內。

❺ 「菩提樹」：創刊於民國四十一年十二月八日，發行人，江蘇吳縣人朱斐。此刊爲十六開雜誌本，出版至民國七十八年十二月份，由臺北靈山講堂淨行法師接辦。

❻ 德州佛教會：指「美國德克薩斯州」的「中國佛教會」，由移民至美的淨海法師主持。

❼ 朱居士：指當時「菩提樹」發行人朱斐。

〈之二〉

慧劍吾兄：

週前訪侯，晤談至歡，廿年不見，吾兄風采如昔，而智慧更趨成熟，然社會上、佛教界，發生多少變化，人事滄桑，可堪一嘆，弟在臺中哄熱鬧二十年，最後感到過眼雲煙，一切皆是虛幻，這才遷到臺北，閉戶讀書，年來重新讀經，寫佛學稿，窮半年之力，寫了七萬字的「般若心經蠡測」❶，繼之想寫「放眼看佛教」，自感多年來對佛教界較少接觸，知道的太少，遲遲不敢下筆，此次在吾兄鼓勵下爲「慈濟」❷寫稿，擬出了一個綱目，在這個題目下，對佛教種種，有辯護、有檢討、也有批評，先寄上三篇，請看看是否可用，弟以爲佛教經義的僵化，佛教眞精神的消失而流於空洞的儀式，以及種種末法時代佛教徒破壞佛法的現象，都是値得檢討的，相反的，歐美國家近年揭起佛學熱潮，反顯得生機活潑，惟弟年來對外較少接觸，見聞有限，希望有機會再去拜訪，聆聽吾兄高見。

手頭有一册「修行者的境界」，其中載有吾兄所寫「證嚴法師的慈濟世界」❸，惟係節錄、讀後意有未盡，吾兄若有全文，希能借閱拜讀，弟年來已「退出社會」，不再進取，子女皆男婚女嫁，無何牽累，希望以有生餘年，爲佛教做點事，不求收獲，惟想奉獻（當初辦菩提醫院也是這種心理），所以辦一份「佛學文選」，贈閱各界，此亦書生積習耳，寄上幾張照片，供吾兄一

笑，專此敬上，並祝

撰安

弟于凌波和南　民國七十五年八月二十七日

【註釋】

❶「般若心經蠡解」：初版由臺北久大圖書公司於民國七十六年七月初版發行，七十七年四月一日慈濟文化中心印行「慈濟初版」。

❷「慈濟」：指「慈濟道侶」半月刊，爲四開彩色。

❸「證嚴法師的慈濟世界」：爲余對當代佛門人物專訪稿之一，收於「當代佛門人物」一書第一四三——一七三頁。又，臺灣慈濟功德會在余承允下，編爲四十開本「傳播資訊」書，發行八年約三十萬冊。

〈之三〉

慧劍吾兄：

昨日吳博士❶講「禪畫欣賞」，弟因對繪畫一道外行，無此藝術修養，故未去聽講，弟檢討反省，過去若干年，以興趣廣泛，不能專一，以致浪費光陰，學書學劍，一無所成，近幾年自我約束，減少外務，閉戶讀書寫稿，但除一冊在菩提樹刊載的「般若心經蠡解」尚差強人意外，其他一些世俗文字的東西，如今自己看看，全是多此一舉，決心以後少寫雜文，多在佛經上下功夫，近來讀唯識方面的東西，微有一些領悟，想在這一方面再讀一年半年，寫一本「唯識淺解」，弟以爲，必須以現代的語言文字，把高深的經文通俗化，才能使社會對佛教有所認識與瞭解。

〔中略一段〕

很想找機會和吾兄多談談，以獲教益，惟以彼此均忙，很難有一段完整的時間，春節之後，吾兄如再有花蓮之行，通知一聲，結伴到花蓮，一者謁見證嚴法師，二者參觀「慈濟醫院」，三者與吾兄多敍。另附上「慈悲與愛的分別」❷一稿，——這本不在預計的寫作〔計劃〕內，而是臨時有感而發，請吾兄過目，看「慈濟」適用否？

專此敬上，並祝

淨安

弟于凌波合十　民國七十六年一月十五日

【註釋】

❶ 吳博士：應指臺灣中國文化大學經濟系教授吳永猛教授。

❷ 此文已發表於民國七十六年三月十六日「慈濟道侶」第二版。

〈之四〉

慧劍吾兄：

上週六到中心拜候，承蒙以素齋招待，諸多打擾，謹此致謝。

送上的「心經蠡解」，請予指正，內容如有不當之處，祈能指出，以便更正。久大公司出版此書，要訂約付稿酬，弟想到「向智識分子介紹佛教」一書，當初只是口頭應允「菩提樹」印行，後來別的佛教文化機構要印，樹刊登啓事要維護版權（弟未支過稿酬及版稅），基於上次因緣，此次「久大公司」要付款簽約，弟謝絕了數萬元的版稅，版權自己保留，可由任何佛教團體印行，以廣流通。所以「慈濟文化中心」要印出贈送會友，儘可印行，不會發生版權問題。

（下從略）

餘留後敍。敬祝

健康

弟于凌波敬上 民國七十六年九月三日

〈之五〉

慧劍吾兄：

日前晤面，談及吾兄手術後的病情❶，弟以爲，如果服西藥無甚進步，不妨用中藥看看，甚至於亦可用針灸試試，這種後遺症，使日常生活諸多不便，一定要設法治療才好，前天寄上一份資料，供你參考❷。

前天談及「健康長壽新論」❸這本書，吾兄說：「慈濟可出」，使弟忽想到，慈濟印書，在衆多專門性佛學書籍中（事實上，看得懂，或有耐心看完的人不會太多），如果印出一册增加普通醫學常識的實用書可能會受到道友們的歡迎，這本書，全文十八章，約十三四萬字，有幾章發表在衞生署的「衞生月刊」上，有幾篇發表在「健康長壽月刊」及本單位❹的「服務通訊」上，也有幾篇是新寫的。多日辛苦寫來，如果有結集出書的機會，也是一個心願——大半的稿子已拿過稿費，所以稿費不是主要的考慮。前天又談及明年「組團」❺到大陸之事，爲了使慈濟的影響力擴及大陸，這實在是一件值得做，而極有意義的事，我贊成你八月退休，來進行這件事（弟年底退休，二月一日生效）。

很希望吾兄能抽出半天時間，到中和我「書房」中聊聊（我這邊有一間廿坪的書房，滿架皆書），多年來，我們很少有時間在一起多聊聊。

附上「健」稿目錄一份，請參考。全稿另寄。

敬祝

淨安

弟凌波上 民國七十八年三月三十日

【註釋】

❶ 案：余於民國七十八年二月十一日，在臺灣大學附屬醫院開刀切除攝護腺，唯癒後不良，導致「尿失禁」，初期情況嚴重，直至半年後，稍見減輕，直至今天，仍因飲食不慎而時發。

❷ 凌波兄補寄的資料，是指他寫的一篇「有關切除攝護腺的論文」。

❸ 「健康長壽新論」一稿，已由「慈濟文化中心」於民國七十八年十二月一日印行成書。惟出版時間，延到七十九年二月才發書。

❹ 本單位，指他擔任醫務室主任的「臺灣警察保一總隊」。

❺ 所謂「組團」：余與凌波初步考慮，擬以「慈濟」成員為重心，組「慈濟中國佛教考察團」，來傳播慈濟訊息到大陸各地，不料由於當年「慈濟文化中心」於七月十一日改組，連帶影響到余本人延到十二月二十六日辭職，此事隨成泡影。

〈之六〉

慧劍吾兄：

郭組長❶寄來「白」稿三校❷，已校對完，其中有少數錯字漏字已標出，今日寄回。弟近兩週，丟下其他雜務，全部精神用在吾兄所提示之「簡明佛學概論」❸上，佛法如大海，逾探索逾深，只感到每日時間不夠用，自己所知道太少。

新的「概論」稿，跳出舊有「向智識分子介紹佛教」的舊格局，另起爐灶新寫，附綱要一份，請吾兄過目，看看妥當否。其中「緣起論」已將脫稿，下週寄上，請吾兄鑑定，這種硬性文章，不能出差錯鬧笑話！

專祝

淨安

弟于凌波和南　民國七十八年八月二十六日

【註釋】

❶郭組長：指當時「慈濟文化中心」編輯組長郭暖卿。

❷白稿：指于著「中國歷史上的白蓮教」一書。

❸「簡明佛學概論」：此書係應臺北東大圖書公司負責人劉振強先生之約，由余倩于凌波兄執筆，到民國七十九年四月，與此書同時交與該公司着手編定印行。「簡」稿成書已超過三十五萬字，約七百頁。

吉廣輿居士❶函六通

〈之一〉

慧劍居士：

您一部「弘一大師傳」給我極大的啓示，多年來一直沒有機會向您致敬。我想您知道：在臺灣，因了您一部「弘一大師傳」❷而終生受用的青年，不止我一人！

數月前我兼任出版社工作，曾策劃出一套「中國歷代高僧全集」，很希望您能繼「弘傳」之後，再創不朽因緣，寫出更輝煌的史傳。一直想去拜謁您，卻因課業纏身，未能如願。

您從前的「心靈的畫師」❸，我們準備重新設計再版，精編精印，請您教正。您這一部書沉寂多年，是出版社的錯，我們一定不再錯下去！

在編排方面及內文方面，您有什麼需要改進的地方嗎？請賜教。

另函敬呈拙作❹乙册及樣書乙册供閱。您的「心」著編入本社❺叢書八二二〇（小說類），出刊後奉贈二十册作紀念。

近百年來中國佛教能將高僧精神摹寫傳神的不多，「弘」傳是其中佼佼者，我懇切請求您能發心再寫一部永垂不朽的高僧傳，爲佛教續慧命！

敬候賜教。敬祝

法喜充滿

晚〔吉〕廣輿拜上
〔民國七十四年〕十二月三十日

【註釋】

❶ 居士吉廣輿：河南溫縣人，一九五三年生，臺灣中興大學中文系畢業，當時任左營高中教師兼圖書館主

任。又兼佛光山普門雜誌及佛光出版社總編輯。筆名方杞，又法名輪常，著有「覷紅塵」散文集。

❷「弘一大師傳」：此書初版於民國五十四年初出書，再版於五十九年（三民版）獲得「中山學術基金會」傳記文學獎。目前三民再版約十五次。一九八八年北京〔公營〕建設出版社〔不告而印〕初版（橫排簡體字），至於香港及東南亞盜印本略錄。

❸「心靈的畫師」：為來臺之後第一本亦為最後一本小說集，於一九六一年八月星雲法師主持之「佛教文化服務處」初版印行，一九八六年九月佛光出版社改版重排三版，其間由臺北靈山講堂出版——於一九八四年以「萬法唯心」新名印行一版。此書為余根據華嚴經「心如工畫師，能畫諸世間」理念，透人物活動而表達成書。

❹指吉著「覷紅塵」一書。

❺指「佛光出版社」，亦為當時臺灣佛光山之對外出版機構，設於高雄大樹鄉佛光山及臺北廣場大廈九樓。

〈之二〉

慧劍居士：

您的信給我的感覺：果然是前輩風度！

我因為出車禍多次，死裏逃生多了，常覺人生苦短，對於您能將往後十年的人生悉數預約出去的做法相當咋舌❶，不免另有所想，請容我直言：

一、我覺得您應先寫高僧傳，繼「弘」傳之後為中國佛教垂流典範，「佛學概論」等論述性的書可放其次，因爲我覺得您寫高僧傳對佛教及人心的影響無可限量，遠過於您寫論述類書。

二、我現也在左〔營〕中〔學〕任教（兼圖書館主任），覺得教了一輩子書，許多事都可以看淡看破了，您退休後若仍不免爲諸多瑣屑俗事纏身，相當浪費生命，也不值得！

我前次北上，見三民書局❷格局大變，很欣賞。您信中提及三民約書約人的做法，我倒有些佩服！人家並非佛教文化機構，尚且能致力恢宏佛學，我們自己的佛教文化機構卻經常本位主義不相往來支援，眞是遺憾！我編「普門」時卽想與國內佛刊聯誼，組成「中華民國佛教雜誌編輯人協會」，可惜限於時間心力無法做！二個月前奉調接「佛光出版社」，卽思前往「天華、老古、正聞」❸等同參拜會，又因諸事困頓（我每次都好像註定了專門收爛攤子！左中如此，一切如此！）而未能成行，聽您說起三民的做法，深覺慚愧！

請您以後多教導我！

我身後拖著一家老小五人，北上於時間、金錢、體力都爲難（出版社尚在整頓中，我僅有半個助手！）還是希望您有空來山賞賞花燈見見師父（我若北上，定趨前拜謁），寒假屆至，請您務必闔家南下一遊，好嗎❹？

您的書，拜託您允許再版。我於孟瑤師❺盡六十年心力寫書而竟大半被「□□」❻封殺（□□令不許再版亦不許發行，現有四十餘本均已絕迹無法翻身）之事❼深惡痛絕！以爲書不寫卽罷，一經用心用力寫出，無論早晚深淺，沒有埋沒的必要，因爲：卽使一得之愚，都或能啓後學於萬一。所以，請原諒：我喜歡您的書，請務必允許再版（我同心境者必不止我一人），好嗎？拜託您！

不爲個人愚稚想，而爲天下愚痴衆生想，您的「心」書必有其可以點化人心之處，請您允許再版。我們會很感激！

師父退位時您未能來山，是浮雲過眼之事，毋需掛齒（師父明日返國，我當呈言代您說明）。還是春節闔家來渡個假休閒好，師父大約也很久未見到您了，聊聊多好！

能寫「弘一」（大師）胸襟的人，當替天下人開大胸襟！您千萬不要浪費您的筆力！

祝您好！

晚廣興拜上（民國七十五年）元月十六日

【註　釋】

❶ 案：當時吉居士來信期余繼寫「高僧傳記」，惟余已擬訂年寫作計劃：包括①三民書局要求的「簡明佛學概論」、②「維摩詰經今譯」、③「姚廣孝傳」；寫信時，是一九八六年元月（民國七十五年），現此書成稿時四年之間，「簡明佛學概論」已由于凌波兄勤奮成書，余則另成本書，而「維摩經今譯」亦已於本年五月中完稿，「姚廣孝傳」待未來六年中期其有成。

❷三民書局：為江蘇南通劉振強先生經營，其同址（臺北重慶南路一段六十一號）「東大圖書公司」為關係書局，出版「滄海叢刊」系列書，劉有心陸續印行佛學新書，因此，余之十五萬字以上之佛學著述，皆決定由該局出版。

❸「天華」、「老古」、「正聞」三出版單位，均為佛學出版機構，除天華由余主持編政出版「瓔珞、佛學、書藝」叢刊之外，「老古」由禪學家南懷瑾先生主持，「正聞」則為出版印順長老之專業出版社。均在臺北各區。

❹余已偕內子於當年農曆元月三日至佛光山觀賞花燈，並棲宿於該山麻竹園五樓。

❺孟瑤：為女作家，〔臺灣〕中央大學教授楊宗珍女士。

❻□□：為著名出版社、作家□□所經營。

❼指當時〔一九八五年〕臺灣佛光山宗長「星雲大師」宣布退居，由其弟子心平（臺灣宜蘭人）和尚接任該山住持。

〈之三〉

慧劍居士：

我的直言讓您生氣了嗎❶？請原諒！

會館說您新春將來山賞燈渡佳節，希望您是闔家來遊，也希望能拜見您，好嗎？

不知您何時動身？我耽心接待不周，想安排好一點，您能否見告抵達時間？是否要安排見師父❷？

先向您拜個早年，祝您新春愉快！

晚廣興拜上
（民國七十五年）二月四日

【註　釋】

❶吉上次來信勸余寫「高僧傳」，余以十年著述計劃相告。余因事稍遲復信，始有此疑。

❷見上函❹。此來余未與星雲法師相晤，蓋不敢驚動法駕也。惟與普門中學校長慧開法師等已有晤敍。

〈之四〉

慧劍先生：

看了您的「當代佛門人物」❶很高興！總算有人為現代中國佛教史做見證了！可惜煮雲長老❷忽忽西去，佛教界失去了一個法座。

請您一定要努力往史傳方向發展！我們期待著！

「心靈的畫師」完成迄今近半年，我們已與聯合報系聯經出版公司合作國內外發行，現在出您的書，可經由聯經公司發行網問世，必不致辱沒您的書，好不好？請您讓我們再版，不要讓「心」著就此沉寂，拜託您！我實在不願讓它消失，花了這麼多心血為它打通發行管道，一定不會埋沒它！

請求您允許讓它重見天日！否則我只好摒擋一切去臺北，當面向您懇求，我一定要完成出這本書的心願！

編輯印刷一定讓您滿意，您點個頭，我立刻送印刷廠把封面打樣給您過目！好不好？

拜託您給我機會完成這心願❸！

期待您的首肯。

祝您好

晚廣輿拜上（民國七十五年）十月二十三日

【註釋】

❶「當代佛門人物」：一九八四年六月由東大圖書公司印行初版，一九八六年十二月增訂再版。收「佛門人物」二十篇，附錄三篇，約二十五萬字。

❷煮雲長老：江蘇如皋人，一九一九年二月二十三日生，十九歲出家，三十六年普陀山受戒，來臺後，宏法衛教，宏揚淨土，有「佛七」和尚之稱，並著有「普陀山傳奇異聞錄」等多種。圓寂於一九八六年八月九日，世壽六十八歲。煮師來臺後一直住持鳳山佛教蓮社，於一九八〇年後，開創臺中太平鄉「蓮華山」清涼寺。

❸吉居士因主持佛光出版社，向余徵詢重印「心靈的畫師」一事，余已答允，並於民國七十五年九月重排三版。

〈之五〉

慧劍先生：

得覆示極興奮！總算可以出「陳慧劍」的著作了！

謝謝您的寬懷大度！

「慈濟文化中心」❶有沒有什麼要佛光山或我協助的地方？我一向覺得佛教派系林立，各不相助，深恨不已！如果中國佛教都多少能和衷共濟，我們今天可以有一套光前裕後的民國大藏經（不是各出各的那種），可以有幾棟百餘層高的中國佛教摩天大厦傲視全國（不是各建各的小廟），可以有上千部經典佛書（世界佛學重鎭當在中國才對），也不致於形成今天一蹶不振的衰局❷！

祝福您，爲佛教貢獻更多的法喜！

晚廣與拜上（民國七十五年）十一月三日

【註釋】

❶「慈濟文化中心」：爲「慈濟文化服務中心」之略稱，爲余受邀於民國七十五年八月一日出任「慈濟基金會」證嚴法師主辦（發行人爲印順導師）之「慈濟道侶」半月刊總編輯時，提出此一場地（臺北市長

安東路二段五十號六樓）同時設立「文化服務中心」，其取意爲臺北慈濟會員道友作文化服務之用。但該中心於民國七十八年七月十一日起，被該會改爲「慈濟文化志業中心」。

❷ 吉居士慨歎「佛教門戶」之見太深，故有此番針砭！

〈之六〉

慧劍先生：

謝謝您寬諒出版上的差錯❶。

「道侶」❷看得出又是您的手法，與「天華」❸之風格相近，細膩中見雍容，爲我們這一輩粗疏之不及。祝望您能把它改成月刊雜誌型式，爲佛教多添法益。

我還是以爲您靜下來寫書而傳之千秋比辦活動於您更洽更善，我對不能有人爲您分勞而惋惜！

今天囑人奉上月曆乙種，應可於三日內收到，又是新歲，期望您惜時惜陰，做大有爲事，立大菩薩行。

祝您好！

晚廣輿拜上

（民國七十五年）十二月廿九日

【註釋】

❶ 此間所指，係「心靈的畫師」，成書後發現錯字不少，故云。

❷ 「道侶」：指自本年九月在臺北創刊的「慈濟道侶」半月刊。

❸ 「天華」：指民國六十八年六月一日創刊的「天華月刊」。

侯秋東居士❶函十一通

〈之一〉

慧劍老師慈鑒：

拙作「眞智慧之門」❷（慈濟初版）已由晚親自校正二次，訂正之處共三十七條，已另列訂正表，附信寄上。另寄一書，凡訂正之頁，皆有摺疊爲記，錯字亦皆用紅筆改過，希望再版時，能將訂正表對照原書，自可一目瞭然。

再者拙作之慈濟版出書後，許多患者打電話給「慈濟文化服務中心」詢問晚之電話，給 貴中心帶來不少麻煩。（下略數語）

也有一些人寫信到屏東師專（次年的屏東師範學院），文書室皆將信件置於晚之抽屜內，晚在學校係擔任專任教師未兼任導師或其他行政工作，很少去學校，因此許多限時信未能及時回覆，對讀者頗懷歉意。

基於以上二因，請　老師考慮於第一八八頁或其他適當之處，附上晚之地址及電話，如此將可給予讀者不少方便。不情之請，至祈　鑒諒。

專此　敬請

編安

晚侯秋東敬上　民國七十六年六月二十九日

【註釋】

❶侯秋東居士：臺灣嘉義人，一九四五年生，臺灣國立政治大學碩士、屏東師範學院副教授，著有「眞智慧之門」、「無我的妙義」等書，均極受歡迎。秋東居士曾研究中國醫學而特考及格，爲屏東著名「中醫師」。

❷「眞智慧之門」一書，於民國七十五年三月在高雄地區初印，極受歡迎，余受聘「慈濟」之後，洽請秋東兄賜予再印，乃於七十五年底，印行「慈濟初版」，因所需者多，乃分別於民國七十六年四月一日、九月一日，七十七、八年，連續四版，印行約二萬册，海內外同享法味。

〈之二〉

慧劍老師慈鑒：

大函敬悉，內子梓茗❶說那篇稿❷即依您的意思代轉投福報，先在此致謝。

清海❸假藉佛教傳錫克教，幸有您發「四十九問」❹在各種雜誌公開問難，想必已拯救許多佛教初機、卽誤入歧途者。

攝護腺開刀不愼常會引起尿失禁，治本之道，在於強化膀胱括約肌之功能，今寄贈「加味六味地黃丸」（早晚每次吃八丸）若干，供您試服，或者不無小益，另寄上強化膀胱括約肌之鍛鍊法說明書及自編之「上善氣功」練法講義供參考，若能試練一星期，效果必能明顯表現出來❺。

另，陳柏達兄❻之念佛感應故事六大册擬請慈濟佛教文化中心出版，囑晚寫序，已寫好交柏達兄，想不久卽將轉交您過目，晚以爲若能於「慈濟道侶雜誌」刊登出來❼，或者將鼓勵更多人參加助印，於學佛風氣之帶動可能多少有助益。

佛教尚有許多事需要　居士您來大力推動，因此您的健康對佛教關係至大，盼望您能速將毛病治好❽，則佛教幸甚，衆生幸甚！

敬祝

合府平安

晚侯秋東敬上　民國七十八年三月二十四日

【註釋】

❶案：秋東居士夫人，楊梓茗居士，東吳大學外文系畢業，曾於一九七〇年前後，任「新竹譯經院」譯

員，參與「大寶積經」之中譯英工作有年，其後，出任屏東永達工專講師。個人年籍不詳。

❷ 指當時有關「清海」的一篇文章，寄「慈濟道侶」，因爲慈濟當局不允刊登「揭發」清海的文稿，乃由余轉交「福報」發表。

❸ 清海：爲一越南籍女子，於一九八四年出家後，在臺北受戒，經到印度學習「錫克教」「聲光幻影法」，再度於一九八五年到臺以「印心」、「觀音法門」傳播其「佛教其衣」、「錫克教其心」的教法，吸引一批佛法邊緣的群衆，並自稱「大師、無上師、現代佛」。

❹ 見本書附錄之一。

❺ 余因手術後患「失禁」，承秋東兄關注，寄藥多次，此病於一九九〇年後才逐漸痊癒。

❻ 陳柏達：即屏東師範學院陳柏達副教授，見「陳柏達函〈之一〉❶」。

❼「眞智慧之門」慈濟初版陳序，「慈濟道侶」已予發表。

❽ 指余所患攝護腺開刀之後遺症。

〈之三〉

慧劍居士慈鑒：

四月十日大函敬悉，居士小便失禁之疾已獲改善，可喜可賀，今再寄贈相同之藥丸，請繼續服用。做「頭腳懸空」之運動。驗尿發現紅血球，可能係用力使然，可以採漸進之方式行之；就是說，腳不要舉太高、太久，假以時日，漸將舉起之時間拉長，高度加高。另外，「上善氣功」

講義❶之氣功，第一式閉氣，第二式腹式呼吸均可做，且對治療小便失禁必有幫助。此中道理待他日專文說明。

晚建議您不要再開刀，憑服藥丸及練功必可痊癒，同時痲醉針之作用亦將漸漸減輕，括約肌之作用當可慢慢恢復。

腹式呼吸對治療胃腸之疾，如便祕、下痢或潰瘍出血均有顯效。但須有恒行之，至少每天空腹做二十下，有一女生下痢五年，後來晚只敎她練腹式呼吸便好了。

「無我哲理之發揮」書名，擬改為「無我之妙義」❷，等六、七月間才能寫好，屆時必請您先看一遍，若有不當之處，請不客氣給予修飾。既然「慈濟道侶」每印新書必付稿費且無版權問題，那麼晚就不用考慮太多。

謹此　敬頌

編　安

晚侯秋東拜上　民國七十八年四月十七日

【註　釋】

❶「上善氣功」：為秋東居士所習的一種專治下腹部慢性病的氣功，僅寄來講義一張，說明練氣方法。

❷「無我之妙義」：已由屏東鐵爐寺惠光慈善會，於民國七十八年十二月底初版印行，書名「無我的妙

義」；附錄專講各種氣功。

〈之四〉

慧劍老師慈鑒：

大函敬悉，老師的小便失禁一疾已大有改善，可喜可賀！惟愚見以爲仍須多練閉氣及縮肛之動作，如此可加強膀胱括約肌之力。玆再寄贈藥丸一包請笑納。

莫佩嫻居士❶曾來舍下就診，服藥後大有起色，現仍繼續服藥中。

「無我的妙義」一書正在寫作中，可能須等到七月底或八月底才能寫好，因考慮讀者反應及理解能力，故着筆時倍覺吃力，寫好後當請　老師多多指正。耑此　敬頌

編安

晚侯秋東拜上　民國七十八年六月六日

【註　釋】

❶莫佩嫻居士：廣東中山人，一九三二年生，爲莫正熹老居士之長女，民國四十年代曾從慈航法師學佛，並在汐止彌勒內院教授英語，現在臺南擔任小學教師。惟因身體罹患極度虛弱症，余促其往侯秋東居士診所求治。

〈之五〉

慧劍老師慈鑒：

久未稟候，不知　貴體安否？尿失禁之毛病是否已痊癒？

拙作「無我的妙義」已寫就，今寄呈　老師過目，若認爲有必要改正或修飾之處，請直接用紅筆寫在影印本上。拙文共四萬字，都是抽空寫，拖延數月，最後才利用暑假完成，可以說寫得非常艱苦。蓋說理文字本不易討好，要想引人入勝更難？不過晚已盡力而爲。

文稿請盡快核閱、改正、修飾後寄下，以便再寄給「佛光出版社」❶，勞煩之處，先在此申謝。

敬請

編安

晚侯秋東　民國七十八年八月十二日

【註釋】

❶案：此書〔佛光出版社〕有意收入「佛光藏」，但迄至目前，只有鐵爐寺出書，尚未見佛光山有何表示。

〈之六〉

慧劍老師慈鑒：

寄下拙作「無我的妙義」影印稿件已拜收，對於　老師費心修正補充頗爲銘感。晚當加據以修正補充再寄去「佛光出版社」❶。晚並將聲明不將版權出賣，以便開放佛教慈善機構印贈。因此□□雜誌，若欲印贈道友廣結善緣，晚當然歡迎之不暇。惟此書因頁數不多，晚考慮援「眞智慧之門」一書之例，印一篇附錄，使讀者之身心俱能得利。「眞智慧之門」是印「中醫治病經驗談」，提供一些驗方及治病之常識頗爲實用，並受歡迎，許多讀者說他們照書上所寫之驗方到藥房買藥，服後的確有效，頗令晚引以爲慰。「無我的妙義」一書希望能附上「氣功治病經驗談」，使讀者對氣功治病有一正確認識並產生信心，從而改變佛教徒多病虛弱的形象，再者欲令氣功融攝於佛法之中，使社會上人士了解佛法才是最好的氣功，而最高境界亦遠遠超越「氣」的境界。提倡氣功或難免被部份佛門人士批評爲外道，比如昨天就有一位年輕法師打電話給我——說他患十二指腸潰瘍，吃了許多中藥只好了六、七分不能斷根，我就勸他練腹式呼吸，他馬上說：「我們佛門裏沒有這個！」持此看法的人在佛門中諒必不少。晚認爲這些反對者可能是對中醫針灸缺乏了解，所以諱言「氣」。如果他們學了中醫針灸以後，我相信他們就不會再諱言「氣」。佛門中人只要不把練氣當作比修行六度更重要，不妨一天之中抽個二、三十分鐘來練氣強身。晚也自信佛門中人若看了拙作「氣功治病經驗談」之後，不再將練氣目爲外道。正如南懷瑾先生❷所說：「氣功只是修行的拐杖。」它只是幫助修行人有氣力多拜佛、多念佛、多講經說法而已。

晚當初於學佛十多年後又學醫，一方面固然是爲了解決自己身心的苦惱，但學成之後也很希望能爲衆生解除身心之疾病。因此晚之佛書喜附上醫學之論著用意在此。另方面說似乎只能如此，方足以盡一個學佛者與學醫者之雙重社會義務。不知　老師尊意以爲然否？

茲將最近完成之「氣功治病經驗談」之原稿影印本寄上，請　老師過目斧正，有言論不妥之處，敬請不客氣予以指正、潤飾（寄回）。將來□□雜誌印贈「無我的妙義」時是否附上「氣功治病經驗談」？仍請　老師裁奪，若是眞有所顧慮，單獨印「無我的妙義」亦無不可。

今年年初晚完成一本「易經與中醫之融通運用」一書❸，此書乃教授升等論文，送請學校審查時，校外之二位專家分別給予八十五分與九十分之評價，分數據說是歷年「屏東師院」送審之論文得分最高者。然書中自有不盡完善之處，　老師之國學中醫根柢亦相當深厚，今一併寄上，希望　老師能有所批評指教。

另寄贈「加味六味地黃丸」若干，供　老師補腎固膀胱之用，請笑納。

再者，悟一法師❹不久前來信說他有耳鳴之毛病，已爲他寄上三帖煎藥（供養）及一張藥單，已回電話說吃一陣子以後再告知病況。

專此　敬請

編

安

晚侯秋東拜上　民國七十八年八月二十九日

【註　釋】

❶「佛光出版社」：在臺灣高雄縣大樹鄉「佛光山」，爲出身南京棲霞山、祖籍揚州（江都）的星雲法師所屬出版單位。

❷南懷瑾先生：即著名禪家，著述甚多，一九一七年生於浙江德清，目前旅居香港。

❸秋東居士之升等論文，余已拜讀，功力深厚，約二十萬字，七十八年一月由高雄復文圖書出版印行初版。

❹悟一法師：江蘇泰縣人，一九二三年生，前臺北善導寺住持、世界佛教僧伽會秘書長。

〈之七〉

慧劍老師慈鑒：

〈氣功治病經驗談〉拜收，承蒙指正、修飾，並俯允作爲「無我的妙義」一文之附錄，至深銘感。

馮馮喜「經行」，是據他自己在「天華」上說，已忘記是第幾期，那時　老師已不在「天華」。（下略數語）

「無我」及「氣功」二文今再寄上，各小節上之數字與您所標示者不太一樣，可能　老師於匆忙中有所遺漏，已予更正。另外晚自己也發現少數地方有漏字，已予補充。

□□雜誌若欲印贈，即可規劃，至於何時出書，悉聽　老師安排。但據「眞智慧之門」初版之情形看。此書（如由佛教內某社）出版前仍請將打字稿寄下，由晚作最後一次之校對，如此可減少許多打字或排版之錯漏。

莫佩嫻居士數月前曾要求寄藥數次，以後卽無消息，她的毛病是汗多，晚告訴她還是練功配合吃藥較好，但她表示無暇練功，亦可能對練功無信心、無興趣。

專此　敬祝

編安

晚侯秋東拜上　民國七十八年九月五日

△附寄序文二篇請指正，不用再寄下。將來出書時，請將楊序置於自序之前。

〈之八〉

慧劍老師慈鑒：

日前寄上「無我的妙義」及附錄併二篇序文，諒已收到。拙作寄出之前晚亦曾考慮請　老師寫一篇序文，但又顧慮　老師目前身體情況不甚好，平常又頗勞心，若請　老師寫序，不免增加不少心理負擔，故終於不敢提出。昨日接到「慈濟道侶」見到您寫的「中國歷史上的白蓮教序」一文❶，精短有力，語多警策，置於書首，必可使該書生光不少。故今考慮再三，還是冒昧請　老師爲拙作「無我的妙義」寫一篇序言，相信必能給讀者一些寶貴之提示❷。此書計畫於十一月或十二月先在屏東出版，由兩個慈善會倡印，故　老師之序文可從容爲之，不必着急，但仍希望於十

月中旬前完成寄下。耑此敬請

編安

晚侯秋東拜上　民國七十八年九月二十二日

【註釋】

❶「中國歷史上的白蓮教」：爲于淩波居士所著，由「慈濟文化中心」於民國七十八年十二月印行初版。

❷秋東居士雅命，余已遵示草序一篇，出書後，已載於卷首。

〈之九〉

慧劍老師慈鑒：

九月十六日大函已拜收，所以遲遲未回信者，欲等待　老師賜序再一併回信也。然迄今無消息，恐　老師未收到晚乞序之信，或　老師另有其他原因未能動筆。拙作「無我的妙義」即將於屏東先行出版，希望　老師能撥冗寫一篇序文，字數不必多，簡單即可，只求對讀者有所警悟勉勵。

老師想辭去「慈濟道侶」之工作，亦曾聽柏達兄言，今服務中心既已改組，形成三頭馬車無法發揮　老師之抱負、理想，則辭去工作另謀發展，無疑爲明智之抉擇。拙作之出版隨因緣法來決定，　老師若以爲在「慈濟」印，不能維持水平，則無需交由「慈濟」印贈，等到　老師另到新事業單位工作再說❶。內人之文章，既然「道侶」之副刊已取銷，則另由他刊發表亦無不可。但若不能發表亦不必介意，蓋其文在屏東鐵爐寺之刊物上已能發表。

老師既然決定辭去「道侶」之工作，則此後通信最好能用　貴府之地址，但不知府上地址爲何？請卽示知。專此　敬祝

道安

晚侯秋東　民國七十八年十月十六日

【註釋】

❶余之辭職事，侯秋東居士，是最早知悉者之一，至於「三頭馬車式的改組」，暫且不提。

〈之十〉

慧劍老師慈鑒：

賜序一篇，業已拜收，衷心銘感，文中褒讚之辭，愧不敢當，唯置之書首，對讀者頗有鼓勵作用。若此書對佛法之傳揚能有些許貢獻，　老師之功德亦不可沒。

大函說到您最近身體甚弱，此序之完成必耗費精神不少，思念及此，五內難安。今寄上病歷

表乙張，請塡寫後寄下，晚當據以處方，相信對 貴體定能有助益。

常聽患者訴說，吃素後體力大不如前，這可以說是很普通的現象，因此晚常勸他們要注意營養，多吃種子類食物，或以阿華田、好利克加入牛奶做早餐，另外配製補益的中藥丸，長期服用，並練閉氣及甩手功，甩手功對手腳無力，效果極快，今寄上拙文一篇以供參考❶，若能持之以恒鍛鍊，必可收到顯效。

覺生老法師（卽劉梅生居士）❷近日來屏東，已高齡八十四，氣色精神比二、三年前還好，他說發願長久住世，宏揚佛法，其慈悲安詳及豐富的閱歷，頗令後生敬服。與覺生法師相比，老師的年齡尚很年輕，若能有恒鍛鍊身體，法業仍將大有可爲，晚在此謹祝 老師貴體迅速康復。

晚侯秋東拜覆 民國七十八年十月二十日

【註釋】

❶案：秋東居士贈余之一文，係專論氣功治病之作。

❷覺生老法師，在出家前已與余多年舊交，蓋彼爲弘公之皈依弟子，余爲弘公之私淑，而余撰「弘一大師傳」，彼亦提供不少參考資料。

〈之十一〉

慧劍老師慈鑒：

今天中午甫將覆函寄出，二小時後又收到貴序文「改正稿」，拙作之出版蒙多次操心，內心頗感不安，謹再次致謝。拙作預計於十一月底以前出版，今已電腦打字完成校對中，電腦打字的好處是字打好後仍可隨意補充修改，刪除或增加一大段均無妨害。等初版印好後當寄上若干本，將來老師可據以再版❶。

專此 敬頌

編安

晚侯秋東上 民國七十八年十月二十日

【註釋】

❶案：「無我的妙義」一書，余已於二月初收到，並擬日後再倩由另一出版機構以四號字重排精印，以資宏揚耳。

陳柏達居士❶函三通

〈之一〉

慧劍兄您好：

您寄來的五部大著「弘一大師傳」已經接到了。非常謝謝您！弟已於前日郵政劃撥款轉入您的帳戶，敬請查收！

拙著「布施的智慧與實現」❷打字稿已經完工了，隨信用「印刷掛號」郵寄給您。請您帶去跟〔臺北〕三民書局接洽出版事宜，拜託您啦！如果方便的話，請三民書局早點決定。我對三民的印象不錯，我每年教「心理學」和「西洋哲學史」也都採用三民的教科書。

這本「布施的智慧與實現」包括四篇（或可分四册）一、布施的智慧，二、布施的福德，三、布施的要領，四、布施與解脫。如果要合訂成爲一本，只要把每篇的目錄集到第一篇目錄後就成了。這次我只寄出影印稿，而保留原稿繼續做詳盡地校對，希望一直校到沒有錯字爲止。由於這次原稿打得還不致太差，您可從影印稿中看到清晰的字體。這種字體（四正）比五號宋體較適合上年紀或青年人閱讀。而且不損眼力。如果影印製版，大概跟「五福臨門」差不多，（隨稿奉上一本拙著「五福臨門」請轉交三民書局的老板，以便參考照原稿印刷的效果。）如果他覺得效果不理想，而改用排版也無所謂，希望字體不要太小，讀得太吃力。因爲出版是千秋萬世的事業，我們希望每一位讀者都有「如沐春風」的感覺。

最後不但要謝謝您，而且請您多多斧正！將來如果有空，可否請您爲拙著寫一篇序文？

敬祝

福慧日增

弟柏達頂禮　民國七十三年六月十八日

【註　釋】

❶陳柏達居士：臺灣高雄人，一九四九年生，臺灣「國立政治大學教育研究所」碩士，大學時代學佛，信仰虔誠，爲臺灣青年學佛知識份子中，佛典修養最好的一位。現任屏東師範學院副教授，著有「佛陀教育思想的本質」、「五福臨門」、「圓滿生命的實現——布施波羅密」等二十餘種。

❷「布施的智慧與實現」：出書時改爲「圓滿生命的實現——布施波羅密」。

〈之二〉

慧劍居士您好：

您寄來的信和底片，我都接到了❶。非常感謝您！

暑假有數百位小學和幼稚園的教師來屏東師專❷受訓，我擔任「行爲改變技術」這一科目，可能會比較忙些。拙著「布施的智慧與實現」就全權拜託您了。請您代爲接洽出版事宜！如果有什麼需要或吩咐，敬請來函告知！

以後請您的大著，我還是應該付款。因爲我這裏有筆「專款」——我在〔屏東〕鐵爐寺講經，住持師父拿了一萬元給我，我說無論如何都不會收下那筆款子的，我再三拒絕，住持師父卻堅持要我收下，我只好拿這筆款子來買書送給參加佛學講座的學生。如果您只寄書來而不收書款，那麼，那筆錢我怎麼報銷呢？

餘言請容後稟　敬祝

福慧雙修

弟柏達頂禮　民國七十三年六月三十日

【註釋】

❶ 當年五月，余有南部之遊，分訪會性法師、開證法師及陳柏達，並同宿一宵，又訪林世敏不遇；在陳寓所照照片，一個月後始加洗寄去。

❷「屏東師專」：於民國七十六年改制爲「國立屏東師範學院」。

〈之三〉

陳老師您好：

擱了這麼久才寫信給您，請您要見諒才好，因爲我實在太忙了！這學期，我在「佛光山」❶的佛學院教了兩門新課；一門是天臺宗的「教觀綱要」，一門是會性法師所寫的「大藏會閱」。這兩門課我都沒有教過，所以需要花時間準備。另外，每週六下午的大專佛學講座及週日下午鐵鑪寺的念佛原理開示，也都要我去講。

「持戒波羅蜜」❷的資料雖早已整理就緒，卻抽不出空寫。「神奇的感應」第二集（預計出三集），現正在潤色校閱中。

希望改天有空，能開車北上拜訪您和尊夫人。

寒假我們全家大小決定去泰國旅遊一趟，以鬆弛身心。出境證也辦好了。

最近我買了很多本您的大著「佛光出版社」發行——「心靈的畫師」送學生，您編的「慈濟道侶」我們每期都很喜歡，希望常看到您的作品！

「賀柏茶」❸能淨化血液，對癌症、痔瘡、高血壓、酸痛、甲狀腺等毛病相當有益，這種茶主要是靠喝過的人介紹，從未刊登廣告。如果遇有癌症患者，可以請他試試看，說不定會有奇蹟出現。在高雄有許多醫生也在喝賀柏茶，將來臺北可能也會逐漸普及。

餘言容後稟　敬祝

法喜充滿

後學陳柏達合十　民國七十六年元月八日

【註　釋】

❶佛光山：即「臺灣高雄縣大樹鄉」——星雲法師所建的佛光山寺。

❷「持戒波羅密」：爲陳著「六度」之二，爲「圓滿生命的實現」第二集，現距第一集出版，已有六年，仍未見交付排印。

❸賀柏茶：爲日本人以中藥配製的飲料。

霍韜晦居士❶函四通

〈之一〉

慧劍居士青鑒：

訪臺期間得接清顏，目覩　居士辛勤爲法，至爲感動，今者佛法已衰，正少有識者、剛者以振之。居士蓋其人歟。弟所編著之佛學課本，承加青眼，在臺代銷。弟歸來後即與大學出版社❷商量，辦法有三：

㈠由天華負責總經銷，向政府登記，照香港原版發售（十六開，封面有「中學會考課本」字樣，書題爲「佛學」）。

㈡爲方便臺灣讀者，可另印刷臺灣版，全書版面照舊，改印刷封面，刪去「中學會考課本」字樣，改題「佛典新註」，仍由「中文大學出版社」出版。天華總經銷，但此項辦法，天華須訂購一千册以上，方可進行。

天華方面之想法如何，儘可提出。弟意如銷售有把握（可聯合彌勒出版社共同推銷），則第二項辦法似爲較好。

「法住學會」得　居士加入，深慶得人，無論如何，港臺兩地爲今日漢語佛教最後生存之地，眼光必須向前看，方能應付此大時代之挑戰。君子和而不同，弟創辦法住學會之心，不過在此，居士其鑒之，入會申請表格將囑會員部寄出，在臺經 居士介紹以個人身份申請入會者，會員費敬存 居士處，「法住學會」將訂購天華出版書物，分期對帳便是，至於法住出版之「世界佛學名著譯叢」目前尚在校對稿中，臺灣之銷售當請天華代理。

不盡 即請

文 安

弟 韜晦拜 一九八二年六月三十日

△內明一二五期拙文標題漏植「緣起」二字於前，請改正。

【註 釋】

❶ 霍韜晦居士：廣東南海人，一九四〇年生，香港新亞書院研究所畢業（唐君毅先生高足），日本大谷大學博士候選郎，一九七二年起出任香港中文大學哲學系講師，一九八二年創辦「佛教法住學會」，現任「香港新亞研究所研究員」及「法住學會」會長。譯著有「安慧唯識三十釋」、「絕對與圓融」、「智顗」等多種。

❷ 大學出版社：指「香港中文大學出版社」。

〈之二〉

慧劍居士：

日前獲手教，知離開「天華」苦衷，「天華」賴兄苦撐六年，方有今日規模，佛教、文化兩界皆共見，人事問題，四海皆然，望　兄勿介懷之。以吾　兄倚馬之才，專務著述，成就當更大。〔臺灣〕三民書局欲刊印弟書，美意可感，弟目前在港出版之「歐美佛學研究小史」一書，正苦於臺灣流通不易（僅寄往天華一百册），如三民願意發行臺灣版，弟即打消發行臺灣之意，該書詳述歐美佛學者之貢獻，對中國之佛學研究應有刺激作用，茲先以空郵寄上乙册，請　兄鑑定。

弟著之「佛學」教科書上下册，最近「聯經」❶亦有意發行臺灣版。弟原則上答應，但以該書所收之文獻尚少，必須補充增加篇幅，方能面世，唯「絕對與圓融」一書則先付排，聯經作業頗緩，不知何日方能印出❷。

三民書局極有魄力，最近籌劃一套「中西哲學家叢書」（六十册），主編傅偉勳、韋政通函約弟參加撰寫，弟尚未覆，恐分身不暇，有負良意，但將提意見協助，今特為兄言之。

不盡　即請

文安

弟韜晦拜　一九八四年四月十四日

【註釋】

❶聯經：指當時臺灣聯合報系之「聯經出版公司」。

❷「絕對與圓融」：爲一佛學論集，一九八六年四月，已由臺灣三民系之「東大圖書公司」印行，參見下函。

〈之三〉

慧劍居士：

前承青及，爲三民書局邀約刊印拙著至爲感謝！弟原有「佛學思想概論」文集，題爲「絕對與圓融」者，全稿約二十餘萬言，三年前由藍吉富兄❶介諸聯經出版社，允爲梓行，不料該公司作業甚緩，而各方友好垂詢者日多。弟不欲多予遷延，乃去函索回，今該書稿已託由臺大研究生黃俊威❷攜至臺北，將專程送府上，請吾　兄過目，如三民認爲合用，則由三民出版。弟將另寫一序文，如不合用，當另作處理（三民近編「世界哲學家叢書」，弟已答應撰寫「智顗」），請　兄英斷，不盡　即請

文安

弟韜晦拜　一九八四年九月十一日

△回示請寄香港中文大學哲學系。

【註釋】

❶ 藍吉富：臺灣東海大學歷史研究所畢業，彌勒出版社負責人；曾編有「佛學叢書一百種」。
❷ 黃俊威：爲霍韜晦居士在香港中文大學之學生，後在臺灣大學攻讀碩士及博士課程。

〈之四〉

慧劍我兄：

久未通候，想必忙於新著。拙稿「絕對與圓融」一書，前承介諸三民書局，謂今年三月間回示，現已五月之期，消息尚杳，如日中空閒，請代查察，進行情形爲荷。今年七月間，弟將赴臺北，爲「唐君毅全集」作最後編集，屆時當與 兄共謀暢敍。「法住學會」籌備出版一文化性季刊「法言」❶，兄固健筆，能否惠賜鴻文，襄助一臂？

不盡 即請

文安

弟韜晦拜 一九八五年五月六日

【註釋】

❶ 案：「法言」月刊於一九八九年問世，爲一十六開雜誌，水平甚佳。

胡英音居士❶函四通

〈之一〉

陳老師：

非常對不起，"You-Forever"❷進行緩慢，因為行前事情實在太多，而且臨時又決定去學開車，所以能坐下來工作的時間實在太少了，我想最快要六月份才能將譯稿給您，希望您能原諒。

「羅桑倫巴蒙難記」❸，什麼時候能出版？若在我離開前還無法印好，就只有麻煩您寄到美國給我了。

最近看到一本由時報文化翻譯的好書，書名是「靈界的訊息」（Seth Material）❹，並非一般靈魂之書，書中所說理論很多地方都與佛經相合，只是換由現代心理學、科學名詞說明，不過文字翻譯得略為奧澀，看起來不太順暢（當然不是一本容易翻的書）。希望您能一讀，極盼聽聽您的看法。

敬祝

春　安

英音敬上　一九八三年三月十八日

【註　釋】

❶胡英音居士：臺灣人，臺灣大學外文系畢業，其年籍不詳，已於一九八三年移民美國。胡居士以譯書因緣與余相識，其譯筆忠實流暢，余在天華服務之後三年，邀請她譯出的書，計有「第五度空間」、「羅桑倫巴蒙難記」、「生命不死」；我走後，復有譯稿「超越第十」；最後一部「賽斯（Seth）資料」——「靈魂不死」，印成後，遭到天華主事者愚昧地全部切毀！

❷You Forever：胡譯為「生命不死」，為羅桑倫巴系列之一，於民國七十三年二月一日印行初版。

❸「羅桑倫巴蒙難記」：民國七十二年五月一日初版。

❹「靈界的訊息」：是一位美國靈媒（Jane Roberts）託「聖靈」賽斯之口，由靈媒丈夫（Robert）所寫成的所謂「賽斯資料」之一書名。在臺北，有時報文化出版公司於民國七十一年十一月印行的王季慶譯本，至民國七十五年二刷。

案：「賽斯」資料，與佛理大同而小異，臺灣農禪寺聖嚴法師評估賽斯是「色界」天人。余細讀胡英音譯本之「靈魂不死」（天華毀書後漏網的幾本書中之一），認為賽斯的境界已超越無色界！其中情節，除未談「不殺生（素食）」之外，大多已與佛理相應。尤其是「萬法唯心」的奧義。

〈之二〉

陳老師：

一位住在新竹的張立德先生是我的朋友，對於我從事精神書籍的翻譯鼓勵良多，「第五度時空」❶他就買了幾十本分送親友，現在我要離開臺北，他希望我向陳老師說一聲他在「羅桑倫巴蒙難記」出版後，想購買四、五十冊，煩請陳老師在出版後告訴他書價以便他郵政劃撥購書。

張先生是位熱心人士，對佛學亦有深入研究，希望陳老師在方便時能與他聯絡。明天就要到舊金山去，行前匆匆，未能向您親自辭行，就用這封信向您辭行話別！等我去後略為安定下來後再給您寫信請安。

敬祝

安好

英音敬上　一九八三年四月十四日

【註　釋】

❶「第五度時空」：原著者也是羅桑倫巴，胡譯於民國七十一年七月印行初版。天華印行羅桑倫巴之書，除胡譯四種，先有徐進夫譯的「第三眼」。

〈之三〉

陳老師：

初來美國之前一個月由於家中環境不適合工作，書桌也沒有，而且親友間應酬很多，自己又去過一趟洛杉磯探望朋友與父親，工作進行頗不順利，但是因為答應了陳老師六月交出稿子，便在這一個多月拼命趕工，所幸能及時趕出，而正好有朋友來美參加貿易拓展團，便託他帶回去，可以節省郵寄時間。

這本「永恆的你」❶，內容非常精彩，我想拜託陳老師爲它寫一篇序，介紹大家閱讀，希望您能在百忙之中抽一點空，謝謝您。

不知道我所訂的「天華月刊」，是否由上月份起寄給我了？一直沒有收到，不知是否以海郵寄出的？另外「羅桑倫巴蒙難記」出版了沒有？您打算寄給我的二十本書，是否也以海運寄出了？請您在稿費中扣除郵資費之後滙給我，可以嗎？擡頭請用：Ying・Ying・Wong。

上回和您提到的「靈界的訊息」，不知您看過沒有？您的感想如何？很想知道。我們前幾天買了 Jane Roberts 其他的書，打算好好看一看，不知天華有沒有興趣出版「賽斯」系列的書❷？

隨稿附上"You-Forever"原著，請在用完後再寄還給我，書中有圖，請把圖挿入合適的位置。另外"Doctor from Lhasa"不知是否已經用完，也請寄還給我。

前次在臺北與您見面時，您曾提及要譯 The Rampa Story❸，由於我最近可能無法抽出太多時間專做翻譯工作，趕稿不太可能，而且我個人認爲 The Rampa Story 不是一本很好的書（有些觀點可能無法被大家接受），出版後可能會有一些不太好的負面影響，請您考慮一下是否要譯？是否需要趕時間？如果趕時間，我這次就無法替您效勞了，我會改挑另外一本開始翻，不過可能會要約半年時間，待決定之後再向您報告。

美國是個頗重物質的國家，在這裏居住的我們，時時需要一些精神糧食，天華出了好書時，請您通知一聲，我需要多買點好書來看。聽說馮馮最近有書出版，如果是的話，煩您寄十本給我，書費、郵費請也在稿費中扣除。

敬祝

健康快樂

英音敬上 一九八三年六月二十三日

【註釋】

❶「永恆的你」這本書，卽「生命不死」。

❷「賽斯資料」，胡英音在民國七十四年所譯「靈魂不死」一書（三十萬字）被天華當作「外道書」毀掉之外，「時報出版公司」亦由王季慶譯爲「靈魂永生」，於民國七十三年十一月出版。而我手中的那本沒有裝上封面的胎兒，被胡茵夢居士借走，視爲寶藏，暫時「保存」在她那裏。

❸ The Rampa Story，卽「羅桑倫巴蒙難記」。

〈之四〉

陳老師：

您的來信與天華月刊均已收到，謝謝。

老師說：「倫巴的故事」❶，是他自傳中的一環，您認爲只要合於人類的永恆生命法則的文章，都值得用，這實在是非常高超的想法。我個人倒認為借屍還魂並不是什麼不可思議的事情，中國（甚至臺灣）也有許多個案，據羅桑倫巴自己說（在書中）這事並不奇怪，很多喇嘛（當然包括達賴喇嘛）用的轉世方法其實也和他的情形相同，所不同者，他是用了成人的身體，而達賴喇嘛及其他喇嘛用的是嬰兒身體。只是這本書說理部份並不多也不引人入勝（我的看法），您若覺得可譯，我便再繼續努力，只是這次時間要拖得長一點，另外我不知道您若離開天華，這篇稿子是寄交您呢？還是仍交天華：盼您來信指示❷。

加州有許多佛教活動，我是知道的，星雲法師前一陣在洛杉磯是完成建「西來寺」的申請批准，舊金山附近還有萬佛城，這些地方我一直想去而還未去過，因為對附近環境還不熟悉，而且不會開車，所以您建議我採訪報導之事，暫時是不太可能的。（加州約有十幾個臺灣那麼大，洛杉磯與舊金山間，便有八、九個鐘頭的車程。）

謝謝老師替我爭取提高稿費，固然我們目前不靠稿費生活，但是對於初來此地的我們而言，什麼東西都得購置（美國東西又貴），也不無小補，謝謝！

附上「受讓證明書」給您❸。

「靈界的訊息」——賽斯資料（中國時報出版的）實在非常好，希望您能在百忙中抽空一讀。我目前正在看另一本❹，內容很精彩，很多佛學的觀念，用現代科學、心理學名詞解釋出來，對於現代一般人（尤其沒有國學底子的人）比較能接受，也有許多地方與倫巴所言相合相

印。敬祝

安好

英音敬上 一九八三年七月十四日

【註釋】

❶指「羅桑倫巴蒙難記」。

❷我走後，請英音仍將譯稿交天華採用。

❸「受讓證明書」：指「版權」之受讓。

❹另一本書，卽「賽斯」最重要的一本「靈魂不死」，或「靈魂永生」。我後來看到的「殘本」，英音譯得極爲精確、清楚，可惜天華把它埋了。

廖碧婷居士❶函十三通

〈之一〉

老師：

您近來身體可好？

老師！最近我心裏很複雜，簡直有那種近乎瘋狂的邊緣，我似乎是要尋求一些對我有幫助的力量，拉我走出這環境，而心裏能沒有良心不安和歉疚，我試了很多方法，表面上我好像夠理智夠平靜的處理問題了，而實際上那內心的深深處還是有一份不安和歉疚，我想柯居士❷大概對我會有那種扶不起的阿斗之感吧！因她對我已經分析的夠清楚、夠明瞭了，可是我就是偏會鑽牛角尖，偏要在意那細枝末葉，自討苦吃。

老師：我看過一本書上說：有些人甘心讓弱者或貪婪的人喝他們的血，是因爲他們本身想扮演「神」的角色，他們以自己的能力爲榮，並且相信自己是在犧牲自己。

我們身上都有喜歡殉難的因子，這當然很不容易覺察出來，我們最大的缺點就是過份高估與誇張了我們在生命中所扮演的角色。在生意上（或官場）或稱爲領導慾，一個公司的老闆總認爲沒有他，公司必危在旦夕，在私生活裏，我們這樣做是滿足自己，但是卻侮辱了別人。

也許你對於自己認爲必須去做的事，都能高高興興地去做，我只希望，你不要在有一天清醒過來時，發現你的動機那樣好，而結果卻那樣糟。我不希望你年紀大時，感到時光不再，而後悔往日的犧牲，那就太遲了。你的生命永遠有一個大洞，那是連你自己認爲的大義凛然都無法彌補的。

老師！我要搬家！我要走出這個由母親控制的家庭！我要組織一個屬於自己理想的家庭！我要我的孩子接受我認爲我能給他們的好的家教！哦！老師！我「討厭」我的□□！我不希望我天

天跟她在一起生活，我要離開她，我要逃離她的控制，哦！老師！我瘋了？沒有人對母親的感覺是這樣的，我眞是最最冷酷無情的人了！我要拋棄年老的父母，自私的去追尋美麗的遠景，老師！老師！這就是我內心深處的痛楚，不管千百種理由都隱埋不了我的罪惡感，我要拋棄他們，這對自幼撫養我長大的夫婦，也是我不敢「嫁出去」的原因。我還是堅決的決定要搬出去，我已經狠下心了，雖然是距離龜山❸只半小時的路程，而且我也會常回家「探親」，但是我還是會背起這個十字架，這個他們加在我身上心上的「十字架」，我要挺起腰桿獨力接受所加諸給我的指責，如此才能讓我的孩子不必承擔不必要的壓力，有個正當成長的環境；我沒做錯，我沒做錯，我只是一個想過快樂生活的人罷了，我不想做個「孝子」，那太痛苦了，不要對我要求過多，我是愛我的孩子勝過愛我的父母，哦老師！世間爲什麼那麼痛苦❹？

生碧婷敬上 民國六十九年十月二十八日

【註釋】

❶廖碧婷：臺灣臺北人，生於一九五二年，初中畢業(也可能小學畢業)，由於愛讀書，也曾讀過我的書，於一九七三年前後——距今十六年前，與我通信，一再要求以師長相期，余乃以私淑相勉。碧婷是一個極有思想、表達能力很強的女子，她給我的信，也足以代表她「新穎」的一面與「深度」的一面。

❷柯居士：本名柯玉琴，爲碧婷之友，高雄籍政治犯受難人柯旗化之妹，其個人年籍不詳。

❸ 龜山：在臺灣臺北縣新店通烏來〔瀑布〕路上的一個小型街市。

❹ 這封信所提示的，是一股衝決「羅網」的力量，與反映「錯誤倫理」壓力的不當，眞是爲人父母者，應該深省。

〈之二〉

老師：

忽然的，好想念您。好想和您暢快地傾吐一番。於是，提筆就寫。老師！我搬離我媽的家轉眼一年有餘，這一年多裏，我過得非常愉悅；假如問我，這世上我還希望得到什麼？我只能說，請讓我一直保持着這種生活，還有何求？我好「滿足」。〔但〕我又要搬家了。我先生的工作調到日月潭附近❶，我將搬到水里❷。我好感激上蒼（因我心裏充滿感激之情而無處發洩），我碰到的人都是最好的好人；我碰到的事，都是順利無礙的事。是誰對我特別的眷顧？佛？菩薩？上帝？命運之神？我想我是見了誰都感激的。

常聽人說：「人無遠慮，必有近憂。」❸可是我「既無遠慮，也無近憂！」這怎麼辦？〔下略數語〕

老師！我幸福的杯子裏裝得太滿了怎麼辦？世上無十全十美的事，爲何獨我能得？我很怕我是忽略了這點（我寫不出我所想的）。老師：反正我覺得一個人握有太多的幸福是不祥的❹。爲甚麼有這個想法，我也不知道，所以有點戰戰兢兢，總懷疑可能有什麼更大的不幸在什麼地方等着我呢！老師！我到水里會再寫信給您，您再給我回信好不好？我需要您智慧的話來鎭靜我的心！

生碧婷敬上　民國七十一年四月十五日

【註　釋】

❶日月潭：在臺灣南投縣魚池鄉境內，潭狀如日、月相連之形，故名。爲臺灣著名高山旅遊勝地。

❷水里：卽南投縣水里鄉，距離臺北約二百餘公里。

❸「人無遠慮，必有近憂」：見「論語」衞靈公篇。

❹這種想法，卽「老子」第五十八章所謂「禍兮，福之所倚；福兮，禍之所伏」的形而上感悟。是一種對人生「無確定性」的反應。正如佛家所謂「諸行無常」是也。

〈之三〉

老師：

我於二十五日搬來此地，整理就緒，得空看到一本書，書中對墨家的社會思想、墨家的非儒、法家思想之述評、楊朱的個人主義思想、范縝的「神滅論」等，做了一個簡短的概論。對於楊朱的「全性保眞，不以物累形」，「從心而動，從性而遊」❶，非常的欣賞。好想再多知道些「楊朱」的理論和思想。可惜這小地方的書局買不到這類書，有一本「墨子閒詁」多是文言文，我又看不懂！

「神滅論」一文裏，作者有一段說：依據小乘的迷信說法，今世的貧賤富貴乃是前世修定的。這說法把不合理的社會制度及其所造成的種種剝削的現象完全掩蓋住，而使貧賤者安於命中註定的迷信解釋，並使富貴者美飾其不法的所有。因而這一佛教的說法，在上下階級各皆尋得滿足的情況下，爲統治階級所用心提倡而得到普遍的接受。佛教更以「天堂」爲餌，出售平等的廉價門票，他們宣說：貧賤者受餓固然是苦，但富貴人過飽而生胃病或得高血壓症也一樣是苦。他們藉著一種阿Q式的說詞，把「苦」平等起來，以模糊現實社會的不平現象。這樣，在掩飾不合理的門閥制度以及痲醉不滿者的反抗意志上，佛教信仰一如其他宗教信仰，成爲歷代統治階層所樂於宣導的基本原因❷。

我知道老師最近出了一本書，好像是「杜魚庵詩選」❸，我本想買，可是想想還是別買，此書只出一百本，讓看得懂喜歡的讀者買好了，我也有老師的一本「入聲字箋論」❹，根本就看不懂，變成「擺飾」，似乎是在浪費老師的心血，很有抱歉之感。

老師！您那陣子比較不忙的時候，可以來我這裏住個幾天或幾星期，聽說懺雲法師❺的蓮因寺離我這五公里左右，我的住家後面便是濁水溪，我還沒時間到處走走，不過大致上我很喜歡這裏（除了當地居民喜歡就地傾倒垃圾外）。

〔下略一節〕

老師：我發覺最近比較喜歡老莊思想吔！

生碧婷敬上　民國七十一年四月三十日

【註　釋】

❶「全性保眞，不以物累」，是楊朱的「個人主義」哲學大綱；「從心而動，從性而遊」，見「列子」第七卷楊朱篇第二頁。

❷「神滅論」爲南朝范縝「反佛論」的代表作，是中國歷史上「闢佛派」的始祖。碧婷引述這一段，實在是范縝故意曲解佛法爲「定命論」，在思想上將佛法移爲「統治者」的工具，這種論調與毛澤東理論全無二致。對范縝的批判，請參閱余著「薝蔔林外集」第一三〇頁——一四〇頁「神滅論」一文。東大圖書公司民國七十七年五月初版印行。

❸「杜魚庵詩選」：爲余於民國七十年所編之「古今名詩名詞」選集，非余所著；本書係爲教學所用，故只印一百册。

❹「入聲字箋論」：爲余於民國六十六年五月，由新陸書局及個人自印之「聲韻學」專書，研究對象，只是四聲中之「入聲」。

❺懺雲法師：臺灣淨律雙修之著名大德。另見「懺雲法師函」〈之一〉❶。

〈之四〉

老師：

我不敢自認爲是「佛教徒」，因我有自知之明，我不配！人性的醜惡、自私我全包括了。年紀越大體驗越深越瞭解自己，我只不過是想利用一切對我有利的機會，讓自己活得更舒適，在這世界上應該是自己跟自己最親，什麼骨肉之情夫妻之愛等等，都是在不損及私利的前提下才會有的，至少我看到的都是如此，我自己又何嘗例外？所以我發覺當我對感情痲木的時候，也就是我最愉悅舒適的時候了。並不是我相不相信因果、輪迴，只是我心裏不想存有它們，我不要當我每做一件什麼事，心裏就多一種負擔；我也不要打著一個招牌來做什麼事，當我分析一件事時，能讓我沒有心理負擔的，我就這麼做，不過還是越少有事越好，連鷄毛小事在內，比如說賣菜的多找了我伍塊錢，我回家才發現，再拿回去還他。伍塊錢就讓我有時會自己看不起自己，太不划算了，不要！比如說：垃圾車老不來，垃圾放家裏發臭，我還是要等下去，既然我厭惡鄰居順手往外扔的垃圾，我不要讓自己也厭惡自己，不做！划不來！就這些小事。其實我的人生也都是些小事，我相信就我現在死了，我的至親好友也是能好好的活下去的。我常常在想：說不定我等一下就死了，或者我爸媽、我先生、我兒子。所以趁大家還處在一起的時候，處得愉快一點，如此而已，不必什麼大道理大學問。至於我死了以後靈魂會到那裏，不必現在操心，該到那裏就會到那裏，我不覺得「念經、持咒」對我有什麼幫助，唸那些旣繞口又不懂的「字」有何意義？爲求心裏平安嗎？假如心有不安，就該拿出實際行動進行補救，不必懺悔。每個人都是自我的主宰，生活在個人開創的生活中，所以不必埋怨他人，也不必感謝他人，無論是地獄或天堂，很冷酷很現實是不?可是我實在是看透了我近旁的人，他們也敎會了我什麼是「愛」，其實人也眞的是該自己多愛自己一點，比如您這回生病，您的感受定比別人來的痛苦，別人也無能替代，我以自私的理由希望您能保持精神飽滿體力充沛，因爲您能發揮本身的才華提攜別人，如身體衰落，自然反映爲精神的頹唐，那對我們來說是莫大的損失！

上次我和您提到的那本書是德華出版，陳鼓應著的「古代呼聲」❶，我覺得有的人偏重於肯定人生的光明面，有的人則只看到人生的黑暗面，而光明與黑暗是同時並存的，無絕對的善與絕對的惡，我是一個微不足道的小人物，沒有勇敢的想挺身而出改善社會什麼的，算了，說這些幹什麼?我還是做我的純家庭主婦，把家裏每一份子的關係做好，才是最重要的。

前幾天看一本劉大白著的「舊詩新話」，什麼律呂、抑揚、八病、用紐……，越看越糊塗，我本來以爲詩人寫詩是心之所至情之所繫，欣賞一首詩是欣賞它的意境，念了順口，原來還有那麼一大堆限制，眞不「自由」，眞不曉得詩人寫詩是如何「推」「敲」而成的，讓每一個字都能恰到好處的嵌在那個位子。

老師：我也認識幾個「中華聖敎」的敎徒❷，他們有的會「易經」算卦、排六壬、排八字、看地理，不過都是非職業性的，還義務出來講課，不過不傳敎，我去上了好幾堂課，學生裏有校長、大學敎授、退休的將軍、警官、還有一位是佛敎黑敎的總管姓萬等，很多高級知識份子。敎六壬那位柯老師會氣功，已打通自身任督二脈，還用氣功幫人治病，心血來潮時能未卜先知，他教我們遇火災或迷路要如何排六壬找出逃生的方向，我就是學不會，倒學了如何幫小孩收驚、如何使自己和別人不會再生氣，我教給別人，人家都說有效吔！柯居士❸也用過，我自己倒是還沒試過。老師：我囉里囉唆的寫了一大堆，您一定看得煩死了！對不起！就此停筆。祝老師

永遠活力充足

生碧婷敬上　民國七十一年五月十三日❹

【註　釋】

❶「古代呼聲」：是碧婷第二函中所講的「得空看到一本書」的那本書，在本函補正。陳鼓應是專治「老莊」的學者，現仍在北京大學哲學系任客座教授。

❷「中華聖敎」：即「一貫道」經臺灣「中華民國內政部」准予開放傳敎的正式名稱。

❸柯居士：指她的友人柯玉琴居士，其個人歷史不詳。

❹我讀完這封信，彷彿看到一位逸興遄飛、滿面緋紅的女子，以痛快淋漓、大義當前的滔滔雄辯，在大會場上向群衆發表她的個人自由主義，楊朱現代思想，與釋迦牟尼「天上天下，惟我獨尊」的高論；這篇一氣呵成，毫無罣礙的「後現代自由主義」宣言，無疑地，爲這位小女子坦露出她的不受世俗拘縛的性格。這也算一位並非哲學家的個人哲學理念。我相信，這封信將爲本書帶來許多大快我心的贊同者的呼應！

〈之五〉

老師：您好！

信，昨天早上寄出去了，但不是我寫的；因爲我的字體和文筆使我不敢冒然接下這個任務。總算多吃了幾年飯，對自己已有點自知之明了，這也算是一種「進步」吔！❶

陳大彬❷這年輕人（四十八年次的）臥病至今將近六年了；事起於當兵那年被派往金門，有天晚上隊上的副連長喝醉了酒，陳和另一位同僚奉命去扶他回營，在天黑路暗之下，一不小心，三人便拉拉扯扯的跌入路邊的壕溝內；陳是最後一個掉下去的，頭朝下腳朝上，不曉頭部撞到哪個的身上，一陣劇痛，就此失去了知覺。

事到如今，那位副連長從未露面來看過陳，曾有長官要爲陳出面控告他，但卻被陳阻止了。陳說，他又不是故意的，何必再爲這件事多一個人受苦呢？陳還說，這可能是上蒼要給他的試鍊，讓他更能體會到別人的痛苦；假如有一天，他的病情能好轉，他將奉獻一生爲別人服務。

老師：他並沒有整日拘限在一張坐臥兩用的輪椅上，而灰心喪志、悲觀度日；他把時間做了嚴格的安排——什麼時間做復健運動，什麼時間看書，什麼時間左臥、右臥、睡眠……等等，每日都按照一定的程序而行。他以前在「工專」和軍中，都曾有作品在刊物上發表，所以我鼓勵他繼續往這方面發展；但他似有怯意，不過，慢慢來嘛，我還會繼續推動他前進。

老師：昨天早上我朋友寄來了十三卷證嚴法師講「妙法蓮華經」的錄音帶，我馬上送去給陳大彬聽吔！

奉上「忘憂花」一包，是朋友的爸爸在山上種植的，希望老師哂納。

敬祝

安好

生碧婷敬上　民國七十六年九月十八日

【註釋】

❶「信——寄出去了！」：可能是爲「陳大彬」找支援的醫療單位，可能給花蓮慈濟醫院創辦人證嚴法師的。

❷陳大彬：見陳大彬函註❶。

〈之六〉

敬愛的老師：您好！

自從年前拜見過老師後，又蒙老師贈書、贈錄音帶和唸珠，至今每晨起做戶外散步，必持珠唸佛，雖妄念不息，但佛號亦未止，每撥一粒圓珠，佛號即自然湧出，如此散步一圈而回，似乎已從中得到安頓和詳和，足夠令一天的日子裏充滿了喜悅。

回想那一日聆聽老師的教誨，和聽老師的演講，心裏暗暗的發一個願：要是日後我搬回臺北居住，我一定要求老師給我一個隨侍的機會，爲老師做一些倒茶水、抹桌椅的工作，如此才能親近老師，從老師那兒學得一鱗半爪的知識學問，藉此，智慧的提昇才有望；而且多親近道德修養高深的善知識，本身更能得到淨化，變化心性。雖然這還只是我個人的夢想，老師也未必應允，可是每當我做這個夢想時，我就覺得好像已在老師左右，不由自主的從心裏高興起來，世界都變得更美好，更溫馨了。

日前柯小姐❶曾打電話過來詢問老師的住址，說是想去拜訪老師，後來好像是有寄一本書給老師，她說或許老師會看了書後寫一篇感想，她想知道老師對秘宗的意見❷。還有，水里這兒有位張正長居士❸，他聽我提到年前去拜見老師的事，問了我一些您對我提到的意見，他便也跑到臺北去看您了。

順寄上一些本地和外地的香菇，另再附上十元硬幣一枚，煩老師交與那天送我去車站的小妹，也代我謝謝她❹。

敬祝

安康

生碧婷敬上　民國七十七年三月二十日

【註釋】

❶柯小姐：指柯玉琴居士。

❷ 案：柯居士要寄書，我並未收到這本書。

❸ 張正長居士，已於民國七十六年底到「慈濟文化中心」來訪晤，所談的是「密宗」問題。

❹ 碧婷到臺北見面之後，臨行時因無公車票，乃向學生莊惠玲（在發行部工作）借硬幣十元，並命其送碧婷上車，乃有寄還硬幣之舉。

〈之七〉

敬愛的老師：您好！

您上封信囑咐我「有空多看些正統佛典」，還有「文、史、佛、科」各種書，可是我的文字理解能力無法做到看懂經文的程度，除非有像老師「無量義經」❶那樣逐句註解又兼白話翻譯，不然縱使看上一百遍，也是糊里糊塗的不明所以。不過還好的就是水里這邊雖沒有圖書館，但我的朋友卻個個嗜書如狂，不愁借不到書看，也都不偏離「儒、釋、道」三家之言，我是從無有一日不讀書的。

談到老師譯註的「無量義經」，才曉得老師信末的「和南」是什麼意思，老師啊！千萬懇求您！千萬千萬的對我不要再用這兩個字好嗎？不然我該「掉」到地下第幾層去回拜您呢？

老師：我今年已經三十七歲了（四十一年次的），「非常」不年輕了，再兩年是三十九，以這一大把年紀再來開始學英、日語，是否嫌晚了些呢？而且還有「文、史、佛、科」方面尚待努力，我是「少壯不努力，老大徒傷悲」啊！

老師：您那篇「春月與秋陽」❷令人覺得意猶未盡，只是大略的說說您的經歷而已，中間的奮鬪過程和心裏感受都少有提及，或許老師將另有專書詳述？盼早日問世，以供後學晚輩效法學習！

茲寄上日記數篇❸，多是讀老師「薝蔔林外集」❹的感想，我才疏學淺、見地淺薄，但博老師一笑也！

敬祝

安好

生碧婷敬叩　民國七十七年六月八日

【註　釋】

❶「無量義經」：指余所譯之「無量義經今譯」，於民國七十七年二月一日由臺北「慈濟文化中心」出版。

❷「春月與秋陽」：此稿本應臺北「久大圖書公司」之約，再由「慈濟道侶」於四十、四十一兩期刊出。

❸碧婷寄來的日記，曾經摘要發表在「慈濟道侶」第五四、五五期。題目「薝蔔林外集・瑣記」。

❹案本書於七十七年五月，由東大圖書公司印行。

〈之八〉

敬愛的老師：您好！

先預祝您中秋、教師佳節愉快！

最近我在看一本很有趣的書——國立編譯館、蘇雪林教授著「屈賦論叢」，書裏引證「域外文化兩度來華的來踪去跡」，說我國的西王母、女媧、湘妃……伏羲、大禹、黃帝、蚩尤、顓頊……等，所有古代傳說全囊括一盡，都是西亞傳入；泰山封禪、端午龍舟、中國崑崙、黃河，印度之須彌、恆河神祇、昇天之說，亦源自西亞。此書所據之資料極豐，引證亦詳，全書七五八頁，我已看至二七八頁，但第二六一頁「爲迦尼薩問題再答陳炳良先生」一文裏，有言「最受尊敬的處女神觀世音菩薩，還擁抱著那個象面神與之戀愛呢。」她指的象面神乃迦尼薩，爲無頭戰神、死神，也是蚩尤、國殤、炎帝、西藏密宗鼻面神歡喜天、印度的迦帝羯耶……等等。還有第二四四頁「迦尼薩與鼠」一文裏說：「佛典中大集經言十二獸，即配十二支之獸，與我國同。惟虎則爲獅，中國無獅，譯經者將之改爲虎。我國古時譯經常將印度典故改爲中國典故，如將『泥犂地獄』改爲『泰山』，改獅爲虎，其一例耳。十二神將之名與吳貫因所引者有些顚倒。駕鼠的招杜羅變爲駕狗的神，駕虎的宮毗羅變爲駕鼠的神。又這些神都變成佛教的菩薩、如來等。東漢『王充論衡』卽曾言及十二支所配之十二獸，『佛學大辭典』說：王充之說，基於『列子』三十六獸，佛教於漢明帝時始入中國，所以堅主這事非依佛教。但在主張中外文化交通已久者，則不以爲然。」本書參考書目有五百多種，均列於書後，看得我是瞠目吐舌，我一本也沒看過啊！可是對於上言「觀音菩薩的戀愛和印度十二神將變成佛教的菩薩、如來等」甚表懷疑，不知老師您有何看法❶？

〔末節從略〕

敬祝

安好

生碧婷敬叩　民國七十七年九月十九日

附言：

老師：書裏有句「……這本『屈賦論叢』，也非叫它出來與世人見面不可，所以只好又『災梨禍棗』一次了。」

這「災梨禍棗」是什麼意思呢？有何典故？

還有前不久在一本書裏讀到淸初乾隆時代的監察御史熊學鵬寫的一篇論文「……在一郡，則一郡之事因之而闒茸，效奔走，則不能必其勇往而直前。……」

這「闒茸」二字是何意？怎麼唸？

【註　釋】

❶蘇雪林教授是「楚辭」專家，尤精於「屈賦」。她的中國文化外來思想，久已受學術界注意。不過，這並不代表她的一家之言就成爲一項眞理的標準；因爲在「人種學」上，中國人仍舊發源在中國北方的

「北京人」、「藍田人」身上，況且，中西文化「異中有同」、「同中有異」之處甚多，是「誰盜誰」，並不能作為「文化全盤移植」的根據。這不能靠一本文學上考據作品就可以解決了「人種、民族、古史……」等極為複雜的「人類發展史」上的糾結。我告訴碧婷，這是一項知識、一家之言，但不能當作一項定案；除蘇氏之外，肯定中國人根本發源亞洲的理論著作還多得很呢？

❷ 碧婷所問兩個詞，都可以在辭書裏找到：

(1)災梨禍棗：譏人濫印無用之書。此乃作者自謙之詞。表示「浪費筆墨」。梨和棗，都是古代用來刻版成書的堅實木材，不易損毀。如刊刻無價值之書，則使用好的木材，作低價值的使用，便浪費了有用之材。此謂「災梨禍棗」。

(2)闒茸：音ㄊㄚˋ ㄖㄨㄥˊ意思是猥賤、卑下。引申義為「駑鈍」、「廢弛」。

〈之九〉

敬愛的老師：您好！

我現在寫這封信給您，是因為我心裏有很重的挫折感，可是又苦無可對我提供建議的人，所以很是沮喪不安。老師還記得年前我曾在電話中提到的那位呂順賢小姐嗎？據她說她四年多前車禍受傷，至今傷痛未癒臥病在牀，只靠年老寡母賣檳榔為生，四個姊姊對她是不聞不問。跟她接觸較多後，發覺此女個性倔強，好勝心切，她的狀況之悲慘，她自己亦該負起一半的責任，不能完全歸罪於母親不慈愛，姊姊無手足親情，實在是她的作風太過銳利了。從小她就好表現，凡事要凌駕於他人之上，顯出自己超人一等的能力，所以她能咬緊牙關，拼了命的工作賺錢養家，卻也因勞苦功高而不見容於家人；如今她貧病交迫，更是得理不饒人，口口聲聲要討回公道，要家人歸還她以前爲家人的犧牲，當然更是換得家人的惡言相向。老師！我實在不知要如何化解掉她心中的那團恨，她爲家人的犧牲的確是難能可貴，她對自己的要求非常嚴，求好的心非常切，她對善惡對錯是「黑白分明」，她剛正不阿，理直氣壯，她完全都站在「對」的一面，可是我要怎麼告訴她？說她就是因爲太「對」了所以才「錯」呢？我要怎麼解釋「公平」是不能用秤稱的呢？我也轉告了「慈濟」的消息，但她以「不願欠人太多」而回絕了❶，常常我也很小心的送她一些食物和用品，不過往往她都是收得很勉強，我簡直是硬丟下就趕緊逃走，並不是我每次和她連絡，她就願意見我，她總是說：「今天不太舒服，改天吧！」不然就說：「今天心情不好，以後再說！」有時候我釘子碰多了，也很灰心，想自己沒能力敲開她那扇門，就此算了吧！可是又想她是一個病人，心裏難免偏激，應該再多關懷她才對啊！　老師！除了耐心，我該怎麼讓她瞭解人間應該先心存有「愛」，而不該先量好對錯義理孰是孰非的！「退一步的哲學」有時很難讓人相信會海闊天空，尤其是面對血氣方剛的年輕人。噯！成長的代價是苦痛的！眞希望她肯納我爲伴。

敬祝

健康快樂

碧婷叩上　民國七十八年三月六日

【註　釋】

❶碧婷有意爲這位身罹車禍久臥床褥的女孩子申請「花蓮慈濟功德會」的長期救濟而遭拒絕。

〈之十〉

敬愛的老師：您好！

我不知道要怎麼用語言文字來表達對您的尊敬與感激。從出生到現在，所曾接觸到的人裏，只有您對我是有求必應的，幫我拔除諸苦，解我疑難困惑，從十五、六年前看您的「弘一大師傳」開始，便一直受您的餘蔭庇護，因您的書信支持我勇敢的面對惡劣的環境，更激勵我向上奮發的意志，甚至現在也拜您所賜。……（下略數語）這些的禮遇，可說全都是受　老師的影響所致。所以我必需得小心的珍惜這憑空而降的幸運，不能有絲毫的大意與驕矜，趁勢發展出一種新局面，得以維持住家人對我的信心於不退。

老師不會責怪我是在利用您的聲望吧？其實我也因他們看的是「佛面」，不是我的「面」，所以在平常的言行舉止上更形檢點自己，不敢有敗壞師門之舉發生，雖因名不副實常需困心衡慮，但連我的朋友都感到我近來進步神速，而紛紛讚許我是「大器晚成」呢！就因「盜用」了老師的光，心中有愧，所以越發不敢有事沒事的找　老師的麻煩。

〔下．從略〕

敬祝

健康快樂

生碧婷敬叩 民國七十八年六月十二日

〈之十一〉

敬愛的老師：您好！

首先學生我在這裏先向您頂禮，恭祝 老師萬壽無疆！

再過幾天就是您的壽辰❶，爲何不敢恭祝 老師「生日快樂」？蓋因知 老師認爲生日乃「母難」之日，何樂之有呢？爲人子者該絕食念佛以報養育之恩。但我卻爲老師的降生人世而歡欣，不提 老師對社會的貢獻與人材培育方面卓越的事蹟，因那已都是衆人皆知有目共睹的了；只就我自己受 老師德澤惠施加被所及，確已大大改善了生活的環境，繼而又引領我朝向更充實壯碩的人生道上前進，這份恩典，我不敢以套言相謝，惟有永銘心版了。所以欣逢此佳期，願老師生日快樂！

上回舍妹之女承蒙 老師施醫相助，回家後暫時止住了嘔血之苦，但舍妹日夜忙於經營商店，故對孩子無法盡全力的照顧，飲食起居均不能做到適宜的節制，所以已於幾日前又住進榮總療養；我因老二今年國中畢業，即將參加高中、五專聯考，也不能北上幫忙照顧，但已商請舍妹家中一位長輩，長駐醫院日夜照應，聽舍妹說病情日有起色，吐血之狀一日約略少量一次，舍妹說她因事忙無法親自做妥善照顧，還是讓女兒住院療養一段時期，等病體痊癒後再接她回家，如此安排亦是可以，或許出院後，舍妹會將女兒再送來我這兒休養一陣❷。

〔下略一節〕

敬祝

身體健康　福壽綿長

生碧婷叩上　民國七十八年六月廿七日

【註　釋】

❶ 余之「母難日」，爲農曆六月一日。

❷ 碧婷之甥女，小學五年級，長期氣管出血，久治不癒，因來余之辦公室爲之針治一次。故云。

〈之十二〉

敬愛的老師：您好！

上次回臺北有幸聆聽　老師的構想❶，覺得自己雖全心意的要跟隨　老師左右，但能力上的不足卻足以構成敗事之累贅，還好尚有將近一年的時間可供我再多做準備，所以目前我應朋友之邀，加入此地日月潭寒山精舍見心師父在水里區成立的共修會，此會宗旨在於弘揚佛法扶弱濟貧爲要，其次是會員們的修學心得檢討；此會將於十月一日正式對外開放；我的職務暫定屬公關部門，一切均在草創階段，因此能親身體驗從中學習的機會也最多，爲能擴大自己的學習範圍，我請求會長能不固定我的職務，那個部門缺人手，我便投入那個部門的基層工作。雖是小小的組織，總是比在家閉門造車有更多元性的實地工作經驗啊！

〔從略一節〕

再過幾日便是敎師節，先預祝　老師佳節愉快！

敬祝

健康快樂

生碧婷叩上　民國七十八年九月二十日

【註　釋】

❶當時余適逢「慈濟文化中心」改組不久，「事權」分崩離析，想做出再煌輝的成績已不可能，名爲「改組」，實卽「勸退」行動，余知其不可爲；畢竟佛敎也沒有李世民那種領導人，才決心求去；我的想法是——離開這裏以後，將要寫的書在預定時間內寫好，再糾合友好，共同創建一個不受干擾、掣肘的居士文化結構體，這個結構體，便是「弘一大師永久紀念會」，建成之後，在人事運作上，選賢與能，辦理各項前瞻性文化活動，代代傳燈。這一構想，廖碧婷是最早知悉者之一。

〈之十三〉

敬愛的老師：您好！

從今年年初起，就常聽到　老師健康不佳❶的消息，心裏感到非常的難過，又無法隨侍　老師跟前，也沒有任何能幫助　老師的地方，只有默默的在心裏祈禱，希望　老師能快快的恢復健康，在輕鬆愉悅的生活中，以敏銳的洞察力，智慧的分析力，多寫幾部書，多爲衆生指引迷津出離迷惑。那些會令　老師奔波勞累，又吃力不討好的工作，還是能免即免吧！我不要　老師吃這種苦受這份委曲，書籍對人的影響力還更深更遠呢！

我現在加入此地的共修會後，才深深體會到一個社團成立的困難，我是應會長之邀而加入幫忙的，因是創社之初，似乎每個會員都有爭功奪名的傾向，難免有抑人揚己的行爲發生，所以會議的議程往往爭論不休，不容易取得大夥的贊同。我覺得既然大家都有宣揚佛法的心志，就應該排除一己的私見，同心協力爲一個目標而努力，以會長馬首是瞻共爲脣齒才對，因此爲了協助會長穩固人心，我必需格外的用心在溝通與協調上，尤其以私底下意見的轉達與解析爲要；這個任務對我而言是一項很大的挑戰，但也正好可磨鍊我做人處事的因應進退，未嘗不是一種增上緣，亦是一種福氣呢！

老師十二月中離開慈濟後❷，我要怎麼和　老師取得聯繫呢？又要到那裏才能拜見　老師一面呢？請老師指示。

敬祝
身體健康

生碧婷叩上　民國七十八年十月十二日

【註　釋】

❶民國七十七年冬，余患急性支氣管炎，發燒、咳血、嚴重的咳嗽，延續達一個多月，學校與「慈濟文化中心」工作均爲之停頓數週，到七十八年二月，又因開刀而導致失禁，再度停止工作三週，體力恢復極慢，這是此一階段的健康衰頹期。

❸我在〔民國七十八年〕十月初已將十二月二十六日辭職的事，告訴碧婷，其實我是十二月二十三日（星期六）上午卽告別這一工作三年五個月的崗位，一場辛勤一眼淚，離開了這個是非之地。而在十二月二十四日（星期天）卽搭機赴香港出席「太虛學術會議」。

粟耘居士❶函三通

〈之一〉

慧劍先生鈞鑒：

久無訊息，前聞　先生身體頗不適，不知近來可好？

我於山中農樵畫讀❷，一切頗順適，請勿念。日來閱讀，需涉及前置您處之數册「蘇東坡詩集」（或樂府），若近日間「天華」❸不印此書，則煩請撥暇寄來好嗎？

山中幽絕，蝶舞鳥影，春樹向榮，歡迎莅臨暢述。

即祝

文祺

粟海拜上（一九八一）民國七十年某月某日❹

【註釋】

❶ 粟耘居士：臺北關渡人，生於一九四五年，本名粟照雄，畫名粟海，文名粟耘，一九六八年與余結識以來，達二十餘年；粟爲畫家李德之高足，其人個性高古，除作畫外，不事交遊，於一九七五年前後隱居苗栗獅頭鄉山中，約五年，再遷臺南麻豆海隅，並發表甚多「隱逸派」散文，結成散文集「空山雲影」等多種。

❷ 山中農樵：指在苗栗山中之耕讀生活。

❸ 天華：指余當時執編之天華出版公司。

❹ 此信未落月日。

〈之二〉

慧劍先生鈞鑒：

獲悉大札，甚爲高興。

歡迎來山玩，尊夫人與小筆及小妹❶均可同遊。只是木榻粗食，得請包涵。

在苗栗火車站廣場前，有客運車，往獅潭或珊珠湖皆可達，班次及行程如次：(下略)

下車後，可見溪之對岸半山腰有農家，請回走過橋，不數步，一小片稻田之中，可見一寬容小型汽車通過的路，此路依山而上，斜坡甚大，循此而上便至山腰農家，問人，或過農家循此路行約二十多分鐘即到。(過農家後路較小，容摩托車行，到我們屋前百公尺有一竹橋，路又更小，僅容一人行。)

不過，最好能早一點來信告知行程，我們好至山下迎接。(因我們不常下山取信，一週約只一次，所以來信越早越好，以免「脫期」。)一切面晤❷。敬祝

安康

栗海拜上　一九八三年某月某日❸

【註釋】

❶栗山居後，此爲第二次與余通信，余有意偕子小筆入山問訊(小筆曾從栗海習畫)。小筆名陳筆，女兒

名無憂，均與粟熟稔，女兒與余在一九七八年春並曾出席粟與謝顗在臺北青年公園露天舉行之婚禮。

❷此信邀余偕家人入山，但未成行，余卻於冬季偕學生數十人，乘遊覽車入山吵鬧他一日。

❸這封信落款又無月日。

〈之三〉

慧劍先生大鑒：

久無消息，除夕接獲大札，至感高興。

您說再三年卽可退休❶，眞値慶賀，因人生苦短，一日苦長，唯有不爲形牽，不涉外務，自由自在，生活才有意味。

由於山居一則訪客多，一則蛇多，尤以毒蛇最可怖，因此，覺不宜久居，日前於臺南鄉間尋一僻地，幽靜不亞山林，前慮皆可減少許多，若一切安排順當，若干月後便可遷移，屆時當告以消息❷。

眞是光陰有限啊！寫作固爲我所喜者，唯時間花費太多，要是可能，還是儘量集中心力於我所寄的繪畫工作爲是。祝

全家福

粟海拜上　一九八七年二月七日❸

【註釋】

❶ 當時依退休限齡，余必須到一九九○年卽民國七十九年八月一日始可退出教師行列，但次年冬，忽因重病，乃決定提前一年，在民國七十八年八月一日退休。

❷ 粟此函後，約一年始放棄山居，改爲海之侶。

❸ 此函落款時間，係依信封郵戳所印，粟落款仍無月日。惟粟與余爲忘年交多年，函件亦不菲，惜因搬遷頻仍，多數遺失。

胡佩如居士❶函三通

〈之一〉

陳老師您好：

我自接觸佛法以來，至今已滿一年了。

由於去年忙着考大學，今年準備參加電信特考，我又是一位已受洗過的基督徒，再加上父母對於宗教相當不屑，所以這一年來，我一直無法參加一般的佛教活動，只能自己在家「不爲人知」地打坐、讀經、持咒、念佛，以及偶而偸偸地到寺廟裏參觀參觀。我自己心裏很明白，這種現象至少要等到我考取了電信營業員的職位，才能有所改善；否則，倘若現在熱衷於學佛，勢必會被家人、親友視為「不務正業」、「捨本逐末」，我也暫時忍耐一下了。

我之所以學佛，是受到兩本書的影響，還有內心中一股想求得「解脫」和「圓滿」的意志。同時，還包括我姊姊（已皈依三寶）時常對我「施教」的緣故。當然，我對於基督教義漸漸無法滿足，也是原因之一。「弘一大師傳」、「禪門三柱」❷，前者使我對於弘一大師產生無比的敬仰、愛慕之心，進而有出家修行的念頭；後者則使我開始打坐，決定走禪宗的路線，以求得解脫，普渡衆生。

可是，坐禪坐到了一個境界（也許根本不是什麼境界），竟有一種虛空不安之感，尤其，當我想突破時，內心就開始搖擺不定，懷疑自己走上「邪道」，而畏懼不前。就因為這樣，我停止坐禪數個月（改持大悲咒、讀經、念佛），直到近兩三個月來，突然自覺對於學禪深感愧疚，有頭無尾，更是可惜；我決定好好了解一下佛教中幾個宗派的特性，以便加以選擇。我捨不得脫離禪宗，又勤於念佛、持咒，我想，禪宗、淨土宗兼修，應該是無妨礙的。但最近讀到印光大師所說的幾段話時，又感到非常迷惑。他認為——念佛之人，不可涉於禪家參究一路。以參究者，均不注意在信願上求生（西方），縱然念佛，只注意看「念佛是誰」，以求開悟而已。若生西方，無有不開悟者；若開悟而惑業淨盡，則可了生死。若惑業未盡，則不能仗自力了生死……。然而「六祖壇經・疑問品」中惠能大師曾說：「迷人念佛求生於彼，悟人自淨其心，所以佛言『隨其心淨則佛土淨』。……凡愚不了自性，不識身中淨土，願東願西；悟人在處一般，所以佛言『隨所住處恒安樂』……」一個是信我是業力（未盡）凡夫，無法靠一己之力往生；一個則生「天上天下，惟我獨尊」。（不知這樣比喻是否恰當？）

我是一個女孩子，重感情，卻又時常顯得很孤高，我對於「沉默不語」，不會感到不耐，但是害怕孤獨寂寞。

對於禪宗，我極有興趣，但缺乏安全感。

對於淨土宗，雖不特別感興趣，但感覺上較為穩固。

——不知您現在是否依舊任教於「臺北市士林高商」，由於沒有其他地方可寄，還是將信寄往士林高商，但願您能收到。更盼望您能抽空給予我一些提示和教導，無勝感激❸。

學佛的後進胡佩如謹上　民國七十五年元月六日

【註　釋】

❶ 胡佩如居士：信自臺南市寄來，想居住臺南，當時年約二十歲，其個人歷史不詳。

❷ 「禪宗三柱」一書：美國卡普樂禪師原著，臺灣顧法嚴居士中譯，此書極受歡迎，由臺北市慧炬出版社印行，坊間有售。

❸ 胡居士所問，余皆根據所學答覆，基本要點是：禪要有老師指導，瞎參不可，淨土則可自學。當時我亦提到臺北北投的農禪寺有禪宗定期修行道場，有人指導，可以到這裏打好根基。

〈之二〉

陳老師：您好！

我很希望知道，如何磨練才能達到「不倒單」❶。另外，不知您是否曉得那裏有出售坐禪用具？我想您平常在家中也有天天打坐吧❷！但是有關於場所、裝備的問題，不知您能否指導我一下？或者談談您的經驗（並非坐禪的境界，相信您應該能了解我的意思）。我覺得所有的戒律都不是一種束縛，更不是痛苦；甚至於所謂的「苦行」，也只是「假苦」。一般人在吃喝玩樂、睡眠方面的貪求、無法滿足才是眞苦。但是一般人都「身在苦中不知苦」。

我對自己的期望之高，那種〔要求〕圓滿的地步，在現在來說，未免有點太過。不過，我那個固執的脾氣，使得自己有「那個」念頭，就非得去做不可；若是不做，我就會感到十分難過。做些什麼呢？除了「靜坐、唸佛、唸咒」，我還希望自己能和已故廣欽老和尙❸一樣，不倒單、不吃熟食；最後一項，我已開始做了，但是也還在努力適應當中。我的妄想相當盛，使我每天晚上都睡不好；隔天早晨起床，總是頭暈腦脹，不但沒有恢復體力、精神，反而更加疲累。這種痛苦，使我決定要磨練自己，做到「不倒單」。

關於坐禪方面，我已知道自己目前應該怎麼做？只除了「外在」方面還有一點問題（前面已提到）。

還有，六字大明咒：唵、嘛呢叭咪吽（ㄨㄥ、ㄇㄚ、ㄋㄧ、ㄅㄞ、ㄇㄧ、ㄏㄨㄥ）倒底是什麼意思？唸此咒有什麼用❹？

最後一個問題：一般說來，臺灣的禪寺，舉行「禪七」活動時，參加者（特別是在家衆）要注意那些事項，以及寺廟中的作息、規則大致是如何❺？

這次就問到這裏爲止。

祝您　身體健康，也謝謝您的教導。

學佛後進胡佩如敬上　民國七十五年四月十八日

P.S. 有關坐禪的用具，我不知是否有必要購買，您認爲呢？

【註　釋】

❶　不倒單：就是不臥倒睡眠。以「坐禪」代睡眠。「單」本是指雲遊的和尚到某一寺院討宿時書寫法號的紙片，後來引申爲實體的人，卽「靜坐而不倒的身體」。

❷　我之打坐，從一九六五年到一九七八年秋，前後賡續十餘年，後因應約主持天華編政，白天上班處理公務，晚間要授課，被迫停止，這種生活一直延續一九八九年十一月二十號，並決定自「慈濟」退職而再度開始，其間中斷九年；在一九七八年以前，通常是每天靜坐一次，每次一小時到八十分鐘，而一九八九年十一月以後，則早晚各靜坐一次，每次四十分鐘到一小時。我之靜坐法門，是數息念佛、憶念佛名等交替。

❸　廣欽老和尚：福建惠安人，一八九二年生，幼時家貧如洗，二十五歲出家於泉州承天寺，民國三十六年

來臺，開闢廣明岩、承天寺、妙通寺諸道場，圓寂於一九八六年二月四日，世壽九十五歲。老和尚一生奇迹甚多，雙修禪淨。其個人歷史詳見余著「當代佛門人物」二八三——三一一頁「廣欽老和尚禪修譜」一文。

❹唵・嘛呢叭咪吽：所謂六字大明咒，Om Ma-ni Pad-me Hūm 密宗專用修道秘語。有謂藏密觀世音菩薩之咒，爲了生脫死之主修咒文，意爲「唵・蓮花中的珍寶・吽」。

❺余已依胡居士來函，介紹佛寺中之作息及規範。

〈之三〉

陳老師：

這是我寫給您的第三封信了，前兩封信寄出之後，都在短期之內就收到您詳細的回信，眞是十分感激，我今天之所以再度動筆，還是想問一點問題。

「弘一大師」是我曾經極爲仰慕的佛教界人物，他的言行舉止，使我深深感動，和無限的景仰。不過，我始終都不明白，他爲什麼要「過午不食」❶？然而，不明白歸不明白，我一直沒有徹底去了解這件事的「眞相」，就這樣「不明不白」地吃素、持午。最近，我突然發現自己這樣盲從的作法不很適當，至少我應該要了解「爲什麼」吧？您認爲呢？相信您一定會爲我做最適切的解說。

今年的電信特考因各機關凍結人事而沒有舉行，我已決定明年考大學。今年八月，我就要進補習班❷了，想到考取大學後，我將比較有機會「偷偷地」去參加禪七活動，內心眞是十分喜悅！

祝您

身體健康

學佛後進胡佩如敬上　民國七十五年六月十五日

【註　釋】

❶過午不食：是依佛戒，比丘要遵守，並沒有規定在家居士也要這麼做。但是如果在家學佛者自動持守，是另外的事。此戒的目的有三：

⑴爲「精進」修道故；（爲增加修道時間而少食一餐。）

⑵爲消融欲念故；（晚間進食，易於增長欲念；否則消滅。）

⑶爲憐憫餓鬼道衆生在晚間進食，因食一入口，卽變爲火燄，而痛苦倍增；同體悲故。

❷補習班：是地球世界亞洲的中國離島的臺灣，自公元一九六〇年以後，由於升學競爭帶來的奇特景象，幾乎與學校數字相等，考中學要上中學補習班，考大學要上大學補習班，考高考要上高考補習班；補習班種類之多，也歎爲觀止，凡人間須要成家立業、升學就職、射御書數、聲色犬馬，樣樣皆有（從三歲幼兒，到八十老翁，無一可免）；惟恐後世忘卻這一景象，特補誌於此。

李福長居士❶函二通（附致福建泉州開元寺妙蓮長老函一通）

〈之一〉

慧劍居士道鑒：

敬啓者，多年前，有一位蔡老師曾經拿了三本書給我看，書名「弘一大師傳」❷；據當時蔡老師說：他看過「弘一大師傳」後，才瞭解到大師的偉大，尤其大師的一生是多麼多采多姿。當時我也半信半疑，但當我看完一遍，我也深深被大師的人格修持所感動。此後，我把該書奉爲金科玉典，到目前總共看過八遍，而且還到高市慶芳書局及各地佛寺、佛敎佛書流通處購買了十多本贈送給好友，讓大家能分享大師的法喜。如果大師在莊嚴清淨佛國有知，應該讚嘆陳居士有大智慧、有毅力、有恒心，把該書主角寫得如此自然生動。有時候我常去佛光山禮佛，往往常看到好多師父及尼師，手裏拿著「弘一大師傳」閱讀。有一位尼師曾經親自對我說：他是看了大師傳，才看破十丈紅塵，歸依佛門，棄俗爲尼的。這些無量功德，都是由於這一本「弘一大師傳」緣起，相信成千成萬、無知無依的青年們，將會變爲有所知、有所依皈，而去探求佛理，敬仰三寶，對佛教更加護持。該尼師因讀了大師傳，而能看破紅塵，削髮出家，步上菩提大道，這是他的勝緣，也應歸功於陳居士的功勞，誠所謂功德無量矣。

最近我又買了一本陳居士新著「當代佛門人物」，裏頭都是些當代的龍象，其中有一位是我的恩師，上煮下雲老和尚❸，已圓寂了。這本「當代佛門人物」讀起來令人感動，相信該書也是佛弟子精神上不可缺少的食糧。

昨天我又去慶芳書局購買一本「弘一大師傳」，因緣巧合，聽到該書局的李先生前幾天剛從大陸回來，我好奇的問他有沒有去杭州虎跑大慈寺看弘一大師的舍利塔等；據這位跟我同姓的李居士說：他去大陸將近有四十七天，只花了七萬多元，是由香港辦入境的，在四十七天當中，看遍了大江南北佛寺，還到過閩南各佛寺去參禮。尤其對弘一大師所去過的地方及住過的地方，他均有去參禮過，最值得雀躍的就是，大師的親筆字畫，還有臨終所寫的「悲欣交集」等親筆原稿金石樂章等好幾百件，都存放在開元寺，由從二十多歲出家有緣——當弘公五年多的侍者——妙蓮老和尚所保管。妙蓮老和尚今年已近八十歲高齡，身體還非常好，身邊還帶了一位聰明的小沙彌，二人敬愛親如父子。這位李居士向妙蓮老和尚說：臺灣有一位很虔誠的居士寫了一本「弘一大師傳」，很轟動；大家對弘公大師的修持深爲感動，也很崇拜大師。妙蓮聽後很感動。這位李居士還約定明年四月將會二度光臨泉州開元寺。妙蓮長老聽後欣慰不已，並再三要得一本「弘一大師傳」，最後互道珍重，臨走前，妙蓮老和尚還送了一本由大師次公子李端寫的追悼其先父李叔同事跡的文章，及弘一大師親筆寫的聯句贈送給這位李居士。

我如獲至寶，把它影印一份寄給陳居士，如以後有需要大師的資料，也可做爲參考，如有機緣，陳居士不妨親自去閩南泉州開元寺一趟，參禮大師的聖跡，及參禮妙蓮老和尚，人都已八十歲了，因緣難得。千萬別錯過，說不定陳居士去開元寺還會有所收穫呢❹？簡單謹達。

祝

念佛精進

三寶弟子李福長合十　一九八八年九月十日

【註釋】

❶李福長居士：臺灣高雄鳳山人，其個人歷史不詳。

❷案：「弘一大師傳」臺北三民初版，印於一九六九年，係四十開，分爲三册。

❸煮雲老和尚：江蘇如皋人，一九一九年生，十九歲出家，一九五〇年來臺，受任臺中后里陸軍五十四軍醫院傳教師，其後，到鳳山建立蓮社，宏法三十餘年，號稱「佛七和尚」。民國七十五年（一九八六）八月九日圓寂鳳山佛教蓮社，世壽六十八。著有「煮雲法師演講集」、「皇帝與和尚」等書傳世。其事跡詳見「當代佛門人物」第四七——五六頁。

❹余決定於今年（一九九〇年九月）赴大陸參訪泉州開元寺。

〈之二〉

慧劍先生道鑒：

昨天我去電慶芳書局，提起您曾失而復得、他去開元寺帶回有關弘公資料並來信言謝之事

❶。但在電話中，慶芳主人一再拜託要我寫信給陳老師，要陳老師寄一本「弘一大師傳」，簽名蓋章，寫明是贈送給妙蓮長老的。事因慶芳主人上次去大陸四十七天，走遍大江南北，也走遍弘公所走過的地方，並在泉州開元寺聽到妙蓮長老陳述弘公行誼。在聊天談話中，慶芳主人提起臺灣有一位陳老師寫了一本「弘一大師傳」，深受高級知識青年們所愛讀，該書很轟動、很暢銷，再版又再版，尤其大家對弘一大師出家後那種高卓梵行的修持，很受感動，妙蓮長老聽後也感動得流淚，在大家分別時的妙蓮長老再三拜託慶芳主人寄一本「弘一大師傳」給他，最好是陳老師贈送給他的。並要您陳老師親自簽名蓋章，慶芳主人安慰長老言：不會讓他失望❷。

這次慶芳主人發心答應要供養開元寺很多需要的東西，所以預定下個月，也就是十月中旬，要帶很多東西去，順便帶陳老師要贈送給妙蓮長老最喜愛的「弘一大師傳」，所以務望該書能儘快寄來，我再拿去給慶芳書局主人，月底我姑丈要去南海普陀山及九華山，聽說臺北有一位居士發心要我姑丈帶八百件海青供養普陀山僧衆，我也託我姑丈帶三斤檀香分贈普陀、開元、九華等寺，並供養一千元給妙蓮長老，以示敬意，簡單謹達。

並祝

念佛精進

三寶弟子福長合十　民國七十七年九月二十六日夜

【註釋】

❶案：所謂「失而復得」的資料，指余於一九八六年，香港友人曾從大陸報紙中剪寄一份弘一大師史料，竟在臺灣「郵檢」中散失，一年後，由非律賓自立法師自大陸返後，帶回一册天津古籍出版社印行的「李叔同——弘一法師」，其中所見資料，極爲眞實而豐富，所謂「失而復得者」，言此也。李福長居士轉來慶芳書局主人帶回者也是這本書，余當時已有，故乃璧還。

❷李福長居士轉來妙蓮長老的意願，余已遵示，簽名寄贈一九八八年增訂版「弘一大師傳」一册。

*附李福長居士致泉州開元寺妙蓮長老函

妙蓮長老金鑒：

前幾天我去高雄市慶芳書局購買一本「弘一大師傳」；這是我第二十五次購買該書。在無意中，我聽到該書局的主人李居士提起他剛從大陸旅遊回來，我一時好奇，就問他有沒有去過杭州跑虎大慈寺。他說：他不但去過，還到過泉州開元寺，並見過妙蓮長老和一位好可愛的小沙彌。我一聽到長老的法號，精神一振，就問了很多有關弘公及開元寺的情形。據李居士說：他曾承蒙長老送給他一本「李叔同年譜」及弘一大師次子李端所述的追悼〈其〉先父李叔同事跡片斷等書及手寫聯對，我如獲至寶，馬上拿去影印五份，一份寄給弘一大師著者陳老師慧劍居士，因「弘一大師傳」在臺灣很轟動，十幾年前從初版到目前已增到十幾版，由此可知該書暢銷到何種程度，該書從初版到現在已感動成千上萬的高級知識青年，好多人受過高等教育的男女青年，看了該書，沒有信仰者，亦都皈依了佛門，平常已經對佛法有信仰者，也都被弘公偉大高卓的梵行所感動，而削髮出家當了佛門龍象。我也是看了弘公偉大的梵行，常被感動得流淚。「弘一大師傳」，我看過九遍，也買了二十多本贈送給蓮友，每位蓮友看完「弘一大師傳」後都讚嘆弘公的高卓堅苦的梵行及爲道的修持。

復次，當陳慧劍老師收到年譜之後，來信云：幾年前就有他的好友從香港寄有關弘公的事蹟資料來給他，但因被海關沒收，今天而復得，言佛法不可思議等云。在書中，「弘一大師」著者陳老師云：後年他將退休，屆時他將盡一切可能去巡禮弘公走過的地方。

陳老師這次無意中獲得我寄給他有關弘公資料，深感不可思議和法喜，據陳老師說下次增版時，將再度增訂（見陳老師信）。

這次我姑丈要去南海普陀山及九華山，我再三拜託姑丈，如有路過泉州，請他代我向您老問安及請幾張弘公的親筆字聯，如「阿彌陀佛」或「以戒爲師」及「悲欣交集」等，如蒙長老慈悲贈賜幾張，我將把它掛在佛堂中，日日頂禮，默念致敬。

爲了表達我最崇高的敬意，並托我姑丈帶去正檀香一斤供養貴寺佛菩薩，及新臺幣壹仟元供養長老，請長老慈悲笑納，接受我最虔誠的供奉。並祝福長老福慧增長、法體安康、法喜充滿、念佛精進。

敬愛您的三寶弟子李福長頂禮

楊淑霞居士❶函二通

〈之一〉

慧劍居士慈鑒：

我是您的讀者，我們不認識，看到了「杜魚庵荒史紀年」❷，知道您曾在新營認識鍾石磐老居士❸，前幾天和鍾媽❹談到了過去。

鍾老居士現住新營，二次中風，現在不能握筆；又有一次傷，行動不方便，但是一切很好，有鍾媽照顧，累了鍾媽了。

一切都是有緣。懺雲法師是我的歸依師父。師父說靜坐需要蓋膝，一針一線一聲佛號，是我訂的日常課程；織帽子、披肩結緣❺。

佛像是和有緣人結緣的，請代助緣❻，功德無量。「聖賢夢影」，是〈鍾〉老居士的書，外流通不多。南無阿彌陀佛。

順頌

平安快樂

劉楊淑霞合十

〔一九八九年〕民國七十八年八月十六日

【註 釋】

❶楊淑霞居士：臺灣新營人，其年籍未詳。

❷「杜魚庵荒史紀年」：爲余自述之學佛生活紀年，曾發表於臺北「慈濟道侶」半月刊第五七——七四期，見本書前文。

❸鍾石磐居士：江西人，前中國陸軍少將，來臺後，轉任臺灣糖業公司新營糖廠顧問，平居專修淨土，近十年日課佛號二萬遍，與夫人鍾賀玫居士虔誠雙修，允爲佛門在家典範。

❹鍾媽：指鍾夫人賀玫居士。

❺織帽子、披肩結緣：本函到時，隨函接獲包裹，承淑霞居士布施余深咖啡色毛線冬帽一頂、同色披肩一幅，勉余靜坐用以覆膝也。

❻居士另寄來佛像多幀，命余隨緣與人，余又遵示已辦。

〈之二〉

陳居士淨鑒：

這一次新營妙法寺辦水陸法會已圓滿了，「圍巾及帽子」❶是我設計、請人代工的。雖然不是名貴，但很實用，奉上一條結緣，但願會歡喜。鍾老居士、鍾媽❷很好！南無阿彌陀佛！

順頌

平安快樂

楊淑霞合十（民國七十六年十一月十八日）

【註釋】

❶圍巾及帽子：時已近冬，淑霞居士憐余體弱多病，乃復贈以棕白色毛線冬帽一頂、同色長約六尺之圍巾一條，衷心愧怍且又感謝。

❷指鍾石老及夫人。見前註。

陳淑麗居士❶函二通

〈之一〉

老師：

回彰化來❷，耳邊一直縈繫着您的話，試着收心持念佛號❸。可是，老師您知道嗎？十二、十三日（不知那一日）清晨，被螆咬之痛驚醒了，直覺上又是螞蟻跑進耳朵；由於有了〔前〕一次〔的〕經驗，我很冷靜，請我朋友❹起來幫忙，讓她把油滴到耳朵裏（逼螞蟻爬出來），〔我〕聽她的指示躺着不敢亂動（如果螞蟻受驚，會亂鑽亂咬），但是無效。她手裏拿着棉花棒，希望螞蟻能聞到香氣後，順着棉花棒，把它引出來，但弄了老半天，還是無用；於是我坐起來，心裏唸着佛號（我想這是減少痛苦和懊惱最好的方法），這時，不知是巧合還是其他原因，好了，竟然不感覺螞蟻在（耳朵裏）竄動了，我以為它死了也該見屍吧！掏掏看，沒有。再掏，沒有。心想，奇怪，我告訴朋友——菩薩眞靈驗。可是螞蟻呢？在狐疑之時，隨口問道：「此時幾點？」「五點！」她說。

（我）念頭一轉，靜坐吧！

不久，異狀再度出現；（我）雙手自然舞動，比劃了幾個手勢，最後，以「蓮花指」停住（名稱不知是否正確），是觀音菩薩？我又接觸祂了。前後約一小時之久，（祂）告訴我一些話，當然也（經我的口）告訴我朋友了，眞像一場夢；可是夢境眞眞實實，甚至於連我朋友起床後一舉一動，（我閉目靜坐時）都一目了然。再挖挖耳朵吧，又是什麼也沒有，只有香油味，算了吧！見怪不怪，再睡吧！

老師！我考慮您的話❺，也很喜歡沉入佛法的知識領域，更喜歡探討它，甚至，更盼望有善知識❻，接引我一步一步往佛海裏；但，目前，原諒我無法聽您的話——念佛靜坐（下略）❼……當這件事結束後，再北上拜訪您。

對我的經歷，懵懂的我，只能說憂多於喜，我不知道是否該喜歡它、把握它，（我）只有以凡俗心，能把握的儘量把握，雖然，在追求現實名利中，免不了會有浪費生命的感覺，但總比在缺乏信念中，茫然去做一件事好。不是嗎？感謝您，老師！

敬祝

平　安

學生陳淑麗敬上（一九八四年）九月二十三日

【註　釋】

❶陳淑麗居士：一九五六年生，臺北市人，爲余任教於臺北市立高商時，民國六十七年班畢業生，此時在彰化二水一幼稚園任老師。

❷回彰化來：當時陳淑麗度過暑假後，再度由臺北返彰化任教。

❸收心持念佛號：案陳淑麗在這以前曾至余書齋晤談數次，知悉她常在「無意」中「跌」入「出神」狀態，而驚嚇了自己與家人。尤其在盤腿坐時，彷彿有一種極易「入定」的根基，因此余命其以「默念佛號」來收拾妄心，使坐時導入一心不亂境界。其實，陳生念的是「觀音菩薩」，而非「阿彌陀佛」。

❹此間所指陳生的朋友，乃是同園的園長，係陳生在臺北市某幼稚園任教時之同事，彼因返故鄉自辦幼稚園，因之，邀同陳生同去彰化。

所謂「螞蟻進入耳中」一事，陳生曾先有一次經驗，其實並非螞蟻，而是「氣動」，是「靜坐」的反應。但等持「菩薩」名號，心靜之後，便消失了。

❺此間所謂「考慮您的話」云云：因陳生有異於常人，易於「集中精神」的秉賦，尤其在「念佛菩薩名

號」時，我勸她要珍惜生命，走入佛道，去學習正統的坐禪或「念佛三昧」，我考慮推介給禪家南懷瑾老師指導，或可成就一個行人。故有此說。

❻ 善知識：佛家名相（術語），指「有學有德」之人。

❼ 陳生因未來工作問題，要參加政府學辦的一項考試，所以對「拜訪善知識」、「靜坐念佛」恒常修淨土一事，暫且擱置。

〈之二〉

老師：您好，很快過了二個多月了。這些日子來，蒙您的指引，也算小有收穫；我得了一項考試經驗，我朋友也得了一張駕照。這都是彼此幫忙的結果。當然，最重要的是您給我們的決心。

鄉居的日子是悠閒的，每天除了孩子的事就是自己的事。離開塵囂，過的生活倒有點像個隱士。現在，想的就是去拜訪南老師❶的事了。只要老師方便，我每個假日隨時都可以去。請老師留意，這兒電話改了……。

恭祝

教安

學生陳淑麗敬上（一九八四年）十一月二十七日

【註釋】

❶陳淑麗的異常，我已向南懷瑾老師介紹過，承南師不棄，承允面談云云。

南懷瑾老師❶函一通

慧劍先生左右：

九月三十日手書奉悉，事忙稽覆，乞諒。陳淑麗小姐靜坐現象，是否爲病態、爲宿緣？皆須待面晤後方得確定，務望勿以「神通」等觀念先入之爲佳❷。肅此即

頌

平安

南懷瑾（民國七十三年）十月七日

△屆時與我電話連絡，最好週一至週五之十一點半左右，下午五點半左右爲宜。謝謝。

【註釋】

❶南懷瑾老師：浙江德清人，著名禪家，有「禪海蠡測」、「楞伽大義」、「論語別裁」等多種作品行世；門下極多。一九八七年後，由臺而美，而隱居香港。

❷陳淑麗事，後雖經約定相晤，孰料終以因緣不具，而未能赴南老師處受教。直至南師於一九八五年間赴美，未再連繫，而陳生至此稿成書時，仍處隨緣於佛法狀態。

湯春梅小姐❶函一通

陳老師、師母：您好！

有幾年沒和您聯絡了，甚爲想念，近來可安康否？

每次提起筆想寫信給您時，我總是遲疑着；一無所成的我，實在是沒勇氣寫。由於您們是如此的關愛我❷，付出這麼大的愛心於我，我非常的感謝，這輩子是無法忘懷的，但也深爲負疚，一直無以爲報，慚愧交織着感恩的意念，一直鞭策着我想寫信給您的念頭，相信您能了解。

這幾年來，我的健康情形一直是好好壞壞的！今年四月份關節又疼得厲害，又去榮總❸住院；出院後，現情況較有好轉。

目前我在新莊〔化成路〕成衣廠做事，是做品檢的，只要檢查衣服是否有故障，工作不很苦；雖然我所能做的事有限，但最低限度我現〔在〕能自力更生；工廠也有勞保，看病也很方便，每二個星期我就要去榮總門診，甚感欣慰，我不再是社會的寄生蟲；我已感滿足，想必我告知您這些，您們也會爲我感到高興吧！能有今天，完全是您們賜予我的？當年若不是您們，也許際遇又不同了；可能還臥病於床榻。俗說「感恩不言謝」，同樣我對您們的謝意，並非我這支筆

所能寫的出來。爲了答謝所有關愛過我的人，我必須永遠奮鬥下去。希望老師您能常來信支持我❹，謝謝！祝

安好

〔湯〕春梅上 一九七九年十月十五日

【註釋】

❶ 湯春梅：臺灣新竹縣竹東鎮人，約生於民國三十九年〔一九五〇年〕前後，由於家貧，春梅於小學畢業後即輟學，入電池工廠做童工，當時工廠地有積水，常年如是，致使春梅手足患關節腫大症，於十三四歲時，即因嚴重的關節炎而不能行走；民國五十七年初冬（或五十八年），余以一意外因緣，去竹東訪問這位貧女，深感人間苦難殘酷地降臨在這一個弱女身上，而當時又無法獲得社會救濟及治療的管道，返臺北之後，余與內子小孟（筆名韓湘），乃在報章發表呼籲文字，請諸社會人士伸出援手，自後，即陸續受到社會關懷，春梅也因此能轉到臺北住到臺大醫院，但關節炎無法根治，行動必須拐杖；惟春梅做人剛強，決心自立，後從臺大轉入一婦女習藝及休養機構，最後終於能「自力更生」，到新莊化成路一成衣廠做一女工，這是一九七九年〔民國六十八年〕的事。

❷ 此間所指，即是余夫婦陸續以行動支持春梅，她也曾與病友來寒舍晤敍，惟此事余甚少與友人談及。

❸ 榮總：即臺北石牌〔臺灣〕榮民總醫院。春梅當時因有勞保，所以能去「榮總」接受治療〔唯效果不彰〕。

❹很遺憾的是：當我接到這封信時，正值創辦「天華出版公司」初期，忙於編務；乃回信給她，答以只要有暇，一定到新莊去看她。誰知一拖就是十年，春梅即不再有音訊。余於舊歲（一九八九年秋）托學生謝雪燕（住化成路附近）就近查訪，謝生到春梅工作廠所查詢時，廠方稱「並無其人」，只有悵然而返，余內心至爲歉疚。此書出版後，如有讀者先生女士，查獲春梅地址、行踪或有關信息，即請通知「東大圖書公司或三民書局」轉告我個人，感謝之至！

范鳳嬌居士❶函一通（附落花詞一首）

陳先生：

此番煩勞天華公司❷轉交敝函，是有幾項關於「弘一大師」的問題想向您請教，望不吝指教。敝人非常景仰弘一大師，也是因爲拜讀大作「弘一大師傳」的因緣。

當我念國中二年級時，音樂課教唱一首「落花」，作者署名「李淑同」，後來始知「淑」字爲「叔」之誤，可是我遍查所搜集有關弘一大師資料（包括書籍、刊物），卻了無收穫。雖然您大作中錄有弘一大師所作「落花」這首歌，但兩首歌詞內容完全不符，便想請陳先生是否能證實這首「落花」確是弘一大師所作❸，現把部份歌詞附錄於後（因多年了，或許記不全，或恐稍有差誤）。

天華月刊第五期，刊有您的「蓮因寺親聞記」，敝人很希望能親眼一睹弘一大師的遺墨眞品，所以請問到蓮因寺如何走法？最後，多有叨擾，望請海涵。

敬請

道安

范鳳嬌上　民國六十八年十月二十六日

〔附詞〕落花，第一段❹

花落時，花落時，怎奈風聲又雨聲；

也可惜，也可喜，一樣看花兩樣情；

有人但惜好花落，有人卻喜結果成……。

李叔同先生是家喻戶曉的作曲、作詞家，但近年來，得以流行的，也只有「送別」、「憶兒時」而已，其他世人便多不見了。所以我有個建議，便是將李叔同先生歌詞錄灌成唱片，廣爲流傳❺；使得更多人認識弘一大師，和唱他的歌，乃至於不朽。當然，這些我是門外漢，雖然我說起來容易，或許做起來卻艱辛萬倍；若言者有所不當，望勿爲怪！

【註釋】

❶ 范鳳嬌居士：臺灣嘉義大林人，其個人歷史不詳。可能出生於一九五六年以後。

❷ 當時余主持天華月刊及天華出版公司編務。

❸ 范居士在國中時所唱的「落花」，確與弘一大師在三十六——三十九歲之間（在杭州第一師範）所作的

「落花」不同；自民國七十七年開放大陸探親之後，我所獲得的有關弘一大師的新史料，迄未見這首「落花」，當時我答覆范鳳嬌居士，也只好從闕。

❹ 范鳳嬌居士錄的這首歌，考察這首歌詞的思想及風格極可能是弘一大師在俗時的手筆，但出於何時，其全詞文是那些，都待吾人努力查證。

❺ 關於在臺灣四十年來能見到的弘一大師所作的歌詞，我已於民國六十七年九月（以前）請臺北「音樂書房」劉海林先生重新製譜（夾註簡譜）由天華公司出書，但此集中仍缺今天我再度發現的「祖國歌」、「大中華」；另有缺譜的「厦門第一屆運動大會會歌」詞（一九三七年作）；目前我所知，有詞名而未見其詞及曲的，有「隋堤柳」、「我的國」、「春郊賽跑」、「南京高等師範學校校歌」等，這仍待有緣去大陸各地搜集。關於製作錄音帶，我自已手中有一卷在民國七十三、四年間買到，由「臺灣中廣公司」根據我所編民國六十七年版「弘一大師音樂遺集」所製作的（未經我同意）的出品，俟後再未見到坊間出售，而我自已也無力製作。

陳瑞穗居士❶函一通

陳先生勛鑒：

頃在書坊中看到大作「通靈寶玉」❷一書，很想拜讀並珍藏；所以想以手邊還存有「臺灣史蹟源流畫册」（幼獅文化事業公司版，王國璠教授編，每册六十元）一書與您交換；我的書未寫姓名及作記號，係新書；如果陳先生——您沒有我那本書而同意交換的話，敬請來函示知，以便將書寄奉，俾促進書刊交流。如蒙賜復，至爲感激❸。

耑此敬祝

崇　安

晚小妹 陳瑞穗敬上　民國六十九年元月六日

【註　釋】

❶ 陳瑞穗居士：臺灣南投人，其個人歷史不詳。

❷ 「通靈寶玉」：此書係余在一九七六年以前選錄已發表之佛學散文編定，約十餘萬字，由臺北桂冠圖書公司在民國六十五年十二月印行初版。此後並未見再版。

❸ 陳瑞穗小妹與余往返函件數通，今僅檢獲一通。

黃怡翔先生❶函一通

陳先生台鑒：

敝人不久前在天華月刊上拜讀了閣下所發表的一篇大作：「證嚴法師的慈濟世界」❷，對於該文所述之證嚴法師及其所領導的〈花蓮〉慈濟功德會，在濟貧扶弱的精神與行動上的表現，深深令人感動與敬佩。又因最近內人返國時，前往花蓮靜思精舍拜見了證嚴法師，並幸蒙法師收爲皈依弟子，並賜法號「靜念」，實感無限榮幸。

爲了盡一己之薄力，使師父所發動的「佛教慈濟綜合醫院」之偉大理想能早日實現，敝人盼望閣下能應允將所發行的一份月刊給予轉載，俾能獲得更多佛教界的大德居士們的響應此一盛舉，早日完成師父之願望。不知閣下意見如何❸，敬請賜復。又，敝人久疏於中文書信，辭不達意處，望請原諒。

敬祝

教祺

晚生黃怡翔敬上（一九八二年）六月二日

【註釋】

❶ 黃怡翔先生：臺灣彰化古蹟區——鹿港人。一九四六年生，中國文化大學畢業，於一九七六年（民國六十五年）與出生臺北的李小姐（法名靜念）締婚後，即移民美國加州，日後並擔任慈濟功德會、駐美國分會負責人，黃先生亦於日後皈依證嚴法師，法名思遠。其個人事迹詳見臺灣「慈濟道侶」半月刊第六十九期第四版姚白芳撰「昔爲火宅侶，今是法城親」一文。

❷ 「證嚴法師的慈濟世界」：爲余於民國七十年（一九八一年）十月赴花蓮靜思精舍專訪證嚴法師之後，

撰文發表於民國七十年十一月一日起臺北「天華月刊」第三〇、三一、三二各期。發表後，花蓮靜思精舍要求複印，而後再要求印行成册，經余承允，迄今已印行三十萬册以上，這本二萬字的小册子，是花蓮慈濟功德會的緣起及成長以及證嚴法師的個人簡史。此後，它一直在社會上，承擔了對外界「推銷」「慈濟」的媒體角色。

❸ 黃怡翔先生的要求，余已答允，不僅予以轉載，慈濟功德會之大量印行，余皆無條件地答允！

楊鴻飛居士❶函一通

慧劍居士道席：

久慕學德，恨未識荊。

前者對居士所選輯「杜魚庵詩選」❷一書，本欲購置案頭，作爲海外難得此等書類之參考；只恐隔海費時，有向隅之虞而作罷。今閱六月一日「天華」月刊，知尙有獲寶之可能，特此奉函，務祈賜寄一册，是爲至禱。

書款及郵資，若可能暫懸者，只須有便，決如數奉上不誤；或者有勞清神（下略），聯絡楊白衣❸（顯祥）居士，請其先代墊亦可。因海洋相隔，款項不便，猶希見諒。

耑此，並請

道安

晚學鴻飛❹

（民國七十一年）六月十日

【註　釋】

❶楊鴻飛居士：江蘇泰縣人，約生於一九二〇年前後，法名圓明；於一九四九年由臺灣赴日本攻讀佛學，爾後定居日本東京，一迄於今。楊氏學養豐贍，爲人謙誠，爲臺灣佛教界所熟稔，其論文經常發表於臺灣佛教界刊物及臺灣中央日報副刊。

❷「杜魚庵詩選」：爲余於民國六十二年至民國七十年間，從詩經到民國時代諸家詩集中，選出名詩、名詞、名歌編集成册，以授生徒；集中收舊詩、詞、曲計五三二首，含蓋時間，約四千年。此集因以打字油印，以減少集資印書人（均爲高三學生）之負擔，印出後，每册對外流通價臺幣壹佰伍拾元，此集成書共有三百册，對外流通不多；且所收詩歌，均未加註，只作教學用；惟所多餘之書，對外流通之際，不久卽告罄，今已絕版。

❸楊白衣：臺灣高雄人，本名顯祥，白衣爲其法名。生於一九二四年（民國十三年）農曆元月二十四日，自民國四十年前後卽在臺灣佛刊發表佛學論文，並歷任臺灣國立臺北工業專科學校副教授，並於一九八三年許退休，專事佛學研究及教學；後於一九八四年初以「圓測大師之研究」一書獲得日本佛教大學文學博士；但不幸於一九八六年九月十五日突然逝世於臺北三軍總醫院，享年六十三歲。其遺著有「唯識要義」等多種。

孫旗先生❶函一通

慧劍鄉兄：

貴刊❷越來越好，十一月號一口氣讀完「論熊十力」❸一文，該文中提及李霜青❹著「一代大哲熊十力傳」，請詢韓相先生❺何處出版？

其次：拙編「黃賓虹的繪畫思想」優待價格若何？

其三：印順論師❻刻在嘉義、抑在慧日講堂？請告知其地址。

其四：「紅樓夢人物論」一書，是否包括王國維之「紅樓夢評論」？

上述數事，本擬電話請教，但恐兄不在社，且非三言兩語可竟，甚盼□□書面請教也。

弟已痊矣❼，不一。即頌

道安

弟孫旗拜上　（民國七十年）十一月五日下午

【註釋】

❶孫旗先生：為筆名，文學理論家，江蘇淮陰人，約生於民國十三年；從事寫作多年，著有「中國藝術精神」等書。現在臺灣政治作戰學校講授藝術課程。

❷ 貴刊：指民國六十八年六月一日起創刊之「天華月刊」，余任總編輯。

❸ 論熊十力：此文發表於民國七十年十一月一日「天華月刊」三十期第二版。

❹ 李霜青：臺灣新竹師範專科學校（今爲師院）教授，其個人歷史不詳。

❺ 韓相：余在天華公司任職期間，除以本名〔陳劍慧〕及余之號〔陳慧劍〕發表作品之外，並分別以「韓相」、「妙悟」（余之法名）從事著述。

❻ 印順論師：即著名佛教思想家印順導師。事迹見本書第三三六頁註❶。

❼ 在孫函寄達之前數月，彼因車禍傷腿，綿延甚久，故云「已痊矣」！

黃寶崧先生❶函一通

慧劍先生您好：

我看到馮馮先生❷「夜半鐘聲」❸裏，您的大序——其中說到您有一張「佛學基礎知識書目表」❹；而我正是亟須前輩在學佛道上指引的初學者；如果您願意，而又不太厤煩的話，是否可以將這張書目表寄給我，以便按表索驥，期能從無知到稍窺佛理的門徑。這個叨求，不知能否答應我？以後，如果研讀佛典，有不解之處，再隨時向您請教好嗎？

祝

平　安

晚黃寶崧敬拜　民國七十二年五月四日

【註釋】

❶黃寶崧先生：其個人歷史不詳。諒爲一位高級知識份子。

❷馮馮先生：其個人歷史請參閱馮馮函〈之一〉❶。

❸「夜半鐘聲」：爲作家馮馮第一本感性佛學散文集，計二七〇頁，約十六萬字，由天華公司於民國七十年三月一日印行初版，囑余作序，此後暢銷不輟。余自天華辭職，天華將該書重新「增訂」，又請馮馮另爲新版作序，余序隨被刪除。

❹「佛學基礎知識書目表」：爲余應社會學佛人士之需要擬定，發表於民國七十年元月一日天華月刊第二版。原題爲「佛教青年必讀基本書目表」。此一書目表，含蓋了甲、乙、丙、丁、戊五大類，分別是「史類、經類、通行書類、文史哲雜類、工具書類」。總計一二〇種。後來我於一九八六年（民國七十五年八月）到慈濟文化中心後，又曾以「韓林」筆名發表「初學佛人重要書目四十種」（見民國七十八年五月十六日「慈濟道侶」半月刊第六六期），不過這四十種書目，待來日新書湧現之際，仍將有所增添。

陳道啓先生❶函一件

陳先生：

您好，您對這個名字很陌生吧？我在「天華月刊」第五十一期，拜讀過您訪問「苑裏異行特立無名比丘尼」的隨訪錄❷。

九月二十二日，那天下午我也去苑裏「大興善寺」❸，碰巧一位居士拿着您訪問的月刊，請求師父醫治他兒子的「腳疾」。陳先生！要不是您的報導，那位居士恐怕〔已〕把他的兒子的腳鋸斷了（下略）❹。

我向那位居士要了那份第五十一期天華月刊，才能詳讀內容。

大興善寺的〔福慧〕師父是大慈大悲的，不是我所能形容；我常常從師父的一舉一動，來反省我自己。

農曆九月十九日——觀世音菩薩出家紀念日，大興善寺在做法會，陳先生——您記得要去！

最後，請教「金山活佛」❺這本書那裏買得到？請來函告知。

〔祝〕

吉祥如意

陳道啓敬上　〔民國七十二年十月六日〕

【註　釋】

❶ 陳道啓居士：其個人歷史不詳。

❷「隨訪錄」最初發表於民國七十二年八月一日天華月刊，而後收入拙著「當代佛門人物」第二六九——二八一頁。

❸大興善寺：原建唐代，在今西安。名刹。無名比丘尼借用之。

❹那位求助於無名比丘尼的居士，因其子患「骨癌」，求醫各地，均以鋸腿爲先決條件，乃到苗栗苑裏，經大德尼施以大悲水，後經佛刋報導，其子已癒。

❺「金山活佛」：此書全名「金山活佛神異錄」，原係一九五九年〔民國四十八年〕六月一日佛界耆宿樂觀法師所著，此後風行海內外，至民國六十七年，由余與樂觀老法師接洽訂約，由天華重印，列爲「瓔珞叢刋」第五種。此書詳述民國二十年代禪門奇僧妙善和尚一生聖迹。

洪秀粧居士❶函一通

慧劍老師❷：

我是您在〔臺〕北市〔立高〕商教過的學生❸，幾天前，在「現代佛教」❹月刊拜讀一篇您在靈山講堂、講說「弘一大師□□□」❺。記得四、五年前，曾在圖書館中借到您的大作「弘一大師傳記」，由三民書局❻出版；從書中我對佛教也有初步的認識，似乎已有佛教種子播在我的八識田中。

目前我服務於〔臺灣〕省立臺北醫院❼；在這裏很意外的認識一些年輕朋友，他們對佛學有濃厚的興趣；並由於他們的引導，我認識了「慈光山文殊院」的住持聖開法師❽，並在此皈依三寶。師父非常慈〔祥〕，文殊院給了我很深刻的印象。我個人對老師——您的佛學修養非常仰慕，希望有機會登門拜訪，聆聽您開示❾。

恭祝

身體健康

弟子洪秀粧敬上　〔民國七十三年四月□日〕

【註釋】

❶ 洪秀粧居士：臺灣臺北市人。約生於一九五一年後，為余任教於「臺北市立高商」時，民國六十五年（？）班學生，其個人歷史不詳。

❷ 上款原書為「慧劍大師」，余不敢僭稱「大師」，隨手改之。

❸ 見「本函註❶」。余授洪秀粧課，可能是「中國文化基本教材」或「三民主義」。

❹ 「現代佛教」：為來自越南、到臺灣留學於「國立師範大學碩士、博士班」出家僧侶釋淨行（俗名黎光蓮）所創。此一月刊創刊於一九八一年（民國七十年）七月一日，為四開報型單張月刊。余於一九八四年——一九八五年秋，曾有一年時間任該道場（靈山講堂）顧問。

❺ 當時演講的題目，余已忘記。洪生所錄，題文亦不全。但內容則為「弘一大師事迹」不謬。

❻ 三民書局：位臺北市重慶南路六十一號，創辦人兼董事長為祖籍江蘇南通之劉振強先生，約一九三六年

生。劉氏到臺後卽從事出版事業，規模甚大，曾自民國五十八年起，印行余之作品，有「水晶夜」、「弘一大師傳」、「當代佛門人物」、「寒山子研究」、「薝蔔林外集」……等多種，並均由該局列入「滄海叢刊」，出版者則爲其所屬「東大圖書公司」。

❼ 省立臺北醫院：位於臺北縣新莊鎭中港路，屬「臺灣省政府」之醫療單位，而非「臺北市」。

❽ 聖開法師：一九二〇年生，俗名李正平，民國六十年前後出家，受剃於東初法師門下，後自創南投魚池鄉慈光山。其個人籍貫不詳。

❾ 洪秀粧來書後，約不久（民國七十三年夏秋之間）偕友到余寓晤敍。

石維華居士❶函一通

慧劍居士：您好！

我是您的忠實讀者，您許多著作我都看過；而最歡喜〔的〕，乃是「弘一大師傳」，及「英雄寂寞」❷二書。而我，亦是李敖❸的讀者，所以我亦特別喜愛此書。

在此有二事請敎您：

⑴可否告知——您還有類似「英雄寂寞」的短篇著作？如果告知，以便請購。（「當代佛門人物」❹，我已有書。）

⑵可否告知——旅居於加拿大的馮馮居士❺之詳細住址；因爲我有一件很重要之事，欲請敎

於他；在此之前，亦曾多方打聽，但，不是未見相告，就是不知道住址。最後，幸逢臺中太平鄉上印下順導師之弟子——淨耀法師告知，您可能有他的地址，是以轉向您打聽，煩能慈悲告知，不勝感激！

末學石維華敬上

（民國）七十五年一月十四日寄自臺中

【註　釋】

❶ 石維華居士：年輕學佛居士，其個人歷史不詳。

❷ 「英雄寂寞」：此書係余於民國七十二年九月一日結集在「天華」等佛刊發表之短論而印行之論文集，約十四萬字，為個人自印；俟民國七十五年，淘汰其中之弱篇，另收自七十五年八月以後到七十八年間所發表之論文，合二十餘萬字，分四品，交由東大圖書公司，印行成集，顏其名曰：「薝蔔林外集」。

❸ 李敖：吉林人，一九三五年生，臺灣大學歷史系畢業，歷史兼政論家，著有「李敖全集」行世，其行迹詳見余著「薝蔔林外集」第二六七——三〇一頁。

❹ 「當代佛門人物」：為余收集民國六十八年至七十二年間在「天華月刊」發表之「人物專訪」，結為此書，並於民國七十三年六月由東大圖書公司印行初版，七十五年十二月增訂再版。

❺ 馮馮居士：見本書馮馮函〈之一〉❶。

黄須白居士❶函一通

陳先生您好：

我是〔臺灣〕清〔華〕大〔學〕物理〔研究〕所的學生，最近常爲一樁心事煩擾，每每輾轉難眠，痛不欲生。前不久拜讀您的「靜坐三昧集」❷，忽萌一線希望，因此冒昧打擾您的清靜，敬請原諒。

長久以來，我一直會「說話結巴」，心情容易緊張，每每想把話說好，卻又莫名緊張，心跳加快，益形口吃。

我常常覺得好苦惱，好恨自己（尤其是在與師長、朋友聊天時，不能順利表達自己的想法，更使自己痛苦難堪，好似內臟糾結，全身欲裂），甚至難以成眠。有幾度甚而意萌輕生❸。

在讀過您的「靜坐」一書後，知道靜坐可助人〔增進〕健康，精神寧靜，因而頗欲一試，但卻不知此法是否能袪除心中緊張、消除口吃？懇請您能惠示❹。謝謝。

另，去年曾登遊〔新〕竹縣五指山，得識五峯禪寺之戒雲師父❺。因近來爲口吃苦惱，曾想恭造五峯禪寺盤桓數日，跟師父學習禮佛，過數日出家人生活，看是否能消除心中不自主的無由緊張，而去口吃。但〔因〕功課繁緊，只得作罷。唯不知能否請您惠示——如此做法，能否有所裨益？敬候

道安

晚生黃須白謹上　民國七十五年十一月三日

【註釋】

❶黃須白居士：當時係〔臺灣〕國立清華大學研究生，其個人歷史不詳。

❷「靜坐三昧集」：爲余結集：「簡明健身靜坐法」、「因是子靜坐法」、「靜坐破魔法」、「丹田吐納法」，卷首，余撰「前記」及「靜坐要則」各一篇，顏其名爲「靜坐三昧」，於民國六十八年六月一日印行初版，至今已印行約二萬册；此書乃「集而不作者」也。

❸黃須白先生之「口吃」問題，余已去函，請彼達觀以對世俗，歷史上有許多菁英也患口吃，如韓非子、揚雄；口吃是幼年時期家庭教育太嚴、父母不准兒女發問、中途切斷兒女問話；久而久之，習而爲常，便成口吃。在佛家說，這也是一種（業報）。怎麼辦呢？除了求助於專治「口吃」專家之外，如治而不愈，也只有自比「韓非子」吧！心理緊張，可以借許多實踐佛道的方法來減輕，甚至於消除。

❹「靜坐」時久功深，自然會消除緊張，但不一定能治癒口吃。我們如果浸染佛法有得，深明「萬法唯心」之理，「口吃」當不是人生唯一障礙；放下可也。

❺戒雲法師：其人歷史不詳。

陳大彬居士❶函一通

陳居士勛鑒：

當您收悉此信後，或許還要想一下方知寄信者爲何許人？時間過得很快，承蒙您的指教，已逾多月❷。在前些日子，馮居士❸已函覆我的問題，雖未能完全答覆我的所求，但已萬分感激，謝謝您的協助。

馮居士在信中告知：在常理上——我這種病❹，應該已無恢復的希望，但事情往往〔會〕有例外，或許還有奇跡出現！〔他〕要我每日在靜思中以「心」〔默〕念「觀世音菩薩」、「藥師如來」；觀想菩薩，祈求菩薩〔以光以力〕加持頭頸椎骨受傷部位，以心力療治；並用老薑加熱，按敷受傷部位，並用艾絨炙之，每日再將全身浸泡熱水，如此或許能治癒。據馮居士說：此法曾經治癒過一位患者。今後我將盡我所能去做。

近幾個月來，我看了許多有關佛教的書，得知菩薩具有無限的「能」，只要信仰虔誠，祈求於祂，必有感應。生爲佛弟子的您我，自然深信不已。今後我當盡力以求，而不管其結果如何❺！相信這才是我目前唯一可行之途。在這裏，我要再度感謝您大力的幫助！

祝

闔家平安

陳大彬上　民國七十六年十月十一日

【註　釋】

❶　陳大彬居士：臺灣南投人，其個人歷史不詳。

❷ 在此函之前，陳曾托余介馮馮居士與之連繫。

❸ 馮居士：即指旅居加拿大溫哥華之作家—馮馮。

❹ 據余學生廖碧婷云：陳大彬在陸軍服役期間，在一次演習中遭遇車禍，導致頭部後頸以下脊骨受損，使得全身自此癱瘓，長年臥床。惟大彬雖然長年臥床，仍不忘讀書，平日手不釋卷，勤奮好學。

❺ 大彬所云：「今後我當盡力以求，而不管其結果如何?」，這正是佛家入世精神，「空觀」的態度。

關世謙居士❶函一通

佛林❷大居士道鑒：

頃接「四十九問」❸大作，展讀竟篇，無限欽敬！大居士具眞智慧眼，能於末法濁世，獨摧魔軍，而樹正法之幢，讚佩奚似。擬即編排於次期獅刊❹，惟有兩事就商於座下：

一、文中之主觀批判語辭，稍作移捨；

二、就之複印，分發一切佛教刊物，並及各寺院乃至〈大專〉學校佛學社團❺。

文中第二十問，設論基礎稍呈薄弱，擬予刪除，祇賸四十八問，未審尊意以爲然否?此頌　並候卓示。　維稱

淨綏

關世謙 和南

（民國七十七年）五月九日

【註釋】

❶關世謙居士：東北、安東市人。約生於一九三〇年，日文翻譯家，譯有「中國禪宗史」、「中國佛教史」等巨著甚多。居士現任臺灣「獅子吼雜誌」主編。與余相識已久。

❷佛林：即余之筆名「沙佛林」之「佛林」，唯關世謙居士並不知此名爲余之筆名。

❸「四十九問」：即「致清海法師四十九問」，發表於民國七十七年五月十六日臺灣「慈濟道侶」半月刊之第二、三兩版；並同時複印海內外各國、地區之佛教雜誌，計「香港佛教、臺灣海潮音、獅子吼……」等十餘家刊物在當年五至七月份披露。關於「清海法師」個人資料，請參閱本書附錄；鄭法明「臺灣有一個錫克教傳人」一文。

❹「獅刊」：指民國道安法師創辦的「獅子吼月刊」，此刊創辦於民國二十九年廣西之桂林。民國四十七年在臺灣臺北市復刊。

❺關世謙居士之高見，余已預爲之謀。

陳老師慈鑒：

郭暖卿居士❶函一通

當您接到此信時，不知是何日何時❷？〔此間〕很多事我無法告知家人；我只能默默承受內心的煎熬。來「慈濟」這步棋子，是走錯了！

今天❸，您在病中休養，而我卻如同赴了「鴻門宴」❹；會一結束，便急忙踏上歸程，直到十一點零五分才到家門……。

回憶會中那一幕，我眞想桌子一拍憤而離席，離開後永不回頭。我眞羡慕邱玉燕的斷然離職……❺。

今天會議的結論是：「慈濟道侶」❻是我們辛勤耕耘的成果，卻被評爲「看完即可棄置垃圾桶的東西，毫無保存的價值。」

〔此一節從略。〕

□□師父提及，要「慈濟道侶」回歸「慈濟」本來面目❼。以七十四期爲例，內容未能全部刊發「慈濟消息」，尚有二分之一版面是「慈濟」以外的佛教新聞，加上委員❽以〔葉曼〕❾「雲居寺」一文大做批評、指責，最後決定：「以後不准再刊載有關爲〈雲居寺〉重建的事。」「慈濟福田」，不要夾有「雜草」，「不要明爭暗鬪」，特色是彼此讚歎……。

老師！我在這裏，心中埋着無限痛苦，加上今晚發生的事，統合起來，我眞恨不得在十月一日就棄職以去。我情願過儉樸的家庭生活，也不願在一鍋渾水中打轉。陳老師！我眞不知如何度過這一段「慈濟」的歲月？

這次會中，唯一講公道話的，是李宗吉居士⑩，他說：「慈濟道侶」是四十萬會員的精神食糧……大家要團結一條心。

陳老師！目前我們說甚麼都沒有用，心已經涼得透底了！最後，您的請假單由黃素燕⑪寄去花蓮，□□曾問及您的情況，我已當面說了。

耑此敬祝

道　安

職郭暖卿敬上　民國七十八年九月二十九日

【註釋】

❶郭暖卿：福建林森人，一九五六年生，輔仁大學歷史系畢業，於民國六十九年起到七十五年七月，先後任「天華月刊」及「現代佛教」編輯，七十五年八月至七十九年元月底止，任「慈濟文化中心」及「慈濟道侶」半月刊編輯組長，於同年二月一日辭卸慈濟編務。

❷〔余自民國七十五年八月一日至七十八年十二月二十六日受聘「慈濟道侶」總編輯、慈濟文化服務中心實際負責人期間〕郭服務於編輯部，余因病於〔民國七十八年〕九月二十五日向花蓮請病假，至十月七日。而當年九月二十三日晚間七時，花蓮慈濟功德會證嚴法師在臺北文化中心召開所謂「慈濟文化志業管理委員會」之每月例會，余因病乃命郭暖卿代理出席。郭因受到所謂「一批管理委員」的攻擊，在余未銷假前，渡日如年，故有此言。

惟慈濟之文化志業管理委員會，自余於七十八年十二月底辭職以後，卽不再召開。此會共召開五次，分別是七十八年七月、八月（在臺北）、九月（在花蓮慈濟醫院）、十月、十一月（在臺北）各一次。這一管理委員會，管的只是「臺北文化中心」，別無事事。每次開會，便形同共產黨的鬪爭大會，目標是「慈濟」的「趙紫陽」。

❸ 今天：指開會當天，卽「七十八年九月二十三日」。

❹ 鴻門宴：鴻門，西漢初地名，在今陝西臨潼縣東北；公元前二〇六年，楚漢相爭時，項羽在此設宴，企圖陷害劉邦，邦因項伯、樊噲之助，得以脫難，史稱「鴻門宴」。

❺ 邱玉燕：臺灣臺北市立高商民國七十二年應屆畢業生，於七十五年九月一日到臺北慈濟文化中心任職，七十八年九月一日以助理編輯任內辭職。

❻ 「慈濟道侶」：爲半月刊，創辦於一九八六年（民國七十五年）九月一日，該刊由慈濟功德會負責人證嚴法師聘余策劃，在余手中出刊至七十六期，七十六期以後余不再負責。

❼ 所謂「回歸慈濟本來面目」，很難理解；可能意指，除了「慈濟的消息」，此外不可發布任何佛教的新聞之謂。

❽ 「委員」：指慈濟基金會自民國七十八年七月十一日發布命令，成立所謂「慈濟文化志業中心」，並取銷自七十五年八月一日起在臺北建立的「慈濟文化服務中心」，並改組「慈濟道侶」結構，將行政、人事、會計交由另人接管，實際編輯運作，亦同時接辦。「文化管理委員會」亦在此時成立，委員爲慈濟的施主，從此慈濟的大施主正式介入行政事務，天下亂矣！不過這是慈濟基金會的運作手法，其動機外

人不解。

❾ 葉曼：湖南湘陰人，本名劉世綸，一九一四年生，北京大學經濟系畢業，曾任臺灣輔仁大學哲學系教授、世界佛教友誼會副會長。從南懷瑾先生學佛有年，其夫婿田寶岱先生，爲中華民國前駐菲律賓、沙烏地阿拉伯大使，於一九七六年後退休。劉氏亦爲知名作家。

❿ 李宗吉居士：福建厦門人，一九二六年生。一九四五年來臺，克苦經營有成，終創辦「基業船務」及「環球倉儲」二公司，李氏事親至孝，子賢女順，允爲典型中國文化家庭。李氏現已退休。

⓫ 黃素燕：臺北市人。臺灣、臺北市立高商，民國七十二年班畢業，民國七十五年九月入臺北「慈濟文化中心」歷任檔案管理、會計、助理編輯等職務，七十九年二月一日辭卸慈濟工作。

荒島殘僧錄

一、海上有仙山

我們的部隊，從浙東撤退到杭州灣外海的舟山列島中的一個小島——岱山。在海上，暈了三天的船，登岸之後，還搖搖晃晃三四天，走不穩路。等我們住下來，才發現這個不足二十平方公里的小島，竟然「童山無毛」，林木蕭條。海港邊有幾條破舊的漁舟，小街上，有稀疏的幾個行人。出了小街，也有幾戶稱爲「村落」的山野人家。這些人以打漁討海爲生，他們門前的地上，曬一些黃魚乾和海蜇皮；家裏也釀幾罈本地老酒。整個一座小小的荒島，因爲有幾千名撤退下來的軍隊，才突然驚醒過來。

後來，因爲沒事可做，我到處閒逛，又發現這個島上還有兩三個迷你型僧院。荒謬的是：這些打漁討海的人家，還竟然都「信佛」。

一面吃海鮮，一面念佛，這思想怎麼統一？

一九三九年九月間，我和幾個同志，在夕陽落山之前，經過一條山徑，發現了一座荒涼的

「寺非寺」，我們不由分說地銃了進去。

而那一天，它竟然成了我日後「生命的分水嶺」。在那之前，我可以對着天發誓，我絕不曾想到「佛」是什麼東西？當然，它可能是一個什麼「神」，一種什麼主宰之類的動物。

那一天，它改變了我一生的思想、性情和處理事物的態度。所以，到今天，我成了一個「素食人」，頑固派的「佛陀人」，一個不一定受別人歡喜，卻是我自己滿意的「天才」。

二、奇僧舊時事

那一天我突然從大殿左側的牆上——一個小洞中發現，一個長髮披肩、腮下有幾根黃鬍子的「和尚」，竟是一個先天畸形的瘸子。他在那間小關房裏的動作，全靠兩隻腳尖支持。因此，我感覺有幾分懊惱，我怎麼遇到這種「奇人」；而且我也驚訝，世間也有這樣「奇僧」。

這個人，看起來五十上下，而他的那條命，是怎麼撐下來的？

那一天，我們離開之後，我又因爲借書——無聊，在海島上無法打發寂寞——但發現「奇僧」關房裏有不少書，所以又來了幾次——借書！同時，卻因此我道聽塗說，得了一個關於那「奇僧」的零星而朦朧的生命歷程。

這個老和尚，出生在浙東海上的漁村，生下來之後，他的父母突然發現他的那雙萎縮的小腳，竟然是內翻的畸形。到兩三歲會走路時，人們用腳掌，他得踮着內翻而捲縮的腳，一聳一聳，像隻鷺鷥；再加上那兩隻深陷的小小的褐黃色鷹眼，蛤蟆狀嘴巴，往後褪的下頷，蒼白一張瘦臉，就簡直像「外星人」了。

在他這種先天失調、後天不足的生理狀況下，誰也不會相信他能活到娶媳婦的年紀。所以，他在漁村生活中，在封建保守的家庭意識下，便得不到什麼良好的教養了。而且，村子裏小孩也勢利，不讓他參加他們的頑童集團。問題是，他窮，又是個瘸子。

雖然，到八歲時，他還活得很好，但他的父母卻被一次颱風捲走了。這在他那殘缺、貧困的心靈上，所承受的創痛，是可想而知的。

正因爲這種噩運，使得他除了討飯，便無路可走。

討飯，是中國幾千年來農村社會常見的景觀——衣衫襤褸、赤足垢面、手拿着一隻破碗，沿門呼爺叫娘；一羣失落在饑餓線上的窮民。

就這樣，他開始討飯了。

在晴天，走兩個村莊，還能對付一天兩餐半飽的肚皮，有時，還會弄到一兩隻小黃魚乾；假若風暴來了，或者下幾天雨，那他就得抱着小膝蓋，蜷伏在他的破草蓆裏忍幾天；候天放晴，再撐着孱弱的身子去討飯。

——可是討飯，到底不能算回事呀！人會長大的。到十五歲的時候，他改了行——幫鄰居做輕便的短工，賺最廉價的工資養活自己。此時，他竟然活得很健康。

等到過二十歲的時候，他仍然活着，但走起路來，更加難看，像隻大鷺鷥、大火鷄什麼的；因爲他倖而沒有被貧困、殘廢磨死，而被鄉人認爲異數。

就有些青少年咒他：「死不掉的瘸子吔，天上掉下來的廢物吔，禍害一千年吔……」他極其認眞地變了。挨紈袴子一頓拳脚，他總得把它當自己的鼻涕一樣呑掉。

可是，他越長大，對中國農村的感受，在他深一層痛苦的經歷中，越發體悟人們對待殘廢者的寬容，彷彿海底撈針，彷彿誰也顧不了誰。

他沒有家。事實上自從失去父母之後，他就四處飄泊了。如果想成一個家吧，夢想。誰家小姑娘要一個瘸子？他時常痴騃地留心匆匆走過他身邊的鄰家女子，她們從來沒有瞅過他一眼。她們把他當作一塊木料一樣揷在泥土裏。他對人生這個轉捩點——結婚這種大事，也絕望了。他極度地自卑，自卑到死了心。他已弄清楚——人間已沒有他的份。他只是個低級動物，濕生、化生之流的動物。在高級動物的社會他揷不進一脚。

——也正爲這種深度自卑，強烈地激怒了他；當他在一個冷酷、饑餓、絕望的風雨夜，他決定了一次冒險行動。在他的經驗裏，有些人就這麼決定過。

他自言自語地說：「出家！出家！我出家去！我當和尙去！……」當和尙，那些佛門似海的大叢林、大禪院，要不要他呢？那些被家族觀念矇蔽了佛菩薩眼睛的小庵小寺又能收留他麼？

因此，這就須要「冒險」。但他還期待最後一點信心——在佛門的教義下，是不分階級與類別、不歧視貧賤與殘缺的；他以爲佛陀的門打開的時候，會慈悲爲懷的。

他經過一番徹底的躊躇、揣摩，便在第二天朦朧亮的時候，捲起一件小行李（其實，那只是一件破棉襖），走了。

過些日子，有些好奇的孩子發覺這瘸子竟失踪了，才不覺地互相奔走驚叫起來：「——嗆！瘸子沒了啦！颱風把他捲走啦！……」這一場小小的風波，不到三天就平復了。時間對於他、就像一隻死了的蛤蟆，再沒人想起他流落何方——這一年，他已經二十七歲了。

三、西行有難關

這個殘廢的年輕人，如果有幸出家，應該是被釋迦佛撿來的；既不是出於善根，也不是出於因緣；他是地地道道被苦難逼上梁山的。

當他揹着行李跨進四明山區一座大叢林的山門時，從韋陀殿後面，呼地閃出一個剛剃光頭的出家人來。一帶眼望見外面走進一個滿身破敗的瘸子，就瞪着眼說：「喂，討飯的！我們叢林的規矩你都不懂呀，開飯的板子，早都打過啦，太遲了，隔天來吧！……」

「——我、我、我不是討飯。我是……」他爭辯說。

「——那你是幹嗎的呀？」和尚瞧着這殘廢的年輕人霎霎眼皮：「啊！你是個討錢的呀？」

「——不、不是。」他在乾澀的喉嚨裏，迸出最大的力氣，說：「我來出家。」

「出家？我的爺！是什麼家？娘家還是婆家呀？」

「噢！」他一聽對方沒弄懂自己的話，大概這個師父不懂自己的鄉音吧！又再補上一句：「我是想來當和尚的呢！」

「當和尚——你呶？」和尚再度打量他一下。

「是吔。」他認眞地說。

這個和尚師父搖搖頭，說：「我們方丈的門早都關了。——不過，」他忽有所悟地說：「你帶多少伙食錢來呢？」

「這裏也要錢？出家做和尚也要錢嗎？」他心一酸，一股熱淚奪眶而出。這是他流浪以來第一次流淚。

「佛門渡人也要錢？」

「有時——」那師父說：「我也愛莫能助呀。」

這年輕的殘者，讓滾滾熱淚帶着絕望傾瀉而出，他揹着小行李囊，一拐一聳地哭下山了。饑餓，是無可奈何的事。人活着就不能不吃飯，就是「高僧大德」，這一關也是難度。這殘廢人超越不了這一關。除了沿途乞討，就別無他法可想。

他向西行，沒頭沒腦地向西行。彷彿那個「西」下的夕陽裏，有一雙溫暖的手等待他。

別人一天走一百里，他一天只走二十里。別人一天爬兩座山，他三天才能爬一座；別人下山的時候，輕便得像一隻猿猴，而他，就得坐在山道上往下滑。遇到一座木板橋，別人兩步就躍過去了，而他，得費力爬過去。因爲，他的內翻的兩隻捲形脚，太不方便了。在他的尋師出家的旅程中，寸寸都有他的鬼門關；在任何一個風雷雨雪的日子裏，都可能丟下他卑微的骨頭。

因爲他瘸，他殘廢；而受苦難折磨，受道路摧殘，受饑餓凌遲，受冷酷的眼睛唾棄……向西走到第七天，他感覺到胸腔已經空了；他的肉皮囊已沒有一分熱了，他的疲乏的靈魂，已經不發光了。有幾度他想回頭向東走，回到那個生長他的「家」，但是在那塊熟悉的土地上，又有誰會說一聲：「——啊，瘸子你回來了？來喝茶啦，來坐會兒嘛，我們多掛念你喲！……」

這怎麼可能呢？沒人歡迎他，保證屁也沒人放一個。終於他還是決心西行，他希望他的命裏能出現一個奇跡，他雖然目不識丁，在童年也聽人說過，有些「貴人」遭難的時候，會有仙佛來救的；有些好心人遇險，菩薩還會對他顯靈的。他想：「難道我的命裏就碰不上一個菩薩嗎？就來一個土地爺也好啊！」

就是這一點希望支持着他，他努力地跌跌聳聳地向西行。

山路崎嶇起伏，險絕嵯峩，一寸寸地抽他的筋、拆他的骨；饑餓、疲乏，一點一滴的啃他的肉，吸他的血；希望、想像，在逐漸暗淡中消磨着他的神魂，索取他的壽命；他終天所看到的全是高山峻嶺，森林絕谷；輝煌得似仙子宮殿的禪院，零落破敗的山野人家，都沒人收留他。他走得兩眼冒煙，兩足如烙，滿腹如焚。那條不值錢的命，逐漸地走入絕境了……。

他在常山境內一座山谷裏，踉踉蹌蹌地摸索著，一天只能走十里。他的週圍是無邊的昏暗，他的眼球所能看到的，不是山明水秀的世界，而是一個混沌。他眼前全是金花閃閃，骨節裏全紮滿斷了的針芒……小行李捲也被一根從半山上斜飛出來的枯樹枝挑下山去了。一套爛單衣，在九月帶寒的黃昏，被荊棘扯得如殘葉片片。

手掌上的血，腳掌下的裂痕，已經被石礫塵土凝固而結殼，太陽下山了，夜梟的淒厲哀鳴，從山坳間傳出來，野獸在針葉樹叢裏，作低沉的怒吼。溪流中，已經嗅出初冬的峭寒，山徑裏的空氣，浸透着肅殺的冷漠。

他向前爬，爬，爬，……流着淚爬，滴着血爬，帶着一身針棘爬；淚爬乾了，血爬乾了，靈魂已出了竅；一身全是泥塵碎片和蒺藜纏黏，這不是一個人，而是一隻刺蝟。這是一隻古代的脊椎類爬蟲。最後，他爬盡了生命所有的能源，簡直變成了一捆帶着蒺藜的乾屍，從一道單木板釘的小橋上——咔嗒！橋斷了，人滾下去了。從乾涸的山谷，滾過一條佈滿碎石的幽澗，再彈過一些粗獷的針樹叢和茅針草，滾到九月深夜神鬼不知的深谷下面去了……。

四、渡命有緣人

經過兩天一夜，殘缺的年輕人，在一度昏迷睏累之後，帶着一身傷痕，竟然活轉過來了。

他活轉來的地方，不是在那一片他死了一次的深山絕谷。他是睡在一張舖滿暖暖的草墊上面。他怎麼也睜不開眼皮，惟一能辨得出嗅覺的鼻孔裏，竟然有一縷清淡絕塵的栴檀香味鑽了進來！

「是菩薩顯靈！」他杳杳冥冥地這樣祈求，「那就讓菩薩來處置吧。」

他的眼皮不自覺地抽動了兩下。

「咦？」他的耳邊有一種蒼老的北方人聲音叫道：「活轉來啦！活轉來啦！眼皮動了。南無觀世音菩薩……」

他一聽到是人聲，驚住了。他努力把黏在一道的眼睛睜開，大叫一聲：「──老和尚！」其實，他這一聲大叫，自己也沒聽到，那老和尚也沒聽到。他的聲音根本沒有發生效果。

現在，他睜開一條眼縫，他看到──他已經能分辨出眼前的景物了，可是，他竟不知道，他已躺下去三整天了──一個蒼老得像一株古柏似的老僧坐在他的頭邊，一臉的慈暉與憐憫，他看不清老僧的眉毛、鼻子，甚至聽不清他的語音。而這個老和尚，卻是他的救命之神。他的腳邊站着個十二三歲的小沙彌，是個白白淨淨的娃娃，捧着一杯直冒熱氣的湯，「活了，師父！」那個小傢伙說。

「嗯。」老和尚沉聲地說。

這一對師徒沉默了一陣，空氣中流蕩着一股藥味，他這才感覺自己的嘴巴被掀開，一股熱熱辣辣還帶點甜味的藥汁，直向他口腔、心、肺、胃、腸……流下去。穿腸越肚，滲過每一根毛孔；他因而遍身熱將起來，他直覺自己確實是再度爲人了。

這又是一段人生的啓始。

「——孩子，你是那兒人？姓甚麼、叫甚麼呀？怎麼栽到我們後山斷崖下面去了呢？有沒有人推你？還是自己失足掉下去的？……」

「——我，我是外鄉人，舟山、島上，我姓梁，因爲兩腳殘廢，也沒個學名，就叫『瘸子』；喏，你看，我的那雙腳！」

瘸子又說：「我很小就失去爺娘，沒有家，沒有依靠，七八歲時就討飯了。可是，我想出家，做和尙。」

「我要做和尙，尋師訪道，……我向浙西行腳，走了八九天，也沒人收留我，苦命吔，都快要餓死了。師父，我是餓的，我要東西吃。我要出家。……」說到這裏，他把話停下來，可憐地乜着眼看一下老和尙。

老和尙笑了。

他說：「你要出家，這裏就可以。我這小庵小廟，專收一些『苦命人』。吶，他也是沒娘的孩子，到這裏已經三個月了。——吉陀，」老和尙命令那小沙彌：「再來一杯薑母桂皮湯；——讓他再喝一杯。——從今以後，你又多個伴了。我這裏就是什麼人都要，別燙了手，小子！好吧，等你恢復了體力，再剃頭。你不要後悔啊，出家不要鬧着玩的；還得下個狠心，親朋好友都得忘掉，銀錢財寶也得丟掉；花花世界也得捨掉。」

「師父，我會我會。」瘸子說：「這些我早都沒有了。我的心狠着呢。我連我自己都會狠下心來一頭紮死掉。……」

說着說着，那老僧和小沙彌都笑了起來。

「那好，」老和尚慈愛地說：「我們這裏剃度很簡單，只要刀子把頭髮剃光，再把我的舊僧袍一披，換上蔴鞋就得。再嘛，說了皈依，受個十戒，就是正式的沙彌了。嘿！我們這裏沒有禮數，廟小，但是禮佛讀經早晚課不能含糊。不識字嘛，不是什麼大事。——小吉陀，你先進師門爲大，你是師兄，他是師弟。」

這老和尚彷彿剛得了個兒子般的快活。

「吉陀！叫一聲師弟啦！呀，還沒起個法名呢。來，我得爲你起個像個樣兒的法名！（他沉吟一下）喂，你叫唯美，好麼？天地間那件事看起來不美，佛國裏那一樣東西不美？呵呵。」

「唯美？」這殘障青年舐舐舌頭，「甚麼是唯美？醜得要死。只有這小廟和老和尚，還差不多。」他心裏打着妄念。

「師弟。師弟。唯美。」小沙彌裂着嘴巴，滋出白淨淨的一口牙齒，怪不好意思地叫着比他大上十多歲的師弟。

「呵呵呵呵。」老和尚蒼老渾樸的笑聲，幾乎把這一小間寮房都抖動了。「那麼字呢，就叫靜安吧！」大地重新歸於沉寂。

五、相會是何年

唯美，這個殘障的青年，在常山縣一座深山小寺中安頓下來。

山中無歲月，寒盡不知年。

他也曾淺淺地覺察到禪院裏的楓葉山花無心飄落，山居人家的燕子秋去春來；在朝朝日日、暮鼓晨鐘的叮嚀催促中，他才會意到那間徘徊在塵世之外的小禪院，是如此地與世隔絕。

他時時想到五年前初來小寺時那幕情景，彷彿殿前的楓葉無聲飄然而下，那生命中的舊事，已是形同隔世了。

老僧，蒼梧師父，都是把他們當作兒子教養的，小吉陀實際上是把他當哥哥；他這一生受的苦多，心智也豐熟許多。大殿上的佛身，帶着默默的微笑，整天看着這師徒三人。在山寺中，眞箇的沒有人世的糾紛，沒有俗人的煩惱。

「唯美！」有一天晚課之後，師父叫他。那一雙飽參世事的老眼，凝視着灑滿院落的夕照餘暉。「算算看，你出家多久了？」

「——到這裏？」他突然緊張起來，他覺得師父的問話未免有點逾常，他想了一想，才說：

「五年，師父。」

「你來這裏爲的是甚麼呢?」師父瞅了他一眼,唯美的臉一紅。師父又說:「我問你,出家爲了那一門子的事?」

「這就難了。爲什麼呢,還不就是做和尚?」他愣愣地想:「師父怎麼這樣簡單。」

「做和尚。」他清脆地回答他師父。

「小吉陀給我弄一碗茶來,順便給唯美帶一張凳子。唯美,我是說,你做和尚又是爲的那家子事?」

「做和尚又是爲的甚麼?」唯美想想,這有點像參禪。

「是啊!」老和尚喝了一口茶。

「做和尚是……」

「是啊!」老僧蒼梧大師沉重地再加壓力說。

可把這個天份不高的唯美難住了。如果打高空說「救人度世」吧,那眞笑話了,他不願說那種佛門的油子話。在他的生活裏,只有誦經、梵唄、念佛、海靑、袈裟(他已在出家第三年受了比丘戒)、師父、吉陀、打掃庭院、耕耘山田菜園,談到「宏法度生」,他不是自欺欺人嗎?雖然,師父滿嘴的利人、度世、苦行、無我,……佛門的大行大願太多了,這那一件又是一個窩和尚所能承擔得了呢?因此,對這個淺近而單純的答案,竟然倉皇失措了。他不知從那裏答起。

他雖然滿臉掙得緋紅,想說:「我知道,我知道,」但是嘴裏卻吶吶吐不出一個字。

念呢？」

「靜安，」師父親切地第一次叫他的字：「你不是為了當和尚而來當和尚的吧？」

「和尚不是一種行業吧？」老和尚又說：「和尚不是一句空洞的口號，和尚就是那麼空曠、那麼理想、那麼滿懷冰炭地，在心境上要負擔世人苦痛、介入衆生苦痛的啊！你怎麼沒有這種概念呢？」

「哦？哦？」唯美吶吶地附和。

「做和尚不是被救助的對象，他是準備救人的，就像救火隊隊員那樣，隨時準備緊急出動。當和尚不是隨時收受別人的布施，還要去布施別人的。當和尚不能光在寺院裏成天死守着經籍袈裟，還要在塵土裏當，在地獄裏當。……」

「——我不入地獄，誰入地獄？地藏經裏有，師父。」

「所以，唯美。我說了半天的教條，並不是為了流放你，把你逐出寺門，而是說，現在，你也該要去做做自己的事。你要到塵凡去了，到地獄去了。到衆生不堪忍受的地方去代他們忍受了。——那才是如來正法！」

「師父！」他茫然叫了一聲師父。

「……」師父目光凌厲地掃他一眼。

「師父是命弟子獨自打天下了？」

「可以這樣說。這並不等於流放。你要知道，這是如來家業。」

唯美完全弄清師父的意旨之後，哭了。這是他入寺以來第一次傷心地流淚，他眞正地體會，師父在慈悲裏實在也寡情。

「準備明天下山。吉陀爲你收拾一切。吉陀，聽到了麼？」

「聽到。師父。」

「我明天就要走嗎？師父？」

「對呀！」老和尙絕情地不讓他有緩衝的餘地，「兒女情長幹嗎？」老和尙冷森地站起來。

「那我什麼時候才能回山呢？師恩何時才能報呢？」

「師父老了。朽木能支撑幾天大厦？也許此去再無緣見面啦。」

「師父！」他愴然地哀叫一聲。

「你幹嗎這麼軟弱？走就走嘛，放開點好嗎？」

「師父？」

「天無絕人之路。」老僧一提大袍，邁開沉重的脚步，到寮房去了。

第二天拂曉四點唯美起床上殿，吉陀告訴他，師父下山去了。他老人家關照，有幾天才能回來。小吉陀便幫他收拾背囊和衣物，和交下師父給他的一點盤纏。

唯美一邊收拾，一邊看着他接觸過的一切景物，心裏透過陣陣的酸涼。當他提着背囊、拄着方便鏟，走到庭院中，仰首再瞻視殿上三尊金身佛像，不禁又泛起一陣哀傷。淚水留不住的落下來，小吉陀楞楞地望着他，眼裏也冒出星光。

他在露天俯身向佛像頂禮三拜，混身顫抖地說：「吉陀，後會有期！要小心侍候師父啊！他老人家都八十了……」他又哭了。

「——阿美，」小吉陀叫他。

「——吔。」他親暱地回應。

他們互相凝視片刻。他站直身子，他們一同走出寺門；他走了十來步，又轉頭交代吉陀：「你要費心侍候師父啊！」然後斷然一拐一聳地，拄着鏟子，含着一雙淚眼，下山而去。

過了一座山嶺，很遠很遠，再回頭向山上望望，吉陀依然立在寺前，模糊的人影，正向他招手。他也舉起手回報他。

正是深山古道，相會何年？

六、袈裟歸故鄉

在孤獨的旅程中，時間異常緩慢；記得五年前離鄉西行，而且換了一付殼子回來，人是這個人，心卻不是這顆心了。山中的層層叠叠的回憶，如洶湧海潮般擁撲而來。

他肯定，不僅他的生命，就連做和尚的那個法名，那套唐代人的圓領大袍，都是師父留給他的。他從師父那裏學了許多以前從不知道的東西；比如，怎麼講經、怎麼傳道、怎麼梵唄、怎麼向世人顯示佛家的思想方式。

有一次，他曾幫過附近一座寺院放燄口，得到三塊銀幣的酬勞，因此，他聯想到，做和尚也有方法賺錢。但是師父爲什麼不幹呢？他想到：放燄口、渡亡魂、收徒弟，是和尚的重要生活依據。可是，一旦幹上了這一行，就有點像生意人了。這與所謂「宏法度生、念佛修道」究竟有沒有抵觸，還是「一體兩用」呢？他眞正懷疑起來，做一個中國和尚實在不簡單。

這一套，是他從那個鄰寺放燄口中看來的。那個小寺比起師父這座山林蕭寺熱鬧多了，也富足多了。但是那座小寺看來像生意人、貿易行什麼的，師父的山寺就像山寺，說得高超一些，就有一股道氣。不過，那一天放燄口時，主壇的大和尚就說過：「和尚的事業就是做佛事，渡亡魂；不然我們靠什麼餵嘴巴？」對呀，但是師父從沒這樣理直氣壯地說過。雖然講經說法也要「吃飯」，總是吃得蕭條一點吧！

他以爲放燄口一舉兩得，又渡了亡魂，也活了自己，眞是「自利利他」。老實說，你不做還有別人做哪。不然，那兒弄錢？指望徒弟、成嗎？現今有幾個徒弟可靠？

師父是禪淨雙修。

他是遵照師父指示，專一念佛。他師父老實說來實非泛泛之輩。深山裏頭總是會出「俊鳥」的。他對師父的身世諱莫高深，對師父的知識學問，也摸不清底；反正，任何人生奇難雜症，師父幾句話就解決了。他離開了師父，其實並沒有走出師父的「航向」，念佛是鐵不可改的。放燄口、收徒弟，他希望「隨緣」點吧！不能叫和尙「絕種」呀。

現在離開了師父，雖然淒涼多了，但對付傳道與抓住生活圈子這一套，應該是混到了。不管是生活還是傳教，這一套，是「聖凡」通吃的。

他已走了五天，盲目地向東走，漸漸就要接近大海了。「何處是歸程啊？」他必得下個決斷：「先朝普陀山吧，朝過山，再回本鄉本土，那片沒有佛法的荒地。怎麼來怎麼去。——那當年凌辱我、打罵我、詛咒我、餵養我的故鄉，充滿了五濁惡氣的漁村。」

當他決心下了之後，他便帶着一個比丘的莊嚴與虔誠，和乞兒時代的虛怯，朝過普陀山「法雨與慧濟」兩大寺以及全山庵堂寺院，爲了表白他的無畏與堅決，他要回家，讓他家鄉那一些靠海吃飯的人，請佛世尊去改造一番，讓觀世音的大悲水去灌沐一番，才能去盡一切汚濁。

他坦白地宣言：「我要度他們！我要入地獄！我要與他們爲伍。」

在地圖上，他的故鄉，本是杭洲灣外一組棋子般的荒島；當他從普陀坐船，經過兩小時的順風，抵達他那座荒島，上了岸，在小街上踽踽獨行的時候，把遠遠近近一羣野孩子都引來了。

「哇——鐵樹開了花！公鷄生了蛋！這不是那個——梁瘸子嗎？……」當一羣頑童中有一個十八九歲的少年認出他那特有的畸形雙腳之後，許多人都附合着嘲笑他了。

「哇，瘸子仙？李鐵拐，別得罪了他，兄弟！準是天龍八部那一部的天兵下凡，要不他爲何能借屍還魂、回歸故土呢？喂，我的乖乖們！不要惹他發火，他身上背的不是百寶囊嗎？還有降妖孽呢！……」

「死人——」一個七十幾歲老太太正色地走上前雙手合掌：「——阿彌陀佛，大師辛苦了！」

「阿彌陀佛。」唯美師匆忙還他一禮，眞是受寵若驚。

他回鄉的旋風，很快地傳遍了全島。那些膽敢砸神折廟的說他是妖；一向畏天畏靈的說他是聖僧。總之，回鄉之後，倒沒人敢惹了。

基於一種對「神明」的敬意，唯美師得到一部份鄉民的供養，不到一個月，人們在附近一座山上搭好了一間茅棚，讓他建立一間小小的寺院，同時，他也就開始向遠近漁戶和極少的農民商戶傳播佛法；偶爾也會受到鄉民的請求，爲他們親人的亡魂放一堂燄口。

很奇妙的是，只是一個殘廢的青年，披上袈裟，然後把思想重鑄過，在短短一兩個月之間，凡是好奇的青年，敬畏於神佛的女人兒童，企求來生的老公老婆，求財求壽的地主、商家；還有極少數識得些文字的教員，都成了他的皈依信徒了。而往昔蔑視他的以及事後了解他的人，也只好僞裝，爲了菩薩的金面，也竟然禮拜了他。

這以後，他便有了足以維持生活資具的供養和傳道工具的花費。並且多數島民都認同了他的師父地位。

一年以後，在這個散落在海上的岩石、沙磧滿布的島上，唯美的道風，已拂進了很多人的心靈，連縣長的兒子也皈依了他。這樣，更增長了他的形勢，在「東沙角」到「高亭」這一帶山間和商戶，也就成了唯美師的「淨土」。

以前，他最擔心的四大皆空的生活問題倒出乎意外地解決了。然而，他又打主意了。不，他已有了生存的穩定條件，又想到了「坐關」。他知道「佛」字是甚麼意思都弄不明白的比丘僧，在道場裏是唬不住人的。因此，他要下決心閉關。他深深了解，成佛的種子不會從天而降，和尚要得做法師、講經籍，就必須活埋一番。

「閉關」，這在出家的比丘是一生重大的事。他三十七歲，十二月初八那一天——釋迦佛的成道日——他的遠遠近近的男男女女信徒們都湧向這座山間的小茅蓬，爲了師父閉關而舉行一次隆重的儀式。對聯呀，匾額呀，字畫呀，米呀，錢呀，都來了。一大堆一大堆，彷彿一陣強風，投入了這座山寺。

晚上，他獨自冷眼與那些禮品相對，那些虛情假意、歌功誦德的字幅向他展現卑下的諂笑；那些糕餅、米糧、果品，一股腦地佔滿了他的生活領地。

七、生死關難渡

歲月悠悠。

海島上，一座荒僻的山寺裏，住着這個舉世無籍籍名的山僧。在他的小關房裏，整天埋頭在浩瀚的佛經裏；其實，憑他的常識，看佛經如同看天書一樣，他能了解多少微言大義，眞讓人懷疑了。可是，他不分青紅皂白地一字一句唷下去。在唷經的時間之外，他在早晚以拜佛、念佛爲主要課程，偶而，在四時八節，有些信徒到山上來，他也會打開牆上送飯的小門，爲他們開示一點念佛的道理。他每天把時間支配得非常緊湊，幾乎到放棄睡眠的程度。

他每天清晨不到三點就摸索着起床了，然後點亮佛前油燈，便做早課，一直做到五點。早齋後，開始讀經，一直到十一點，午齋。午後，靜坐一個小時，又開始讀經，做筆記，到五點鐘，便是晚課。繼之以拜佛一小時。晚上九點到十一點，又是靜坐念佛。像這樣週而復始，年年月月。他深知自己識字不多，從小又從未上過學堂，只從師父那裏，習得些經卷和世間常識。更特別的，他也吸收了佛家最高層的理念，使他覺得，佛，是生命最後的依歸；雖然，中間的知識層面，他大多不甚了了，偏偏，上天賦予他極銳敏的頭腦，靠着自己在關中「盲目」的唷經，幾年下來，佛家思想竟然也在他的心裏貫通了。

每當有些信徒來叩關問道，他也會如數家珍一般，爲他們開示得頑石點頭。雖然，他距離一個學者階次還遠，但是已足夠爲佛陀傳播法音了。

當他對佛學知識能左右逢源的時候，他的閉關宏願更爲崇高而莊嚴了。他發誓在這一生中鐵定要證得「念佛三昧」，否則便死在關裏，足不出關一步。

在四十歲以後的他，嚴格地說，他已絕不是一個啞羊逐飯的庸流。除了那一雙跛腳之外，可以說他準是這個海島漁村間的一位高僧。

他對佛法這樣地執着與虔誠，投入了他的全部生命。他心中充滿了無限的法喜。覺得爲佛陀點上一盞油燈，眞是前世修來的福田。作爲一個身披袈裟的方外，眞是美妙無倫！

他正在定中，此時是初冬的深夜。

時間是十點五十分。

唯美師的淨土茅蓬裏，依舊透出微弱的燈光。海島上的人家，早已進入冬眠深處。

這位步入中年的比丘僧，盤着雙膝，正襟危坐，在一支明滅不定的油燈照耀下，心如止水，佛號在意識裏，清清明明地流過，沒有妄念，歷歷分明。

心靈上的佛號，彷佛在夜空中激起陣陣的巨大廻聲——阿彌陀佛啊……。那種來自丹田的聲音，變爲一種世間唯一的天籟。

夜如涼水，一直流過去。這一夜顯得特別悠長。

山中靜得如死城。坐到最後，有一個昏沉浮了上來。在平日，遇到這種糗事，只要頭一低，就會撞上面前預置的一座石獅子，就會撞醒。今夜，他一個昏沉，通地一聲，撞上去了，血往上直沖。頭上的血便溢了出來。

他隨之驚覺，正待提起正念，一看，時間已經到十一點二十分，靜坐時間已過，原來是這個「昏沉」作的怪。

他伸手捻一撮香味，揉在額角上。不自覺地又懺悔片刻。「眞該死！獅子身蟲！」

偶然的一個昏沉，是他在晚間靜坐的唯一瑕疵。否則，一心不亂，幾乎是觸手可及了呢！

「——咔喳！」

關房外面，有什麼東西踩破了的聲音。這使他凝神靜聽了一下，而這午夜單調而奇特的聲音也就沉沒下去了。他用手摸摸額頭，鮮血還有一點滲出來。他正待抓一撮香灰……。

「——和尚！站起來！」這時從關房外，來了一聲嚴厲的聲音命令他。

他僵直地放下雙腿，又念一聲阿彌陀佛。向窗外看看，夜空一片幽暗。

「不要動！」有一個削瘦的影子，在窗前晃動。「轉過身來！」

他轉過身來，看到玻璃窗上，印着一個蓬頭怒目的人頭，瞪着一雙兇惡的大眼，手上掂着一支小小的手槍。槍口清清楚楚地對正他的胸口。

「——先生要什麼，請說吧！」

就在此時，他感覺通向廁所的小角門，彷彿被人搗開而垮了下來。窗外那顆頭顱，卻裂着嘴笑了。這時，和尚才知道，小寺外面還有另一個歹徒，把關房通向廁所的門已經搗開，從後面衝了進來。

「南無大慈大悲觀世音菩薩……」他到此時，很直覺地念起了觀世音菩薩名號。

這兩個歹徒都進來了。

「梁瘸子，你可風光呀！」一個歹徒齜着牙朝他笑。

「阿彌陀佛！」他心裏又升起一聲佛號。擡眼一看，啱，這個不是自己小時候村上的孩子麼？想不到十多年前曾經往他身上抹鼻涕，用腿常常絆倒他的金正義米店的小兒子阿財，會來扮演強盜啊！

唯美師這才想到，人心深處，是這樣貪婪、醜惡。對付一個跛腳僧，竟然要動用兩個健壯的人和一桿殺人的手槍！

「阿財哥，是你！」

「我？——」噼噼啪啪一陣耳光摑了過來。以下就不容分說把他綁了起來。

「觀世音菩薩！觀世音菩薩……」他的眼淚順着鼻子流了下來。

「阿九，抄呀？」阿財吼着。

那個叫阿九的歹徒，閃着一雙漆黑的老鼠眼，手裏拿着一把鐵鍬，就到處翻起來。

第一個遭殃的，是二尺高的金裝阿彌陀佛立像。

「是金的！」阿財說：「拿啊！」

那個阿九便把佛像塞進了一隻麻袋。然後，突然神經失常似地對着唯美師狂笑了一陣。

接着，古銅香爐、燭台、糕餅、米麵、被子、衣服、錫杖、鐘磬、時鐘、抽屜裏的一些零錢，全都進了歹徒的痲袋。

這座海島荒山上的和尚之家，就在這羅刹之夜，化爲烏有。歹徒沒有來得及拿的，是佛經。

因爲那些經典實在太重了，拿走也沒法變賣。

唯美師瞪着一雙淚眼，看着兩個歹徒爲自己搬家。雖然這些維生的資具無足傷害到他終生皈投的佛教徒的慧命，但這血肉的、可恨可咒的身體，在明天破曉之後，卻會向他伸手要飯吃。

那個歹徒又毒辣辣地向他走過來了。把手伸向他。

「金子、鈔票、銅鈿，統統拿出來！」

「我所有都不是被你們搜出去了！」

「我搜的是你這禿驢騙人家的東西。我要的是你徒弟們給你的供養——錢！」

「阿財，我沒有騙人家呀？」唯美師的心頭有一點發痲。「我被你們搶掠，還要這樣侮辱我，阿財，良心呢？」

阿財聽到這裏，忍不住了。衝過來又落下一陣拳頭巴掌，打得唯美師鼻子耳朶嘴巴不分靑紅皀白地全都冒出血花。眼皮已經腫脹起來。

「強盜！」唯美師被打得倒在地上，絕望地說：「強盜！你不該搶和尙的！和尙用的是檀越布施來的十方錢，你再來搶和尙——罪過啊！」

「來，揍這個禿驢！」阿財狂吼着。他帶着阿九對着躺在地上的唯美師一陣暴風雨般的拳打腳踢。

「挖呀，挖牆角，翻箱子。……」

這兩個歹徒又一陣忙亂，但是找不到任何財物。

「沒有吔！」阿九失望地說。

「把和尚吊起煉金剛！」

他們動手拿出一根繩子，把唯美師五花大綁綁起，反手吊在樑上。

「阿九喂！」阿財叫道：「放火吧，把火油倒到屋上，燒了他啊！」

這時唯美師已經奄奄一息，被吊在半空。身上衣服被他們撕得稀爛。一臉都是血，全身暴起青腫的傷痕。在他這個身體本來就是殘缺而又衰弱的出家人身上，已經看不出一點活的希望來了。他的善良與倔強，已經同僵尸一樣，被一臉鮮血所凝聚。

兩個歹徒把屋裏可拿的東西搜刮完之後，已經出了關房。他們又從外邊潑了煤油，窗外的火花，已呼嘯着上了房子。經過風一吹，嗯地一聲，這時，烟、火乘着風鑽進了房子。桌上的佛龕和佛經，也着了火。這棟用茅草土磚建造的山寺，被這把火在轉瞬間，燒成一個火窟。

唯美師在生死邊緣掙扎，偶然會發出一聲呻吟。但是大火已快燒到他的身上了。

東方已經發白。山下傳來斷續的鷄啼。在曉風裏，可以聽到早起的農夫疏疏落落的叱牛聲。

「火——火喂！」已經有人發現山上小寺着火。

「火啊！救火喂——不得了啦！」

隨之是一陣陣急迫的救火呼喚，瀰漫在山寺的四週村落。

八、無常有信憑

那小小的一把火，不一會就撲滅了。

火刼之後，留下了一堆微不足道的廢墟。

「師父！師父！」有許多人圍着被歹徒毆成重傷、又被大火灼成輕傷的唯美師呼喚。一些婦女們守在一邊低念「南無觀世音菩薩」。

唯美師還有殘存的一息，他自覺身子彷彿懸在虛空，軟綿綿的躺在雲海裏。他那微若游絲的靈魂，一會飄到這兒，一會飄到那兒；但是仍然圍着他那一具僵而未死的殘軀飛繞。

他就好比一塊沒燒熟的地瓜，被人們塞在牆角，呼爹又呼娘的捶着、揉着、叫着，要把他的靈魂招來入竅。

他的兩隻被打腫的眼，突然微睜一下，把看顧他的婦女嚇得跑好遠，最後終又回到他的身邊；灌湯擦傷，捶胸打背。

他看到好多人圍在一片被燒胡的小寺廢基上，大多數人都在念佛，有些人在撿破爛。只有兩個土醫生在那裏動手動腳，替他張羅傷勢。

「阿彌陀佛！」那些善男子、善女人看到他的眼皮睜開了，不約而同地稱了一大聲佛號。

「讓師父靜一點吧——小孩們都走開！」有個粗獷的農夫吼了起來。

他把唯美師揹着下了山。

人們逐漸散去。

到達那個農夫的家裏，住着療養。並由這農夫的妻子照料飲食。當唯美師閉關時，每天也是由她送上早午兩餐齋飯的。

過了三天，他那被毆傷灼傷的身體逐漸減輕了，也開始了他的正常呼吸；雖然全身還酸痛得很，肺部也受到嗆傷，但是命算是撿回來了。

他想想：這色殼子也太禁不住風雨了。

「無常的眼睛」，在這場火刼之後，對他特別猙獰。

「師父！」農夫看到他有了起色，就問他道：「三天前那把火，是怎麼燒起來的喲？」

「阿彌陀佛！」和尚說：「你是說我的茅蓬失火？」

「是啊。好險啊！差一點您就沒命啦。」

「是火燭倒了的！罪過！」

「師父！他們趕早的人看到火起時，山上還有人影子晃動呢，是不是有歹人放火呢？」

「不可能吧，妙行！」

「是兩條人影呢，師父，還扛了一包東西，向後山溜掉了！」

「阿彌陀佛——業報吔。……」

農夫看師父不說什麼，也就不再追問了。這小小的海島上，從來也沒發生過強盜，況且，也沒有一個人在現場看到這一場刼案。

唯美師在農夫妙行家修養，過了一個多月之後，島上農漁人家又爲他在山麓邊，建好一座磚牆瓦頂的小廟。信徒們可再也不讓師父一個人住了。

這些靠海吃飯的一羣木訥人民，一旦歸依了佛法之後，就好像多生多世皈依了佛法一樣，是盡他們的生命來維護着信仰的。雖然，他們實在不明白甚麼叫做佛教？他們爲了師父，毫不吝嗇地獻出了一座「靜觀禪寺」。

這一座，位居浙東海上、岱山島東沙角鎭東側的小徑邊，一座小佛寺，就是我在民國三十八年深秋，和幾個同僚散步時，看到的那間小廟。

那一間小廟，啓開了我生命中另一扇門。

九、長髮披肩客

我們一行是三個人。

李先哲，山東萊陽人，通信兵上尉，三十九歲，身高一七六公分，無宗教信仰。出身行伍。

盛建平，安徽全椒人，文書上士，十九歲，身高一六六公分，無宗教信仰，三十六年入伍。

陳某人，江蘇泗陽人，步兵上尉，二十五歲，身高一七三公分，無宗教信仰，出身行伍。

當時我們這個特種兵連，住在東沙角東郊的念毋忘。每天傍晚，有到處閒逛的雅興，無聊也是無聊。在這樣一個大軍從大陸撤退後、駐紮海島、一切沒有着落的時候，閒的時間比忙的時間多。我們沿着山徑，往高亭的方向一條山路上，向前走。

太陽的餘暉，灑遍半個海島。

我們在不到五百公尺的山徑邊，發現一戶坐西向東人家，依山圍着一圈竹欄柵，裏面靜靜的，偶然會傳出一兩下引磬聲。我們推開竹籬笆門，走將進去。

到院子裏面，有一座比一般民房稍大的供佛大殿，北側有一間侷促的寮房，南側多出一塊，看不出來是什麼建築。事實上，這三間房是連在一起合成一座山寺。中間的大殿，可以同時有四五十個人活動的空間。

大殿上，供着什麼佛，已經忘記。

「怪清靜的。」李先哲說：「這個地方做住家還不壞。」

「那是財神，還是火神？」盛建平指着那些佛像猜謎。

「羅漢吧！」我漫不經心揷上一句。「反正穿和尚衣服的神像，不是佛就是羅漢該沒錯。你看，那些神像不是穿圓領大袍嗎？」

「說的也是。」李先哲同意。

我們大踏步邁上大殿。殿上沒有一個人影，但是清淨無塵，恍如世外。

「——南無喝囉啓那哆囉夜……」

「嘿！你聽！」先哲驚叫！「是甚麼聲音？那裏來的聲音？」

我們三個人，在大殿四處找，也找不到人。

佛像後面，也坐着一尊神（佛）像，距離後門只三尺遠，可以通過一個人。後門外，是聳起的山崖，什麼都沒有。

這時，「南無南無」的聲音我也聽到了。就是不明白從何處發出的人聲。

「是人聲！」建平說。「上尉！呼盧呼盧、多羅多羅，是念咒吧？」

「怪呀！」我招呼他們兩個。「我們來找。」

「眞是白天見鬼！」先哲毛毛燥燥地亂叫。

我們分頭去找。殿前東西寮房，殿後的山坡，右側的厨房、菜園、厠所。全找遍了，一個鬼影子也沒找到。而呢呢喃喃的經咒聲，還是從什麼地方流出來。

我們又回來，坐在拜墊上，大家對着那三尊安祥的佛像發楞。

不過，那不知來處的聲音倒停止了，卻從大殿佛像後面，伸出一個和尙的光頭來，他裂着一張笑嘻嘻的大嘴巴，穿着一身粗布的羅漢衣，黑褲子，赤足草鞋，肩上扛着一把鋤頭。一看到我們三個兵大爺，忙把鋤頭扔了，向我們端端正正合掌問訊。

「官長好嗎？」地道的舟山羣島土音。他笑得似彌勒佛：「拜佛噢？」

「拜佛？我們可沒有拜什麼佛，我們閒逛。」我說。

「你們這裏供的甚麼神佛？」建平問他。

「是釋迦牟尼佛。」那年近四十歲的和尚說。

「——就是我們小學課本上講的那個印度王子——釋迦牟尼是不是？」建平問。

「可——可許是吔！」那個土生土長的和尚也搞不清，他以一隻大手摸着長滿鬍碴的下巴。眼睛囫圇着在猜想：釋迦牟尼究竟是那一國人？

「沒有錯啦，和尚。我問你——你們廟裏是甚麼東西呼盧呼盧作怪啊？」先哲俏皮地眨一眨眼問那和尚。

「沒有喂，長官。沒有什麼東西作怪呀！」

「沒有？」先哲有點火來了。「你敢說沒有——呼盧呼盧，醯裏醯裏——」

「哇！」那和尚幾乎要噴出飯來。「長官吔！你們弄錯啦。那是大悲咒吔 。是我師父念的喲！」

「你師父？」

「是唉，在關裏。」

「關在那裏？」

「長官，不是關在那裏——你們看——」他用手指着殿右側白牆上一個二尺高，關得緊緊的兩扇子門。「他是閉關哋。生死關喲——了弗起！」

他意氣飛揚，唾沫亂飛地說。

我們簡直傻眼了。

不過經他這一指，我淸淸楚楚發現他的手指上，有一股煙薰黃斑。但是我們也就毫不費力地看到大殿靠右邊牆左角，有兩扇被歲月剝蝕了的紅漆大門，門上貼著兩幅五寸多寬，七八尺長的紅紙封條。上面寫著「民國二十八年」——外加什麼「佛曆二四七二年十二月初八日吉封」的字樣——這兩張大封條，已經發霉斑駁。

門檻額上又貼着「生死關」三個碗大的黑字。那兩扇紅漆的大門，幾乎要變成黑漆。你走進大殿，如果不注意就不會想到那個角落會有兩扇這樣畸形的門。

「喂！和尙！甚麼叫生死關？」先哲緊扣着和尙問。

「嘻嘻——」那「土行僧」好愛笑。邊笑邊央請我們——「官長啊，請坐請坐——生死關呀！就是坐在關裏一直坐到圓寂。」

「甚麼又叫圓寂？」先哲瞪着眼珠子兇狠地瞅那和尙。

「圓寂？」那和尙有點發毛，用手無端地抓那片光頭。神情萬分嚴肅。「圓寂嘛，就是，老和尙死掉。」

「廢話！」先哲啐他一句：「死掉就死掉，還叫什麼圓寂？」

「對不起，長官。」那和尚謙卑地賠不是。「事、事實上就是這樣。和尚一死就圓了寂。」

「那，什麼是關呢？」

「就是把他關起來，在裏面用功修行念佛打坐頌經拜懺呀！」

「你們和尚為何這樣囉嗦、夾纏不清？」先哲說。

「本來就是這樣的，長官。我們師父是高僧。他修淨土。」

「噢？」先哲如墮五里霧中。他根本弄不清什麼叫「淨土」。

「淨土宗吔——」和尚說。「印光大師也是。」

「關裏的人呢——你那師父能不能請出來讓我們看看呀？」先哲的那張臉變化莫測，似眞似幻。

這話先哲還沒有說到絕處，那和尚火速地衝向那扇小門大叫：「師父唷，有客來咧！」他用兩個指頭向那小門上篤篤地敲着。

你說多麼奇怪。那牆上兩扇小櫃門應聲吱呀地開了。裏面浮出一個長髮披到兩肩而眼睛深凹、面色蒼白猶如僵屍般的人像。

我們都呆住了！

我們的兩隻腳不由自主地移向那兩扇門邊。

那大理石一般的怪人，向我們露出一口白牙，展出一付陰氣森森的笑容，可怕極了。如果在黑夜，不知該怎樣想。

那個披着長髮的「鐘樓怪人」，併攏一雙白臘般的雙手，向我們合十稱念：「阿彌陀佛，官長請坐！」

我們也閉住氣——向他審愼地、尊敬地、不敢戲謔地學着他的話：「阿彌陀佛——大師好！」

其實，這個時候，我看到小門兩側有一副字迹模糊的大楷對聯。走近時，發現它的上聯是：「溪聲原是廣長舌」；下一聯是：「山色無非清淨身」。

在年輕時，我因愛讀古詩，也學過寫詩。我爲這一幅聯句深深地傾倒。再看看小門上緣，有「淨土關」三個楷字，作爲横額，也都陳舊而斑駁了。

那個披髮的人，我們不以爲他就是那個和尚的師父，而認爲他也是一個和尚。

我們從來沒有見過像這樣一個蓄滿長髮的和尚。

十、老僧一席話

現在，那個披髮的人，清晰地印入我們的眼簾。

我們驚奇無比地圍在那小櫃門口，面對着他，看得更爲清楚。那小櫃門裏面，是一間一人活動的小屋，陰氣逼人，卻堆滿一房子書。深深地出乎我的意外。

那披髮者正襟跏趺而坐，身穿灰褐色深秋用的大夾僧袍，疏朗朗的、幾乎看不清的兩道淡淡的眉毛，分貼在那一雙深沉而凹陷、圓小的鷹隼般的眼上，眼裏放射着一束慈善的玄奧的寒光。起先射向我，再依次掃射先哲、建平。再後，那兩束寒光漸漸微弱下來，退回到它那無底的眼神深處安靜了下來。

「好險！」我有一種感覺。

當人們遇到這一雙眼睛之後，就會很難自制地判斷自己已遇上了江湖險惡的陷阱，那裏會肯定他是一個善良的出家之人。但是我們再看到他那兩片狀如蛤蟆般的嘴巴，就有了不同的想法。

他那一張嘴巴，帶着極爲悲憫的、充滿純善的微笑，雖然他的鼻骨瘦削而孤直，面色奇白而僵硬，下巴深陷而後縮；當你看到那一臉菩薩般的微笑，你幾乎忘了他那一雙鷹隼般的眼睛了。

小屋裏大部份的景象被他的身體擋住了。從他那薄薄的耳葉邊望進去，可以簡單地看到那些書籍之外，還有供桌上的香花水果、法器、金身小佛像；此外，就看不到什麼了。

「你是道士嗎，還是仙家？」先哲也着眼問他：「像你這副扮相的人，我們還沒見過呢！」

「——我是和尚，長官？」那披髮人說。

「和尚？」先哲搖着腦袋，表示不信。「和尚是不留頭髮的喲，就像這位師父一樣！」先哲指着那個扗鋤頭的和尚。

「可是——長官，我倒是一個眞正的和尚。我長一頭披髮，是因爲我閉關，我發願一年才理一次髮，省得把修行的時間浪費在理髮上，才弄得這個模樣。我的戒疤蓋在頭髮裏面呢，呃！」

「這樣說來，你們和尚倒不會享受清福了！」建平說。

「清福！」那披髮和尚的眼裏，突然灑出一束寒光，他反駁建平：「當和尚那裏有福享？他是代替衆生受罪的吔！和尚承續的是釋迦牟尼的法統，每天從寒鷄初啼起身，到更深人靜之後才睡，朝課暮誦，讀經諷咒，參禪打坐，一天十二個時辰沒半刻閒，還有些頭陀行者，日中一食，三衣一鉢，目不視三尺之外，足不踏半隻螻蟻，兩袖清風，身無長物，芒鞋草席，天下一肩，長官，我們和尚是世間第一流的苦人啊！」

「照你如此說來，做和尚倒也是不簡單。」我說。

「妙行——送茶來！」披髮的老僧吩咐那個拄鋤頭的和尚：「長官！我們出家人，只求得人間能有一片淨土，至於享福和受苦，都是無心計較的！」

「好奇怪！」先哲無端地晃着他的頭，伸手把軍帽脫下來，立正向老和尚行了一個鞠躬禮。「那都是我的錯，往昔我都認爲和尚嘛，都是一批游手好閒、樂山樂水之輩，聽你這一席話，也同我們做軍爺的差不多了——敬佩之至！」

先哲這幾句話，把老和尚兩隻鷹隼般的眼睛弄得瞇成了縫，嘴角向兩端翹將起來，那是說他被感動地笑了。

老和尚先從那個叫妙行的和尚手中接過一杯清茶，然後再一杯杯分放在他的小門前的一張桌子上。他請我們呷茶。我們又問他一些有關神仙鬼狐之類的事，我們聽這一類活生生的故事太多了。老和尚說，這都是「三界」內衆生，隨「業」流轉，是眞是假，是有是無，都是一樣。

他說：「大殿上，那身披袈裟，胸掛瓔珞，赤足綣髮，垂目跏趺而坐的聖者，才是我們的先進。此外，都與我不同流。」

他說：「世間一切，都只是唯心所現，萬法奔流而不動，千江有月而一輪。鬼神仙狐，好比因果業緣的海洋裏一滴水，他們一旦流入海洋，便不能獨立存在了。」老和尚閃着寒光灼灼的兩隻眼，我們整個墮入了他的迷霧之中。

老實說我們三個對佛教、佛法、佛學一竅不通。

這個怪人滔滔不斷的辯才，從他那非常醜陋的嘴巴上展露出來，我們全望著他發楞。這些古怪深玄的話，我們也從沒有聽過。這個時間，老和尚的形象在我們的眼裏開始膨脹、發光了。

末了——老和尚說：「佛法，不是三言兩語就可以徹底解決的。如果你們有興趣，我這裏有書，可以帶回去看看。有什麼弄不通的。我衷心地願意野叟獻曝……」

我這個人就是這樣——爲了追根究底之故，臨走的時候，我帶走他關房裏幾本書。

到今天我依然記得是：

菩薩學處、一本。

印光大師嘉言錄、一本。

佛學與科學、一本。

我們走時，向他擺擺手。他坐在那關門口，昂然不動，長髮輕揚。那一雙眼，那一張嘴，令人永生不忘。

出了小廟的竹柵山門，山中已入黃昏。

建平說：「這和尚簡直就像古墓僵屍！」

先哲說：「這和尚簡直就是成了精的妖道！」

我說：「別小看他，他的話讓我覺得莫測高深，就不像我們想像中的那麼簡單、平凡。這座其貌不揚的小廟，住的不一定是土地。……」

十一、柳暗花明路

連續一個多月來，每天上午或者太陽快落山的時候，通常是我單獨一人，在這條窄窄的山間小徑上，匆匆地走向「靜觀禪寺」。我每天把看完的佛書從老和尚的小窗口送進去，然後再帶一批新的回來。

書籍的送進送出，彷彿打鐵，這塊鐵越打越快，越打越熱。老實話，我缺少宗教熱情。我每天看到的是老和尚一副冷冰冰的略帶微笑的面容，一雙深陷的褐黃色眼睛，一張蛤蟆式寬大的嘴巴。

為了借書、打發時間、偶然從這些「天書」裏也能捕捉到一些「天機玄旨」，所以追根究底——人，死後究竟會變成了動物、植物、還是虛無漂渺的孤魂野鬼——成了我的生活趣味。

我和老和尚的談話，多半是世間極簡略的符號。

當我把小窗門敲開：裏面便浮出一個長髮披散兩肩的人頭。

「謝謝你，我送書來。還有嗎？……」

「吹，這是……」

然後，他關上小門，一陣佛號、或經聲又從關房內流溢出來。我帶回交換的書——管他是「禪」還是「淨」，管他是「天臺」還是「華嚴」——回到臥室之後，便埋頭咬文嚼字。

偶然間，我會領悟出：老和尚對我這個大兵借書借得這麼不休不止，好似發生一點興趣。也好像產生了一點慈悲。那一張冰霜面孔，會不由得烘托出一片溫馨的關愛。

要說我看得懂這些「波羅蜜」和「摩訶薩」，那是欺人之談。也正因為這些印度原始咒文令人如墮雲霧，所以才打動了我的「鬪志」。我把老和尚的「佛學辭典」搬了回來；讀書的進度彷彿蝸牛賽跑，可是也使得些軍中同僚，發現我的「情況不對」；平時每天傍晚，一定出門散步，同戰友聊天；而現在，整天房門深閉，一個人面對這些「如是我聞」，苦苦地「參禪」。

有一天上午九點多鐘，我的上司——董繼陶少將，同他的參謀長范汝功上校，突然從外面闖進來，後面跟着我的連長夏少校，我猛擡頭發現我們這個島上的司令官來到，就從椅子上站起來，向他們致意。

這位老少將走到我的桌子邊，翻一翻我的書，瞇覷着眼睛。

「這一些是甚麼書呀？」

「是佛書。」

「哦，那很深奧的呢！」

「是的！」我說。

其實，當時我正在抄寫智顗大師的「小止觀六妙門」。

「那——」他說：「你還是繼續地看吧！」

這三個人，打量着我，和我的書。一個二十五歲的青年軍人伴着滿桌一千年前的古人故紙，使他們——尤其那位年過六十的將軍——滿臉浮露着驚訝之情。

我只送他們到房門口，他便不讓我再送。我回到桌上，重新埋入「天臺」。

當我把這些佛書，看得「一知半解」的時候，我便把他們以「二分法」來檢討：

第一：他們建立了一套嚴密的「精神世界」；但是他們也締造了一套反方向的人情世界。他們斷絕葷腥、出家、絕慾、頭上燒戒疤、灰身滅智，絕情絕俗。

第二：他們累積了空前的知識寶藏，以巨浪排空的力量，打進了中國文化(儒家文化)陣地，使我們的祖先——那些道統、儒生、朱程陸王的觀念和傳人，投入了這場防守儒家思想崩潰的國防前線。

第三：他們究竟是「知識」、「文化」，還是「宗教」？他們是總體的某一種人類精神堡壘，還是一種外來的邪門外道？可是，在我二十五歲那種青黃不接的時代，我斷定：我們孔子和他的愛徒們，是純純粹粹的指導人們怎樣建立君臣關係、親子關係、友朋關係、社會關係的人文知識和哲學，他們再怎麼也扯不上「宗教」的邊。

不管中國的先賢後賢，古德今德，接受不接受它的巨浪。我忽然想到，要用沙包來防水，是何其困難？

我看着眼前的佛書，會突然陷入「佛儒」兩家搏鬪的困境，和「生死」無奈的抉擇。

佛理「深玄」、「透徹」、「超脫」；而我們卻滿懷「冰炭」。既要永恆，又沉溺於「世俗」。

我相信，天下最難解的不是「天書」，而是這些佛書。「天書」定會一面倒，沒有那些左右兩難的情況；佛書告訴你，只有一條路可走——那就是：要成佛，就不可能保有你一切既得的「利益」。

我自己未免可笑，在單獨的房間裏，幾乎每天晚上都「念佛」，好像從經上找到了一條路，既有路，那位孤獨的旅人，如何不走呢？

李先哲上尉和盛建平，有時也跟我一同上「廟」，他們是很「難化」的。嚴重的兩道關是：

斷葷和斷欲。

我是理論派：必須要在正反兩個方向——出世與入俗——找到思想的架構來支持。

我必須溶釋：一個俗夫爲什麼要念佛？爲什麼做了「人夫、人妻、人子、人女」，也可以接受「斷子絕孫、斷情去欲」的佛教。

老實說：我陸陸續續看了三個月佛書，幾乎足不出戶，到「閉關」的程度；一面在思想上作詮釋，一面和我的這些蠻牛一般的朋友來「鬪牛」——一直到他們出口唸「阿彌陀佛」那一天，才證明一個人的心智不管如何閭塞，他一定有見光的一天。

我自已覺得，用一百天的時間，已經把佛法這道思想的門打開了，雖然並不表示佛法的深玄我已無罣無礙，但是，作爲一道門，我已有再向前越進的一個關鍵。

有一天，我對他們兩個說：

「既然我們對佛法都有了信仰，光是空洞的信仰還是不夠吧？」

「對呀！」盛建平附和着說。

「我們好像還有一件事沒做呢！」

「還有甚麼呀？」先哲說。

「去皈依啊！」

「眞是要皈依了。」建平說。

這一席輕描淡寫的談話，就決定了有許多人都無法決定的「終身大事」。

十二、信仰重鑄日

冬天的太陽光，灑在又冷又濕的海島上，使人頓時輕鬆得彷佛脫胎換骨。

我們三個人，走上靜觀寺的山徑。

信仰，在我們心中形成了另一種重鑄的世界。陽光移動金色的蓮步跟著我們，而我們心頭則充滿了感激和興奮。

大殿上，傳出輕脆的磬聲，我們推門走進佛寺，妙行師正在大殿上上香。當他聽出我們的聲音，就車轉身，裂着大嘴巴說：「官長早哎！借書噢？」

「借書——我們今天來借釋迦牟尼佛……」先哲說。

「那怎麼能？」妙行師嚇了一跳，張着嘴巴，楞在那裏。

「妙行師！」我說：「李上尉同你鬧着玩的。我們決定了，來皈依三寶。你聽清楚：我們來皈——依——三——寶！你同我們向老和尚報告一聲，就說我們今天來皈依了。別伸舌頭，小心你的嘴巴——」

「快呀！還楞甚麼？」建平催促他：「我們又不是瞎鬧，我們是誠心誠意來皈依囉，你老兄要做我們的師兄了。還齜什麼牙呢！要是三個月前，我一定會賜你一頓拳頭！」

「噢，官長。」這位鄉野和尙說：「我們哪有這種福氣？我們？」

「滾——」先哲來火了，瞪着眼睛吼他：「命令你去報告老和尙，你囉嗦哪門？」

妙行一看風頭不對，連聲對不起，便轉向那個大殿左側的小窗口，看來還是一臉狐疑；他還沒到窗門口，那扇小窗門已從裏面打開了。一具臘面人像，自自然然地從窗口凸了出來；我們和妙行師講話，大約都被老和尙聽到了。

「師父！」妙行結結巴巴地說：「——他們三位官長要來皈依吔！」

妙行師話還沒說完，建平揷上去說：

「老師父，我們來皈依你，好嗎？」

老和尙在關房小窗內，微笑着點點頭，倒不像妙行師那麼大驚小怪的。他平靜得有如冬天的太陽，溫溫煦煦。彷彿他早已預定我們要來皈依他一般。

「很好——」他說：「你們的宿根都很深厚。但是，你們歸依之後，可不能反悔唷。皈了依，要『盡形壽』遵守佛陀敎示的呢。否則，你們還是考慮考慮。」

我一不小心，從小窗口瞄到老和尙兩隻殘廢的脚，但是他的身材竟有一百八十公分之高，令我吃了一驚。

「我們決不動搖、決不變節，我們向你保證就是。我們已經全心全意地投入佛門……」建平熱情的說。

「我同他一樣。」先哲說：「我是老粗、不會說話。我信就會信到底；首先，我皈依之後，就斷絕牛肉。再來就斷酒。再來——不再娶老婆……」

「師父——」我不再讓他們蓋下去了，就說：「請您選一個日子，我們也不知有什麼手續，不知今天可好？」

老和尚慈悲地向先哲和建平笑笑，望着我們三個，莊嚴地說：「皈依嘛，什麼都不要。只要一顆虔誠的心。至於供品香燭，這裏都有。正巧明天也有一位居士來皈依，你們四個一同來吧。明天是佛陀成道日（民國三十八年農曆十二月八日），上午九點鐘，你們便可以做一個正正式式的佛弟子了！」

聽完老和尚一番話，眞是高興萬分。我們便向他合掌致敬。他向我們還個問訊，說要『誦經』了，便闔上關房的小窗門，把世俗人間隔開。

我們在殿上巡視一遭，這才昂首濶步，如同一羣春天的鵪鶉，走下山道。

妙行師在大殿前，望着我們的背影發楞。

老實說，換了我是妙行，對這些嘴上沒長毛的兵爺，能「皈依佛敎」，如何不令人發楞？

十三、生命皈依時

山巒裏繚繞着茫茫晨霧，朝霞燒紅了初曉的天。靜觀禪寺，在裊裊的香氣裏，甦醒過來。我們八點來鐘，從駐地躡手躡足走出來，沿着小徑，輕輕地走進幽靜的山寺。心靈與奮而顫慄。

大殿上已經燈燭輝煌，香案上排列着鮮花水果，妙行師一掃鄉野農夫的那一臉憨直渾樸，睜着大眼，身披金紅色袈裟，手持引磬，看着我們情怯地走上佛殿。這時他立在佛案的右首，垂目靜候老和尙的指示。

關房的小窗前，也有一張香案。同樣陳列着香花水果明燭。這種莊嚴而肅穆的氣氛，突然使我們這三夥浮動的心，懸吊起來。

我凝神屛息，走到窗前，先哲帶着滿臉茫然，亦步亦趨，建平手足無措地在我身後。那小窗門已開。老和尙正襟危坐，法相安祥。我們被溶入一片香雲、一縷芬芳、一股戰戰兢兢的期待之中。

大殿走廊上，站着幾個看熱鬧的小孩，另外有兩個十歲上下的小沙彌搬拜墊。大殿右邊角落的一張冷板凳上，坐着一個面容寒傖的中年人，閃着一雙急待判決的囚徒似的老鼠眼。黝黑的皮膚，彷彿已久歷風霜。這個身材瘦瘦的人，默默的、酸楚的躲在那邊。當他看到我們這三個大兵走上大殿，那一雙灰突突的眼，猝然放出驚奇的光。

「師父好！」我們向老和尙合掌爲禮。

「你們來了？」老和尙說。

「那一位是阿財。——你過來！」老和尙向那個中年人招手。

「你們四個人今天一同皈依，是難得的因緣。雖然，你們無始以來都有不可饒恕的生死重罪，可是，因爲你們將要面對佛陀的金面，能深深地懺悔，當佛陀的光照耀着你們的時候，一切的罪疚，就都可在心靈上熔化了。——妙行，可以開始啦！」

老和尚講的話，我一時還摸不到它的深意。我側眼看看那中年人，只見他眉尖深鎖，嘴唇抖索，眼淚從他的睫毛下汩汩地往下爬。

妙行，這個鄉下和尚，在此時此地，他竟然是引禮師。他目空一切地敎導我們四個，命我們跪在關房前的香案下，李先哲、盛建平、我、阿財，跪成一列。

面對着關中的老和尚，心頭眞如負荷千鈞的重罪，良心在不可收拾的情況下迸發開來，一陣陣興奮與悲哀，面對着地藏王菩薩般的老僧，我們全都低着頭、閉着目，熱血澎湃。

我聆聽老和尚爲我們說「三皈依、四宏誓願」的沉重腔調；我們跟着師父的開示，向佛陀宣誓。

我聽到妙行師的梵唄聲、鳴磬聲、木魚聲，小沙彌走來走去的腳步聲。

我的想像力頓時陷入時空的絕緣狀態，彷佛一個新生的嬰兒，需要人撫持、憐愛。我覺察到磬聲、鼓聲齊鳴，驀然地被擲落在地，生命於焉開始。

我們由妙行師引導向老和尚頂禮三拜，並且口稱「師父」的時候，才眞正有了依靠。信仰才眞正獲得保證。

不知過了多久，我們癱軟地立了起來，這時大殿外面已站滿了男女老少人等，其中夾雜着七八個當兵的，在那裏交頭接耳，竊竊私議。

「你聽聽——」建平向我低語：「他們說：那兩個高個子，還是上尉呢，像根木樁跪在和尚面前……」

「別管他——」我阻斷了建平的話。

我默默記住師父替我起的法名：

妙悟——我很喜歡這兩個字。

妙信，是李先哲。

妙學，是建平。

那個中年人叫妙什麼，已經記不清楚了。

後來，妙行又引導我們在大殿佛像前禮拜，並且恭念「南無本師釋迦牟尼佛」一百遍。又依照妙行的提示，我們爲了表示自己的虔誠，都在臂上燃香三柱，在燃香中，持續揚聲持念釋迦聖號。

直到全部皈依儀式結束，兩個天眞的小沙彌，全部跑過來向我們「賀喜」。這一天的午飯，是由師父供給的，是他爲我們皈依而準備的豐盛素筵。飯後，和師父說些輕鬆的話題，爲了師父每天有固定的功課，我們才悄悄地離開禪院。

我們走時，發現那中年人，仍然憂戚地淚花欲滴，在大殿上躊躇。

十四、烽火送離人

雖然，我的心靈，由於歸投到佛陀的座下，而安頓了下來。但是戰爭依然從上海、杭州，向江西、四川、雲南、廣東，蔓延到海南島。整個中國的河山，陷入空前的雜亂，有許多家庭、父母妻子兒女，因爲遭受戰火摧殘而破碎、而分離。

皈依後一個多月，我們去求敎師父的時間更多了。因此，我在這個荒島，住了一年，有七個月是住在淨觀禪寺附近，這七個月中，我幾乎把師父關房裏的藏書快看完了。當我離開之前，剩下「佛學辭典」，已看了一半。

有一天，我正在寢室裏看經，忽然連長從外面走來，向我說：「——部隊要行動了——我們可能要移防臺灣……」我才大夢初醒，這一段荒島之夢，將成爲我這一生中一頁「金色」的夢境。

在出發的前一天，我和建平兩個到靜觀寺向師父告別。

當我走進師父關房的窗前，心靈如沉鬱的天空，一股深切的哀痛，阻塞在喉頭。

我敲門之後，師父把窗門打開，面對師父慈切的笑容，我眞不知如何說一聲「師父，我們要走了——」這兩句離別的話。我凝視那一張平靜的臉，一副殘缺的身體，我已完全接受了他的那些冷與醜。那種冷靜的智慧和醜陋下的眞純。我已經哽咽得語不成聲。建平苦惱地抽動着白生生的臉，抖顫着兩肩。

「妙悟，你們有甚麼要事來告訴我吧？」師父好像預感到一件不吉利的事卽將發生，收歛起笑容。

「師父……」我們再也說不下去了。

「怎麼啦，講啊！」師父說。

「我們要走了，師父！我們不知何年何月，才能再看到師父！」

「哦？」

我這時才發現，師父這一張臉，是這樣的蒼白而聖潔。他無端地從一種佛家倫理中的歡樂，一下子跌入了散失親子般的悲痛。

「你們要去臺灣？……」他的眼淚，一個方外人爲與兩個俗家弟子訣別而傾流的淚水，從眼角簌簌簌簌簌簌……奔流下來，滾到地面。我們的心都碎了。

我和建平兩個，悲傷難抑，師父一面抹淚，一面強抑着淚水，悲愴切切地說：「我知道你們遲早會走的。你們不屬於這裏，但是你們要把佛法帶走，去護持佛陀的遺敎！」

我忍着哀傷，點點頭。——這就是我爲什麼離開了那座荒島之後，到今天，三十七年以來，不斷地用我的筆，把佛家基本的道理向社會傳布的原故？

我們已沒有時間再事停留。

師父的小窗門，當我們淚眼模糊時，突然間無情地關上了。因而，也切斷了那斷斷續續語不成聲的最後叮嚀。

我已不忍心再向天性純厚的妙行師和兩個小沙彌說一聲「再見」——那年那月才再見啊！我拉着建平，踉踉蹌蹌衝出禪院的竹籬笆門。

我們是在黑夜中撤退到海上。天明後，面對萬里長空，滔天濁浪，再回眼北望，禪院與這座荒島，逐漸逐漸溶化成爲一粒海上浮漚，然後沉到海天深處。

「師父——」我在艦上向天涯的盡頭祈禱：「——但願佛陀能照顧你！可是我也知道，那無邊的苦難在等着你呢！只怕你今後只有一條『殉道』的路可走了！天啊！對待像你這樣一位殘缺的方外人、慈祥的佛陀傳道人，卻是太不公平了。……」

滿眼是深藍色的海浪，洶湧奔騰。

海天茫茫，何處是歸程？

（一九五五年分章陸續發表於臺灣菩提樹雜誌・一九八六年元月重寫脫稿）

〔附錄〕

致清海「法師」四十九問

沙佛林

清海「法師」座下：

日前因偶然閱到「頓悟未開聖壇焚佛書」（書名有點不解，甚麼叫「頓悟未開」）這本向中國佛教會「質問」「燒書」原因的小册子，說佛教會燒你的「卽刻開悟之鑰」（第一册），我半信半疑。既是「佛書」，中國佛教會爲什麼要燒？不久，又拜讀「卽刻開悟之鑰」節本，及該書全本第一、第二册，才深感法師說教之法，辯才無礙，但因著中有違「聖言量」處，迭現紛呈，玆事體大，蔚爲大疑大惑。因此再於四月七日晚間，趕赴臺北市實踐堂，恭聆說法，面見盧山眞容，耳聞目濡之餘，親聞法師宣言：除「觀音法門」之外，佛門無餘法可度，並倡導諸教上層義諦平等之說，否定經語；在檢察省思之下，謹拈懸疑四十九條，敬祈慈覆。

學人一介佛子，無任何宗派門戶糾葛，本就道論道及吾愛吾師、吾尤愛眞理之忱，特來就教，並乞逐條據理詳答，同時請賜回音，切盼之至。謹臚列所問，布陳一是！

請問座下：

一、佛家講「緣起論」，基督教則主張「獨創論」，這是兩個截然相反的宇宙觀；請問法師，你爲何說基督教上帝與佛性是同一義諦？兩者相同之處的理論基礎在那裏？

二、佛家一再強調「衆生平等」——人人皆有佛性，基督教則是「唯我一神」的主宰論，人絕不能成爲上帝，請問法師，這兩者，從那一點上能說明它們底本體論是相同？

三、法師常說，一旦經法師印心，就等於解脫。那麼，凡所有經過法師印心的人，應該都已得到解脫境界，那是否意指他們都已經了生脫死，都已經成佛？不然，如何能宣稱他們已經是「解脫」？（見四月七日晚答讀者問）

四、法師於四月七日在臺北實踐堂演講時表示：念佛無法往生，念佛也不能得到解脫。那是否意味著佛經所說「念佛得以往生極樂淨土」的話都是空話？而法師所說的才是眞理？如此一來，那些淨土經典，那些經佛親口宣說的經典，是否都可以拋棄？

五、法師說，要已經開悟的人才可以讀經，如此，則普天之下所有學佛信佛的人都不必讀經囉？因爲他們都還沒有開悟啊！而開悟的人，他們旣已經了生脫死了，又何必還要讀經呢？這樣，佛經豈非一無是處，統統可以作廢？

六、法師說耶穌就是菩薩，而且耶穌曾經在印度停留十九年。請問法師，這種說法有什麼根據？是出自何國、何時、何地、何書的記載？就算耶穌曾經到過印度，又如何證明他已經達到菩薩的果位？成道的果位有其一定層次，只有十方諸佛可以爲菩薩授記。現在法師說耶穌是菩薩就是菩薩，那麼法師是否以自己的話爲「聖言量」？

七、今法師強調「觀音法門」是唯一的法門，認爲其他的法門都不足一取、一無是處。但是佛陀開示我們八萬四千法門，全都是爲不同根機而施設的「應機法門」。如果照法師獨尊「觀音法門」，豈非違背了佛陀遺教？

八、法師一再宣稱，唯有「觀音法門」才是「卽刻開悟、一世解脫」之鑰，但根據「大佛頂首楞嚴經」所說二十五位菩薩的二十五種圓通，每一種都一樣重要，一樣殊勝，並沒有特別偏重那一種圓通。那麼，現在法師所謂念佛不能往生、不能解脫，只有「觀音法門」是「卽刻開悟之鑰」的這種說法，是不是違反楞嚴經所說——只此一家，別無分號？那到底是佛經說的對，還是法師說的對？

九、法師所說的法，與經典記載的聖言量相反者，隨處可見，佛陀雖然不在世間，但留下千萬卷敎導我們各種法門的許多經典。如今法師說禮佛、念佛無用，那麼法師是否在居住的地方供奉佛像，是否還穿著僧衣，你既然否認佛所說與佛經所記載之事，又爲何以佛敎的形象在臺灣社會出現？是否佛敎尙有剩餘價値可資利用？

在四月七日法師回答聽衆說：「掛念珠只是好看嘛，沒什麼作用？」這是什麼意思？已經出家，要「好看」做什麼？佛敎中有「佛說校量數珠功德經」等數十種經典記載念珠的殊勝，更有多種的淨土經典宣講念佛的功德，請問法師，爲何如此謗佛、謗法？

十、法師強調所有的宗教神都在相等水平之上，都與佛一樣，老子等於耶穌、耶穌也等於佛陀；說法時又融合基督教與佛教，將之劃以等號，並在書中引臺南一道教人士之語謂自己是全世界五教合一的十二位大師之一。這樣的情況，我們感到納悶，那麼法師是基督教還是佛教？還是臺北五教合一弘化院的導師？你爲什麼要穿著佛教出家人的法衣？依照佛經所說，諸多宗教神多未超三界，只能算是天人品級；請問法師，不知您是依據何書的記載而說所有的宗教神都與佛無異？

十一、請問法師，你的師承爲何？你說有一位「明師」所傳，請問這位明師到底是基督教？佛教？婆羅門教？還是密教？他的本名爲何？詳細出身爲何？怎麼從來沒聽你提起過？既是人間偉大的宗教導師，怎麼會如此神秘？而不可告人？

十二、在臺灣本島及國際間，也曾先後發生過不少混同基督教與佛教或其他宗教的「新興教派」，像印度的「大知識」（Maha-raji）集團、「TM靜坐」（Maharajanish），他們強調「聽音」和素食，他們還爲信衆「開頂」並「秘密傳教」，他們的傳教方式和法師可說大同小異，只是他們不稱「觀音法門」，何故？

南韓的統一教，混合基督教與佛教，蓋亞那的人民廟，中國的白蓮教與一貫道，都有這種融合多種宗教的傾向，我們聽法師弘傳的教法，實在不免懷疑你和上述的「教派」是否同一體系？

十三、根據大乘佛經，世間凡俗之人，要得成佛，需經三大阿僧祇劫，即使是禪宗的「頓悟」，也還需要有「漸修」的基礎。如今法師說不用念佛、讀經、拜佛，就能夠帶業而即刻開悟？這是否像「點石成金」一樣的無稽？法師以這種無可稽考的理論，面對不知佛法義諦的世人，是否爲佛陀正法？

十四、我們對於法師現出家相，賦予一切在家信徒應有的尊重，這點我們絕無異議。佛陀滅後，留下經典作爲世人評量佛法眞實面目的標準，因此後世所傳，若不依照佛陀遺教的「聖言量」，則不得稱爲佛教！

如果照法師所說，將人類所有宗教都放在同樣的層次來攪和，所有的宗教都可以劃上等號，那麼老子等於回教、等於天主、等於佛教、等於印度教、等於無極老母，也就是說聖賢等於不肖；好等於壞；共產等於自由；人等於佛；如此一來，成佛還有什麼意義？大家也不用去研經學教了，反正都是一樣嘛！

這種「依人不依法」的說法，否定佛說，是否遺害世人？

十五、目前會有道友轉述法師之說，認爲所有的「慈善」行爲都無用，修行唯一的法門是「靜坐」！但我們都知道，靜坐是許多宗教的「共法」，像道家、婆羅門教、超覺靜坐、瑜珈等都提倡靜坐，這並非佛門特有、唯一的修行法。如果說慈善都無用，爲什麼佛陀教導我們要「福慧雙修」、要行六度（布施爲首）？諸佛菩薩俱從大悲心出，修福，正是長養大悲心之重要途徑，佛陀本身則是「福慧」俱臻至善的「兩足尊」！難道這些都是空話？那麼所有基督教的慈善活動也都是沒有意義的了？請問法師，是否說過「所有慈善都無用」這樣的話？希臘哲學家亞里士多德曾說：「吾愛吾師，吾更愛眞理！」對於法師這些違背聖言量的地方，我們感到相當困惑；同時，也很想請教法師，你以一位佛教法師的身分宏法，提出這些違反佛經的說法，你將如何自處？

十六、法師在演講中聲稱，只有「觀音法門」是唯一的法門，「印心」即可以成道，除此之外，別的方法都不能成道。你的意思是天下只此一法門，其他都無法成道，那麼不知法師到底是禪、淨、律、密、三論、唯識、俱舍、成實「八宗」的那一宗？那一派？何時、何處的經典有這種「唯一法門」？

十七、法師的演講通告中，宣稱是「來自喜馬拉雅山的大師」。我們知道，喜馬拉雅山通指尼泊爾及印度北部的雪山邊緣，該處除了一些流亡的西藏喇嘛之外，佛教信徒極少，倒是一些印度教和瑜珈行者常在山中修行。法師應該不是密教的喇嘛？那你有印度教的傳承嗎？不然，你在喜馬拉雅山有何傳承？假如你有印度教的傳承，請你宣示是印度教的那一派？

十八、法師書中屢次出現能以神通分身到弟子身邊、夢中，此刻我很虔誠的禮請法師，請你收到此信後的當晚，來我夢中、賜予加被，示現你的法像好嗎？

十九、請問法師是否知道中國佛教會燒您「即刻開悟之鑰」的理由？您說自己已經解脫了，既已解脫，當然是位超三界、已證無生、具足三明六通，請問你如何會不知道中佛會要燒你的書？再者，你的信徒經你印心，既都是解脫的人，解脫者應該都是沒有煩惱的人，怎麼還會爲這種事去糾纏佛教會？解脫者怎麼會採取這種世間法律訴訟手法來處理這種事？解脫的人怎麼有煩惱、有三毒？

二十、法師說修「觀音法門」可得解脫，請問法師，修此法門往生後究竟要升到那一「天」？是否仍在六道之中？西方極樂淨土、東方琉璃淨土乃至兜率淨土，都有經典明確記載，請問法師，觀音法門該往生到什麼淨土？那一部經典曾經講過？請你明示？

如果法師已經得道，到底在四果中的那一果？四聖道中的那一道？請詳明！

二十一、依唯識所說第八阿賴耶識中含融佛性，那麼請問法師，到底是先有「佛性」？還是先有「無明」呢？如果說佛性本來清淨，爲什麼會有雜染無明？又爲何會有「一念不覺」的現象產生？那麼一來，大家所有的修持，豈不都是枉然？這「一念不覺」，法師有何看法？

二十二、請問法師，你的「解脫」，在菩薩的五十二果位中屬於那一果位？華嚴十地中屬於何地？天台九住心中屬於何心？

二十三、法師說只有觀音法門是唯一究竟，其他法門都不究竟、不能往生，也不能成佛。事實上，佛陀曾開示千萬法門，門門只要應機，都能達到究竟涅槃，今天法師只承認一種法門，如何能免除「我執深重」與「法執迷漫」、「謗佛謗法」之名？

二十四、法師經常在公衆場所暗示、明宣自身已得解脫，且能分身應化，那麼法師的果位應該至少在無生道，具有六通。現在是不是能請法師以你的天眼分身來看看，我到底是誰？

二十五、法師在你的兩本著作及所有演講中，一再宣稱只有你的佛法才是佛法，其他人微不足道，其他的法門都是下乘法門。這就是說，你已經成佛了？而且你的師父也已經成佛？但是，據我所知，各種經典中實在沒有「觀音法門」這樣的法門，而所謂的「耳根圓通」也只是楞嚴經二十五圓通中之一而已，並非獨立於佛法之外的法門。

法師說「明師」傳你觀音法門，請問這位「明師」是何國人士？大名爲何？在佛教中師承爲何？是顯、是密？何宗、何派？如果這位「明師」沒有傳承，那就是「獨創」，若是獨創，那就與正統佛法無關，是似是而非的佛教，請問是否與「大知識」是姊妹教？

二十六、請問法師，印度教、瑜珈行者、大知識、道家也都修定，他們也都有「聽音」（或稱「特音」）的法門，那麼，你的「聽音」與他們有何不同？

二十七、四月七日在臺北實踐堂，有一位計程車司機藍先生在演講會前，以基督教「見證」的方式，稱揚「觀音法門」的殊勝，而否認淨土念佛功德，否認廣欽老和尚開示的念佛功德，這樣「揚己抑他」，是不是修學佛法的正道？

二十八、法師的師父是「歐洲明師」（或印度明師）？法師認爲，當今教界，除了你師徒之外，無人堪當「明師」？那麼，在你看來，今天世界佛教界是不是已無其他明師？請問你的剃度師，是何許人物，是佛敎何宗何派？歷代的淨土祖師及許多當生證得三昧的大德，是不是也都不算明師？其他像慧遠、善導、蕅益、印光等古今大德，他們難道也都是修持你那「唯一」的觀音法門而成道？或者，因爲他們都不修觀音法門，所以都不算明師？

二十九、請問法師，你說六祖慧能大師也修觀音法門？他的觀音法門是誰傳授？又有什麼證據可以證明六祖也是修觀音法門？如果沒有證據證明六祖也修觀音法門，那麼法師之說，豈非妄語？我讀法師著作，再聽法師演講，深覺法師的宏法大多「言其然、不言其所以然」，在程式上，是架空了宗敎義理的獨造，只拿出你自己的結論要人接受，這是不是另一種「上帝敎」？

三十、我看法師的著作，曾談到老子的問題，感覺你對老子實在是所知甚少。你說老子是一個「很老的靈魂」、「很老的老師」，所以稱爲老子；其實稱老子是根據「史記」，他除姓李名耳之外，也傳說姓老，名聃字伯陽，被史尊爲「老子」。「子」，則是春秋戰國間對賢者的敬稱，絕不像你的杜造。而你對老子理論，更是完全與老子學說南轅北轍，令識者笑。

請問法師，老子形上學的「無爲」和佛家建立在因緣法上的「無爲」，如何能混爲一談？更何況老子只有一個形上的理論架構，完全沒有佛家的方法論與實踐論，這樣截然不同的學說，是如何劃上等號？老子怎麼可能等於佛？他只是異於儒家的一派玄學吧？

三十一、有人說曾見法師身上有黃光，我也曾見宜蘭的一位老法師「放光」，當場同時還有很多人都一起看到，這位老法師的光又如環如陽光四射，衆目共睹。不像法師放光，只有一個小孩子看到，而大家看不到，根據汪少倫著「多重宇宙與人生」一書，早已證明人有光；人有光有何稀奇？

「佛陀的啓示」譯者顧法嚴居士曾經當面對一個居士說：「你老身上也有光！」那位居士說：「自問我是凡夫，怎麼身上也有光？」這和法師說，唯有解脫者身上才有光，不是互相矛盾嗎？你看過「多重宇宙與人生」嗎？該書說人人身上都有光，並不是只有聖者才有啊！

三十二、我知道法師英語很流利，不知法師是否看過珍・魯柏（Jane・Roberts）所著「賽斯（Seth）資料」——「靈界的訊息」、「靈魂永生」等書，賽斯其人，境界經佛教大德評估相當無色界天以上，但他否定上帝與佛是同一層次，同時對上帝的獨創論也持異議，並強調流傳在世間的宗教，以佛教的層次爲最高。如果法師讀過「賽斯資料」，請問你對「賽斯」這個高層次的靈體有何看法？

三十三、我是一個虔信「佛陀聖言量」的佛教徒，我只知道「佛法如蜜、中邊皆甜」，各種不同的法門，只是對機的問題，不能妄加分別各宗的價值。但如今法師貶抑其他的宗派與法門，是否能算爲「明師」應有的態度？

三十四、基督敎的理論是信者得救、得永生，不信者入煉獄；請問法師，這和佛家人人皆有佛性、皆得成佛的理論有無衝突？你將以什麼理論來支持你說兩者都一樣的看法？

三十五、請問法師，我向你提出這麼多問題好像找麻煩（其實絕不是），法師以爲我是魔嗎？還是道呢？我對於法師言論中有這麼多反聖言量之處，根據佛典「法四依」，「依法不依人，依了義不依不了義」之理。設使法師和我角色交換，你該亦如我一般必欲問之而後快？以此觀之，你是否不應拒絕我的問題，而以悲心來回答我的問題？

三十六、法師說世尊是「過去佛」、彌勒佛是「未來佛」，他們對修道都已無幫助，只有「現在佛」才能眞正的幫助世人，尋求解脫。那麼法師的意思是唯有你才是眞正的「現在佛」嗎？

我認爲佛陀世尊入滅，並不等於在世間滅跡，他還在兜率天，還留有遺教——經典在世間；彌勒菩薩則在兜率天，這些佛如來感應是顯然可見，就如同觀音菩薩之有感應是一樣的，你爲何否定過去佛、未來佛呢？沒有過去，何有現在、未來？這是佛家最基本的三世因果觀，這個理論你都否定，何故？

三十七、根據法師的應對，我知道法師是堪稱辯才流利，對佛法也有相當程度的介入，我個人絕無意否定法師的法衣與法相，但法師說法實在違反佛家眞理太多，更有太多經典中前所未見的混淆，還請法師給我們一個明確的指示，到底這些事、這些理論有何根據？

基督教中人從凡夫俗子憑空躍升天國，天主教、印度教也欠缺修行的明顯次第與體系；這些與佛家的四聖六凡、四禪八定、四果、十地，這些明確的修行次第與果位，如何能並論？

三十八、法師認爲基督教也有「因果論」，又說基督教與佛教一樣。其實「因果」是「世、出世間」共法，不只佛教、科學有「因果律」，共產主義也承認科學的因果律，印度教也都有相當程度的因果說。所不同者，唯有佛家的「因果論」析論最爲綿密，不只講因果，更配合「緣」來建立一個完整的佛家緣起思想體系；這些都是其他宗教所無以比配，以一種單一的因果論（不信上帝、作惡就下地獄，這因果也未免太廉價了吧？）來說，基督教等於佛教，豈非戲論？

三十九、法師強調大衆都應素食，這種精神相當可敬，只是印度教、瑜珈行者和一貫道等其他宗教，也都主張素食。素食是中外許多教派、非宗教徒「共法」，非佛教所特有。不知法師的素食（密宗肉食、南傳肉食）和其他宗教的素食，在理論上有何同異？

四十、法師說印度恒河的水清淨無比，是無上的「聖水」，飲之可以祛病消災、延年益壽？多年來，政府開放觀光，印度已不再是遙不可及的神話國度，我們親眼看到，恒河水中飄浮無數死貓、死狗、死屍、垃圾及到處人潮等，不知法師這恒河水無細菌，飲之不生病的理論，有何根據？是否能舉出證明，在何處、何時的記載、或報導中有這樣的說法？如果說恒河眞是清淨無菌的，爲何我們在一九三五年前後的文獻中看到當時的統計，印度人的平均壽命只有二十七歲？卽使時至今日，科學、醫學如此發達，印度人的平均壽命仍不到六十歲（臺灣男六十八，女七十四），是亞洲地區最短壽的國度，而且傳染病流行最廣。這證明恒河水不但汚穢，且充滿疾病與細菌，造成極大的環境汚染；如說這樣的恒河水清淨無比，何人相信？再者，恒河是印度敎的「聖河」，而不是佛敎的聖河，你是站在那一宗敎的立場，來宣揚恒河是聖河聖水？尅實地說，世界上沒有任何一條河可以稱「聖」。有水就有微生物。

四十一、法師以佛教比丘尼的身份出現於世，那應該是世尊的弟子了，但爲什麼你既不承認過去佛，以自己爲唯一的明師，不依佛陀經典所教來宏法？豈非以盲引盲，誤導初學者踏入歧途，以爲你的法才是唯一的佛法；那可眞是「盲人騎瞎馬、夜半臨深池」了！

四十二、根據法師的演講和著作，還有一些日常生活的相片，可見法師平日的生活態度，令人敬佩，本人是個虔誠的佛弟子，絕無挑剔法師的意思。不過「眞理愈辯愈明」，法師所說若是正法，何在我一問？法師所言若非正法，則你該在公衆場合向大衆釋疑，否則會引起許多負面的影響，混淆佛家思想的眞義。

如果依法師之見，所有的宗教都一樣，那我信仰任何一宗一教都可以，又何必信仰你所說「觀音法門」呢？反正不都是一樣嗎？

固然「佛佛道同」，但事實上各各宗教，義理與層次上究竟有其差別。而衆生無明未斷盡之時，究竟不是佛，現在你將所有經你印心者都架空成「解脫」相，這是不是渲染、誇大、妄言？法師如果眞是佛弟子，則你之一言一行，要對佛陀及衆生負最大的責任？除非你不是佛弟子，是否？

四十三、基督教有「聖靈」、「聖父」、「聖子」的說法，法師說「聖靈」等於「佛性」，不知這說法的理論根據，究竟從何而來？請你明明白白的爲我們介紹？

四十四、法師強調現代人成佛一定得靠佛力加持，而佛力加持則需靠「現在佛」，也就是你這位「明師」，才能辦得到？但是古代許多修行有成的大德，多靠自力的精進修持而有成就，談「加持」則多爲密宗行者所強調，其實沒有自力、何來他力？如果說成佛只需靠佛力加持而不需自力，那又何必還要發菩提心、發大悲願，或日夜精勤修持？反正惡人一經加持也都可以成佛！這豈不是否定了一切古代祖師大德與世尊所教示的修行法則？

四十五、法師說在印度會看到許多穿黃衣和白衣的出家人，而認爲印度的佛教很盛，佛教徒很多。就常識所及，這恐怕只是法師霧中看花之見？如今印度人百分之九十九爲印度教與錫克教，還有少數回教徒，而佛教尤其佛教出家人可說鳳毛麟角，法師所見者，恐怕大多是印度教的修行者。而印度的「大知識」也穿黃衣剃光頭。佛教中只有喇嘛們常着黃衣，在印度，也只有北部地區及藏人難民營中有少數喇嘛，爲數並不多；何況和尚有穿黃衣的，卻不一定穿黃衣的都是和尚，這種基本的辨證法，以法師之見地，不至於不明白？而且從今天的資訊，從沒有見過印度觸目可見很多佛教比丘尼的報導。

再者，佛教中在家人稱「白衣」，平日則有緇素二衆之稱，法師說，印度有「穿白衣的出家人」，我們見所未見，坐井看天，請問穿白衣的出家人，是密宗白教？還是另有傳承？

四十六、法師說「如來」不是無上正等正覺，我感覺眼冒金花，如來有許多異名，有的音譯、有的意譯，如無上士、調御丈夫、應供、無上世間解、佛世尊等都是，所謂的無上正等正覺，是「阿耨多羅三藐三菩提」的義譯，根本就是如來的「佛果位」，如何能說是或不是呢？你對中文的瞭解程度有沒有障礙？你能提出什麼證據說明如來「不是」或「沒有」無上正等正覺？法師讀過心經，法師對「三世諸佛，依般若波羅蜜多故，得阿耨多羅三藐三菩提」這句經文，怎麼解釋？

四十七、請問法師，你所到之處的演講，俱以「卽刻開悟・一世解脫」爲題，稍有佛學素養之人，都認爲是「天方夜譚」、「惑世亂法」、「言詭而辯」，但爲迎合現代人暴發戶的心理而已！因爲你明白的說，經過你「印心」之後，仍然還要修；既然仍然還要修，還談什麼「卽刻開悟、一世解脫」？這樣是不是與「因明」相違？

法師是不是爲了廣招信徒而「爲令入我門，先以欲鉤牽」呢？是不是所有一切佛都在一世就解脫了呢？這是那一部經典中講過這樣的話？

四十八、請問法師，你在書上說，釋迦佛是「過去佛」，彌勒佛是「未來佛」，他們都無法傳授「一世解脫」之道，惟有「現在佛」才成。但「現在佛」一詞，出自「歸田錄」，只是明太祖朱元璋的自我陶醉與臣下的奉承之詞而已。「佛祖統紀卷三十」則記載過去七佛「第六是迦葉，第七是釋迦佛」，釋迦之後則是「彌勒佛」，我們不知釋迦與彌勒之間，還有一位「現在佛」，請問「現在佛」是誰？

難道佛陀肉身已沒，法身也滅嗎？佛經中的聖言量難道不是「開悟之鑰」？釋迦法身難道沒有感應？

四十九、請問法師，楞嚴經卷九：「阿難！彼善男子，受陰虛妙，不遭邪慮，圓定發明，三摩地中，心愛圓明，銳其精思，貪求善巧。爾時，天魔候得其便，飛精附人，口說經法，其人不覺是其魔着，自言謂得『無上涅槃』，來彼求巧善男子處，敷座說法，其形斯須，或作比丘，令彼人見；或爲帝釋，或爲婦女，或比丘尼；或處暗室，身有光明，是人愚迷，惑爲菩薩，信其教化，……搖蕩其心，破佛律儀，……墮無間獄……」法師既是解脫悟道之人，請你說明本節眞義？

前述四十九問，係隨手所拈，不及排比，不及微惑，爲恐有叨清神，耗瀆精修，如蒙一解大疑，用釋魚珠之混，則功莫大焉！

佛教白衣弟子沙佛林和南　民國七十七年五月一日

「致清海法師四十九問」平議

黃天湯

越南「比丘尼」清海法師，近年來在臺灣宗教界鼓起一番風潮，其「是非邪正」在此不論；而沙佛林居士「致清海法師四十九問」，也震動臺灣甚至海外佛教界，因此，使清海法師「煽動人心」的一系列演講風景，也不得不爲之減色。

清海法師及其「即刻開悟．一世解脫」爲題的演講和書，使一些「急於草率成佛的衆生」「趨之如鶩」；其動人處，就是「一世解脫」，除「解脫」（成佛）之外，在佛法「修福修慧」「正知正見」「慈悲喜捨」的大乘法業上，一概不論。因爲清海法師的演講，及其著述，多半都是出於「一己之感性論斷」，缺乏經典和現代人所謂「小心求證」的根據，難免使一些刨根究底的科學派學佛者，認爲「無稽之談」；雖然，清海法師的信徒衆多，也擋不住沙佛林那「四十九問」的棒喝交加，使清海法師只有走入「結夏安居」的修行路，欲辯而舌結。

沙佛林先生的「四十九問」，我在臺北一家佛學圖書館中已發現佛教界有許多刊物皆以極大篇幅和顯著的地位加以發表，像臺灣的「海潮音」、「中國佛教」、「獅子吼」、「中佛會訊」、「慈濟道侶」、「大光明」、「文殊雜誌」、「中國佛教文物中心專刊」、香港的「香港佛教」、

「內明」……，至於我未看到的恐怕還不在少數；這就證明了佛教界一致支持沙佛林的鋒利而直搗腑臟的「問難」，也否定了清海法師的那種似是而非的「說教」。

因爲天下任何一種經得起歷史考驗的事物，何況「成佛作祖」的事，如何能憑藉一張會說話的嘴，就能使人傾服？天下任何人都知道，長城不是一天砌的，羅馬不是一天造的；成佛也不是海市蜃樓的幻影，清海法師能讓人「一印成佛」，除非三尺頑童，稍有理性思考的人絕無法接受；何況，釋迦如來的教法，在任何一部經論，都沒有這種「白吃午餐」的論調；這種「即刻開悟」「一世解脫」，就像「玩大家樂」一樣，買馬票一樣，最後所得到的，不是自欺自騙，就是一場空安慰。衆生呀！美夢何其多？

我不認識沙佛林，也未見過清海法師；只因爲看到沙佛林的「四十九問」，再找來清海法師的「書」，一看之下，頓時冒出──「糟了──」的感嘆！

沙佛林的「四十九問」，幾乎每一條都有歷史與經典的根據，以清海法師的知識根基，那裏能擋住？又從何立場回答？這一場「知見」之戰，一上臺便落幕了。

從清海法師的書上，可見的，這位受戒不滿五年的越南籍流亡法師，可能在「定」上有一點光影（甚至有沒有光影都有問題），但決不是「大開大悟」，以這一點「未到地定」以前的光影境界，誤以爲「大開大悟」，在衆生前「稱師作祖」，是何其可怕？如釋迦在世，豈不落淚？何況，清海法師的經典理論尚淺，遇到根柢扎實的佛教徒如沙佛林，如何能開口？

因此，當我找到一份清海法師的信徒所辦的油印刊物「無量光靜坐中心訊息六月號」，才發現她是如此處理這一公案。現在將清海法師應付沙佛林的「四十九問」文字，照錄如下：

「有一個人提出四十九條問題出來，師父對此事『不予置評』，同修們（愛心）回送了四十九個奶嘴、巧克力、糖果跟餅乾給他。爲了怕同修對他產生不好的意念，所以師父簡單開示學生，師父在以前常講過：『好壞都是佛菩薩的工作』，他們也是幫師父弘法的，爲了這件事情，很多人才認識師父，知道師父的書（即刻開悟之鑰），正因爲還有更多的人渴望『一世解脫』，求得眞理，也有更多人爲利益更多的衆生解脫生死輪廻，所以廣傳對他們修行觀音法門後不可思議的利益。

「對他們這種行爲，我們應該有寬大的心包容他們，不應該憎恨他們，但也不能豎起拇指，猛下毒藥的讚歎他們，這個世界是因果的世界，有因就有果，我們更應該好好修行，值得讓佛菩薩用我們成爲好的工作者。」

顯然，這段不通不順的文字，是代表清海法師的聲音，可是她卻認爲她的「同修」（徒弟）「回送四十九個奶嘴……」是「愛心」，就離譜了。如果沙佛林也送一個奶嘴給清海法師，是表示「愛心」？還是「恭敬」？

在這件事上，他們又談「因果」，這更搬磚頭砸自己的腳了。

清海法師既自稱「明師」，難道這一點理性都無？清海法師如能容忍一個問難者的請問，指示信徒不應憎恨沙佛林，那麼「送奶嘴」是甚麼意思？這不是太「小人國」了吧！清海法師在天下人的面前，以爲天下人都沒有她高，那就錯了！

這一段「不通不順、不痛不癢，無是無非」的文字，說明清海法師的心態——對「沙佛林四十九問」，採裝聾作啞狀。卽使清海法師精通十八國語言，對佛家高深思想打不通，又如何能答覆沙佛林的問題？這是清海法師能說服一般宗教游離羣衆而有餘，要反辯一個佛教學者就太不足了。

清海法師門下辦的這一份「無量光」的水平，也和清海法師的「演講」一樣，如果其水平不能提升，我看清海法師的光，也只能在臺灣「曇花一現」，其宏法前途是令人擔憂的；且清海法師如不能修正她的說法路線，而一味強調她的「一世解脫」，她的「印心法門」，她的「明師傳授」，她的「佛耶不分」，她的「印度求道」，而隱藏她的眞正傳承，以「神秘」來作號召，這不是佛法的光明正大態度。

在清海法師大部份說法範圍內，我不是說「一無可取」，但是可議之處實在太多了。清海法師如果能更正「修行」路線，拋掉她的「明師」，「卽刻開悟」、「諸教混淆」的高調，還有些愛受人擡轎子的心理與依據「星相占卜」指示的中國迷信行徑，去老老實實領衆修行，中國的佛教徒還會支持她的。

清海法師的事件，是發生在衆生好奇、好貪、還有無知的情況之下。就像世人對「幽浮」的憧憬一樣。

我是個在中國土地上長大的佛教徒，冀望清海法師能眞的修成正果，但不一定是今生；也盼沙佛林先生，不必妄想清海法師會答覆他的四十九問。

離奇的景象是一時的，海市蜃樓不可能常演。

臺灣的法海，讓它恢復平靜吧！

一九八八年八月一日

臺灣有一個錫克教的傳人

鄭法明

近幾年來，臺灣出現了一位來自越南的女子——以清海（註一）爲法名的出家人，她的原名是胡·瓦倫斯達特（Hue Wallenstatter）。她拿英國護照，民國七十四年在臺灣受戒，以比丘尼相，被一些未明佛法的人，恭稱爲佛教的法師，而她如今則自稱是「來自喜馬拉雅山的大師」。並將她傳承自印度錫克教（註二）上師薩卡·信（Thakar Singh）的「聲色光影幻法」，套用佛教的名詞，曲解「楞嚴經」的經文，妄稱爲「觀音法門」，在臺灣大行其道。

「清海法師」在演講及平常的談話中經常表示，她自己就是「現在佛」。並不斷灌輸跟隨她的人，要他們相信「他們是佛菩薩的轉世」，因爲她能代替她的信徒消除業障，能令他們「一世解脫」。說他們都是有大福報，具大善根的人，因爲他們遇到了清海這麼偉大的「明師」。由於她很有煽動的口才和語文能力，像這種錯謬的思想，許多人聽多聽久了，竟然眞的自以爲「一生奇遇」，而變得我慢貢高，不可理喻。因此，在激烈的崇拜和高亢的情緒帶動下，她的信徒們語言思想一如其師，卻又滔滔不絕地爲他們的師父——清海宣傳辯護，鼓動更多人，來盲信妄從。他們自以爲找到「明師」，買了「成佛保險」，正不知自己已掉落「錫克教」的陷阱之中，生命已遠離佛道千百萬里，還喜不自勝！

「清海法師」所謂「傳法」的方式，當起初信徒人數還少時，是跟□□道的點玄關相同：她以大拇指按捺人的眉心以上一公分處。後來人多了，則以眼睛對視，就算「傳法」而得到「加持」，或叫「印心」。傳法之後，她教人打坐。打坐時先用「眼觀法」求「見佛」、「見光」等相，再用「耳聞法」，求聞各種聲音，如車聲、鼓聲、雨聲、雷聲、簫聲、琴聲……等。她說經過她「加持」的人，所聽到的聲音，是「內在的聲音」，不是平常人所聽到的「外在的聲音」。打坐的第三步驟是誦五句秘咒（Five Mantraor Five Names）——鳩尼羅眞、嗡卡羅、羅盧迦、梭吽、賽特楞（1. goniranjan 2. Ownka 3. Rarunka 4. Sohuan 5. Satnum）作爲護身之用而通過五個關卡，並到達第五界，卽謂之「解脫」。在平時亦必須不斷地誦持這五句秘咒。清海常以恐嚇的語氣說：「若洩露這五句秘咒，將遭流血事件。」這種作法與□□道信仰的傳五字口訣性質如出一轍。

「清海法師」自編一種「聲造萬物」的「宇宙創造論」。她說：「宇宙萬物都是從這個聲音所創生，沒有任何東西不是從它出來的。」她又說：「這個聲音就是上帝。」她更把「楞嚴經」卷八的經句：「如來逆流，如是菩薩順行而至，覺際入交，名爲等覺。」任意的解爲：「楞嚴經講，諸佛靠這個音流下來度衆生，菩薩和衆生靠這個音流回去源頭。」（註三）如此這般不斷地曲解經文，炫惑不明佛法的世人。

極其明顯地，清海——如果她可以稱之爲法師的話，她所傳不是佛教。佛教是「緣起論」，從未聽過佛教有「聲造萬物」之說。而在佛教經論中所介紹的「聲論外道」，看來倒像她的同流。清海欺矇世人，穿上中國比丘尼的服裝，宣傳印度錫克教的教法，豈不正是「楞嚴經」卷九所說：「天魔候得其便，飛精附入，口說經法……或作比丘，或比丘尼，……是人愚迷，惑爲菩薩，信其教化，墮無間獄」的寫照嗎？

若依比丘尼戒律，任何一部律典皆規定尼衆不得剃度男衆，而清海卻剃度多位男衆爲出家弟子，並揚言佛無男女之相，可是她自己卻是婦女之相。佛教的歷代高僧無不教人謙虛自持，從無一人自稱是佛菩薩的轉世。而清海卻說自己是佛菩薩的化身，並且自作詩集「沈默的眼淚」，借用第三者的口氣，極盡讚歎自己之能事。而且書面竟然標著「作者上清下海法師」。這種乘風箏升天的高調，竟然也有人替她中譯、爲她出版，眞令人浩嘆！

「清海法師」傳法既有一套「聲色光影」，自然有人會受吸引。在民主時代，只要她不給我們的社會製造混亂和暴戾，當然有權傳播她的東西。但是我們要提出呼籲的是：請大家明白，她傳的是「回教與印度教的混合物——錫克教」。她的上師是印人 Thakar Singh。我們希望「清海」能光明磊落地打起錫克教的招牌，穿起錫克教的衣服，不要魚目混珠披著佛教出家人的袈裟；否則，請她改旗易幟，虔誠懺悔做一個佛弟子，也算是爲自己贖罪。

【註一】「清海」這個法名，是臺北靈山講堂住持淨行法師所給，因爲當時她寄住靈山講堂，淨行法師也是越南籍，基於同情，才由別人介紹而識。

【註二】錫克教，是印度一種與印度教以暴力相對的少數教派，當他們鬪不過印度教的掌權政府時，便實行暗殺、暴力；前印度總理甘地夫人，便被她的錫克教侍衞暗殺於官邸花園之中。

【註三】以上一節見「即刻開悟之鑰」第一冊，第四六頁。

一九八八年八月十五日

〈後　記〉

本附錄所收沙佛林、黃天蕩、鄭法明三文，均因當年越南籍清海尼現佛教僧尼相，行印度錫克教法，有乖佛理，爲有識之士共見；惟彼在社會上雖得一般對佛家「正知正見」未確定者所沸騰擁戴，但並不能因彼有羣衆支持，便抹殺吾人對「附佛法外道」提出嚴正之批判，如吾佛門仍再保持緘默，無是非正義可言，此一世界將成何種世界？佛法豈非毫無人氣者乎？故爲之錄！

滄海叢刊已刊行書目（八）

書名	作者	類別
文學欣賞的靈魂	劉述先	西洋文學
西洋兒童文學史	葉詠琍	西洋文學
現代藝術哲學	孫旗譯	藝術
音樂人生	黃友棣	音樂
音樂與我	趙琴	音樂
音樂伴我遊	趙琴	音樂
爐邊閒話	李抱忱	音樂
琴臺碎語	黃友棣	音樂
音樂隨筆	趙琴	音樂
樂林蓽露	黃友棣	音樂
樂谷鳴泉	黃友棣	音樂
樂韻飄香	黃友棣	音樂
樂圃長春	黃友棣	音樂
色彩基礎	何耀宗	美術
水彩技巧與創作	劉其偉	美術
繪畫隨筆	陳景容	美術
素描的技法	陳景容	美術
人體工學與安全	劉其偉	美術
立體造形基本設計	張長傑	美術
工藝材料	李鈞棫	美術
石膏工藝	李鈞棫	美術
裝飾工藝	張長傑	美術
都市計劃概論	王紀鯤	建築
建築設計方法	陳政雄	建築
建築基本畫	陳榮美 楊麗黛	建築
建築鋼屋架結構設計	王萬雄	建築
中國的建築藝術	張紹載	建築
室內環境設計	李琬琬	建築
現代工藝概論	張長傑	雕刻
藤竹工	張長傑	雕刻
戲劇藝術之發展及其原理	趙如琳譯	戲劇
戲劇編寫法	方寸	戲劇
時代的經驗	汪琪 彭家發	新聞
大象傳播的挑戰	石永貴	新聞
書法與心理	高尚仁	心理

滄海叢刊已刊行書目(七)

書名	作者	類別
印度文學歷代名著選(上)(下)	糜文開編譯	文學
寒山子研究	陳慧劍	文學
魯迅這個人	劉心皇	文學
孟學的現代意義	王支洪	文學
比較詩學	葉維廉	比較文學
結構主義與中國文學	周英雄	比較文學
主題學研究論文集	陳鵬翔主編	比較文學
中國小說比較研究	侯健	比較文學
現象學與文學批評	鄭樹森編	比較文學
記號詩學	古添洪	比較文學
中美文學因緣	鄭樹森編	比較文學
文學因緣	鄭樹森	比較文學
比較文學理論與實踐	張漢良	比較文學
韓非子析論	謝雲飛	中國文學
陶淵明評論	李辰冬	中國文學
中國文學論叢	錢穆	中國文學
文學新論	李辰冬	中國文學
離騷九歌九章淺釋	繆天華	中國文學
苕華詞與人間詞話述評	王宗樂	中國文學
杜甫作品繫年	李辰冬	中國文學
元曲六大家	應裕康 王忠林	中國文學
詩經研讀指導	裴普賢	中國文學
迦陵談詩二集	葉嘉瑩	中國文學
莊子及其文學	黃錦鋐	中國文學
歐陽修詩本義研究	裴普賢	中國文學
清真詞研究	王支洪	中國文學
宋儒風範	董金裕	中國文學
紅樓夢的文學價值	羅盤	中國文學
四說論叢	羅盤	中國文學
中國文學鑑賞舉隅	黃慶萱 許家鸞	中國文學
牛李黨爭與唐代文學	傅錫壬	中國文學
增訂江皋集	吳俊升	中國文學
浮士德研究	李辰冬譯	西洋文學
蘇忍尼辛選集	劉安雲譯	西洋文學

滄海叢刊已刊行書目(六)

書名	作者	類別
卡薩爾斯之琴	葉石濤	文學
青囊夜燈	許振江	文學
我永遠年輕	唐文標	文學
分析文學	陳啓佑	文學
思想起	陌上塵	文學
心酸記	李喬	文學
離訣	林蒼鬱	文學
孤獨園	林蒼鬱	文學
托塔少年	林文欽編	文學
北美情逅	卜貴美	文學
女兵自傳	謝冰瑩	文學
抗戰日記	謝冰瑩	文學
我在日本	謝冰瑩	文學
給青年朋友的信(上)(下)	謝冰瑩	文學
冰瑩書柬	謝冰瑩	文學
孤寂中的廻響	洛夫	文學
火天使	趙衛民	文學
無塵的鏡子	張默	文學
大漢心聲	張起鈞	文學
回首叫雲飛起	羊令野	文學
康莊有待	向陽	文學
情愛與文學	周伯乃	文學
湍流偶拾	繆天華	文學
文學之旅	蕭傳文	文學
鼓瑟集	幼柏	文學
種子落地	葉海煙	文學
文學邊緣	周玉山	文學
大陸文藝新探	周玉山	文學
累廬聲氣集	姜超嶽	文學
實用文纂	姜超嶽	文學
林下生涯	姜超嶽	文學
材與不材之間	王邦雄	文學
人生小語(一)(二)	何秀煌	文學
兒童文學	葉詠琍	文學

滄海叢刊已刊行書目(五)

書名	作者	類別
中西文學關係研究	王潤華	文學
文開隨筆	糜文開	文學
知識之劍	陳鼎環	文學
野草詞	韋瀚章	文學
李韶歌詞集	李韶	文學
石頭的研究	戴天	文學
留不住的航渡	葉維廉	文學
三十年詩	葉維廉	文學
現代散文欣賞	鄭明娳	文學
現代文學評論	亞菁	文學
三十年代作家論	姜穆	文學
當代臺灣作家論	何欣	文學
藍天白雲集	梁容若	文學
見賢集	鄭彥棻	文學
思齊集	鄭彥棻	文學
寫作是藝術	張秀亞	文學
孟武自選文集	薩孟武	文學
小說創作論	羅盤	文學
細讀現代小說	張素貞	文學
往日旋律	幼柏	文學
城市筆記	巴斯	文學
歐羅巴的蘆笛	葉維廉	文學
一個中國的海	葉維廉	文學
山外有山	李英豪	文學
現實的探索	陳銘磻編	文學
金排附	鍾延豪	文學
放鷹	吳錦發	文學
黃巢殺人八百萬	宋澤萊	文學
燈下燈	蕭蕭	文學
陽關千唱	陳煌	文學
種籽	向陽	文學
泥土的香味	彭瑞金	文學
無緣廟	陳艷秋	文學
鄉事	林清玄	文學
余忠雄的春天	鍾鐵民	文學
吳煦斌小說集	吳煦斌	文學

滄海叢刊已刊行書目(四)

書名	作者	類別
歷史圈外	朱桂	歷史
中國人的故事	夏雨人	歷史
老臺灣	陳冠學	歷史
古史地理論叢	錢穆	歷史
秦漢史	錢穆	歷史
秦漢史論稿	刑義田	歷史
我這半生	毛振翔	歷史
三生有幸	吳相湘	傳記
弘一大師傳	陳慧劍	傳記
蘇曼殊大師新傳	劉心皇	傳記
當代佛門人物	陳慧劍	傳記
孤兒心影錄	張國柱	傳記
精忠岳飛傳	李安	傳記
八十憶雙親 師友雜憶 合刊	錢穆	傳記
困勉強狷八十年	陶百川	傳記
中國歷史精神	錢穆	史學
國史新論	錢穆	史學
與西方史家論中國史學	杜維運	史學
清代史學與史家	杜維運	史學
中國文字學	潘重規	語言
中國聲韻學	潘重規 陳紹棠	語言
文學與音律	謝雲飛	語言
還鄉夢的幻滅	賴景瑚	文學
葫蘆・再見	鄭明娳	文學
大地之歌	大地詩社	文學
青春	葉蟬貞	文學
比較文學的墾拓在臺灣	古添洪 陳慧樺 主編	文學
從比較神話到文學	古添洪 陳慧樺	文學
解構批評論集	廖炳惠	文學
牧場的情思	張媛媛	文學
萍踪憶語	賴景瑚	文學
讀書與生活	琦君	文學

滄海叢刊已刊行書目（三）

書名	作者	類別
不疑不懼	王洪鈞	教育
文化與教育	錢穆	教育
教育叢談	上官業佑	教育
印度文化十八篇	糜文開	社會
中華文化十二講	錢穆	社會
清代科舉	劉兆璸	社會
世界局勢與中國文化	錢穆	社會
國家論	薩孟武譯	社會
紅樓夢與中國舊家庭	薩孟武	社會
社會學與中國研究	蔡文輝	社會
我國社會的變遷與發展	朱岑樓主編	社會
開放的多元社會	楊國樞	社會
社會、文化和知識份子	葉啓政	社會
臺灣與美國社會問題	蔡文輝 蕭新煌 主編	社會
日本社會的結構	福武直 著 王世雄 譯	社會
三十年來我國人文及社會科學之回顧與展望		社會
財經文存	王作榮	經濟
財經時論	楊道淮	經濟
中國歷代政治得失	錢穆	政治
周禮的政治思想	周世輔 周文湘	政治
儒家政論衍義	薩孟武	政治
先秦政治思想史	梁啓超原著 賈馥茗標點	政治
當代中國與民主	周陽山	政治
中國現代軍事史	劉馥 著 梅寅生 譯	軍事
憲法論集	林紀東	法律
憲法論叢	鄭彥棻	法律
師友風義	鄭彥棻	歷史
黃帝	錢穆	歷史
歷史與人物	吳相湘	歷史
歷史與文化論叢	錢穆	歷史

滄海叢刊已刊行書目(二)

書名	作者	類別
語言哲學	劉福增	哲學
邏輯與設基法	劉福增	哲學
知識·邏輯·科學哲學	林正弘	哲學
中國管理哲學	曾仕强	哲學
老子的哲學	王邦雄	中國哲學
孔學漫談	余家菊	中國哲學
中庸誠的哲學	吳怡	中國哲學
哲學演講錄	吳怡	中國哲學
墨家的哲學方法	鍾友聯	中國哲學
韓非子的哲學	王邦雄	中國哲學
墨家哲學	蔡仁厚	中國哲學
知識、理性與生命	孫寶琛	中國哲學
逍遥的莊子	吳怡	中國哲學
中國哲學的生命和方法	吳怡	中國哲學
儒家與現代中國	韋政通	中國哲學
希臘哲學趣談	鄔昆如	西洋哲學
中世哲學趣談	鄔昆如	西洋哲學
近代哲學趣談	鄔昆如	西洋哲學
現代哲學趣談	鄔昆如	西洋哲學
現代哲學述評(一)	傅佩榮譯	西洋哲學
懷海德哲學	楊士毅	西洋哲學
思想的貧困	韋政通	思想
不以規矩不能成方圓	劉君燦	思想
佛學研究	周中一	佛學
佛學論著	周中一	佛學
現代佛學原理	鄭金德	佛學
禪話	周中一	佛學
天人之際	李杏邨	佛學
公案禪語	吳怡	佛學
佛教思想新論	楊惠南	佛學
禪學講話	芝峯法師譯	佛學
圓滿生命的實現（布施波羅蜜）	陳柏達	佛學
絶對與圓融	霍韜晦	佛學
佛學研究指南	關世謙譯	佛學
當代學人談佛教	楊惠南編	佛學

滄海叢刊已刊行書目(一)

書名	作者	類別
國父道德言論類輯	陳立夫	國父遺教
中國學術思想史論叢(一)(二)(三)(四)(五)(六)(七)(八)	錢穆	國學
現代中國學術論衡	錢穆	國學
兩漢經學今古文平議	錢穆	國學
朱子學提綱	錢穆	國學
先秦諸子繫年	錢穆	國學
先秦諸子論叢	唐端正	國學
先秦諸子論叢(續篇)	唐端正	國學
儒學傳統與文化創新	黃俊傑	國學
宋代理學三書隨劄	錢穆	國學
莊子纂箋	錢穆	國學
湖上閒思錄	錢穆	哲學
人生十論	錢穆	哲學
晚學盲言	錢穆	哲學
中國百位哲學家	黎建球	哲學
西洋百位哲學家	鄔昆如	哲學
現代存在思想家	項退結	哲學
比較哲學與文化(一)(二)	吳森	哲學
文化哲學講錄(一)(二)(三)(四)	鄔昆如	哲學
哲學淺論	張康譯	哲學
哲學十大問題	鄔昆如	哲學
哲學智慧的尋求	何秀煌	哲學
哲學的智慧與歷史的聰明	何秀煌	哲學
內心悅樂之源泉	吳經熊	哲學
從西方哲學到禪佛教——「哲學與宗教」一集—	傅偉勳	哲學
批判的繼承與創造的發展—「哲學與宗教」二集—	傅偉勳	哲學
愛的哲學	蘇昌美	哲學
是與非	張身華譯	哲學